财务稽核指引

于忠杰　刘　涛　田　磊　主编

吉林大学出版社
·长春·

图书在版编目(CIP)数据

财务稽核指引 / 于忠杰，刘涛，田磊主编 .— 长春：吉林大学出版社，2022.8
ISBN 978-7-5768-0286-3

Ⅰ. ①财… Ⅱ. ①于… ②刘… ③田… Ⅲ. ①企业管理—财务管理 Ⅳ. ①F275

中国版本图书馆 CIP 数据核字（2022）第 151693 号

书　　名：财务稽核指引
CAIWU JIHE ZHIYIN

作　　者：于忠杰　刘　涛　田　磊　主编
策划编辑：邵宇彤
责任编辑：李潇潇
责任校对：高珊珊
装帧设计：优盛文化
出版发行：吉林大学出版社
社　　址：长春市人民大街 4059 号
邮政编码：130021
发行电话：0431-89580028/29/21
网　　址：http://www.jlup.com.cn
电子邮箱：jldxcbs@sina.com
印　　刷：三河市华晨印务有限公司
成品尺寸：210mm×285mm　16 开
印　　张：23.75
字　　数：660 千字
版　　次：2022 年 8 月第 1 版
印　　次：2022 年 8 月第 1 次
书　　号：ISBN 978-7-5768-0286-3
定　　价：98.00 元

编写委员会

主　　编：于忠杰　刘　涛　田　磊

编委（排名不分先后）：

王志国　孙　丹　朱伊丹　佟瑞刚　张　旭

段元圣　张　敏　陈　煜　李长青　袁　健

吕全峰　崔　锋　金　哲　郭夏莲　董　浩

李　春　袁和成　程　畅　步晓倩　姜玉梁

杨　蕾　王祺凯　李天鹏　杜聿辉　王云霞

金　莹　宋绍洋　魏　笠　蒋海鹏　李恩亮

马丽艳　王升旭　李　晨　朱虹睿　李进华

杨　寅　尹　潇　张大成　杨　琳　李　智

孟　瑶　王立强

PREFACE 前言

近年来，国家对企业会计信息质量要求日趋严格，企业内外部监管和经营压力持续加大。面对复杂形势，国网山东省电力公司“稳中求进、勇毅前行”，深入贯彻落实党中央、国务院和国家电网公司决策部署，不断完善稽核监督体系，统筹发展与安全，平衡效率与风险，加强风险联防联控，筑牢全面风险管理“三道防线”，打造稽核风控“山东样板”。

内部稽核检查是财务重要工作之一，是规范会计基础、防范财务风险、保障财务制度依法合规执行的重要手段，为进一步夯实各项业务管理基础，明确风险评估与检查方法，提高稽核检查质量和效率，我们编写了《财务稽核指引》(以下简称《指引》)。《指引》主要包括通用业务、财务管理业务、薪酬福利业务、营销管理业务等 14 大类 99 小类业务稽核检查方法。每类业务涉及编制目的、适用范围、风险评估与检查方法 3 项内容，主要以业务处理流程为主线，依据现行国家法规政策及电力企业相关制度要求，对业务流转过程中，业务部门、归口管理部门以及财务部门涉及的审核要点做出具体提示，并配置相应财务稽核流程图，明确关键控制点、稽核检查方法以及政策制度依据，以指导各级稽核人员加强对此类业务的监督管理。

本指引对照《国网山东省电力公司业务审核指引》所列各项业务流程进行编制，是《业务审核指引》的拓展和延伸，首次对稽核检查流程提出合理规范提示，更加注重专业性、实用性、针对性、检索性四个特点，体现了工具书特色，有助于充分发挥各专业部门合力，加强风险联防联控，服务公司战略实施和高质量发展。

本指引是首次编制，欢迎各部门、各单位在实际应用过程中及时反馈意见和建议，交流改进措施，共同努力，提升稽核检查水平。

《财务稽核指引》使用指南

1. 编制目的

本指引对照《国网山东省电力公司业务审核指引》所列各项业务流程，评估其主要风险，确定关键控制点，并针对潜在的风险制定财务稽核检查方法，以指导各级财务稽核人员加强对此类业务的监督管理。

2. 适用范围

本指引适用《国网山东省电力公司业务审核指引》所列各项业务流程。

3. 风险评估与检查方法

3.1 关键控制

关键控制是指在业务流程中对于规避风险、实现目标最有影响的一个或多个控制。关键控制的失效将直接导致不能及时防止或发现业务流程设计与运行中存在的漏洞。关键控制是各项业务流程控制风险过程中最核心部分，以 C 标注编号依次排序列示。

3.2 风险分析

风险分析是指在对各项业务风险识别的基础之上，进一步分析风险发生的可能性和对各项业务目标实现的影响程度，以便为制定财务稽核工作策略、选择应对措施提供依据，也将作为财务稽核管理的关键控制点。

3.3 检查方法

检查方法是指针对各项业务流程关键控制点，以国家法规、政策和规章制度为依据，依托各类信息系统，通过配置稽核规则和查询方案等对各种经济业务数据进行搜索、比对、分析、判断，在线查找问题并完成整改过程的现代化稽核技术；同时，财务稽核人员辅助查阅被稽核对象的财务报告、会计凭证、会计账簿及其他有关证据资料，对财务及相关业务的合法性和合规性、信息的真实性和完整性、经营活动的效率和效果、内部控制的合理性和有效性等实施的财务监督和检查。

3.4 政策及制度依据

本指引对照各项业务流程，引用实施财务稽核管理相关政策及制度，具体包括国家有关部门、国家电网有限公司已颁布的相关会计政策、财务管理制度。

4. 财务稽核流程图

流程简图可以反映各项财务稽核工作流程，明确对应岗位，确定关键控制点、原始单据等，并重点针对各项业务流程每个关键控制点标注财务稽核工作目标，及时检查资金的安全性、输配电成本管理的有效性，以及经济业务的合规性、真实性及准确性等，有助于财务稽核人员及早发现经营管理中的薄弱环节及关键风险点，提高财务监督和检查的效率和水平。

本指引对流程图模板使用、流程图功能带设置、流程图正文编制做了具体规定。流程图编制时使用以下标准图例：

序 号	图 例	图例说明
1	负责人员 工作	负责人员：填列负责该工作的岗位； 工作：简要填列具体实施的工作步骤，如：填写费用报销单
2		流程目录中已经明确的具体业务流程，此图例表示对其他流程的引用
3	文件、表单的全称	该图例表示以文本形式存在的文件、制度、表单等，内容为文件、表单的全称
4	↓	用来连接两个工作步骤
5		表示流程图开始或结束
6	C1	表示业务流程步骤中的关键控制点，标识在实施控制的步骤的右下角，与所识别的风险点对应，如：C1
7		针对每个关键控制点详细说明财务稽核工作目标

《财务稽核指引》框架

业务大类	流程编号	一级流程	二级流程
一、通用业务	SG-SD0101	办公费	
	SG-SD0102	差旅费	
	SG-SD0103	会议费	
	SG-SD0104	培训费	
	SG-SD0104-01		职工教育经费
	SG-SD0105	业务招待费	
	SG-SD0106	车辆使用费	
	SG-SD0107	备用金	
	SG-SD0108	中介费	
	SG-SD0109	政府业务	
	SG-SD0109-01		地方政府收费

续 表

业务大类	流程编号	一级流程	二级流程
一、通用业务	SG-SD0109-02		政府补助
	SG-SD0110	团体会费	
	SG-SD0110-01		工会经费
	SG-SD0111	租赁业务	
	SG-SD0111-01		资产出租
	SG-SD0112	保险费用收取及支付	
	SG-SD0112-01		收取保险赔偿款
	SG-SD0112-02		支付保险赔偿款
	SG-SD0113	非正常支出	
	SG-SD0113-01		非正常支出
	SG-SD0114	业务外包费用	
二、财务管理业务	SG-SD0201	预算管理	
	SG-SD0201-01		全面预算管理
	SG-SD0201-02		储备项目评审
	SG-SD0203	核算业务	
	SG-SD0203-01		存款利息收入
	SG-SD0203-02		银行手续费支出
	SG-SD0203-03		资产折旧与摊销
	SG-SD0203-04		坏账准备的计提、转回及坏账损失核销
	SG-SD0203-05		资产减值业务
	SG-SD0203-06		无法支付的款项转收入
	SG-SD0203-07		上级拨入资金
	SG-SD0203-08		价外基金列转
	SG-SD0203-09		多维报表编制
	SG-SD0204	财税管理	
	SG-SD0204-01		个人所得税

续 表

业务大类	流程编号	一级流程	二级流程
二、财务管理业务	SG-SD0204-02		增值税
	SG-SD0204-03		城市维护建设税
	SG-SD0204-04		教育费附加、地方教育费附加
	SG-SD0204-05		土地使用税
	SG-SD0204-06		印花税
	SG-SD0204-07		房产税
三、薪酬福利业务	SG-SD0301	工资	
	SG-SD0302	职工福利费	
	SG-SD0302-01		职工疗养费
	SG-SD0302-02		医疗费用
	SG-SD0302-03		食堂经费
	SG-SD0302-04		防暑降温费
	SG-SD0302-05		供暖费补贴
	SG-SD0302-06		独生子女费
	SG-SD0302-07		丧葬补助费
	SG-SD0302-08		抚恤费
	SG-SD0302-09		职工困难补助
	SG-SD0302-10		离退休医疗费、困难补助、活动经费及其他支出
	SG-SD0302-11		离退休生活补贴、住房补贴
	SG-SD0303	社会保险费	
四、营销管理业务	SG-SD0401	实收电费资金到账	
	SG-SD0402	预收电费	
	SG-SD0403	省内售电收入	
	SG-SD0404	违约使用电费	
	SG-SD0405	高可靠性供电收入	
	SG-SD0406	退还电费	
	SG-SD0407	委托运行维护费	
	SG-SD0408	业务费	
	SG-SD0409	节能服务费	
	SG-SD0410	小区配套费	

续 表

业务大类	流程编号	一级流程	二级流程
五、电力交易业务	SG-SD0501	统调电厂购电	
	SG-SD0502	非统调电厂购电	
六、基建工程业务	SG-SD0601	建设项目前期费	
	SG-SD0602	工程款结算	
	SG-SD0603	工程物资结算	
	SG-SD0604	工程其他费用	
	SG-SD0605	工程投产转资	
	SG-SD0606	工程决算转资	
	SG-SD0607	500千伏及以上工程委托属地报销业务	
七、运维检修业务	SG-SD0701	运维检修费	
	SG-SD0702	设备检测费	
	SG-SD0703	节能服务费	
	SG-SD0704	护线费	
	SG-SD0705	技术使用费	
八、设备资产管理	SG-SD0801	资产增加	
	SG-SD0801-01		固定资产零购
	SG-SD0801-02		无偿接收用户资产
	SG-SD0802	资产处置	
	SG-SD0802-01		车辆报废业务
	SG-SD0802-02		房屋土地报废
	SG-SD0802-03		设备报废业务
	SG-SD0802-04		固定资产转让
	SG-SD0802-05		固定资产调拨
	SG-SD0803	资产盘点	
	SG-SD0803-01		固定资产盘盈收入
	SG-SD0803-02		固定资产盘亏
	SG-SD0804	资产处置结转	

续 表

业务大类	流程编号	一级流程	二级流程
九、后勤管理业务	SG-SD0901	物业管理费	
	SG-SD0902	清洁卫生费	
	SG-SD0903	绿化费	
	SG-SD0904	取暖费	
	SG-SD0905	水电费	
	SG-SD0906	管理用房屋维修费	
	SG-SD0907	租赁费	
十、科技信息业务	SG-SD1001	管理信息系统维护费	
	SG-SD1002	研发支出业务	
	SG-SD1002-01		服务类研发支出
	SG-SD1002-02		物资类研发支出
十一、安全管控业务	SG-SD1101	电力设施保护费	
	SG-SD1102	劳动保护费	
	SG-SD1103	安全费	
十二、物资管理业务	SG-SD1201	物资采购	
	SG-SD1202	废旧物资处置	
十三、外联业务	SG-SD1301	广告宣传费	
	SG-SD1302	公益性捐赠支出	
十四、党建活动业务	SG-SD1401	党组织工作经费	

CONTENTS 目录

一、通用业务

稽核——办公费

1. 编制目的

本节主要评估办公费的风险，确定关键控制点，并针对潜在的风险制定财务稽核检查方法，以指导各级财务稽核人员加强对此类业务的监督管理。

2. 适用范围

通过 ERP 物资采购流程办理办公用品等消耗性物资采购业务；

通过员工报销系统办理办公费业务（合同签订限额标准以下）；

通过 ERP 服务采购流程办理印刷费等服务采购业务（合同签订限额标准以上）。

3. 风险评估与检查方法

3.1 通过 ERP 物资采购流程办理办公用品等消耗性物资采购业务

3.1.1 C1 关键控制：提报采购需求的检查

风险分析：

（1）物资需求计划未经有效审核，导致采购物资不符合办公费报销要求，造成超范围、虚假列支办公费；

（2）办公费支出超年度预算安排，可能导致无法报销入账或超预算支出，影响预算目标的实现。

检查方法：

（1）获取物资计划审批表，审核采购物资的合理性；

（2）获取物资计划审批表，审核采购物资是否符合办公用品列支范围，如是否存在购买护肤用品、防晒用品、牙膏、工作服、多功能一体机、打印机、投影仪、礼品等，或无合理原因出现高档商场发票、销货清单等；

（3）比较办公费年度预算安排与账面实际支出，查看是否存在超预算支出情况。

政策及制度依据：

《国网山东省电力公司本部办公物资管理办法》[鲁电后勤〔2016〕740 号] 第一章 第二条

《国家电网公司会计核算办法 2014》[国网（财 /2）469-2014] 第十六章 第二节 13. 办公费

3.1.2 C2 关键控制：物资到货并领用发货的检查

风险分析：

验收单、入库单未按照要求进行签字确认，可能导致账实不符，影响真实性。

检查方法：

获取办公用品电商化采购业务验收单、入库单、领用明细，检查单据的完整性、单据间的一致性。

3.1.3 C3 关键控制：发票校验的检查

风险分析：

（1）业务人员提交报销单据与采购申请不一致，可能导致虚列成本，造成损失；

（2）发票信息不准确、不完整，导致税收处罚，造成损失。

检查方法：

获取原始单据，检查其完整性、有效性、及时性，如报销原始单据时间是否符合逻辑、签批流程是否符合要求等。

政策及制度依据：

《国家电网有限公司会计基础管理办法》[国网（财 /2）350-2018] 第四章 第三节 第五十四条

办公费

业务经办部门：相关部门	流程编号：SG-SD0101
归口管理部门：办公室、后勤部、综合服务中心、信通公司等	编制单位：国网山东省电力公司

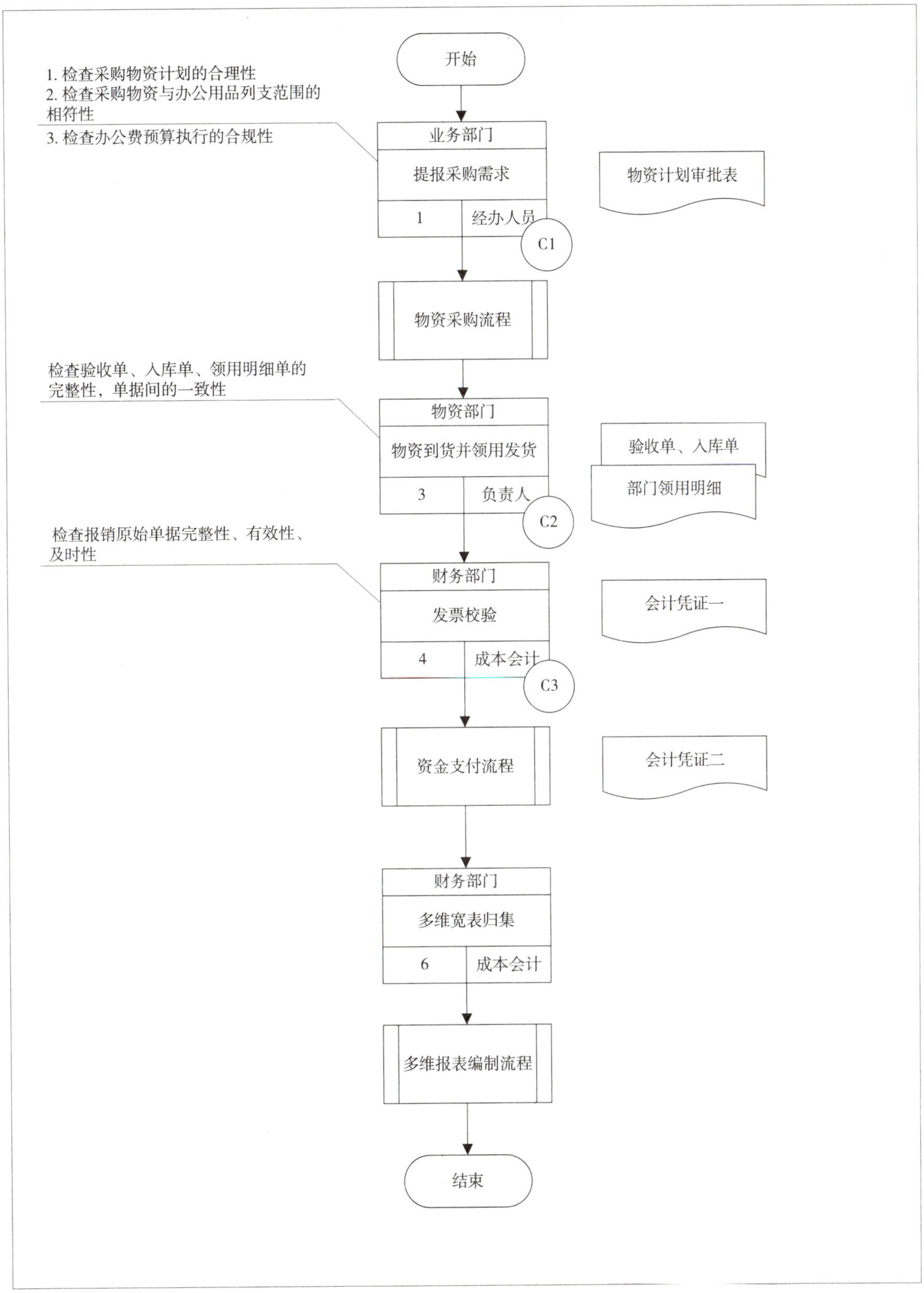

开始

1. 检查采购物资计划的合理性
2. 检查采购物资与办公用品列支范围的相符性
3. 检查办公费预算执行的合规性

业务部门：提报采购需求（1，经办人员）C1 —— 物资计划审批表

物资采购流程

检查验收单、入库单、领用明细单的完整性，单据间的一致性

物资部门：物资到货并领用发货（3，负责人）C2 —— 验收单、入库单；部门领用明细

检查报销原始单据完整性、有效性、及时性

财务部门：发票校验（4，成本会计）C3 —— 会计凭证一

资金支付流程 —— 会计凭证二

财务部门：多维宽表归集（6，成本会计）

多维报表编制流程

结束

3.2 通过员工报销系统办理办公费业务（合同签订限额标准以下）

3.2.1 C1 关键控制：审核办公费报销申请的检查

风险分析：

（1）物资需求计划未经有效审核，导致采购物资不符合办公费报销要求，造成超范围、虚假列支办公费；

（2）办公费支出超年度预算安排，可能导致无法报销入账或超预算支出，影响预算目标的实现。

检查方法：

（1）获取物资计划审批表，审核采购物资的合理性；

（2）获取物资计划审批表，审核采购物资是否符合办公用品列支范围，如是否存在购买护肤用品、防晒用品、牙膏、工作服、多功能一体机、打印机、投影仪、礼品等，或无合理原因出现高档商场发票、销货清单等；

（3）比较办公费年度预算安排与账面实际支出，查看是否存在超预算支出情况。

政策及制度依据：

《国网山东省电力公司本部办公物资管理办法》[鲁电后勤［2016］740号] 第一章 第二条

《国家电网公司会计核算办法2014》[国网（财/2）469-2014] 第十六章 第二节 13. 办公费

《国家电网有限公司合同管理办法》(国家电网企管［2019］427号)

3.2.2 C2 关键控制：审核报销申请和相关单据，生成报销凭证的检查

风险分析：

会计凭证未经有效审核，导致凭证编制错误未被及时发现，影响财务报告的准确性。

检查方法：

（1）获取原始单据，检查其完整性、有效性、及时性，如报销原始单据时间是否符合逻辑、签批流程是否符合要求等；

（2）抽查会计凭证，检查凭证是否经过会计主管审核。会计凭证是否规范、正确，主要包括摘要内容、会计科目、信息维度等。

政策及制度依据：

《国家电网有限公司会计基础管理办法》[国网（财/2）350-2018] 第四章 第三节 第五十四条

办公费	业务经办部门：相关部门	流程编号：SG－SD0101
	归口管理部门：办公室、后勤部、综合服务中心、信通公司等	编制单位：国网山东省电力公司

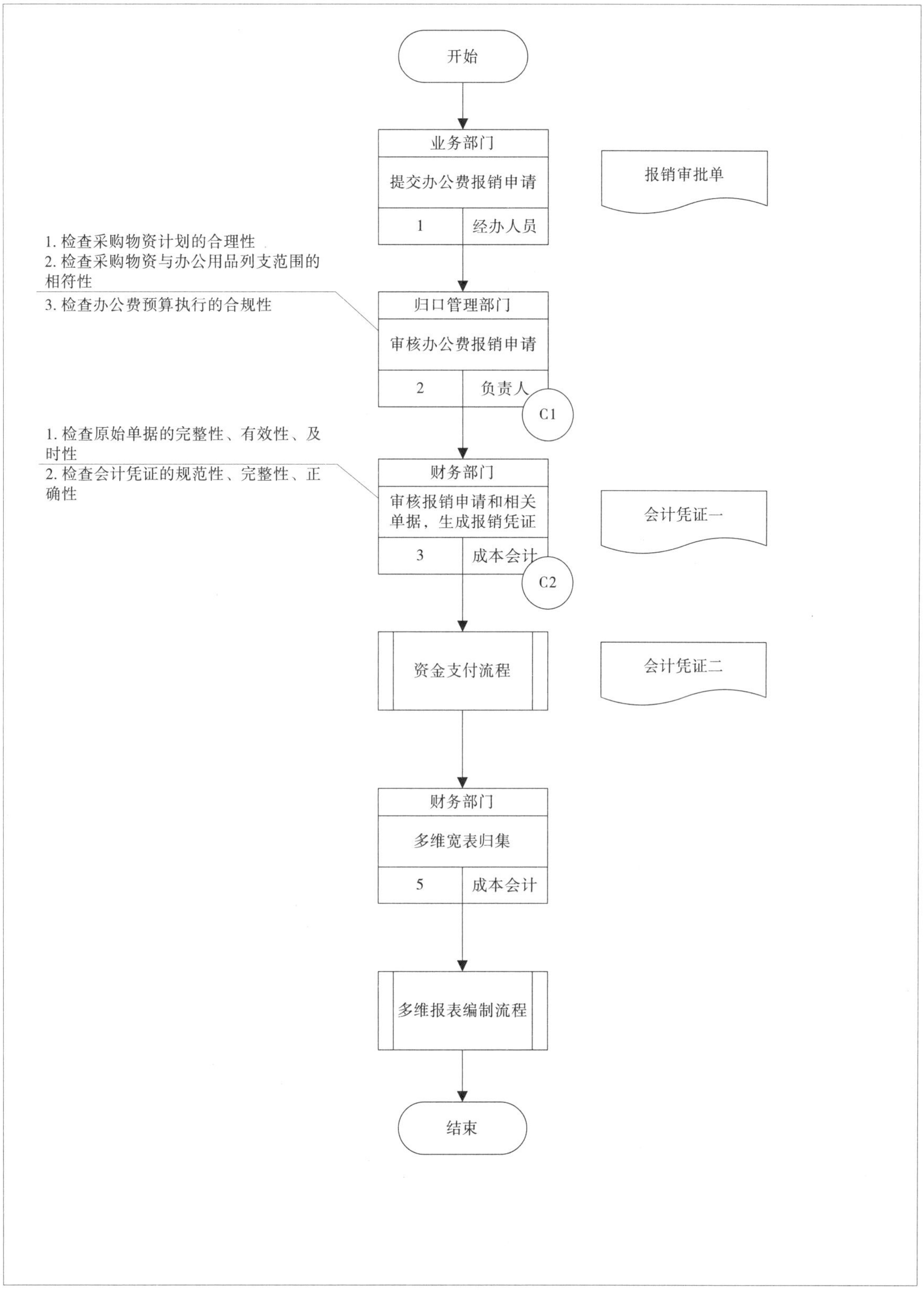

3.3 通过 ERP 服务采购流程办理印刷费等服务采购业务（合同签订限额标准以上）

3.3.1 C1 关键控制：创建采购订单的检查

风险分析：

（1）采购服务超预算资金，可能导致无法报销入账或超预算支出，影响预算目标的实现；

（2）“总账科目”“成本中心”等信息不准确，导致财务核算不准确，影响财务报告的准确性。

检查方法：

（1）比较办公费年度预算安排与账面实际支出，检查是否存在超预算支出情况；

（2）线上检查选择的科目是否准确。

政策及制度依据：

《国家电网公司会计核算办法 2014》[国网（财 /2）469-2014] 第十六章 第二节 13. 办公费

3.3.2 C2 关键控制：合同会签生效的检查

风险分析：

合同未经过有效审核，可能导致合同条款含糊不清，出现合同纠纷，造成法律风险及经济损失。

检查方法：

抽取经法系统业务合同，检查合同的有效性、准确性、完整性，如是否对不含税价、税率及税额进行了明确，同时在合同中约定了“若国家出台新的税收政策，则按新政策执行”。

3.3.3 C3 关键控制：发票校验的检查

风险分析：

（1）业务人员提交报销单据不及时、未按要求进行分级审核，造成报销单据不真实、不合规；

（2）发票信息不准确、不完整，造成报销单据不符合财务制度要求，造成资金损失。

检查方法：

获取原始单据，检查其完整性、有效性、及时性，如报销原始单据时间是否符合逻辑、签批流程是否符合要求；核对发票信息是否与审批表、费用明细金额一致。

政策及制度依据：

《国家电网有限公司会计基础管理办法》[国网（财 /2）350-2018] 第四章 第三节 第五十四条

办公费	业务经办部门：相关部门	流程编号：SG-SD0101
	归口管理部门：办公室、后勤部、综合服务中心、信通公司等	编制单位：国网山东省电力公司

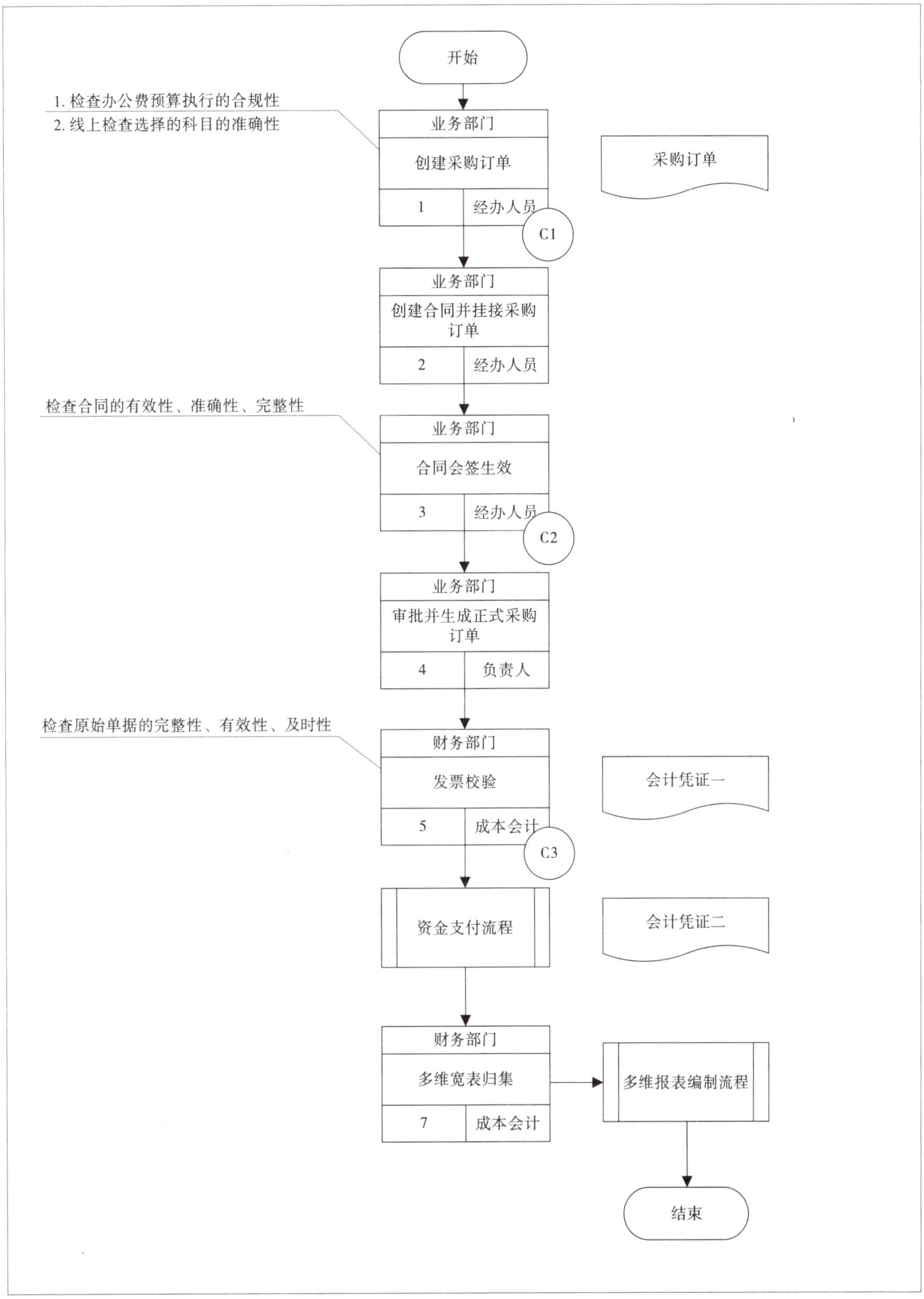

开始

1. 检查办公费预算执行的合规性
2. 线上检查选择的科目的准确性

业务部门
创建采购订单
1 经办人员
C1

采购订单

业务部门
创建合同并挂接采购订单
2 经办人员

检查合同的有效性、准确性、完整性

业务部门
合同会签生效
3 经办人员
C2

业务部门
审批并生成正式采购订单
4 负责人

检查原始单据的完整性、有效性、及时性

财务部门
发票校验
5 成本会计
C3

会计凭证一

资金支付流程

会计凭证二

财务部门
多维宽表归集
7 成本会计

多维报表编制流程

结束

稽核——差旅费

1. 编制目的

本节主要评估差旅费的主要风险，确定关键控制点，明确财务稽核重点审核要点及方法，指导财务稽核人员加强对此类业务的监督管理。

2. 适用范围

通过国网商旅办理差旅业务；
通过员工报销办理差旅业务。

3. 风险评估与检查方法

3.1 通过国网商旅办理差旅业务

3.1.1 C1 关键控制：审核出差申请的检查

风险分析：

（1）出差申请未经有效审核，可能导致出差事项缺乏真实性、必要性；
（2）出差申请未经有效分级审核，存在经办人自己审核自己的情况，可能导致资金损失。

检查方法：

获取因公出差事前审批单及辅助单据（通知），审核通知内容是否与公司实际业务相关，审批单信息与通知内容是否一致。

政策及制度依据：

《国家电网公司差旅费管理办法》[国网（财/4）600-2018]第四条

3.1.2 C2 关键控制：审核差旅费报销申请

风险分析：

报销申请未经有效审核，可能导致报销事项缺乏真实性、准确性、合法性、合规性。

检查方法：

获取出差审批单、差旅费报销单及其他条件单据，检查审批单、报销单信息的完整性、一致性及有效性。

政策及制度依据：

《国家电网公司差旅费管理办法》[国网（财/4）600-2018]第五条、第六条

3.1.3 C3 关键控制：生成报销凭证的检查

风险分析：

（1）会计凭证未经有效审核，导致凭证编制错误未被及时发现，影响财务报告的准确性；
（2）会计科目使用不当，导致业务的真实性未得到反映，影响财务报告的准确性。

检查方法：

（1）获取人资部门人员花名册，核对员工所属的部门，确认成本中心选择准确无误。
（2）根据业务实质检查管控系统费用科目选择的正确性。

（3）获取原始单据，检查其完整性、有效性，如住宿费、交通费是否超标准；是否存在五星级酒店、景区酒店费用；补助标准是否准确；报销原始单据时间是否符合逻辑；等等。

政策及制度依据：

《国家电网公司报销管理办法》[国网（财/2）194-2014]第四章 重点费用报销管理 第二十条

《山东省国家税务局关于启用新版汽车客运发票有关事项的通告》（山东省国家税务局通告[2016]5号）第一条

《国家电网公司差旅费管理办法》[国网（财/4）600-2018]第七条、第二十二条

3.1.4 C4 关键控制：生成差旅费结算凭证的检查

风险分析：

支付事项未纳入月度资金预算，导致无预算付款，影响预算目标的实现。

检查方法：

检查相关预算，确认支付事项是否已纳入月度资金预算。

# 差旅费	业务经办部门：相关部门	流程编号：SG-SD0102
	归口管理部门：财务部	编制单位：国网山东省电力公司

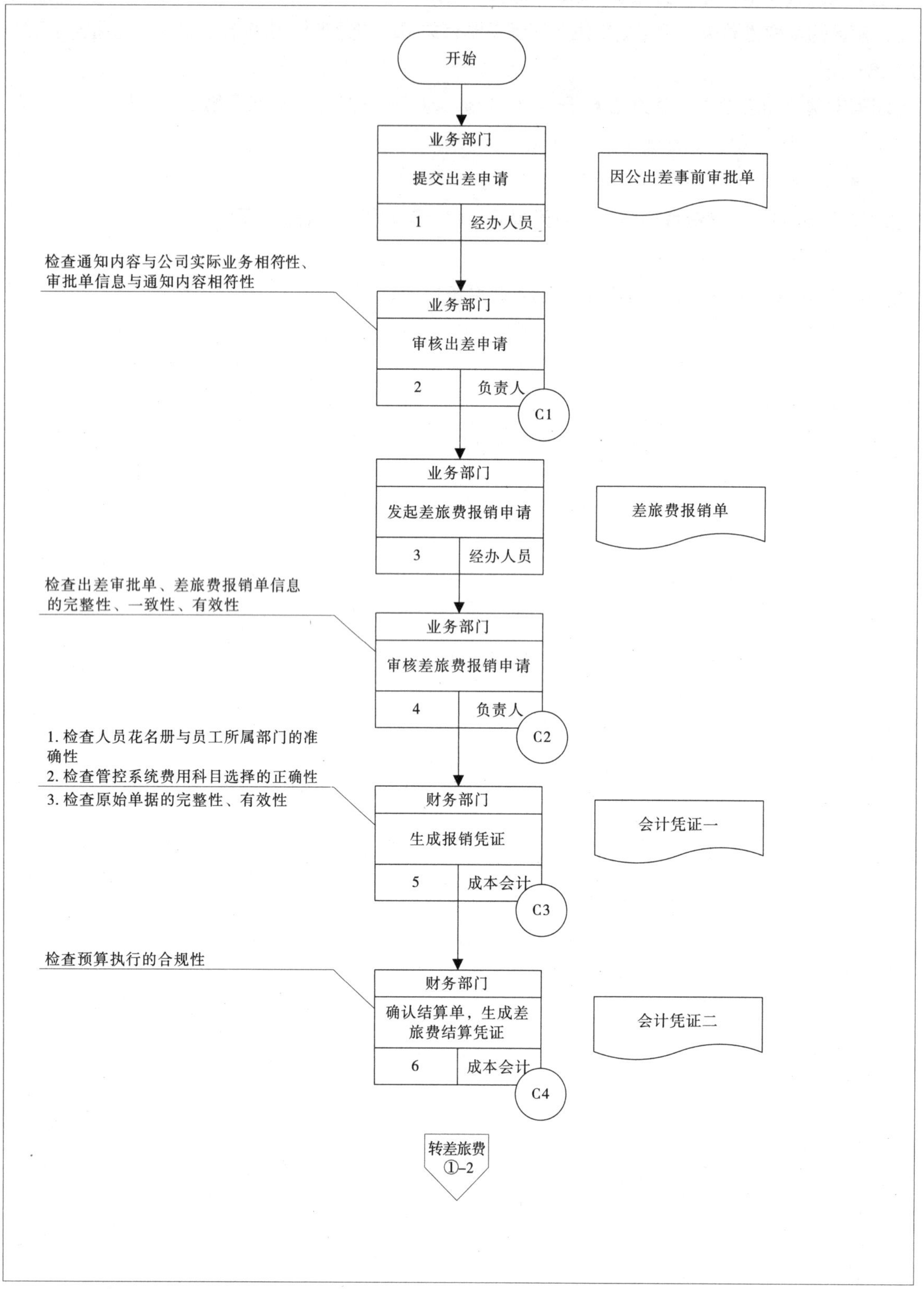

开始

业务部门
提交出差申请
1 经办人员
→ 因公出差事前审批单

检查通知内容与公司实际业务相符性、审批单信息与通知内容相符性

业务部门
审核出差申请
2 负责人
C1

业务部门
发起差旅费报销申请
3 经办人员
→ 差旅费报销单

检查出差审批单、差旅费报销单信息的完整性、一致性、有效性

业务部门
审核差旅费报销申请
4 负责人
C2

1. 检查人员花名册与员工所属部门的准确性
2. 检查管控系统费用科目选择的正确性
3. 检查原始单据的完整性、有效性

财务部门
生成报销凭证
5 成本会计
C3
→ 会计凭证一

检查预算执行的合规性

财务部门
确认结算单，生成差旅费结算凭证
6 成本会计
C4
→ 会计凭证二

转差旅费①-2

差旅费	业务经办部门：相关部门	流程编号：SG－SD0102
	归口管理部门：财务部	编制单位：国网山东省电力公司

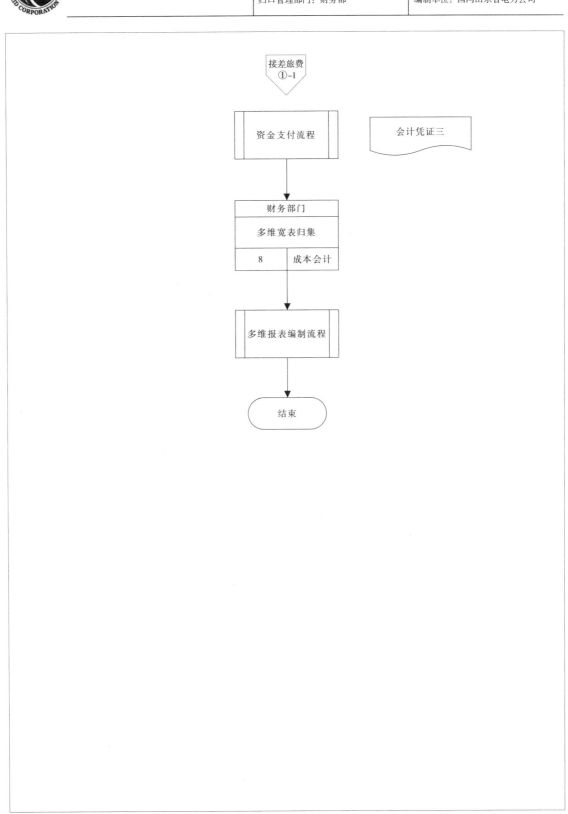

接差旅费
①-1

资金支付流程

会计凭证三

财务部门
多维宽表归集
8 成本会计

多维报表编制流程

结束

3.2 通过员工报销办理差旅业务

3.2.1 C1 关键控制：审核员工报销申请和辅助单据，并进行账务处理

风险分析：

报销申请未经有效审批，可能导致报销事项缺乏真实性、准确性、合法性、合规性。

检查方法：

获取原始单据，检查其真实性、准确性、完整性，具体为：住宿费、交通费是否超标准；是否存在五星级酒店、景区酒店费用；补助标准是否准确；报销原始单据时间是否符合逻辑；报销单是否按照分级授权要求进行签字。

政策及制度依据：

《国家电网有限公司会计基础管理办法》[国网（财 /2）350-2018] 第四章 第三节 第五十四条

3.2.2 C2 关键控制：审核报销申请和相关单据，生成报销凭证

风险分析：

（1）报销申请未经财务人员有效审批，可能导致报销申请单填制不准确、报销事项不真实以及财务记录不准确；

（2）会计凭证未经有效审核，导致凭证编制错误未被及时发现，影响财务报告的准确性。

检查方法：

获取差旅费报销凭证，依据《国家电网公司会计核算办法》及会计准则要求检查会计凭证是否规范、正确，主要包括摘要内容、会计科目、管理对象、辅助记录和业务单据等。

政策及制度依据：

《国家电网有限公司会计基础管理办法》[国网（财 /2）350-2018] 第四章 第三节 第五十四条

差旅费	业务经办部门：相关部门	流程编号：SG-SD0102
	归口管理部门：财务部	编制单位：国网山东省电力公司

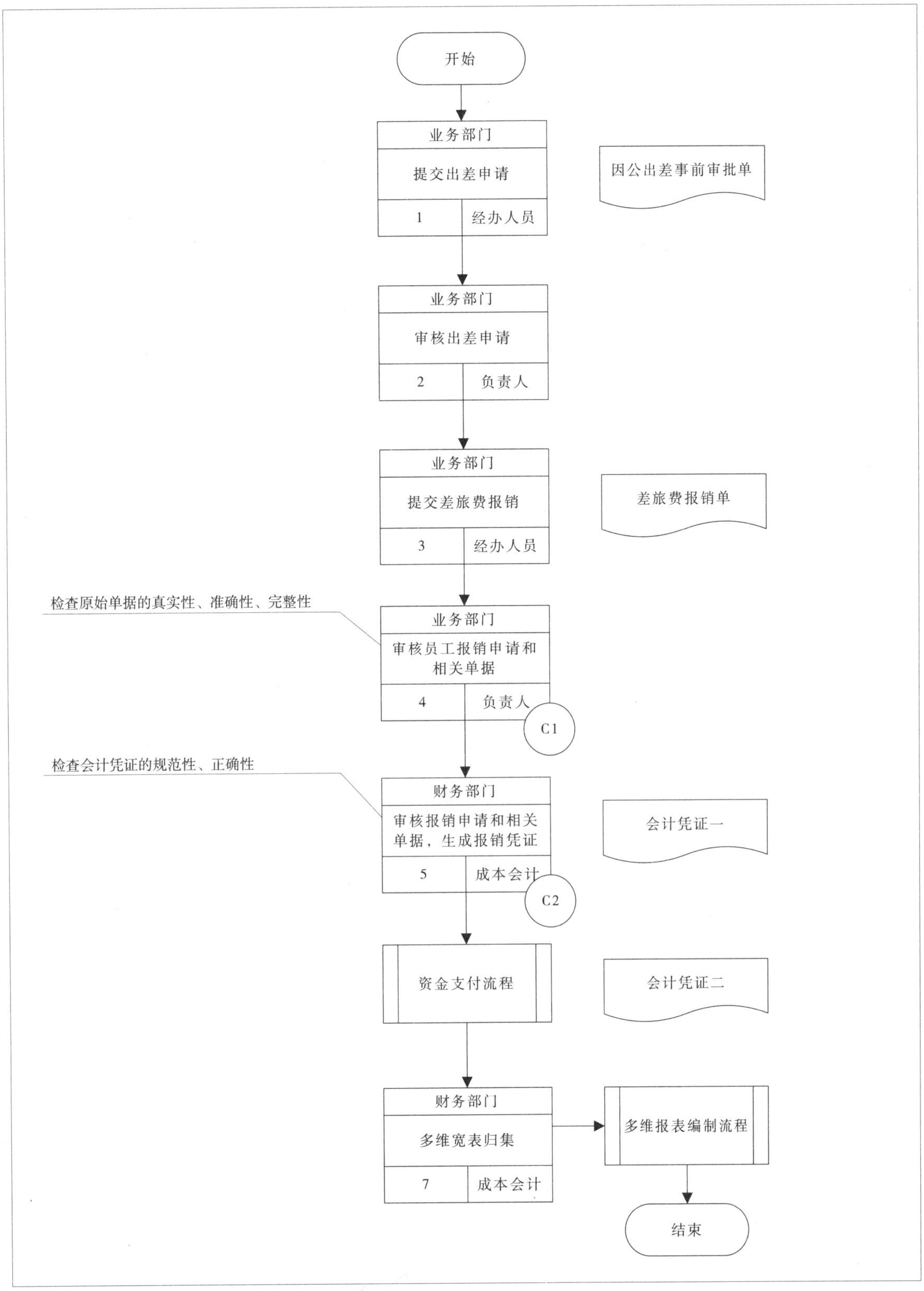

开始

1. 业务部门｜提交出差申请｜经办人员 —— 因公出差事前审批单
2. 业务部门｜审核出差申请｜负责人
3. 业务部门｜提交差旅费报销｜经办人员 —— 差旅费报销单
4. 业务部门｜审核员工报销申请和相关单据｜负责人（C1）—— 检查原始单据的真实性、准确性、完整性
5. 财务部门｜审核报销申请和相关单据，生成报销凭证｜成本会计（C2）—— 检查会计凭证的规范性、正确性；会计凭证一

资金支付流程 —— 会计凭证二

7. 财务部门｜多维宽表归集｜成本会计 → 多维报表编制流程

结束

稽核——会议费

1. 编制目的

本节主要评估会议费报销业务的主要风险，确定关键控制点，并针对潜在的风险制定财务稽核检查方法，以指导各级财务稽核人员加强对此类业务的监督管理。

2. 适用范围

通过员工报销系统办理会议费报销业务（合同签订限额标准以下）；

通过 ERP 服务采购流程办理会议费服务采购业务（合同签订限额标准以上）。

3. 风险评估与检查方法

3.1 通过员工报销系统办理会议费报销业务（合同签订限额标准以下）

3.1.1 C1 关键控制：提交会议费报销申请的检查

风险分析：

会议费报销无会议通知，无计划内会议安排报批表、会议费用决算表、酒店费用清单等，无法确定会议费的真实性、必要性。

检查方法：

（1）获取会议通知及其他辅助单据：

①参加会议：a. 因公出差事前审批单；b. 会议费报销单（员工报销系统导出）；c. 会议通知；d. 发票；e. 银行 POS 单或银行明细截图（单笔支出金额超过 1 000 元需提供）。

②自行组织会议：a. 会议费报销单（员工报销系统导出）；b. 发票；c. 计划内会议安排报批表；d. 会议费用决算表；e. 酒店费用清单；f. 会议通知；g. 参会（培）人员签到簿、计划外会议及费用申请表。

（2）审核通知内容是否与公司实际业务相关；审批单信息与通知内容是否一致。

政策及制度依据：

《国家电网有限公司会计基础管理办法》[国网（财/2）350-2018] 第八条

3.1.2 C2 关键控制：审核会议费报销申请的检查

风险分析：

（1）报销申请未经过有效审核，无法保证报销事项的真实性，报销单据填制的完整性、准确性及报销单据的合法性、合规性；

（2）未进行分级审核，经办人自行审核其所报销的费用，可能出现资金损失及舞弊风险。

检查方法：

（1）获取会议费报销单及其他条件单据，检查报销单信息的完整性、一致性及有效性，如是否存在审批单与相关通知不一致的情况；

（2）检查报销费用发票、报销审批单是否存在超范围、超标准列支会议费情况；

（3）检查提报单据之间显示的日期是否符合逻辑。

政策及制度依据：

《国家电网有限公司会计基础管理办法》[国网（财 /2）350-2018] 第八条

3.1.3 C3 关键控制：生成报销凭证的检查

风险分析：

（1）会计凭证编制未经过有效审核，导致凭证编制错误未被及时发现，造成财务报表错报的风险；

（2）财务人员未对报销事项与报销单据的一致性及单据的完整性、有效性复核，可能导致财务数据失真；

（3）未按照规定选择对应科目，导致业务的真实性未得到反映，出现会计核算差错问题，影响财务报表的准确性。

检查方法：

（1）根据业务实质检查管控系统费用科目选择的正确性。

（2）获取原始单据，检查其完整性、有效性，如会议费发票是否在非会议地点开具；是否报销五星级酒店、景区酒店费用；报销原始单据时间是否符合逻辑；等等。

政策及制度依据：

《国家电网公司会计核算办法 2021》[国网（财 /2）469-2020] 第十五章 第二节 16. 广告宣传费

《国家电网有限公司会计基础管理办法》[国网（财 /2）350-2018] 第四十条、第五十四条

会议费	业务经办部门：相关部门	流程编号：SG-SD0103
	归口管理部门：办公室	编制单位：国网山东省电力公司

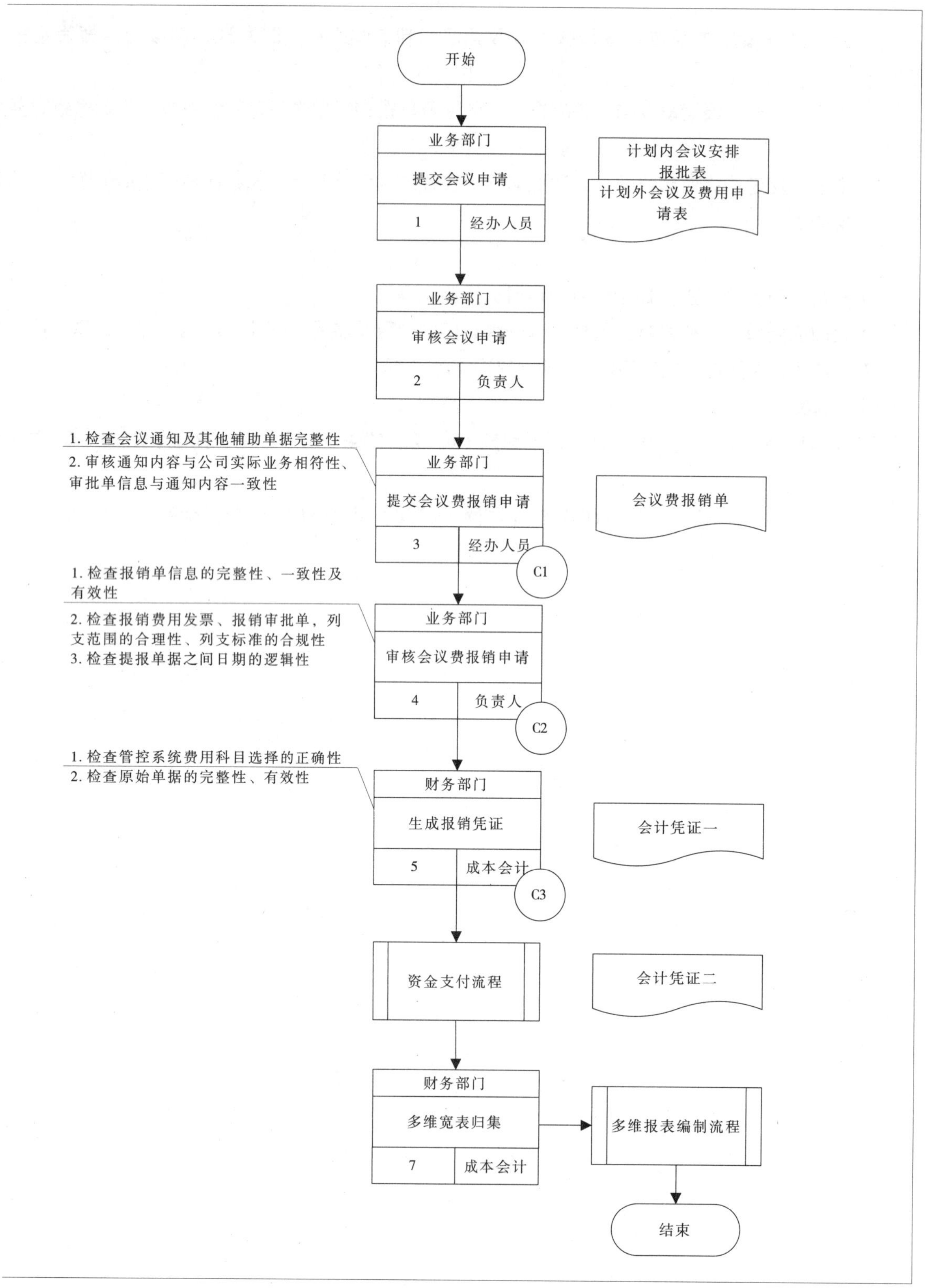

开始

业务部门
提交会议申请
1 经办人员
（计划内会议安排报批表；计划外会议及费用申请表）

业务部门
审核会议申请
2 负责人

业务部门
提交会议费报销申请
3 经办人员
C1
（会议费报销单）

1. 检查会议通知及其他辅助单据完整性
2. 审核通知内容与公司实际业务相符性、审批单信息与通知内容一致性

业务部门
审核会议费报销申请
4 负责人
C2

1. 检查报销单信息的完整性、一致性及有效性
2. 检查报销费用发票、报销审批单，列支范围的合理性、列支标准的合规性
3. 检查提报单据之间日期的逻辑性

财务部门
生成报销凭证
5 成本会计
C3
（会计凭证一）

1. 检查管控系统费用科目选择的正确性
2. 检查原始单据的完整性、有效性

资金支付流程
（会计凭证二）

财务部门
多维宽表归集
7 成本会计
→ 多维报表编制流程

结束

3.2 通过 ERP 服务采购流程办理会议费服务采购业务（合同签订限额标准以上）

3.2.1 C1 关键控制：创建采购订单的检查

风险分析：

（1）采购服务超预算资金，可能导致无法报销入账或超预算支出，影响预算目标的实现；

（2）“总账科目”“成本中心”等信息不准确，导致财务核算不准确，影响财务报告的准确性。

检查方法：

（1）比较会议费年度预算安排与账面实际支出，检查是否存在超预算支出情况；

（2）线上检查选择的科目是否准确。

政策及制度依据：

《国家电网公司会计核算办法 2014》[国网（财 /2）469-2014] 第十六章 第二节 16. 会议费

3.2.2 C2 关键控制：合同会签生效的检查

风险分析：

合同未经过有效审核，可能导致合同条款含糊不清，出现合同纠纷，造成法律风险及经济损失。

检查方法：

抽取经法系统业务合同，检查合同的有效性、准确性、完整性。例如，是否对不含税价、税率及税额进行了明确，同时在合同中约定了“若国家出台新的税收政策，则按新政策执行”；合同服务日期、合同签订日期是否符合逻辑，如是否存在合同倒签情况。

政策及制度依据：

《国家电网公司合同管理办法》[国网（法 /2）134-2017]

3.2.3 C3 关键控制：发票校验的检查

风险分析：

（1）业务人员提交报销单据不及时、未按要求进行分级审核，造成报销单据不合规；

（2）未按合同要求取得增值税专用发票，造成公司经济损失；

（3）发票信息不准确、不完整，导致报销单据不符合财务制度要求，造成资金损失；

（4）未对报销单据的完整性及报销事项与报销单据的一致性复核，可能导致财务数据失真；

（5）会计凭证编制未经有效审核，可能导致凭证编制错误未被及时发现，出现会计核算差错问题。

检查方法：

获取原始单据，检查其完整性、有效性、及时性，如报销原始单据时间是否符合逻辑、签批流程是否符合要求；核对发票信息是否与审批表、费用明细金额一致。对于自行组织会议的情况，原始单据是否包括计划内会议安排报批表、会议费用决算表、酒店费用清单、会议通知和参会（培）人员签到簿等必备单据。

政策及制度依据：

《国家电网有限公司会计基础管理办法》[国网（财 /2）350-2018]

会议费	业务经办部门：相关部门	流程编号：SG－SD0103
	归口管理部门：办公室	编制单位：国网山东省电力公司

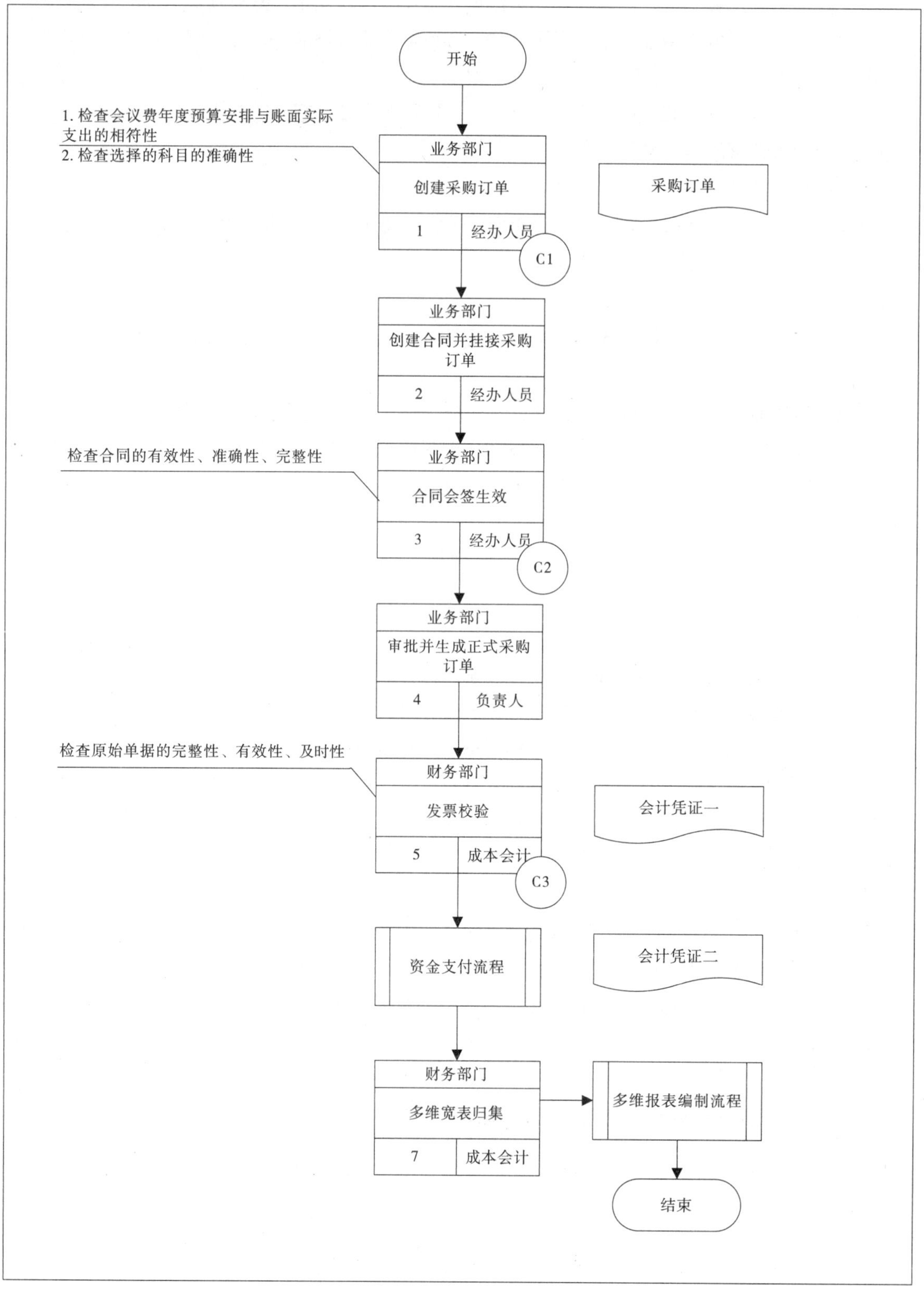

开始

1. 检查会议费年度预算安排与账面实际支出的相符性
2. 检查选择的科目的准确性

业务部门	
创建采购订单	
1	经办人员

C1

采购订单

业务部门	
创建合同并挂接采购订单	
2	经办人员

检查合同的有效性、准确性、完整性

业务部门	
合同会签生效	
3	经办人员

C2

业务部门	
审批并生成正式采购订单	
4	负责人

检查原始单据的完整性、有效性、及时性

财务部门	
发票校验	
5	成本会计

C3

会计凭证一

资金支付流程

会计凭证二

财务部门	
多维宽表归集	
7	成本会计

多维报表编制流程

结束

稽核——职工教育经费

1. 编制目的

本节主要评估职教费业务的主要风险，确定关键控制点，并针对潜在的风险制定财务稽核检查方法，以指导各级财务稽核人员加强对此类业务的监督管理。

2. 适用范围

通过员工报销系统办理职工教育经费报销业务；

通过 ERP 服务采购流程办理自行组织培训的职工教育经费业务。

3. 风险评估与检查方法

3.1 通过员工报销系统办理职工教育经费报销业务

3.1.1 C1 关键控制：提交职教费报销申请的检查

风险分析：

培训费报销无参加培训通知，无培训项目审批表、培训费用决算表、参会（培）人员签到簿等，无法保证培训费的真实性、必要性。

检查方法：

（1）获取单据：

①参加系统外培训：a. 职工教育经费报销单；b. 因公出差事前审批单；c. 培训通知；d. 发票；e. 银行回单；f. 银行 POS 单或银行明细截图（单笔支出金额超过 1 000 元需提供）；g. 员工外出培训审批表。

②自行组织培训：①职工教育经费报销单；b. 培训项目审批表；c. 培训费用决算表；d. 培训通知；e. 发票；f. 合同或协议；g. 参会（培）人员签到簿；h. 银行回单；i. 领用发放记录。

（2）检查培训费业务单据是否齐全；审核通知内容是否与公司实际业务相关，审批单信息与培训通知内容是否一致。

政策及制度依据：

《国家电网有限公司会计基础管理办法》[国网（财 /2）350-2018] 第八条

3.1.2 C2 关键控制：审核职教费报销申请的检查

风险分析：

（1）报销申请未经有效审核，无法保证报销事项的真实性，报销单据填制的完整性、准确性及报销单据的合法性、合规性；

（2）未进行分级审核，存在经办人自行审核其所经办业务的情况，存在资金、合规风险。

检查方法：

（1）获取资料同上；

（2）检查报销单信息的完整性、一致性及有效性，如是否存在审批单与相关通知不一致的情况；报销单签批是否完整。

政策及制度依据：

《国家电网有限公司会计基础管理办法》[国网（财 /2）350-2018] 第八条

3.1.3 C3 关键控制：审核报销申请和相关单据，生成报销凭证的检查

风险分析：

（1）会计凭证编制未经过有效审核，凭证编制错误未及时被发现，存在财务报表错报的风险；

（2）财务人员未对报销事项与报销单据的一致性及单据的完整性、有效性复核，可能导致财务数据失真；

（3）未按照规定选择对应科目，导致业务的真实性未得到反映，出现会计核算差错问题，存在财务报表错报的风险。

检查方法：

（1）获取资料同上。

（2）根据业务实质检查管控系统费用科目选择的正确性。

（3）检查原始单据是否完整、有效，如培训费发票是否在非培训地点开具；是否存在五星级酒店、景区酒店费用；报销原始单据时间是否符合逻辑；自行组织培训的，培训费是否超标准；核对人员花名册与参会（培）人员签到簿，查看参培人员是否为公司员工。

政策及制度依据：

《国家电网公司会计核算办法 2014》[国网（财 /2）469-2014] 第十三章 职工薪酬 第一节 概述二 第五条

《国家电网有限公司会计基础管理办法》[国网（财 /2）350-2018] 第四十条、第五十四条

职工教育经费

业务经办部门：相关部门	流程编号：SG－SD0104－01
归口管理部门：人力资源部	编制单位：国网山东省电力公司

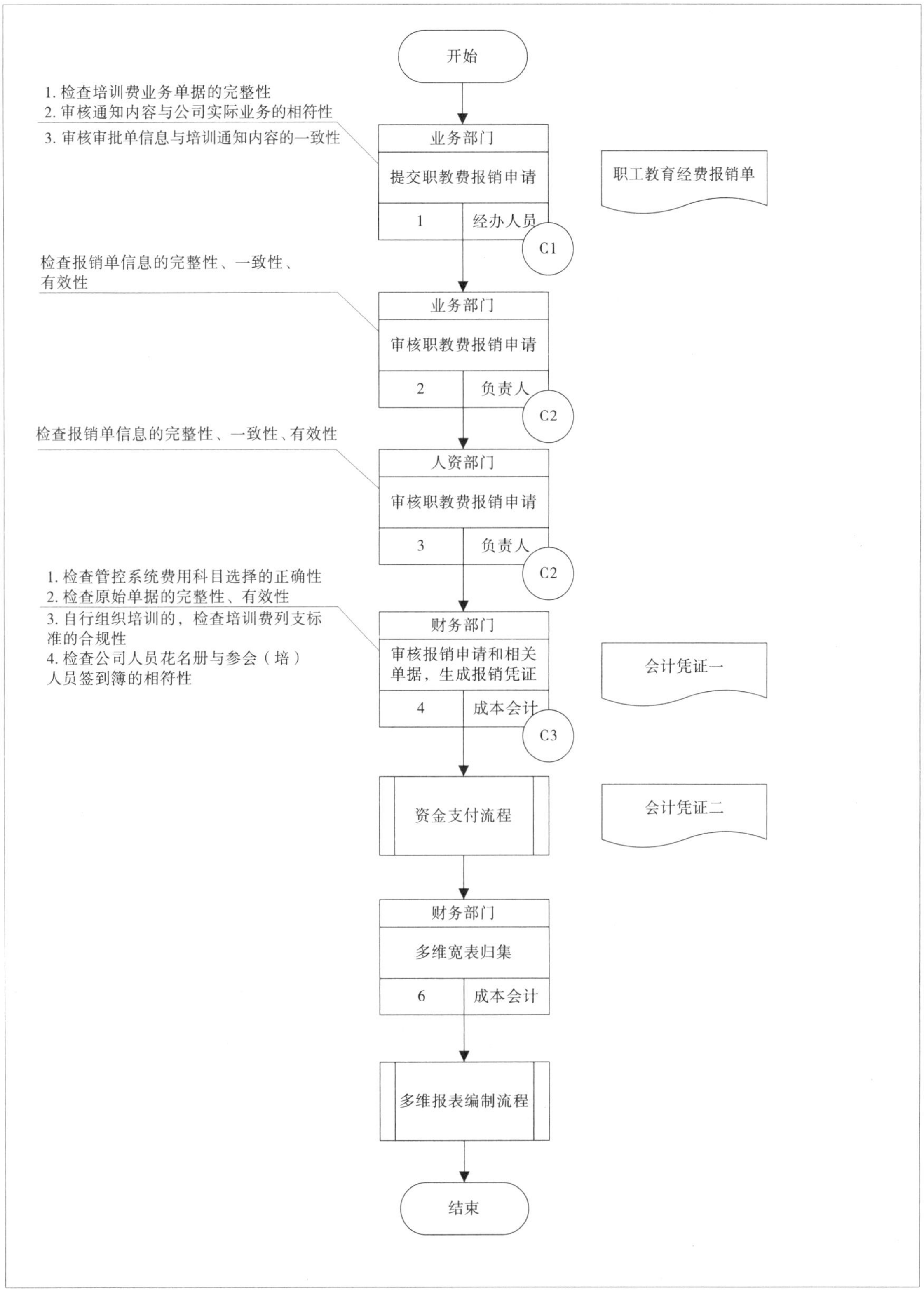

开始

1. 检查培训费业务单据的完整性
2. 审核通知内容与公司实际业务的相符性
3. 审核审批单信息与培训通知内容的一致性

业务部门
提交职教费报销申请
1 经办人员
C1

职工教育经费报销单

检查报销单信息的完整性、一致性、有效性

业务部门
审核职教费报销申请
2 负责人
C2

检查报销单信息的完整性、一致性、有效性

人资部门
审核职教费报销申请
3 负责人
C2

1. 检查管控系统费用科目选择的正确性
2. 检查原始单据的完整性、有效性
3. 自行组织培训的，检查培训费列支标准的合规性
4. 检查公司人员花名册与参会（培）人员签到簿的相符性

财务部门
审核报销申请和相关单据，生成报销凭证
4 成本会计
C3

会计凭证一

资金支付流程

会计凭证二

财务部门
多维宽表归集
6 成本会计

多维报表编制流程

结束

3.2 通过ERP服务采购流程办理自行组织培训的职工教育经费业务

3.2.1 C1关键控制：创建采购订单的检查

风险分析：

（1）采购服务超预算资金，可能导致无法报销入账或超预算支出，影响预算目标的实现；

（2）"总账科目""成本中心"等信息不准确，导致财务核算不准确，影响财务报告的准确性。

检查方法：

（1）比较职工教育经费年度预算安排与账面实际支出，检查是否存在超预算支出情况；

（2）线上检查选择的科目是否准确。

政策及制度依据：

《国家电网公司会计核算办法2014》[国网（财/2）469-2014]第十三章

3.2.2 C2关键控制：合同会签生效的检查

风险分析：

合同未经过有效审核，可能导致合同条款含糊不清，出现合同纠纷，造成法律风险及经济损失。

检查方法：

抽取经法系统业务合同，检查合同的有效性、准确性、完整性。例如：是否对不含税价、税率及税额进行了明确，同时在合同中约定了"若国家出台新的税收政策，则按新政策执行"；合同服务日期、合同签订日期是否符合逻辑，如是否存在合同倒签情况。

政策及制度依据：

《国家电网公司合同管理办法》[国网（法/2）134-2017]

3.2.3 C3关键控制：发票校验的检查

风险分析：

（1）业务人员提交报销单据不及时、未按要求进行分级审核，造成报销单据不合规；

（2）未按合同要求取得增值税专用发票，造成公司经济损失；

（3）发票信息不准确、不完整，导致报销单据不符合财务制度要求，造成资金损失；

（4）未对报销单据的完整性及报销事项与报销单据的一致性复核，可能导致财务数据失真；

（5）会计凭证编制未经有效审核，可能导致凭证编制错误未被及时发现，出现会计核算差错问题。

检查方法：

获取原始单据，检查其完整性、有效性、及时性，如报销原始单据时间是否符合逻辑、签批流程是否符合要求；培训费发票是否在非培训地点开具；是否存在五星级酒店、景区酒店费用；核对发票信息是否与审批表、费用明细金额一致。对于自行组织培训的情况检查要点如下：①培训费金额是否超过列支标准；②是否列支与培训无关的支出；③参会（培）人员签到簿是否存在笔迹雷同的情况，参培人员是否为公司员工。

政策及制度依据：

《国家电网有限公司会计基础管理办法》[国网（财/2）350-2018]

职工教育经费	业务经办部门：相关部门	流程编号：SG-SD0104-01
	归口管理部门：人力资源部	编制单位：国网山东省电力公司

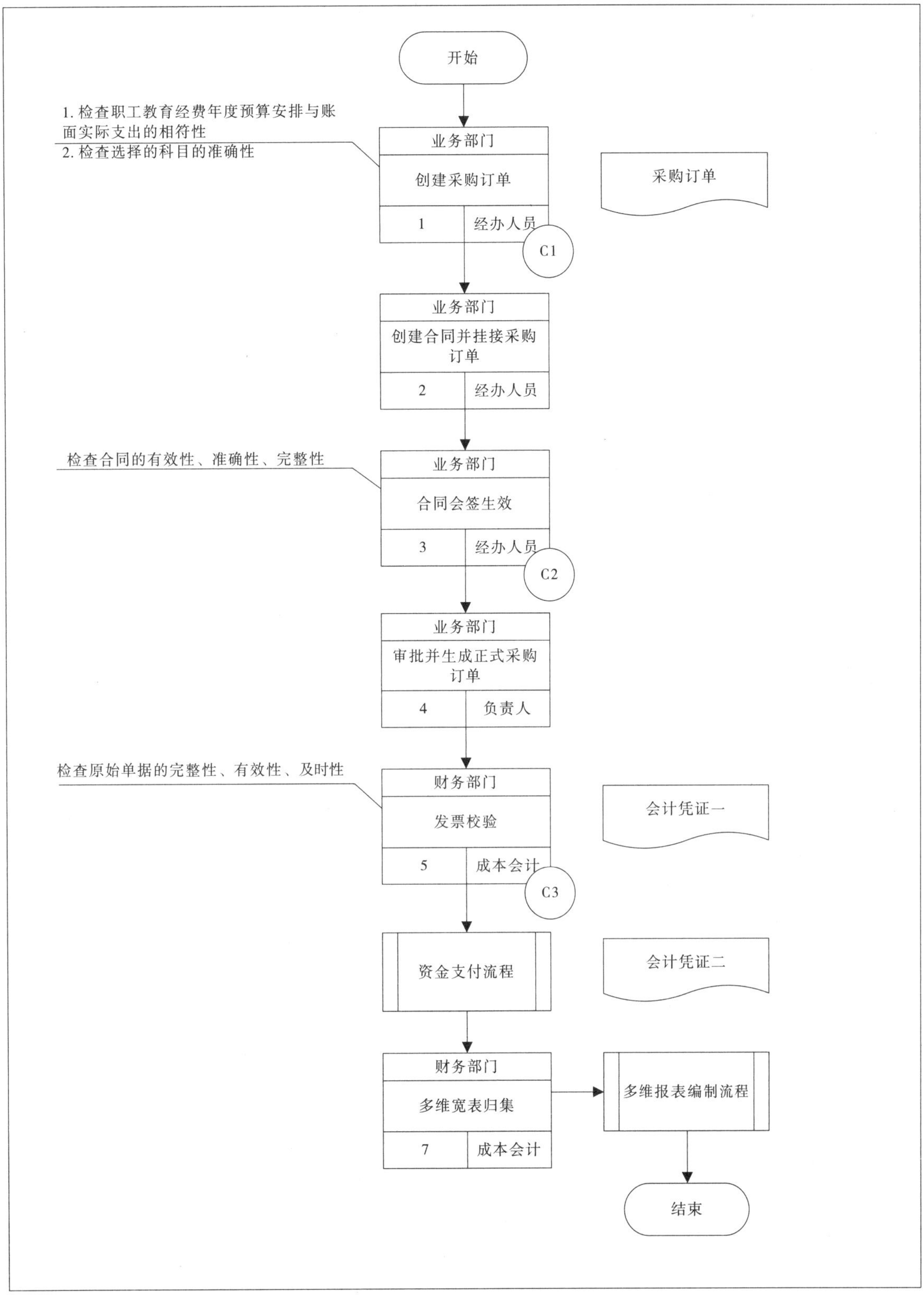

开始

1. 检查职工教育经费年度预算安排与账面实际支出的相符性
2. 检查选择的科目的准确性

业务部门 | 创建采购订单 | 1 | 经办人员 | C1

采购订单

业务部门 | 创建合同并挂接采购订单 | 2 | 经办人员

检查合同的有效性、准确性、完整性

业务部门 | 合同会签生效 | 3 | 经办人员 | C2

业务部门 | 审批并生成正式采购订单 | 4 | 负责人

检查原始单据的完整性、有效性、及时性

财务部门 | 发票校验 | 5 | 成本会计 | C3

会计凭证一

资金支付流程

会计凭证二

财务部门 | 多维宽表归集 | 7 | 成本会计

多维报表编制流程

结束

稽核——业务招待费

1. 编制目的

本节主要评估业务招待费报销业务的主要风险，确定关键控制点，并针对潜在的风险制定财务稽核检查方法，以指导各级财务稽核人员加强对此类业务的监督管理。

2. 适用范围

通过员工报销系统办理业务招待费报销业务。

3. 风险评估与检查方法

3.1 C1 关键控制：审核报销申请的检查

风险分析：

（1）报销申请未经有效审核，无法保证报销事项的真实性，报销单据填制的完整性、准确性及报销单据的合法性、合规性；

（2）未进行分级审核，经办人自行审核其所报销的费用，可能出现资金损失及舞弊风险；

（3）业务招待费无业务招待费审批单（接待清单），无派出单位公函或通知等，无法保证业务招待费的真实性、必要性。

检查方法：

（1）获取业务招待费报销单（员工报销系统导出）、业务招待费审批单（接待清单）、派出单位公函或通知、发票、银行 POS 单或银行明细截图（单笔支出金额超过 1 000 元需提供）。

（2）检查报销单信息的完整性、一致性及有效性。例如，接待陪同人员是否超标；报销发票是否合规（报销发票中是否存在营业性娱乐、健身场所，私人会所开具的发票以及景点门票、纪念品、土特产等发票；是否报销香烟、高档酒水等不合规费用）；公函、接待清单等原始资料是否齐全且合理；报销原始单据时间是否符合逻辑；等等。

（3）获取业务招待费审批单（接待清单）、派出单位公函或通知以及其他辅助单据，审核单据是否与公司实际业务相关。

政策及制度依据：

《国家电网有限公司会计基础管理办法》[国网（财 /2）350-2018] 第八条

3.2 C2 关键控制：生成报销凭证的检查

风险分析：

（1）会计凭证编制未经过有效审核，导致凭证编制错误未被及时发现，造成财务报表错报的风险；

（2）财务人员未对报销事项与报销单据的一致性及单据的完整性、有效性复核，可能导致财务数据失真；

（3）未按照规定选择对应科目，导致业务的真实性未得到反映，出现会计核算差错问题，影响财务报表的准确性。

检查方法：

（1）根据业务实质检查管控系统费用科目选择是否正确。

（2）检查原始单据是否完整、有效，如接待陪同人员是否超标；公函、接待清单等原始资料是否齐全且合理；是否报销香烟、高档酒水等不合规费用；报销发票中是否存在营业性娱乐、健身场所，私人会所开具的发票以及景点门票、纪念品、土特产等发票；报销原始单据时间是否符合逻辑；等等。

政策及制度依据：

《国家电网公司会计核算办法 2014》[国网（财/2）469-2014] 第十六章 第二节 第二十四条

《国家电网有限公司会计基础管理办法》[国网（财/2）350-2018] 第四十条、第五十四条

业务招待费	业务经办部门：相关部门	流程编号：SG-SD0105
	归口管理部门：办公室	编制单位：国网山东省电力公司

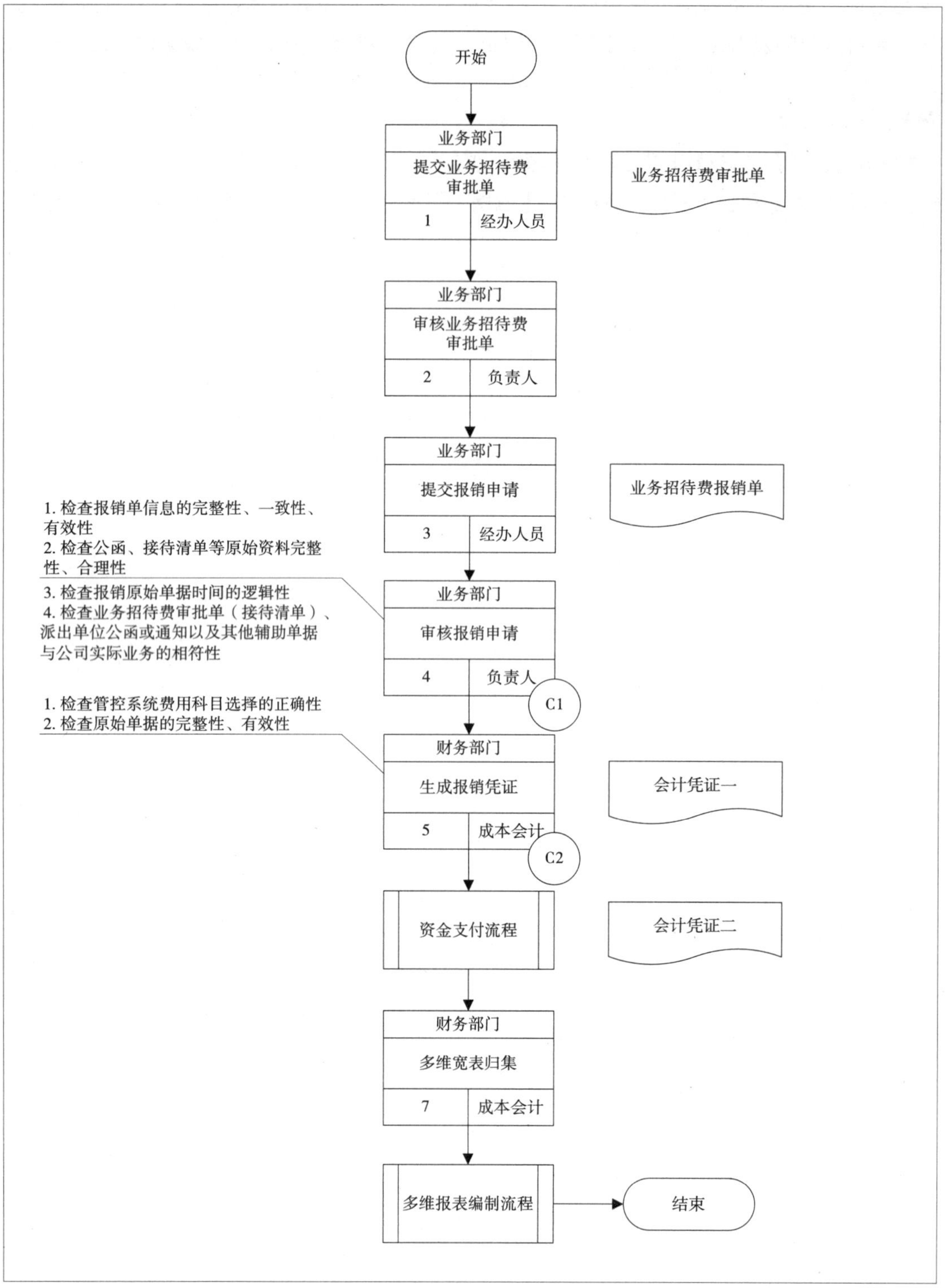

开始

业务部门
提交业务招待费审批单
1 经办人员
（业务招待费审批单）

业务部门
审核业务招待费审批单
2 负责人

业务部门
提交报销申请
3 经办人员
（业务招待费报销单）

业务部门
审核报销申请
4 负责人 C1

1. 检查报销单信息的完整性、一致性、有效性
2. 检查公函、接待清单等原始资料完整性、合理性
3. 检查报销原始单据时间的逻辑性
4. 检查业务招待费审批单（接待清单）、派出单位公函或通知以及其他辅助单据与公司实际业务的相符性

财务部门
生成报销凭证
5 成本会计 C2
（会计凭证一）

1. 检查管控系统费用科目选择的正确性
2. 检查原始单据的完整性、有效性

资金支付流程
（会计凭证二）

财务部门
多维宽表归集
7 成本会计

多维报表编制流程 → 结束

稽核——车辆使用费

1. 编制目的

本节主要评估车辆使用费的主要风险，确定关键控制点，明确财务稽核重点审核要点及方法，指导财务稽核人员加强对此类业务的监督管理。

2. 适用范围

通过员工报销系统办理车辆使用费业务（合同签订限额标准以下）；
通过 ERP 服务采购流程办理车辆使用费业务（合同签订限额标准以上）；
通过线上预付款办理车辆使用费（燃油费）业务。

3. 风险评估与检查方法

3.1 通过员工报销系统办理车辆使用费业务（合同签订限额标准以下）

3.1.1 C1 关键控制：审批车辆使用费报销申请的检查

风险分析：

（1）报销申请未经有效审核，可能导致报销事项缺乏真实性、准确性、合法性、合规性；

（2）报销申请未经有效审核，可能导致凭证编制错误不能被及时发现，影响财务报告的准确性。

检查方法：

（1）获取原始单据，检查原始单据的完整性、有效性，如报销原始单据时间是否符合逻辑；提供的油费、修理费、过路过桥费等车辆明细清单中是否包含非本单位使用的车辆。

（2）检查是否将生产用车辆与公务用车辆使用费混淆。

（3）检查车辆使用费报销清单中是否存在向业务外包驾驶员发放出车补贴的单据。

（4）检查停车记录是否合规等。

政策及制度依据：

《国家电网公司会计核算办法 2014》[国网（财/2）469-2014]第十六章 第二节 45. 车辆使用费

3.1.2 C2 关键控制：审核报销申请和相关单据，生成报销凭证的检查

风险分析：

会计凭证未经有效审核，导致凭证编制错误未被及时发现，影响财务报告的准确性。

检查方法：

（1）获取原始单据，检查其完整性、有效性、及时性，如报销原始单据时间是否符合逻辑、签批流程是否符合要求等。

（2）抽查会计凭证，检查凭证是否经过会计主管审核。会计凭证是否规范、正确，主要包括摘要内容、会计科目、信息维度等。

车辆使用费

业务经办部门：相关部门	流程编号：SG-SD0106
归口管理部门：后勤部、综合服务中心	编制单位：国网山东省电力公司

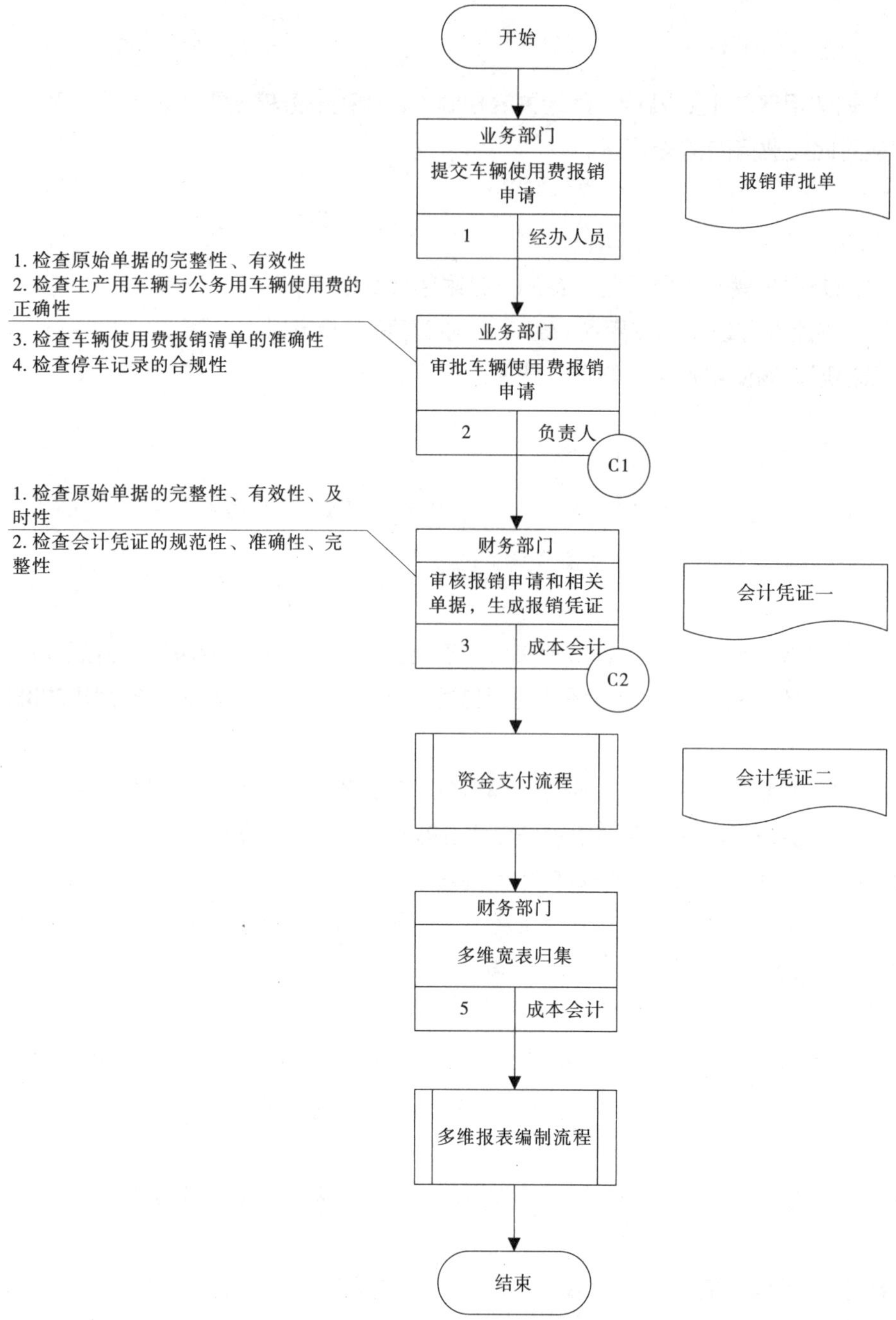

开始

业务部门
提交车辆使用费报销申请
1 经办人员
（报销审批单）

1. 检查原始单据的完整性、有效性
2. 检查生产用车辆与公务用车辆使用费的正确性
3. 检查车辆使用费报销清单的准确性
4. 检查停车记录的合规性

业务部门
审批车辆使用费报销申请
2 负责人
C1

1. 检查原始单据的完整性、有效性、及时性
2. 检查会计凭证的规范性、准确性、完整性

财务部门
审核报销申请和相关单据，生成报销凭证
3 成本会计
C2
（会计凭证一）

资金支付流程
（会计凭证二）

财务部门
多维宽表归集
5 成本会计

多维报表编制流程

结束

3.2 通过 ERP 服务采购流程办理车辆使用费业务（合同签订限额标准以上）

3.2.1 C1 关键控制：创建采购订单的检查

风险分析：

（1）采购服务超预算资金，可能导致无法报销入账或超预算支出，影响预算目标的实现；

（2）“总账科目”“成本中心”等信息不准确，导致财务核算不准确，影响财务报告的准确性。

检查方法：

（1）比较车辆使用费年度预算安排与账面实际支出，查看是否存在超预算支出情况；

（2）线上检查选择的科目是否准确。

政策及制度依据：

《国家电网公司会计核算办法 2014》[国网（财 /2）469-2014] 第十六章 第二节 第四十五条

3.2.2 C2 关键控制：合同会签生效的检查

风险分析：

合同未经过有效审核，可能导致合同条款含糊不清，出现合同纠纷，造成法律风险及经济损失。

检查方法：

抽取经法系统业务合同，检查合同的有效性、准确性、完整性，如是否对不含税价、税率及税额进行了明确，同时在合同中约定了“若国家出台新的税收政策，则按新政策执行”。

3.2.3 C3 关键控制：发票校验的检查

风险分析：

（1）业务人员提交报销单据不及时、未按要求进行分级审核，造成报销单据不真实、不合规；

（2）发票信息不准确、不完整，导致报销单据不符合财务制度要求，造成资金损失。

检查方法：

（1）获取原始单据，检查其完整性、有效性、及时性，如报销原始单据时间是否符合逻辑、签批流程是否符合要求；

（2）核对发票信息是否与合同、报销审批单信息一致。

政策及制度依据：

《国家电网有限公司会计基础管理办法》[国网（财 /2）350-2018] 第四章 第三节 第五十四条

车辆使用费

车辆使用费	业务经办部门：相关部门	流程编号：SG-SD0106
	归口管理部门：后勤部、综合服务中心	编制单位：国网山东省电力公司

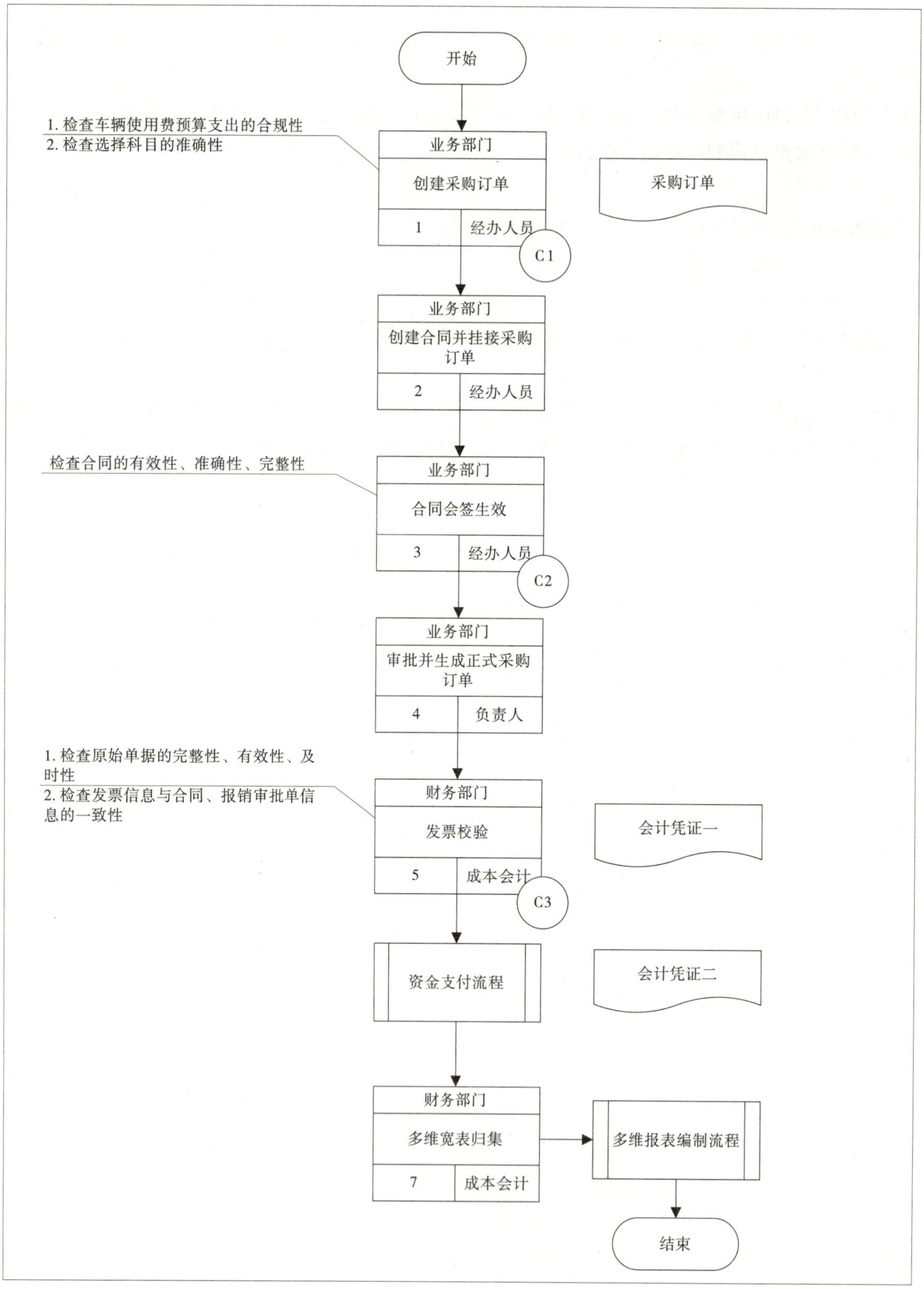

开始

1. 检查车辆使用费预算支出的合规性
2. 检查选择科目的准确性

业务部门
创建采购订单
1 经办人员
C1

采购订单

业务部门
创建合同并挂接采购订单
2 经办人员

检查合同的有效性、准确性、完整性

业务部门
合同会签生效
3 经办人员
C2

业务部门
审批并生成正式采购订单
4 负责人

1. 检查原始单据的完整性、有效性、及时性
2. 检查发票信息与合同、报销审批单信息的一致性

财务部门
发票校验
5 成本会计
C3

会计凭证一

资金支付流程

会计凭证二

财务部门
多维宽表归集
7 成本会计

多维报表编制流程

结束

3.3 通过线上预付款办理车辆使用费（燃油费）业务

3.3.1 C1 关键控制：审批车辆使用费资金支付（预付）申请单的检查

风险分析：

（1）支付事项未纳入月度资金预算，导致无预算付款，影响预算目标的实现；

（2）车辆使用费资金支付（预付）申请单缺乏有效分级审核，可能导致车辆使用费缺乏真实性、必要性。

检查方法：

（1）检查相关预算，确认支付事项是否已纳入月度资金预算。

（2）检查资金支付（预付）申请单签字是否齐全，是否按照分级授权标准进行签批。

3.3.2 C2 关键控制：发起车辆使用费报销申请的检查

风险分析：

（1）提供的油费、高速公路通行费明细清单中出现非本单位使用的车辆，造成资金损失；

（2）车辆使用费报销明细清单中混淆生产用车与公务用车，导致费用归集不合规；

（3）车辆使用费报销清单中存在向业务外包驾驶员发放出车补贴的单据，导致费用报销不合规，造成资金损失；

（4）公务用车费用超过综合计划年度预算，影响预算目标的实现。

检查方法：

（1）获取车辆使用费报销单及辅助单据，审核单据内容是否与公司实际业务相关、报销单信息与辅助单据是否相一致，如报销时提供的油费、修理费、过路过桥费等车辆明细清单中是否出现非本单位使用的车辆；

（2）车辆使用费报销明细清单中是否混淆生产用车与公务用车；

（3）车辆使用费报销清单中是否存在向业务外包驾驶员发放出车补贴的单据；

（4）公务用车费用是否超过综合计划年度预算。

政策及制度依据：

《国家电网公司报销管理办法》[国网（财 /2）194-2014] 第二十二条

《国家电网公司原始凭证管理办法》[国网（财 /2)349-2014] 第四章 第二节 第二十五条

3.3.3 C3 关键控制：审核报销申请和相关单据，生成报销凭证的检查

风险分析：

（1）报销申请未经有效审核，可能导致报销事项缺乏真实性、准确性、合法性、合规性；

（2）报销申请未经有效审核，可能导致凭证编制错误不能被及时发现，影响财务报告的准确性。

检查方法：

（1）获取车辆使用费报销单及辅助单据，审核单据内容是否与公司实际业务相关、报销单信息与辅助单据是否相一致；

（2）审核签批程序是否到位，如报销时提供的油费是否出现非本单位使用的车辆；

（3）车辆使用费报销明细清单中是否混淆生产用车与公务用车；

（4）车辆使用费报销清单中是否存在向业务外包驾驶员发放出车补贴的单据；

（5）公务用车费用是否超过综合计划年度预算。

车辆使用费

业务经办部门：相关部门	流程编号：SG－SD0106
归口管理部门：后勤部、综合服务中心	编制单位：国网山东省电力公司

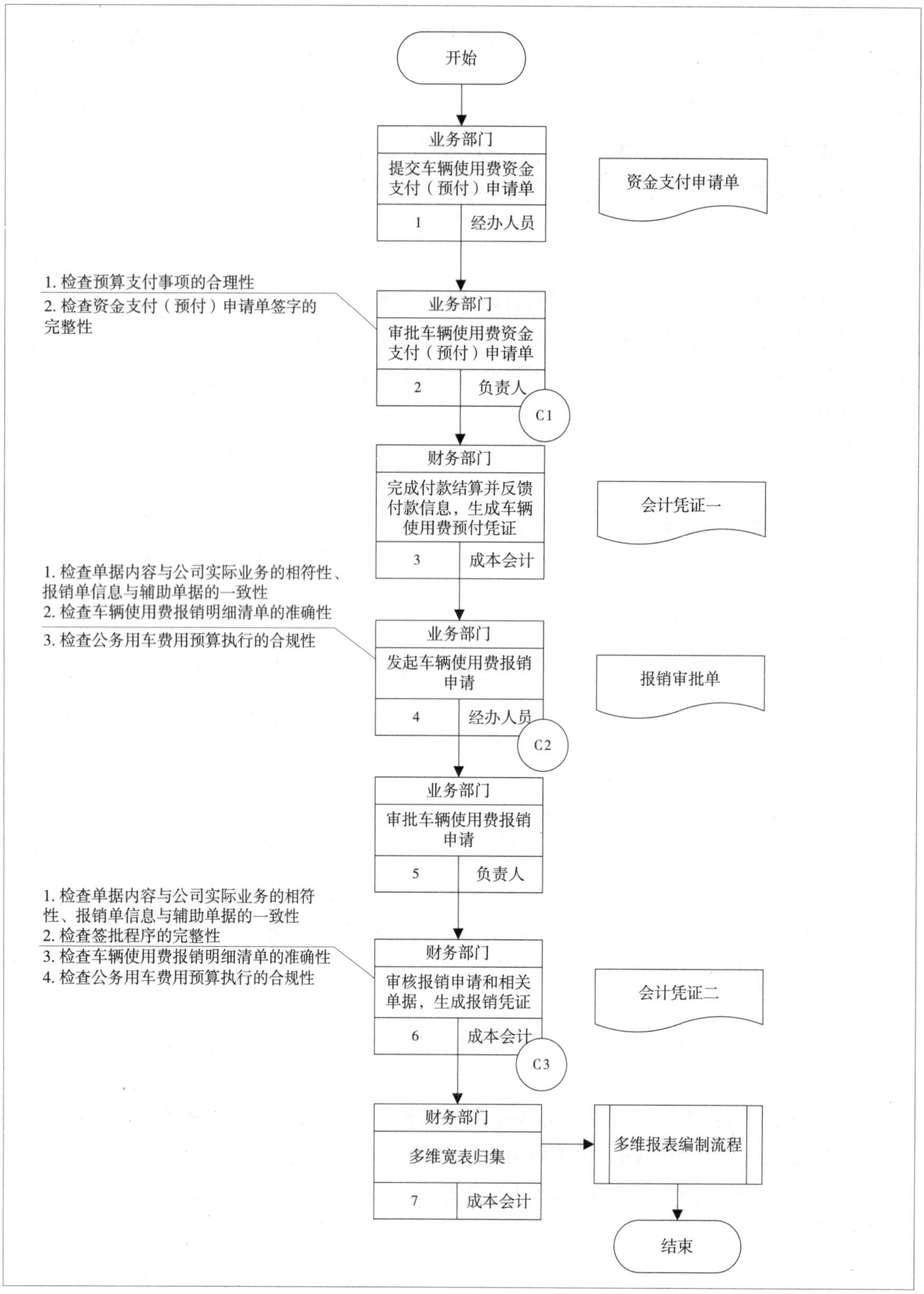

开始

业务部门
提交车辆使用费资金支付（预付）申请单
1 经办人员
→ 资金支付申请单

1. 检查预算支付事项的合理性
2. 检查资金支付（预付）申请单签字的完整性

业务部门
审批车辆使用费资金支付（预付）申请单
2 负责人
C1

财务部门
完成付款结算并反馈付款信息，生成车辆使用费预付凭证
3 成本会计
→ 会计凭证一

1. 检查单据内容与公司实际业务的相符性、报销单信息与辅助单据的一致性
2. 检查车辆使用费报销明细清单的准确性
3. 检查公务用车费用预算执行的合规性

业务部门
发起车辆使用费报销申请
4 经办人员
C2
→ 报销审批单

业务部门
审批车辆使用费报销申请
5 负责人

1. 检查单据内容与公司实际业务的相符性、报销单信息与辅助单据的一致性
2. 检查签批程序的完整性
3. 检查车辆使用费报销明细清单的准确性
4. 检查公务用车费用预算执行的合规性

财务部门
审核报销申请和相关单据，生成报销凭证
6 成本会计
C3
→ 会计凭证二

财务部门
多维宽表归集
7 成本会计
→ 多维报表编制流程

结束

稽核——备用金

1. 编制目的

本节主要评估办理备用金支出业务的主要风险，确定关键控制点，并针对潜在的风险制定财务稽核检查方法，以指导各级财务稽核人员加强对此类业务的监督管理。

2. 适用范围

通过员工报销系统办理备用金业务。

3. 风险评估与检查方法

3.1 C1 关键控制：审核借款申请的检查

风险分析：

（1）备用金未当月归还，未及时清理，导致资金被挪用，影响资金周转；

（2）备用金审核不严格，非本单位正式员工借用备用金，导致企业资金流出企业，造成坏账损失；

（3）未执行“一事一借、清旧借新”的原则办理备用金借款，备用金科目月底未清零，导致资金被挪用。

检查方法：

获取借款单，检查是否包括借款人姓名、所在部门、借款理由、借款金额、借款日期等信息，借款单审批流程是否规范完备，借款事由是否与借款人职务范围相匹配。

政策及制度依据：

《国家电网有限公司会计基础管理办法》[国网（财 /2）350-2018] 附件：《电网企业经济业务审核手册》

3.2 C2 关键控制：审核借款申请，并生成会计凭证的检查

风险分析：

参见相关费用报销涉及的风险点。

检查方法：

参见相关费用报销检查方法。

3.3 C3 关键控制：审核核销借款申请的检查

风险分析：

参见相关费用报销涉及的风险点。

检查方法：

参见相关费用报销检查方法。

备用金	业务经办部门：相关部门	流程编号：SG－SD0107
	归口管理部门：办公室	编制单位：国网山东省电力公司

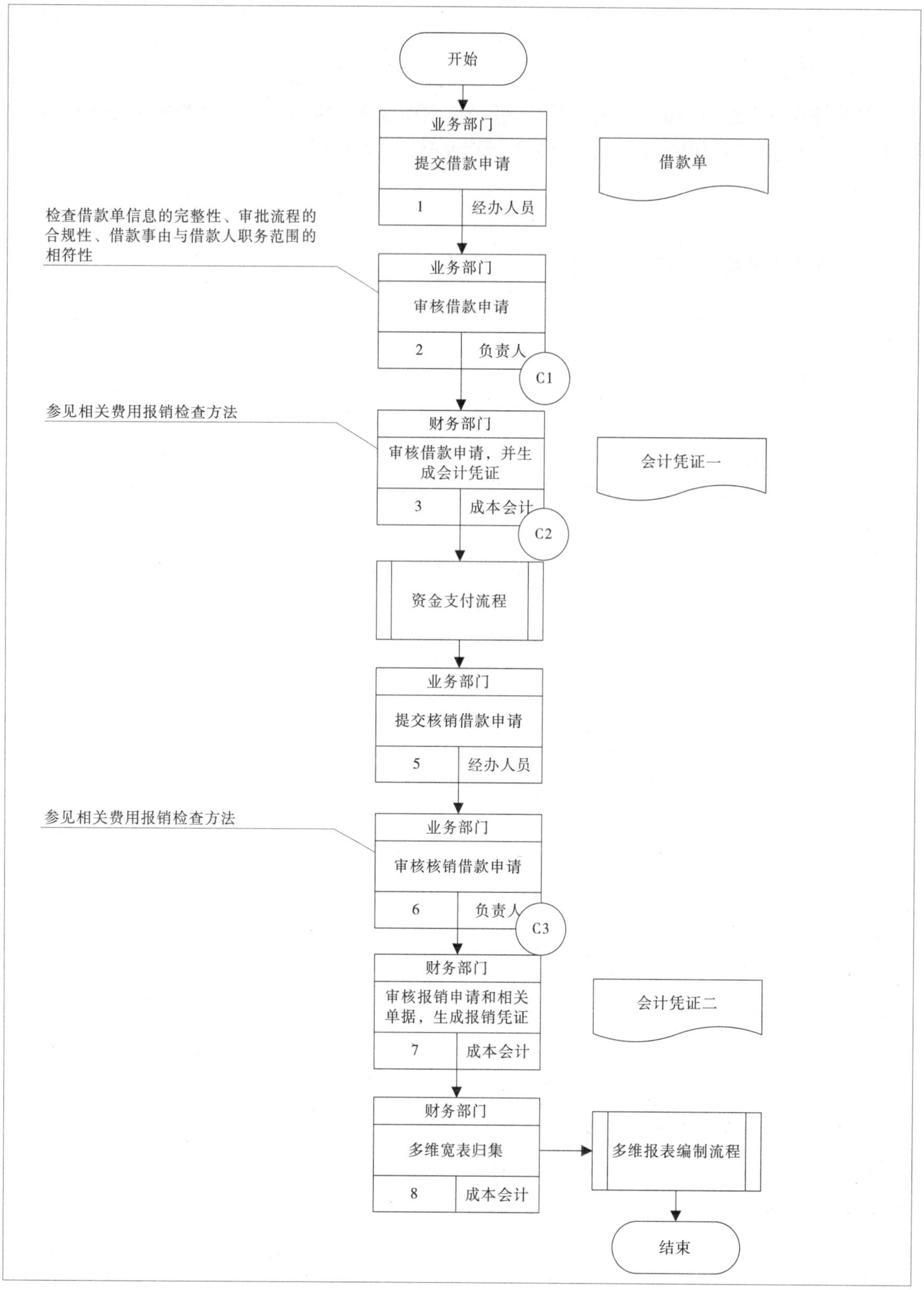

稽核——中介费

1. 编制目的

本节主要评估中介费服务采购、报销业务的主要风险，确定关键控制点，并针对潜在的风险制定财务稽核检查方法，以指导各级财务稽核人员加强对此类业务的监督管理。

2. 适用范围

通过 ERP 服务采购流程办理中介费等服务采购业务（合同签订限额标准以上）；

通过员工报销系统办理中介费等日常报销业务（合同签订限额标准以下）。

3. 风险评估与检查方法

3.1 通过 ERP 服务采购流程办理中介费等服务采购业务（合同签订限额标准以上）

3.1.1 C1 关键控制：创建采购订单的检查

风险分析：

（1）中介费支出超年度预算安排，造成无法报销入账或超预算支出风险；

（2）“总账科目”“成本中心”等信息不准确，导致财务核算不准确，影响财务报告的准确性。

检查方法：

（1）获取年度预算；

（2）比较中介费年度预算安排与账面实际支出，检查是否存在超预算支出情况；

（3）线上检查选择的科目是否准确。

政策及制度依据：

《国家电网公司会计核算办法 2014》[国网（财 /2）469-2014] 第十六章 第二节 25. 中介费

3.1.2 C2 关键控制：合同会签生效的检查

风险分析：

合同未经过有效审核，导致合同条款含糊不清，容易出现合同纠纷。

检查方法：

（1）获取经法系统业务合同或协议；

（2）检查合同或协议的有效性、准确性、完整性，如是否对不含税价、税率及税额进行了明确，同时在合同中约定了“若国家出台新的税收政策，则按新政策执行”。

政策及制度依据：

未列明。

3.1.3 C3 关键控制：发票校验的检查

风险分析：

（1）获取报销审批单、费用审批表、发票及明细；

（2）业务人员提交报销单据不及时、未按要求进行分级审核，造成报销单据不合规；

（3）发票信息不准确、不完整，导致报销单据不符合财务制度要求，造成税务风险。

检查方法：

获取原始单据，检查其完整性、有效性、及时性，如报销原始单据时间是否符合逻辑、签批流程是否符合要求等。

政策及制度依据：

《国家电网有限公司会计基础管理办法》[国网（财 /2）350-2018] 第四章 第三节 第五十四条

中介费	业务经办部门：相关部门	流程编号：SG-SD0108
	归口管理部门：相关部门	编制单位：国网山东省电力公司

开始

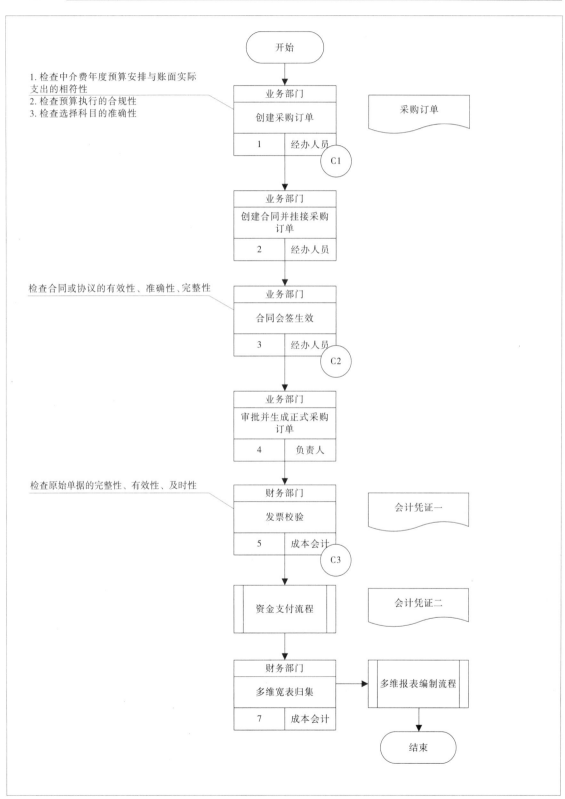

1. 检查中介费年度预算安排与账面实际支出的相符性
2. 检查预算执行的合规性
3. 检查选择科目的准确性

业务部门 | 创建采购订单 | 1 | 经办人员 | C1

采购订单

业务部门 | 创建合同并挂接采购订单 | 2 | 经办人员

检查合同或协议的有效性、准确性、完整性

业务部门 | 合同会签生效 | 3 | 经办人员 | C2

业务部门 | 审批并生成正式采购订单 | 4 | 负责人

检查原始单据的完整性、有效性、及时性

财务部门 | 发票校验 | 5 | 成本会计 | C3

会计凭证一

资金支付流程

会计凭证二

财务部门 | 多维宽表归集 | 7 | 成本会计

多维报表编制流程

结束

3.2 通过员工报销系统办理中介费等日常报销业务（合同签订限额标准以下）

3.2.1 C1 关键控制：审核中介费报销申请的检查

风险分析：

（1）费用审批表未经有效审核，导致中介费不符合报销要求，存在超范围、虚假列支中介费的可能；

（2）中介费支出超年度预算安排，造成无法报销入账或超预算支出的风险。

检查方法：

（1）获取年度预算、报销审批单、发票及明细、合同或协议、费用审批表；

（2）审核中介费的合理性；

（3）审核中介费是否符合列支范围，如检查中介费事项是否与公司实际业务相关；

（4）比较中介费年度预算安排与账面实际支出，检查是否存在超预算支出情况。

政策及制度依据：

《国网山东省电力公司本部办公物资管理办法》（鲁电后勤［2016］740 号）第一章 第二条

《国家电网公司会计核算办法 2014》［国网（财/2）469-2014］第十六章 第二节 25. 中介费

3.2.2 C2 关键控制：审核报销申请和相关单据，生成报销凭证的检查

风险分析：

（1）财务人员未对报销事项与报销单据的一致性及单据的完整性、有效性复核，可能导致财务数据不准确；

（2）会计凭证编制未得到恰当审核，导致凭证编制错误不能被及时发现，造成财务报表错报的风险。

检查方法：

（1）获取原始单据，检查其完整性、有效性、及时性，如报销原始单据时间是否符合逻辑、签批流程是否符合要求等；

（2）通过抽查会计凭证，检查凭证是否经过会计主管审核；会计凭证是否规范、正确，主要包括摘要内容、会计科目、信息维度等。

政策及制度依据：

《国家电网有限公司会计基础管理办法》［国网（财/2）350-2018］第三节 第五十四条

中介费

业务经办部门：相关部门	流程编号：SG-SD0108
归口管理部门：相关部门	编制单位：国网山东省电力公司

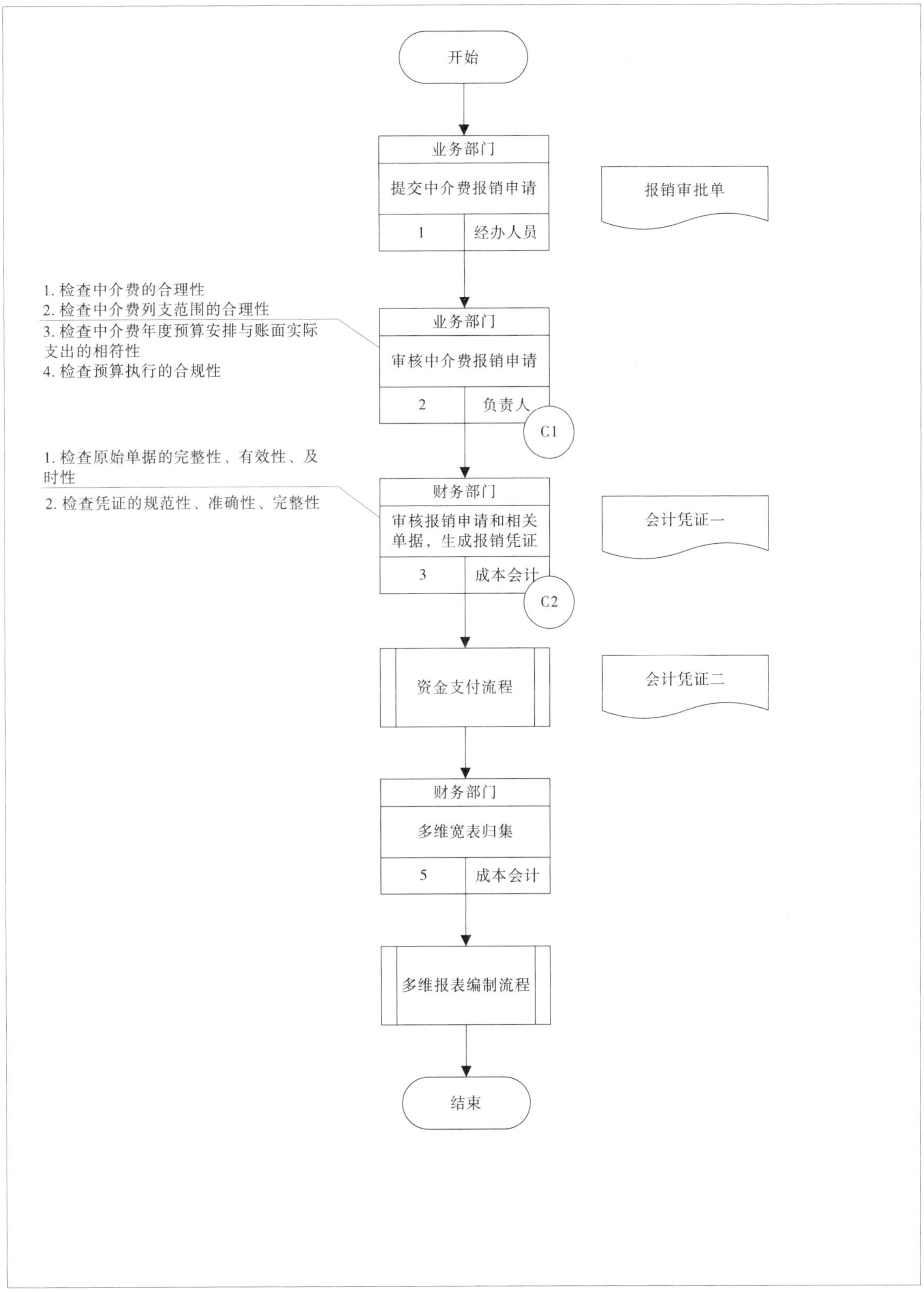

开始

↓

业务部门
提交中介费报销申请
1 经办人员
（报销审批单）

↓

业务部门
审核中介费报销申请
2 负责人 C1

1. 检查中介费的合理性
2. 检查中介费列支范围的合理性
3. 检查中介费年度预算安排与账面实际支出的相符性
4. 检查预算执行的合规性

↓

财务部门
审核报销申请和相关单据，生成报销凭证
3 成本会计 C2
（会计凭证一）

1. 检查原始单据的完整性、有效性、及时性
2. 检查凭证的规范性、准确性、完整性

↓

资金支付流程
（会计凭证二）

↓

财务部门
多维宽表归集
5 成本会计

↓

多维报表编制流程

↓

结束

稽核——地方政府收费

1. 编制目的

本节主要评估地方政府收费的主要风险，确定关键控制点，明确财务稽核重点审核要点及方法，指导财务稽核人员加强对此类业务的监督管理。

2. 适用范围

通过 ERP、财务管控系统办理残保金的审核报销业务。

3. 风险评估与检查方法

3.1 C1 关键控制：审批残保金报销申请（或资金支付申请表）的检查

风险分析：

（1）报销申请未经有效审核，无法保证报销事项的真实性、报销单据填制的准确性以及报销单据的合法性、合规性；

（2）报销申请未得到恰当审核，导致凭证编制错误不能被及时发现，增加财务报表发生错报的风险；

（3）财务人员未对报销事项与报销单据的一致性及单据的完整性、有效性复核，可能导致财务数据不准确。

检查方法：

检查原始单据的完整性、有效性。

政策及制度依据：

《国家电网公司会计核算办法 2014》[国网（财 /2）469-2014] 第十六章

3.2 C2 关键控制：审核报销申请，并生成报销凭证的检查

风险分析：

（1）报销申请未经有效审核，无法保证报销事项的真实性、报销单据填制的准确性以及报销单据的合法性、合规性；

（2）报销申请未得到恰当审核导致凭证编制错误不能被及时发现，增加财务报表发生错报的风险；

（3）财务人员未对报销事项与报销单据的一致性及单据的完整性、有效性复核，可能导致财务数据不准确。

检查方法：

检查原始单据的完整性、有效性。

政策及制度依据：

《国家电网公司原始凭证管理办法》[国网（财 /2)349-2014] 第二章

3.3 C3 关键控制：发起残保金付款申请，执行付款结算流程的检查

风险分析：

报销申请未经有效审核，无法保证报销事项的真实性，报销单据填制的完整性、准确性及报销单据的合法性、合规性。

检查方法：

检查审批单是否按照分级授权标准进行签批；检查报销单信息的填写是否完整，单据之间内容的一致性及有效性；检查费用计算是否准确。

政策及制度依据：

《国家电网公司会计核算办法 2014》[国网（财/2）469-2014] 第十六章

3.4 C4 关键控制：结束支付状态信息，生成残保金结算凭证（会计凭证二）的检查

风险分析：

（1）会计凭证编制未进行恰当审核，导致凭证编制错误未被及时发现，增加财务报表发生错报的风险；

（2）财务人员未对报销事项与报销单据的一致性及单据的完整性、有效性复核，可能导致财务数据失真；

（3）未按照规定选择对应科目，导致业务的真实性未得到反映，出现会计核算差错问题，影响财务报表的准确性。

检查方法：

（1）获取人资部门人员花名册，核对员工所属的部门，确认成本中心人员名单选择准确无误；

（2）根据业务实质检查管控系统费用科目选择的正确性；

（3）获取在职工花名册、全年工资表，检查残保金计算的准确性。

政策及制度依据：

《国家电网公司会计核算办法 2014》[国网（财/2）469-2014] 第十六章

《国家电网有限公司会计基础管理办法》[国网（财/2）350-2018] 附件：《电网企业经济业务审核手册》二、成本费用业务

地方政府收费

业务经办部门：人资部门、后勤部门等	流程编号：SG-SD0109-01
归口管理部门：人资部门、后勤部门等	编制单位：国网山东省电力公司

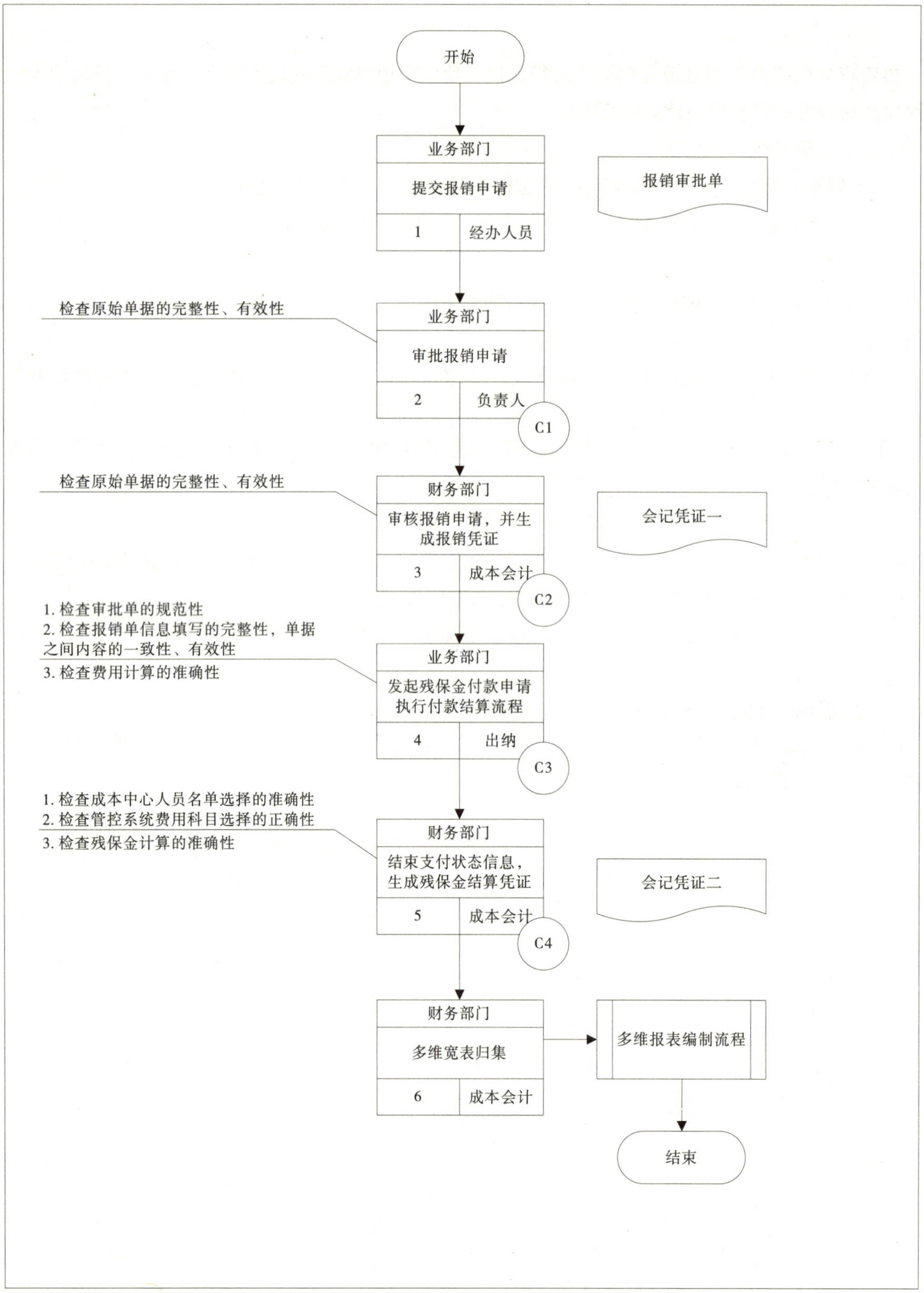

开始

业务部门
提交报销申请
1 经办人员
（报销审批单）

检查原始单据的完整性、有效性

业务部门
审批报销申请
2 负责人
C1

检查原始单据的完整性、有效性

财务部门
审核报销申请，并生成报销凭证
3 成本会计
C2
（会记凭证一）

1. 检查审批单的规范性
2. 检查报销单信息填写的完整性，单据之间内容的一致性、有效性
3. 检查费用计算的准确性

业务部门
发起残保金付款申请执行付款结算流程
4 出纳
C3

1. 检查成本中心人员名单选择的准确性
2. 检查管控系统费用科目选择的正确性
3. 检查残保金计算的准确性

财务部门
结束支付状态信息，生成残保金结算凭证
5 成本会计
C4
（会记凭证二）

财务部门
多维宽表归集
6 成本会计
→ 多维报表编制流程

结束

稽核——政府补助

1. 编制目的

本节主要评估办理政府补助业务的主要风险，确定关键控制点，并针对潜在的风险制定财务稽核检查方法，以指导各级财务稽核人员加强对此类业务的监督管理。

2. 适用范围

通过通用业务单据办理政府补助业务。

3. 风险评估与检查方法

3.1 C1 关键控制：审核确认申请的检查

风险分析：

收入确认申请未经有效审核，入账依据不充分，可能导致企业虚增收入。

检查方法：

检查政府部门批复的文件是否加盖政府部门公章；检查补助协议是否包括补助金额、补助形式、补助用途等信息。

政策及制度依据：

《国家电网有限公司会计基础管理办法》[国网（财 /2）350-2018] 附件：《电网企业经济业务审核手册》

3.2 C2 关键控制：审核并生成报销凭证的检查

风险分析：

财务人员未对收入进行及时确认，导致延迟，影响财务报告的准确性。

检查方法：

（1）根据业务实质检查通用业务单据科目选择的正确性；

（2）获取原始单据，检查其完整性、有效性；

（3）检查政府部门批复的文件、通知、说明等，检查补助协议，确认入账依据是否充分。

政策及制度依据：

《国家电网有限公司会计基础管理办法》[国网（财 /2）350-2018] 附件：《电网企业经济业务审核手册》

3.3 C3 关键控制：完成收款结算并反馈收款信息的检查

风险分析：

财务人员未检查收款金额与入账金额，导致账实不符。

检查方法：

通过检查收款业务，获取银行对账单，检查是否存在与账务不一致的现象。

政府补助	业务经办部门：人资部门、后勤部门等	流程编号：SG-SD0109-02
	归口管理部门：人资部门、后勤部门等	编制单位：国网山东省电力公司

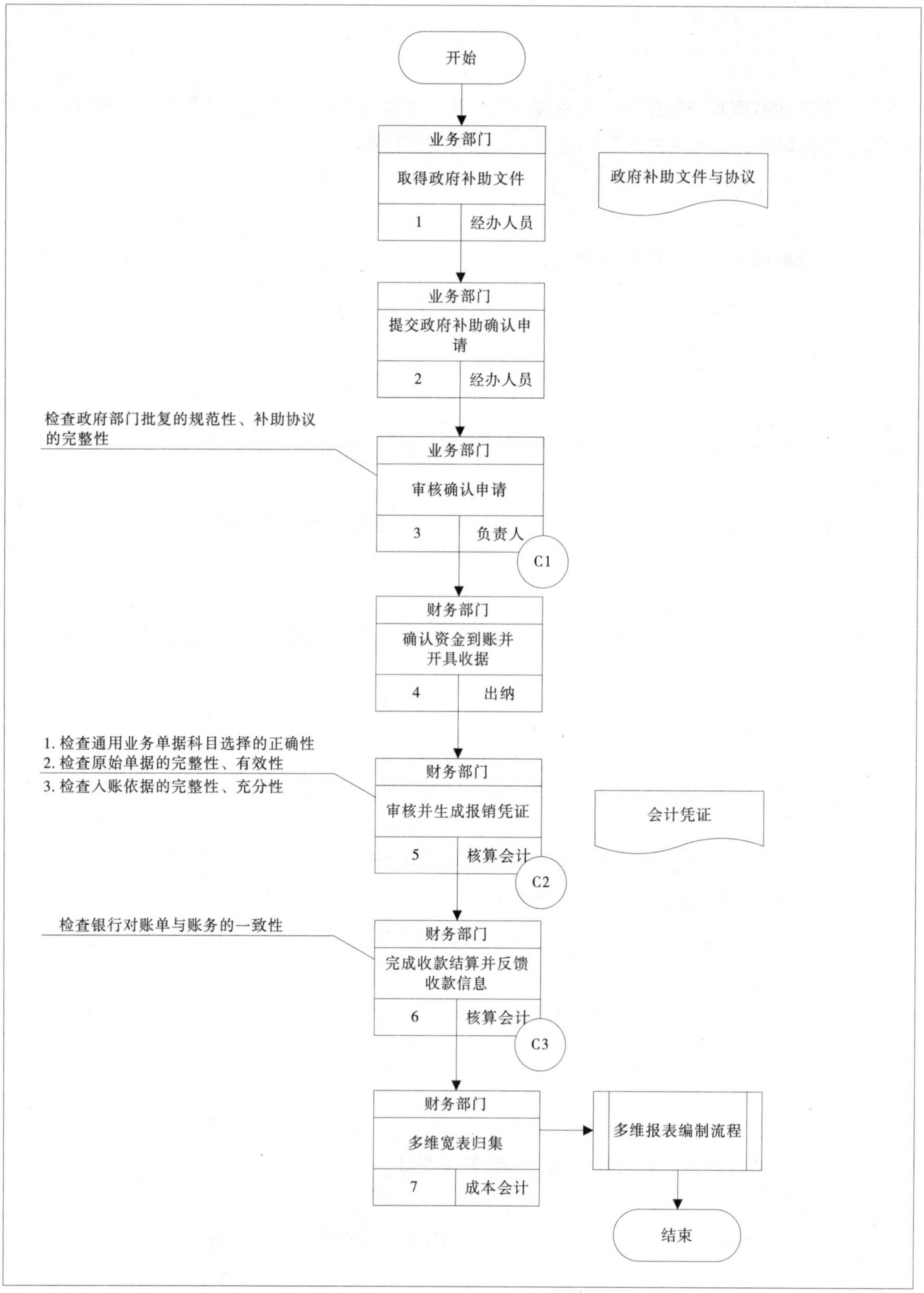

开始

1. 业务部门 — 取得政府补助文件 — 经办人员（政府补助文件与协议）
2. 业务部门 — 提交政府补助确认申请 — 经办人员
3. 业务部门 — 审核确认申请 — 负责人（C1）
   - 检查政府部门批复的规范性、补助协议的完整性
4. 财务部门 — 确认资金到账并开具收据 — 出纳
5. 财务部门 — 审核并生成报销凭证 — 核算会计（C2）（会计凭证）
   - 1. 检查通用业务单据科目选择的正确性
   - 2. 检查原始单据的完整性、有效性
   - 3. 检查入账依据的完整性、充分性
6. 财务部门 — 完成收款结算并反馈收款信息 — 核算会计（C3）
   - 检查银行对账单与账务的一致性
7. 财务部门 — 多维宽表归集 — 成本会计 → 多维报表编制流程

结束

稽核——工会经费

1. 编制目的

本节主要评估工会经费业务的主要风险，确定关键控制点，并针对潜在的风险制定财务稽核检查方法，以指导各级财务稽核人员加强对此类业务的监督管理。

2. 适用范围

通过 ERP 系统完成工会经费计提、付款业务。

3. 风险评估与检查方法

3.1 通过 ERP 系统完成工会经费计提、付款业务

3.1.1 C1 关键控制：审核工会经费计提单，生成计提凭证的检查

风险分析：

工资业务未经过有效审核，无法保证明细数据的真实性和合规性。

检查方法：

（1）获取凭证事由说明单或工会经费计提汇总表；

（2）检查工会经费是否经过有效审核，检查工会经费是否计提准确。

政策及制度依据：

《国家电网有限公司会计基础管理办法》[国网（财 /2）350-2018] 第八条

3.2 C2 关键控制：取得专用收据，办理上缴业务的检查

风险分析：

（1）工会经费计提数与上缴数不一致，影响报表的准确性；

（2）制单人未签章，归口管理部门、财务部门负责人未审核并签字，无法保证业务的合理性、合规性。

检查方法：

（1）检查科目汇总表借贷方数据是否一致；

（2）检查资金支付申请表信息填写是否完整、准确，审批是否合规。

政策及制度依据：

《国家电网有限公司会计基础管理办法》[国网（财 /2）350-2018] 第八条

工会经费

业务经办部门：人资部门、后勤部门等	流程编号：SG-SD0110-01
归口管理部门：人资部门、后勤部门等	编制单位：国网山东省电力公司

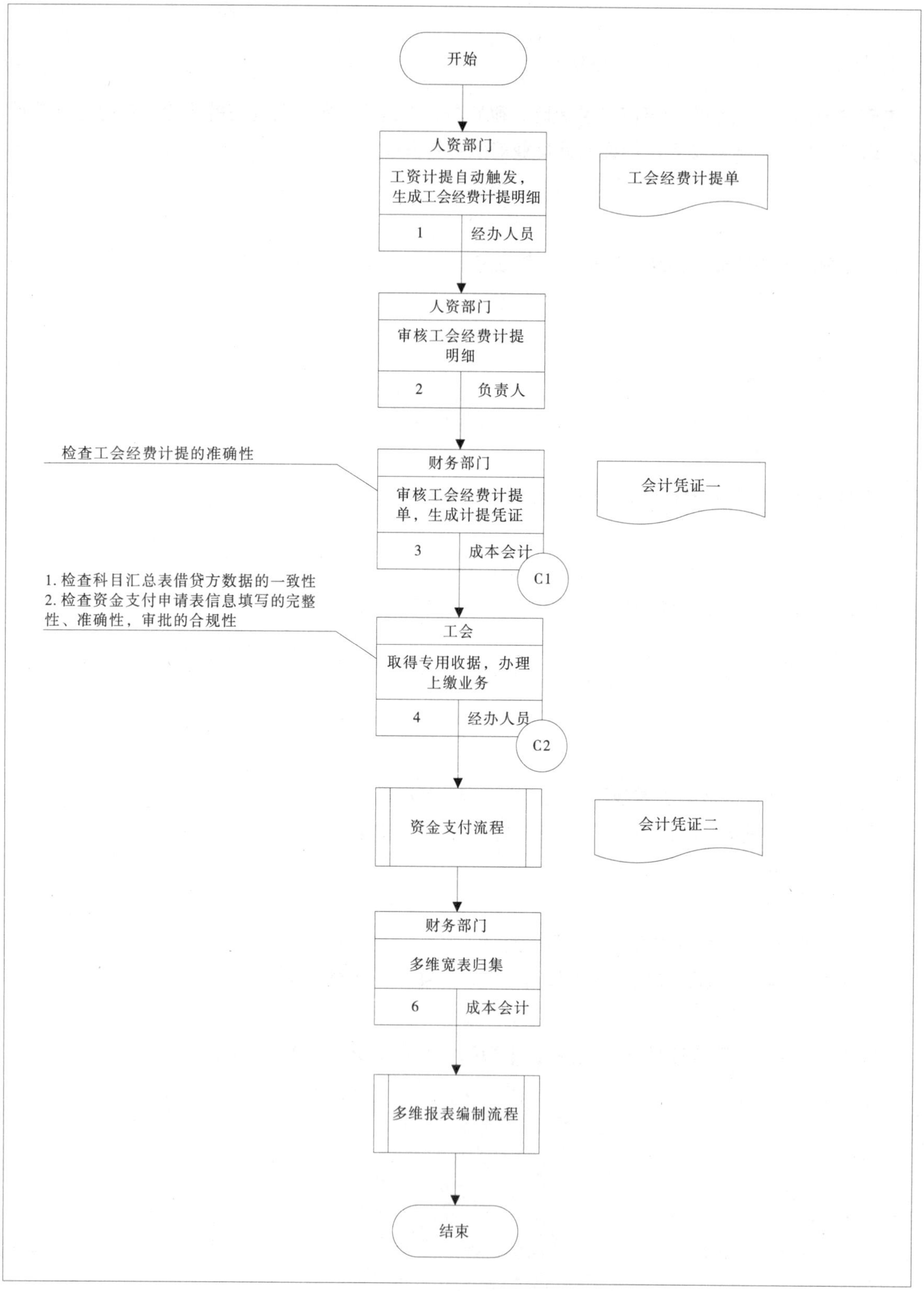

开始

人资部门
工资计提自动触发，生成工会经费计提明细
1 经办人员
（工会经费计提单）

人资部门
审核工会经费计提明细
2 负责人

财务部门
审核工会经费计提单，生成计提凭证
3 成本会计
（会计凭证一）
C1：检查工会经费计提的准确性

工会
取得专用收据，办理上缴业务
4 经办人员
C2：
1. 检查科目汇总表借贷方数据的一致性
2. 检查资金支付申请表信息填写的完整性、准确性，审批的合规性

资金支付流程
（会计凭证二）

财务部门
多维宽表归集
6 成本会计

多维报表编制流程

结束

稽核——资产出租

1. 编制目的

本节主要评估出租资产业务的主要风险，确定关键控制点，并针对潜在的风险制定财务稽核检查方法，以指导各级财务稽核人员加强对此类业务的监督管理。

2. 适用范围

通过 ERP 系统处理资产出租业务。

3. 风险评估与检查方法

3.1 通过 ERP 系统处理资产出租业务

3.1.1 C1 关键控制：履行审批程序的检查

风险分析：

资产出租未履行规范的审批流程，存在合规风险，造成资产管理不规范。

检查方法：

（1）获取办公会决议文件、资产出租请示；

（2）检查资产出租是否履行审批程序。

政策及制度依据：

《国家电网有限公司固定资产管理办法》[国网（财 /2）593-2018] 第四章 固定资产变动 第二十九条到第三十一条

《国家电网公司无形资产管理办法》[国网（财 /2）205-2014]

3.2 C2 关键控制：组织资产评估、合同签订的检查

风险分析：

租赁合同签订不规范，价格不公允，或低于评估价格，存在利益损失风险。

检查方法：

（1）获取资产评估报告（按照国家电网公司资产管理规定，符合评估条件的需提供评估报告）、资产租赁合同或协议、办公会等类似机构决议、上级单位批复。

（2）检查评估报告价值是否公允，租赁合同是否规范、条款是否明确，租赁价格是否公允；重点关注关联企业租赁业务。

政策及制度依据：

《国家电网公司资产评估工作管理办法》[国网（财 /2)470-2014] 相关事项

3.3 C3 关键控制：收款并开具发票的检查

风险分析：

（1）收款未有效执行，导致收款申请收入金额与合同金额不一致，可能出现资金损失风险；

（2）资料不齐全，未对发票金额进行有效审核，无法确保业务的真实性，影响应收款项的准确性。

检查方法：

（1）检查收款申请及原始单据（资产评估报告、资产租赁合同、上级单位批复或办公会等类似机构决议、发票）金额是否一致，审批是否完整；

（2）检查资产评估报告、资产租赁合同、办公会等类似机构决议是否完整、有效，开具发票金额与租赁合同金额是否一致。

政策及制度依据：

《国家电网有限公司固定资产管理办法》[国网（财/2）593-2018]第四章 固定资产变动 第二十九条到三十一条

《国家电网有限公司会计基础管理办法》[国网（财/2）350-2018]附件：《电网企业经济业务审核手册》一、收入业务（三）其他收入 1. 其他业务收入——资产出租收入

3.4 C4 关键控制：审核并生成会计凭证的检查

风险分析：

（1）会计凭证编制未经过有效审核，导致凭证编制错误未及时被发现，存在财务报表错报的风险；

（2）未按照规定选择对应科目，导致业务的真实性未得到反映，出现会计核算差错问题，影响财务报表的准确性。

检查方法：

（1）获取资产评估报告、资产租赁合同、办公会等类似机构决议、发票、上级单位批复、以前年度预收租赁费结转收入明细表（年末结转以前年度计入预收账款的租赁费收入）；

（2）检查会计凭证与原始单据是否完整、有效，会计科目使用是否准确。

政策及制度依据：

《国家电网有限公司会计基础管理办法》[国网（财/2）350-2018]附件：《电网企业经济业务审核手册》一、收入业务（三）其他收入 1. 其他业务收入——资产出租收入

3.5 C5 关键控制：收款结算的检查

风险分析：

未对收款金额与合同金额进行有效审核，存在资金损失风险。

检查方法：

（1）获取资产租赁合同、银行回单、收据；

（2）审核收款金额与合同约定是否一致。

政策及制度依据：

《国家电网有限公司会计基础管理办法》[国网（财/2）350-2018]附件：《电网企业经济业务审核手册》一、收入业务（三）其他收入 1. 其他业务收入——资产出租收入

资产出租

业务经办部门：人资部门、后勤部门等	流程编号：SG-SD0111-01
归口管理部门：人资部门、后勤部门等	编制单位：国网山东省电力公司

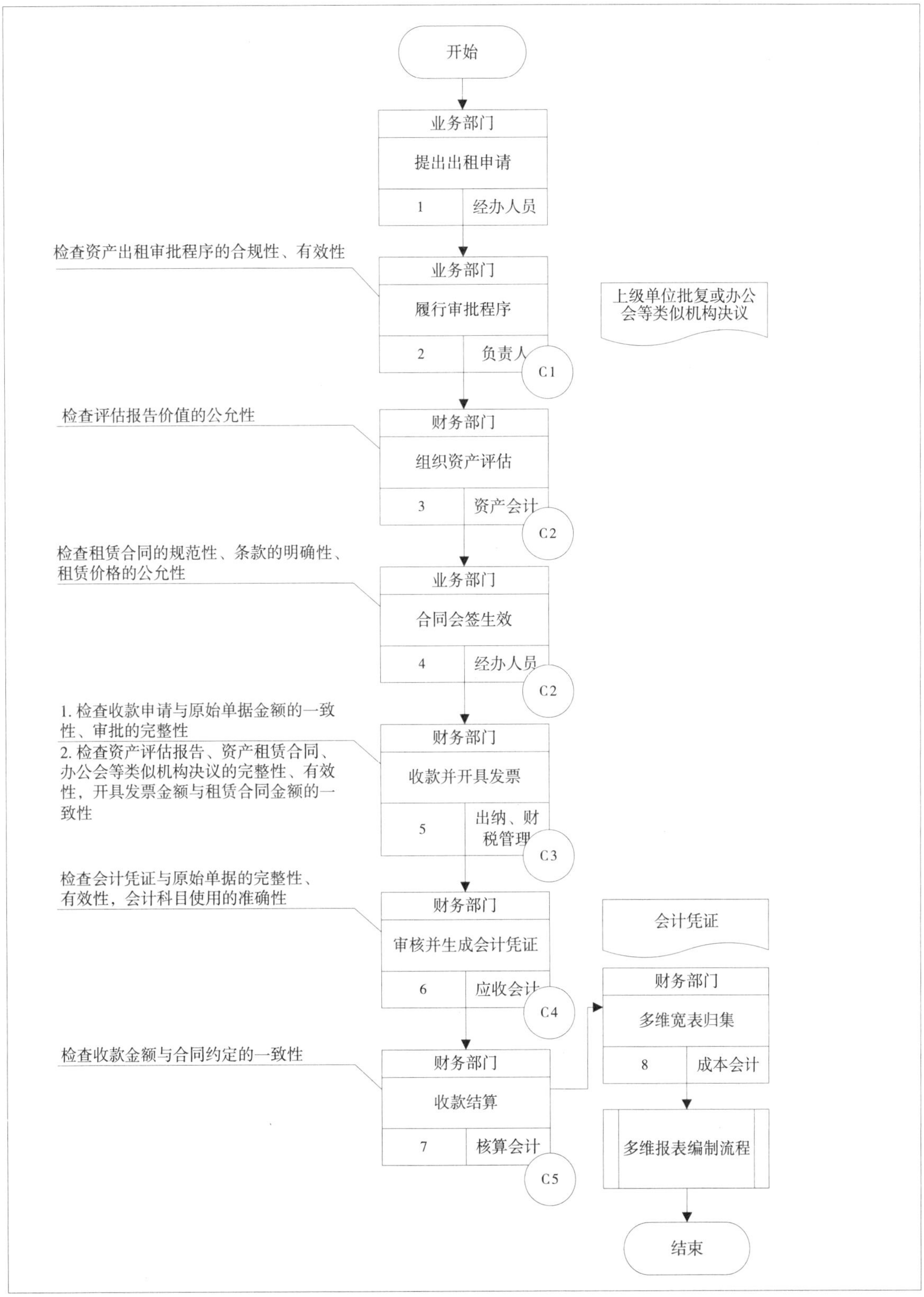

开始

序号	部门	步骤	岗位	控制点	控制内容
1	业务部门	提出出租申请	经办人员		
2	业务部门	履行审批程序	负责人	C1	检查资产出租审批程序的合规性、有效性
3	财务部门	组织资产评估	资产会计	C2	检查评估报告价值的公允性
4	业务部门	合同会签生效	经办人员	C2	检查租赁合同的规范性、条款的明确性、租赁价格的公允性
5	财务部门	收款并开具发票	出纳、财税管理	C3	1. 检查收款申请与原始单据金额的一致性、审批的完整性 2. 检查资产评估报告、资产租赁合同、办公会等类似机构决议的完整性、有效性，开具发票金额与租赁合同金额的一致性
6	财务部门	审核并生成会计凭证	应收会计	C4	检查会计凭证与原始单据的完整性、有效性，会计科目使用的准确性
7	财务部门	收款结算	核算会计	C5	检查收款金额与合同约定的一致性
8	财务部门	多维宽表归集	成本会计		

文档：上级单位批复或办公会等类似机构决议（步骤2）

文档：会计凭证（步骤6）

多维报表编制流程

结束

稽核——收取保险赔偿款

1. 编制目的

本节主要评估收取保险赔偿款的主要风险，确定关键控制点，明确财务稽核重点审核要点及方法，指导财务稽核人员加强对此类业务的监督管理。

2. 适用范围

通过国网保险管理信息系统申报保险赔偿业务。

3. 风险评估与检查方法

3.1 C1 关键控制：提交保险损失佐证资料的检查

风险分析：

业务部门报案不及时，超过保险理赔时限。

检查方法：

发生理赔事件是否及时报案。

政策及制度依据：

《国网山东省电力公司财务专业规章制度汇编》

3.2 C2 关键控制：审核保险赔偿资料的检查

风险分析：

现场照片拍摄不合格，影响后期定损、理赔。

检查方法：

报案资料（录像、图片等）是否保存完整。

政策及制度依据：

《国网山东省电力公司财务专业规章制度汇编》

3.3 C3 关键控制：取得保险公司定损资料的检查

风险分析：

定损金额存在分歧。

检查方法：

理赔金额与规定是否一致。

政策及制度依据：

《国网山东省电力公司财务专业规章制度汇编》

《国网山东省电力公司原始单据手册》

3.4 C4 关键控制：收到保险赔偿款的检查

风险分析：

实际收到款项与定损金额不一致。

检查方法：

取得赔付资料及定损资料，检查赔款通知书金额。

政策及制度依据：

《国网山东省电力公司财务专业规章制度汇编》

《国网山东省电力公司原始单据手册》

3.5 C5 关键控制：审核赔偿单据生成会计凭证的检查

风险分析：

（1）财务人员未对单据的完整性、有效性复核，可能导致凭证编制不准确，影响财务报表的准确性；

（2）会计凭证编制未进行恰当审核，导致凭证编制错误未被及时发现，增加财务报表发生错报的风险。

检查方法：

（1）获取赔款通知书、银行回单等，核对数据的准确性、单据的一致性；

（2）检查保险赔偿款业务会计凭证记账是否准确。

政策及制度依据：

《国网山东省电力公司财务专业规章制度汇编》

《国网山东省电力公司原始单据手册》

《国家电网有限公司会计基础管理办法》[国网（财 /2）350-2018]

收取保险赔偿款

业务经办部门：相关部门	流程编号：SG-SD0112-01
归口管理部门：财务部门	编制单位：国网山东省电力公司

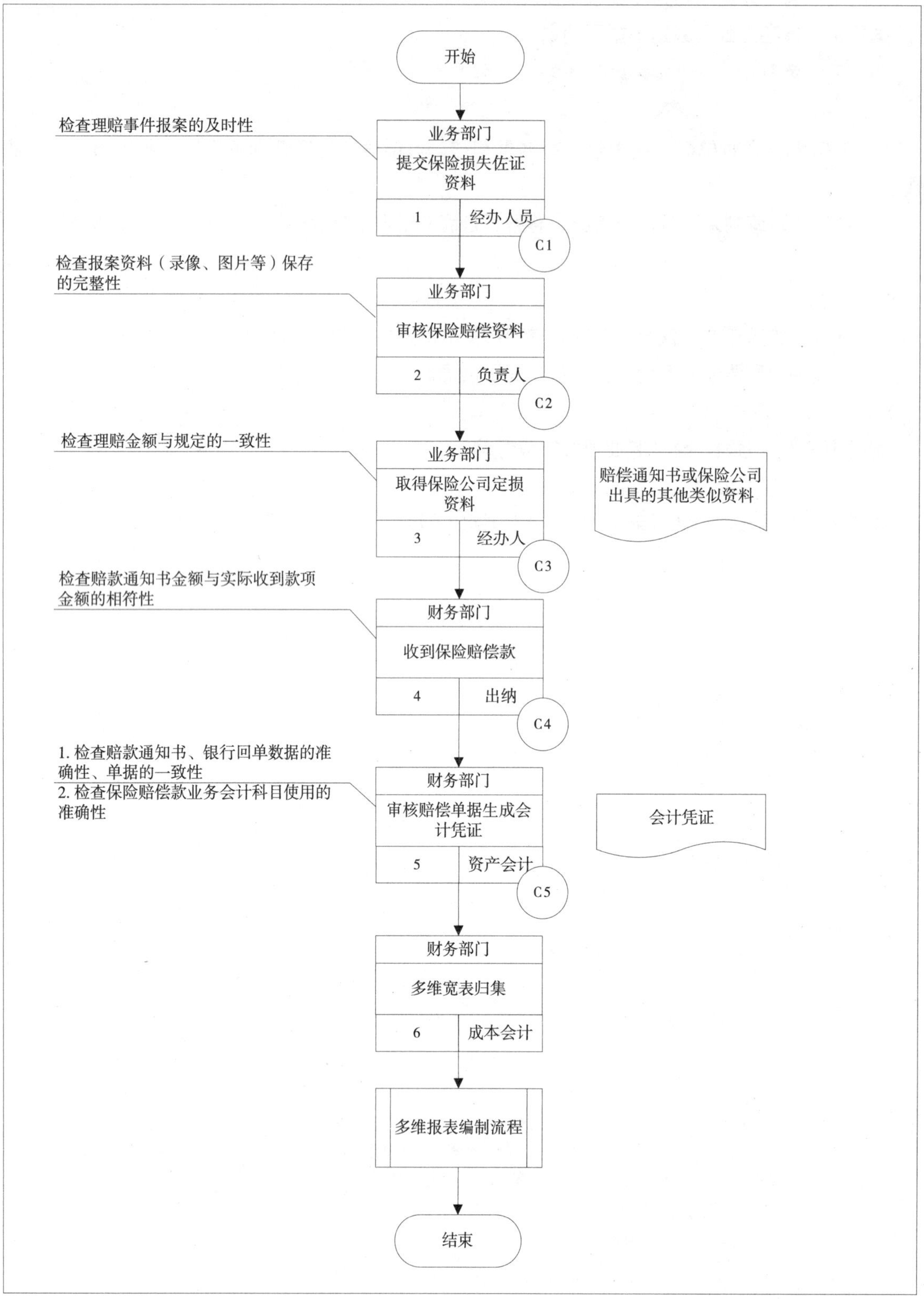

开始

步骤	部门	活动	岗位	控制点	稽核要点	相关资料
1	业务部门	提交保险损失佐证资料	经办人员	C1	检查理赔事件报案的及时性	
2	业务部门	审核保险赔偿资料	负责人	C2	检查报案资料（录像、图片等）保存的完整性	
3	业务部门	取得保险公司定损资料	经办人	C3	检查理赔金额与规定的一致性	赔偿通知书或保险公司出具的其他类似资料
4	财务部门	收到保险赔偿款	出纳	C4	检查赔款通知书金额与实际收到款项金额的相符性	
5	财务部门	审核赔偿单据生成会计凭证	资产会计	C5	1. 检查赔款通知书、银行回单数据的准确性、单据的一致性 2. 检查保险赔偿款业务会计科目使用的准确性	会计凭证
6	财务部门	多维宽表归集	成本会计			

多维报表编制流程

结束

稽核——支付保险赔偿款

1. 编制目的

本节主要评估支付保险赔偿款的主要风险，确定关键控制点，明确财务稽核重点审核要点及方法，指导财务稽核人员加强对此类业务的监督管理。

2. 适用范围

通过报销方式将赔款支付给受损方业务。

3. 风险评估与检查方法

3.1 C1 关键控制：提交报销申请的检查

风险分析：

赔付金额与实际收到金额不一致。

检查方法：

核对保险案件事项定损金额与报销金额是否一致。

政策及制度依据：

《国网山东省电力公司财务专业规章制度汇编》

3.2 C2 关键控制：审核报销单据的检查

风险分析：

审批不完整。

检查方法：

按照分级授权标准核对签字审批。

政策及制度依据：

《国网山东省电力公司财务专业规章制度汇编》

3.3 C3 关键控制：审核报销单据并生成会计凭证的检查

风险分析：

财务人员未对单据的完整性、有效性复核，可能导致凭证编制不准确，影响财务报表的准确性。

检查方法：

按照会计基础手册制证，检查会计科目使用是否正确。

政策及制度依据：

《国网山东省电力公司财务专业规章制度汇编》

《国网山东省电力公司原始单据手册》

3.4 C4 关键控制：付款结算的检查

风险分析：

支付金额与报销金额不一致。

检查方法：

获取赔款通知书、银行回单等，核对数据的准确性、单据的一致性。

政策及制度依据：

《国网山东省电力公司财务专业规章制度汇编》

《国网山东省电力公司原始单据手册》

《国家电网有限公司会计基础管理办法》[国网（财 /2）350-2018]

支付保险赔偿款

业务经办部门：相关部门	流程编号：SG－SD0112－02
归口管理部门：财务部门	编制单位：国网山东省电力公司

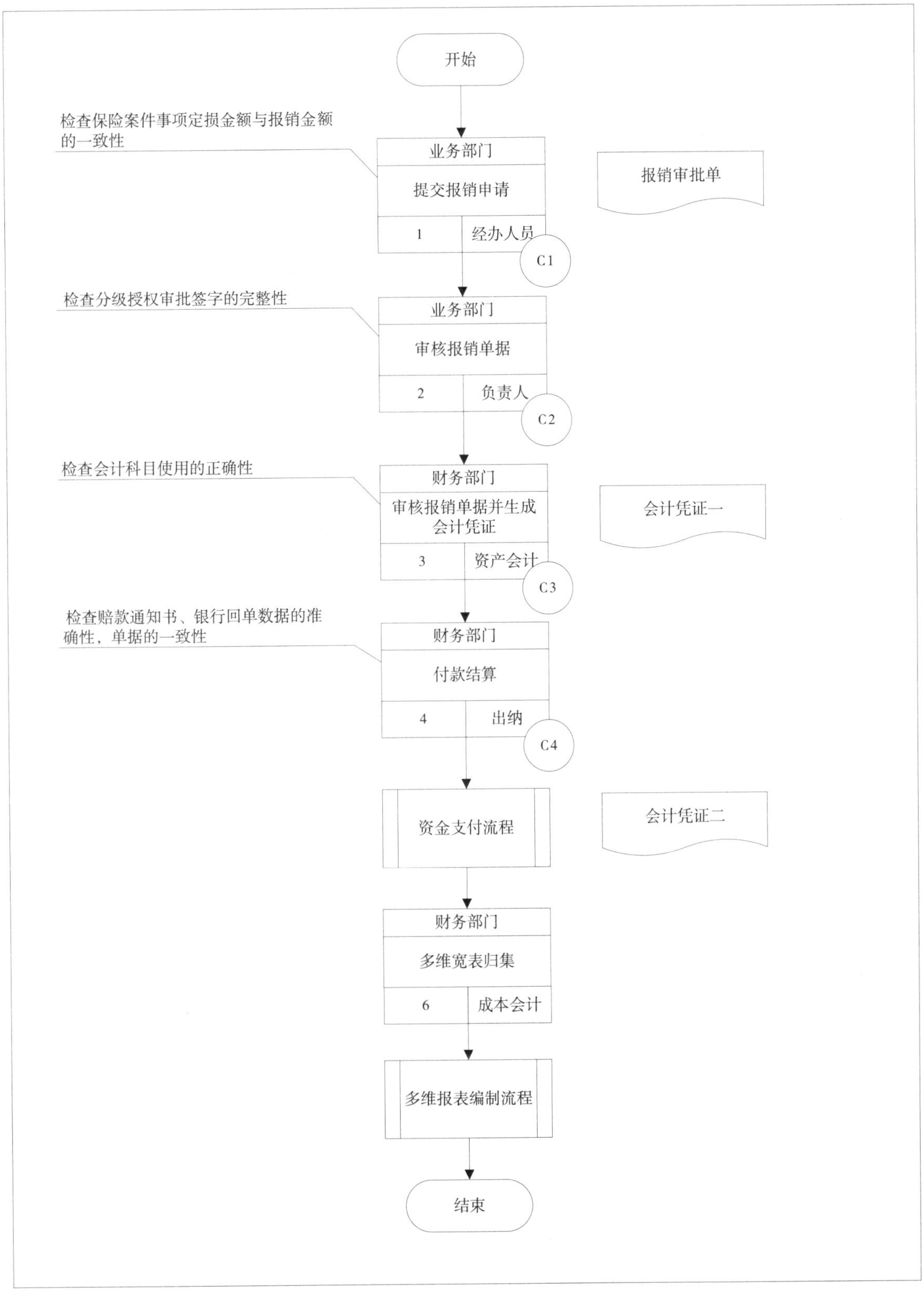

开始

检查保险案件事项定损金额与报销金额的一致性

业务部门｜提交报销申请｜1｜经办人员｜C1 —— 报销审批单

检查分级授权审批签字的完整性

业务部门｜审核报销单据｜2｜负责人｜C2

检查会计科目使用的正确性

财务部门｜审核报销单据并生成会计凭证｜3｜资产会计｜C3 —— 会计凭证一

检查赔款通知书、银行回单数据的准确性、单据的一致性

财务部门｜付款结算｜4｜出纳｜C4

资金支付流程 —— 会计凭证二

财务部门｜多维宽表归集｜6｜成本会计

多维报表编制流程

结束

稽核——非正常支出

1. 编制目的

本节主要评估办理罚款、违约金、滞纳金、赔偿金支出业务的主要风险，确定关键控制点，并针对潜在的风险制定财务稽核检查方法，以指导各级财务稽核人员加强对此类业务的监督管理。

2. 适用范围

通过通用业务单据办理非正常支出业务。

3. 风险评估与检查方法

3.1 C1 关键控制：审核报销单据的检查

风险分析：

处罚通知书未经有效审核，造成违约事项与违约金支出不符，导致资金流出企业，造成损失。

检查方法：

检查滞纳金或罚款通知书是否有行政的盖章，合同违约事项是否与违约金支出一致，确定罚款、违约金、滞纳金、赔偿金支出依据是否充分；检查费用报销单信息的完整性、一致性及有效性。

政策及制度依据：

《国家电网有限公司会计基础管理办法》[国网（财/2）350-2018] 附件：《电网企业经济业务审核手册》

3.2 C2 关键控制：审核并生成报销凭证的检查

风险分析：

未按实质重于形式区分违约金、赔偿金，导致会计科目使用不当，影响财务报告的准确性。

检查方法：

（1）根据业务实质检查通用业务单据科目选择的正确性，合理区分违约金与赔偿金支出；

（2）获取原始单据，检查其完整性、有效性，检查政府、司法机关、税务机关文件或相关合同复印件，确认罚款、违约金、滞纳金、赔偿金支出入账依据是否充分。

政策及制度依据：

《国家电网有限公司会计基础管理办法》[国网（财/2）350-2018] 附件：《电网企业经济业务审核手册》

非正常支出

业务经办部门：相关部门	流程编号：SG-SD0113-01
归口管理部门：相关部门	编制单位：国网山东省电力公司

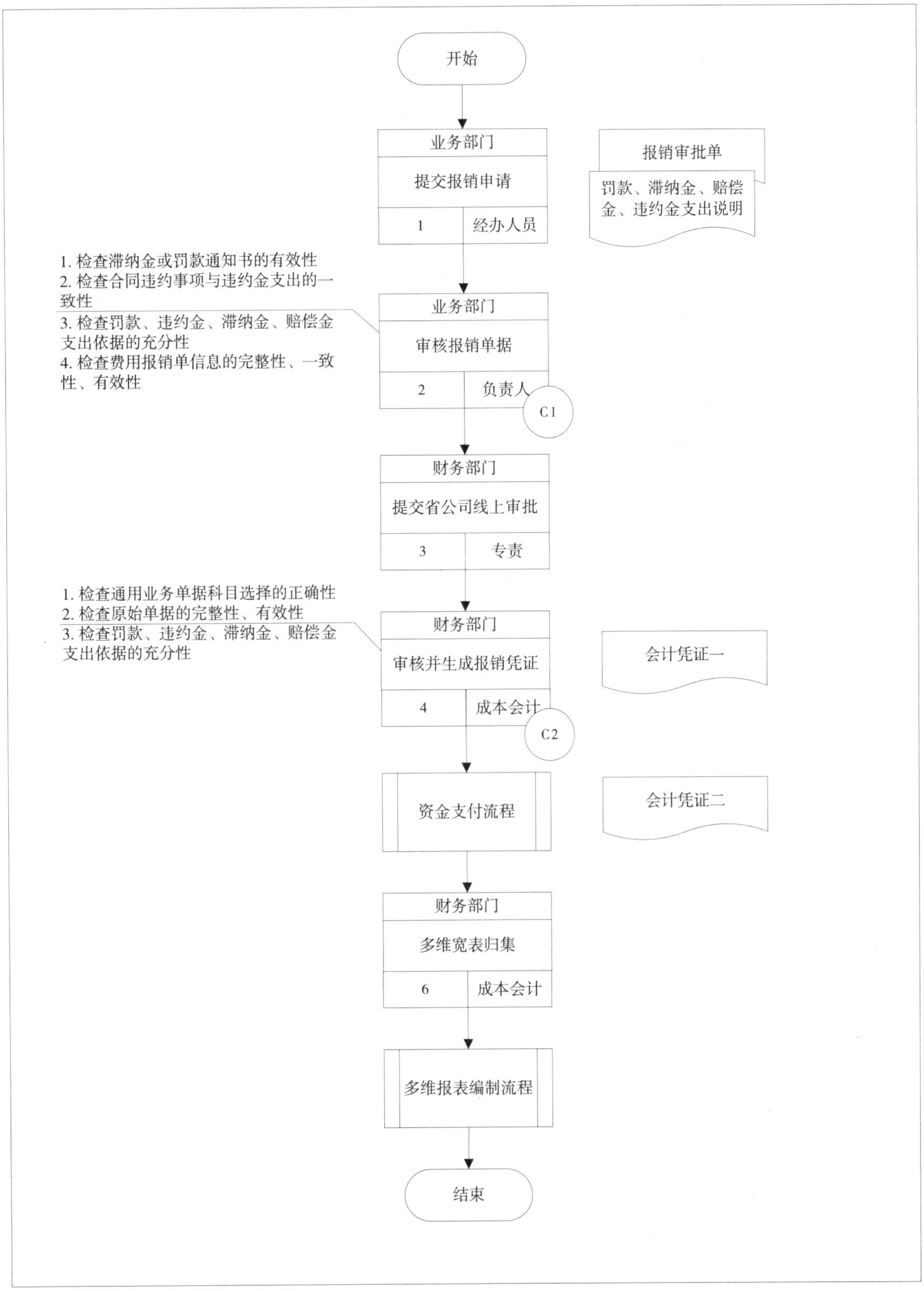

开始

↓

业务部门
提交报销申请
1 经办人员

（报销审批单；罚款、滞纳金、赔偿金、违约金支出说明）

↓

业务部门
审核报销单据
2 负责人 C1

1. 检查滞纳金或罚款通知书的有效性
2. 检查合同违约事项与违约金支出的一致性
3. 检查罚款、违约金、滞纳金、赔偿金支出依据的充分性
4. 检查费用报销单信息的完整性、一致性、有效性

↓

财务部门
提交省公司线上审批
3 专责

↓

财务部门
审核并生成报销凭证
4 成本会计 C2

1. 检查通用业务单据科目选择的正确性
2. 检查原始单据的完整性、有效性
3. 检查罚款、违约金、滞纳金、赔偿金支出依据的充分性

（会计凭证一）

↓

资金支付流程

（会计凭证二）

↓

财务部门
多维宽表归集
6 成本会计

↓

多维报表编制流程

↓

结束

稽核——业务外包费用

1. 编制目的

本节主要评估业务外包费用的主要风险，确定关键控制点，明确财务稽核重点审核要点及方法，指导财务稽核人员加强对此类业务的监督管理。

2. 适用范围

通过 ERP 完成业务外包费用的结算业务。

3. 风险评估与检查方法

3.1 C1 关键控制：审核业务外包需求的检查

风险分析：

（1）超范围开展业务外包，如发生负面清单业务整项外包、超员专业开展业务外包等情形；

（2）超标准开展业务外包，如费用标准与典型外包项目测算标准存在差异。

检查方法：

（1）检查采购服务与实际需求的相符性；

（2）检查外包业务范围和标准是否满足外包许可范围和费用测算标准要求。

政策及制度依据：

《国网山东省电力公司业务外包管理办法（暂行）》（鲁电办〔2019〕423 号）

3.2 C2 关键控制：审核提报需求部门人员配置率的检查

风险分析：

（1）超范围开展业务外包，如发生负面清单业务整项外包、超员专业开展业务外包等情形；

（2）超标准开展业务外包，如费用标准与典型外包项目测算标准存在差异。

检查方法：

获取外包业务人员配置情况表，结合制度要求核查人力资源效率，是否存在超员专业开展外包情况。

政策及制度依据：

《国网山东省电力公司业务外包管理办法（暂行）》（鲁电办〔2019〕423 号）

3.3 C3 关键控制：创建采购订单的检查

风险分析：

（1）采购订单信息不完整，导致原始单据不完整；

（2）总账科目及成本中心选择不准确，导致业务的真实性未得到反映，影响财务报告的准确性。

检查方法：

（1）获取人资部门人员花名册，核对员工所属的部门，确认成本中心选择准确无误；

（2）根据业务实质检查管控系统费用科目选择的正确性；

（3）获取采购订单，检查其完整性、有效性。

政策及制度依据：

《国家电网有限公司会计基础管理办法》[国网（财/2）350-2018]

《国家电网有限公司成本管理办法》[国网（财/2）347-2019]

3.4 C4 关键控制：合同会签生效的检查

风险分析：

（1）报销事项未经有效审核，出现供应商及合同金额与中标公告不一致的情况；

（2）签批手续不完整，存在合规风险；

（3）合同未经有效审核，合同条款约定不明确，产生法律纠纷。

检查方法：

（1）登录经法系统，查看签订合同的相关文件挂接是否齐全，如是否缺少红头的中标公告及中标通知书，查看审批流程是否完整；

（2）获取合同，检查供应商及合同金额是否与中标公告一致；

（3）检查合同中是否明确业务外包的内容、安全责任、工作量以及与工作量匹配的结算标准，合同中是否已附安全协议或签署专项安全协议；

（4）检查合同条款是否完整，合同中是否约定支付条件、结算方式、发票开具方式、项目进度等内容，约定是否合理，合同中应明确不含税价、税率及税额，同时在合同中约定“若国家出台新的税收政策，则按新政策执行”；

（5）检查合同是否采用统一的合同文本；

（6）检查合同中双方公司信息是否完整、准确。

政策及制度依据：

《国家电网有限公司会计基础管理办法》[国网（财/2）350-2018]

《国家电网有限公司成本管理办法》[国网（财/2）347-2019]

《国家电网有限公司合同管理办法》[国网（法/2）134-2020]

3.5 C5 关键控制：服务确认的检查

风险分析：

未按服务完成进度进行服务确认，提前或滞后确认服务，导致项目成本核算不真实、不准确，影响财务报告的可靠性、准确性。

检查方法：

（1）抽取外包服务费相关凭证，结合服务确认单信息、合同约定的时间进度，检查服务确认时是否完成相应进度；

（2）检查服务确认单与发票金额的一致性，并与合同约定付款信息进行核对，查看是否存在不一致的情形。

政策及制度依据：

《国家电网有限公司会计基础管理办法》[国网（财/2）350-2018]

《国家电网有限公司成本管理办法》[国网（财/2）347-2019]

3.6 C6 关键控制：发票校验，并生成会计凭证的检查

风险分析：

（1）未对报销单据的完整性及报销事项与报销单据的一致性复核，可能导致财务数据失真；

（2）会计凭证未经有效审核，可能导致凭证编制错误未被及时发现，出现会计核算差错问题。

检查方法：

（1）检查相关预算，确认支付事项是否已纳入月度资金预算；

（2）获取凭证及相关原始单据，检查单据是否完整、规范，如供应商信息是否选择正确，采购订单信息维护是否与发票信息一致，会计科目使用是否正确；

（3）相关报销审批单、资金支付申请表签批手续是否完整。

政策及制度依据：

《国家电网有限公司会计基础管理办法》[国网（财/2）350-2018]

《国家电网有限公司成本管理办法》[国网（财/2）347-2019]

业务外包费用

业务经办部门：相关部门	流程编号：SG-SD0114
归口管理部门：人资部门	编制单位：国网山东省电力公司

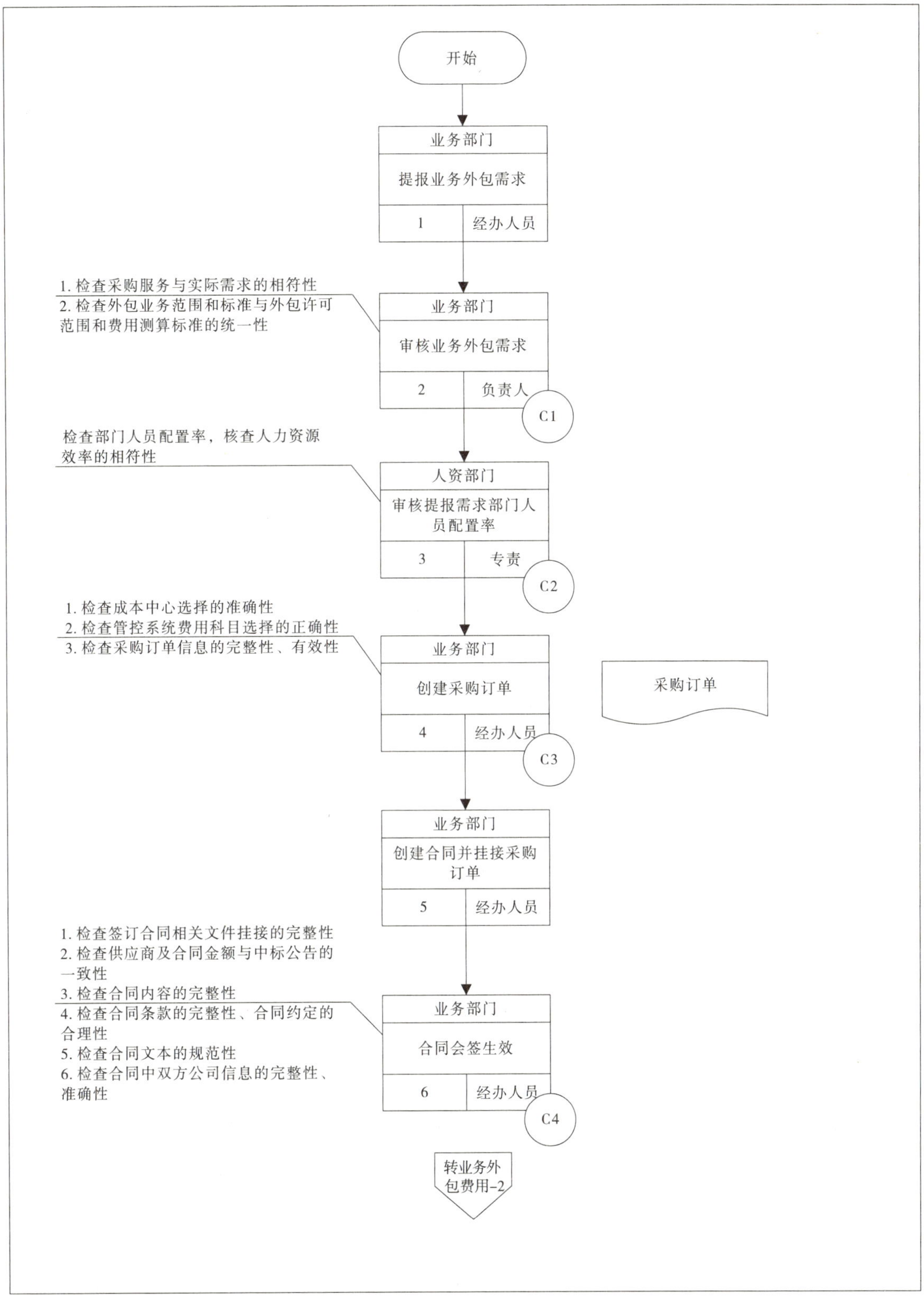

开始

业务部门
提报业务外包需求
1 经办人员

1. 检查采购服务与实际需求的相符性
2. 检查外包业务范围和标准与外包许可范围和费用测算标准的统一性

业务部门
审核业务外包需求
2 负责人
C1

检查部门人员配置率，核查人力资源效率的相符性

人资部门
审核提报需求部门人员配置率
3 专责
C2

1. 检查成本中心选择的准确性
2. 检查管控系统费用科目选择的正确性
3. 检查采购订单信息的完整性、有效性

业务部门
创建采购订单
4 经办人员
C3

采购订单

业务部门
创建合同并挂接采购订单
5 经办人员

1. 检查签订合同相关文件挂接的完整性
2. 检查供应商及合同金额与中标公告的一致性
3. 检查合同内容的完整性
4. 检查合同条款的完整性、合同约定的合理性
5. 检查合同文本的规范性
6. 检查合同中双方公司信息的完整性、准确性

业务部门
合同会签生效
6 经办人员
C4

转业务外包费用-2

业务外包费用

业务经办部门：相关部门	流程编号：SG-SD0114
归口管理部门：人资部门	编制单位：国网山东省电力公司

接业务外包费用-1

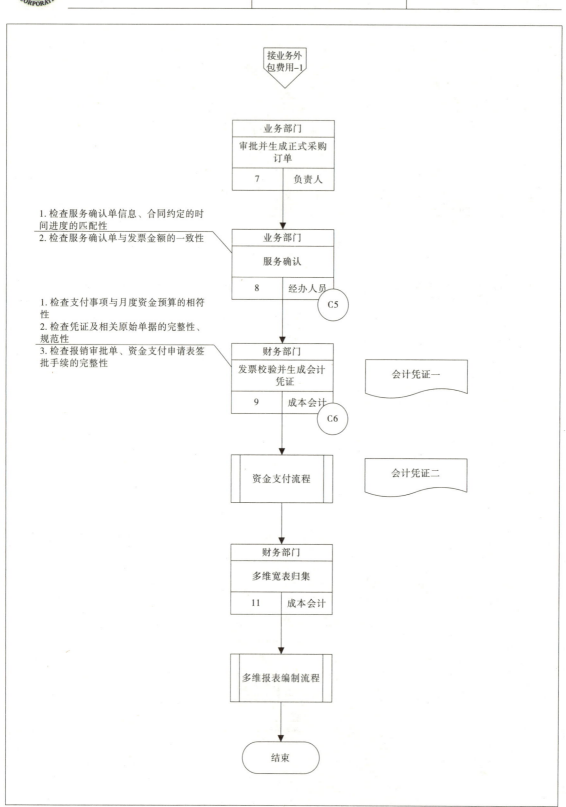

业务部门
审批并生成正式采购订单
7 负责人

1. 检查服务确认单信息、合同约定的时间进度的匹配性
2. 检查服务确认单与发票金额的一致性

业务部门
服务确认
8 经办人员
C5

1. 检查支付事项与月度资金预算的相符性
2. 检查凭证及相关原始单据的完整性、规范性
3. 检查报销审批单、资金支付申请表签批手续的完整性

财务部门
发票校验并生成会计凭证
9 成本会计
C6

会计凭证一

资金支付流程

会计凭证二

财务部门
多维宽表归集
11 成本会计

多维报表编制流程

结束

二、财务管理业务

稽核——全面预算管理

1. 编制目的

本节主要评估全面预算管理业务的主要风险，确定关键控制点，并针对潜在的风险制定财务稽核检查方法，以指导各级财务稽核人员加强对此类业务的监督管理。

2. 适用范围

预算业务主要包括财务发展规划、总控目标建议、储备项目可研经济性与财务合规性评审、预算编制（“两下两上”）、执行预算备案、预算年中调整、调整预算备案、预算控制分析、预算快报编制、预算考核评价等环节，通过各环节融会贯通形成完整的全面预算管理体系。

3. 风险评估与检查方法

3.1 C1 关键控制：财务发展规划的检查

风险分析：

财务发展规划内容与公司中长期战略目标符合度不高，规划财务数据不准确、不合理，规划内容缺乏可实现性。

检查方法：

（1）获取财务发展规划，检查规划内容与公司目标的符合度；

（2）通过测算检查规划财务数据的准确性与合理性；

（3）检查规划内容的可实现性。

政策及制度依据：

《国家电网有限公司全面预算管理办法》组织机构与职责分工、预算编制与审批相关内容

3.2 C2 关键控制：年度预算编制的检查

风险分析：

（1）业务部门提交的数据缺乏合理性、准确性，导致总控目标建议缺乏可操作性；

（2）量、价、损、费、利等主要预算指标及内部利润等业绩考核指标不符合上级单位下达的目标要求；

（3）预算未保障公司重点工作任务开展，导致预算不符合要求。

检查方法：

（1）获取相关业务部门根据需求模板填报说明，提供总控目标建议的相关基础资料，结合预算期内公司经营成果、财务状况及往年总控目标完成情况，分析判断业务部门提交的数据的合理性、准确性、完整性，各项业务预算是否与上级确定的业务计划一致；

（2）获取集团报表，结合上级单位下达的目标要求，检查量、价、损、费、利等主要预算指标及内部利润等业绩考核指标是否符合要求，编制数据是否准确、完整；

（3）检查预算建议方案整体的合理性，应保障公司重点工作任务的开展。

政策及制度依据：

《国家电网有限公司全面预算管理办法》组织机构与职责分工、预算编制与审批相关内容

3.3 C3 关键控制：执行预算备案、调整预算备案的检查

风险分析：

（1）执行预算主要预算指标不符合上级预算目标要求，执行预算不可行；

（2）预算调整事项发生的原因、内容、金额缺乏内外部相关支撑文件，无法说明调整的必要性、合理性；

（3）预算年中调整建议方案整体缺乏合理性，已经发生事项未纳入预算年中调整，调整方案不能满足实际需求；

（4）执行预算数据未考虑系统内合并抵销事项，造成预算指标不准确。

检查方法：

（1）获取预算下达指标，检查各单位各个业务执行预算情况，与相关指标对比，是否符合预算目标要求。

（2）检查成本预算支出的必要性，工作内容是否完整，工作量是否合理，收费依据是否合规，数据测算是否合理；如有必要，需提供相关支撑文件。

（3）检查执行预算方案整体的合理性，是否优于上级下达的预算目标；是否能够保障公司重点工作任务的开展；是否与公司财务发展规划良好衔接。

（4）存在预算调整事项的：①检查预算调整事项发生的原因、内容、金额，及内外部相关支撑文件是否齐全、合理。②检查预算调整是否履行决策程序，如上级单位的审批决策文件等。③获取预算年中调整建议方案，关注量、价、损、费、利等关键指标预计完成情况，以及预算年中调整建议方案的整体合理性；对于主要预算指标发生较大变化的，检查是否详细说明变动原因。

政策及制度依据：

《国家电网有限公司全面预算管理办法》组织机构与职责分工、预算调整相关内容

3.4 C4 关键控制：预算控制分析的检查

风险分析：

预算控制分析审核不到位，导致预算执行偏差以及经营指标的不合理。

检查方法：

获取预算执行分析报告，检查各单位对预算执行偏差情况是否做出详细的说明并提出改进的措施。重点体现为：①重要预算指标差异的原因分析的合理性、充分性，改进措施的有效性；②预算执行偏差对经营指标的影响的合理性。

政策及制度依据：

《国家电网有限公司全面预算管理办法》组织机构与职责分工、预算发布与执行控制相关内容

3.5 C5 关键控制：预算快报编制的检查

风险分析：

预算报表、表单编制内容不完整、数据不准确，导致预算缺乏完整性、准确性。

检查方法：

（1）获取预算快报报表、预算快报方案，检查各单位预算快报报表、表单数据、内容是否完整、准确；重大事项及特殊事项是否已报告及备案；各项业务预算与业务部门掌握的数据是否保持一致，重点关注电量、电价、线损、可控费用、其他业务收支及营业外收支、其他收益等影响损益的指标，与账面数据进行比对，判断合理性；资产负债表中固定资产原值、累计折旧发生额、在建工程余额是否与年度项目转资完成情况相符；结合年度税收政策，检查税款测算的准确性；主要预算指标是否完成目标要求。

（2）关注量、价、损、费、利等关键指标预计完成情况。

（3）检查预算快报方案整体合理性；主要预算指标发生较大变化的，检查是否详细说明变动原因。

政策及制度依据：

《国家电网有限公司全面预算管理办法》组织机构与职责分工、预算发布与执行控制、预算调整相关内容

3.6 C6 关键控制：预算考核评价的检查

风险分析：

考核指标计算依据不可靠、不准确、不合理，造成预算执行不合规。

检查方法：

（1）获取考核意见，检查形成考核意见的考核指标计算依据是否可靠、准确，是否符合本单位考核办法有关条款；

（2）检查定性考核指标的合理性，考核意见应符合上级单位考核时点要求以及考核意见的整体合理性。

政策及制度依据：

《国家电网有限公司全面预算管理办法》组织机构与职责分工、预算考核与评价相关内容

全面预算管理	业务经办部门：相关部门	流程编号：SG-SD0201-01
	归口管理部门：财务部门	编制单位：国网山东省电力公司

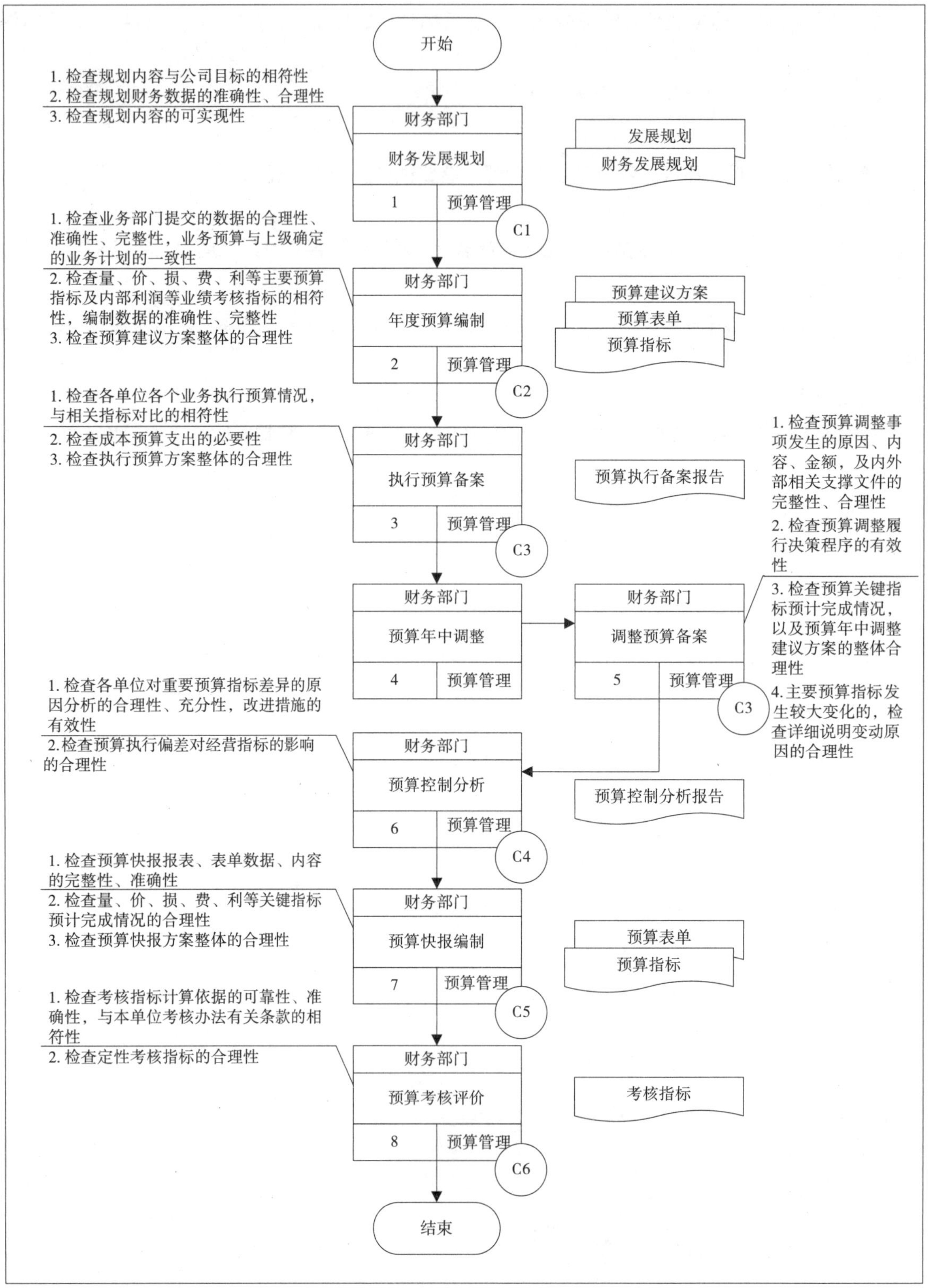

开始

1 财务部门 — 财务发展规划（预算管理） C1
文档：发展规划；财务发展规划

1. 检查规划内容与公司目标的相符性
2. 检查规划财务数据的准确性、合理性
3. 检查规划内容的可实现性

2 财务部门 — 年度预算编制（预算管理） C2
文档：预算建议方案；预算表单；预算指标

1. 检查业务部门提交的数据的合理性、准确性、完整性，业务预算与上级确定的业务计划的一致性
2. 检查量、价、损、费、利等主要预算指标及内部利润等业绩考核指标的相符性，编制数据的准确性、完整性
3. 检查预算建议方案整体的合理性

3 财务部门 — 执行预算备案（预算管理） C3
文档：预算执行备案报告

1. 检查各单位各个业务执行预算情况，与相关指标对比的相符性
2. 检查成本预算支出的必要性
3. 检查执行预算方案整体的合理性

4 财务部门 — 预算年中调整（预算管理） → **5 财务部门 — 调整预算备案（预算管理）** C3

1. 检查预算调整事项发生的原因、内容、金额，及内外部相关支撑文件的完整性、合理性
2. 检查预算调整履行决策程序的有效性
3. 检查预算关键指标预计完成情况，以及预算年中调整建议方案的整体合理性
4. 主要预算指标发生较大变化的，检查详细说明变动原因的合理性

6 财务部门 — 预算控制分析（预算管理） C4
文档：预算控制分析报告

1. 检查各单位对重要预算指标差异的原因分析的合理性、充分性，改进措施的有效性
2. 检查预算执行偏差对经营指标的影响的合理性

7 财务部门 — 预算快报编制（预算管理） C5
文档：预算表单；预算指标

1. 检查预算快报报表、表单数据、内容的完整性、准确性
2. 检查量、价、损、费、利等关键指标预计完成情况的合理性
3. 检查预算快报方案整体的合理性

8 财务部门 — 预算考核评价（预算管理） C6
文档：考核指标

1. 检查考核指标计算依据的可靠性、准确性，与本单位考核办法有关条款的相符性
2. 检查定性考核指标的合理性

结束

稽核——储备项目评审

1. 编制目的

本节主要评估储备项目评审业务的主要风险，确定关键控制点，并针对潜在的风险制定财务稽核检查方法，以指导各级财务稽核人员加强对此类业务的监督管理。

2. 适用范围

通过全面预算管理系统、全链条预算管理系统开展储备项目评审业务。

3. 风险评估与检查方法

3.1 C1 关键控制：提报储备项目相关资料的检查

风险分析：

项目提报资料不齐全、不严谨，导致纳入储备库项目质量不高。

检查方法：

获取可研报告（或项目建议书）、估算书及其他支撑资料，结合各个专业储备项目检查要点，检查可行性研究报告（或项目建议书）、估算书等资料是否完整、准确。

政策及制度依据：

《国家电网有限公司固定资产管理办法》[国网（财 /2）593-2018]

《国家电网有限公司电网小型基建项目管理办法》[国网（后勤 /2）232-2019]

《国家电网公司生产技术改造和设备大修项目可研编制与审批管理规定》[国网（运检 /3）316-2018]

《生产技术改造和生产设备大修项目可行性研究内容深度规定》第一部分生产技术改造项目（Q/GDW 11719.1—2017）

《生产技术改造和生产设备大修项目可行性研究内容深度规定》第二部分生产设备大修项目（Q/GDW 11719.2—2017）

《国家电网有限公司生产辅助技改、大修项目管理办法》[国网（后勤 /3）442-2019]

《国家电网公司非生产性技改项目技术规范》（Q/GDW 11562—2016）

《国家电网公司非生产性大修项目技术规范》（Q/GDW 11563—2016）

《国家电网有限公司固定资产零星购置管理规定》[国网（发展 /3）364-2019]

《国家电网公司营销项目管理办法》[国网（营销 /3)381-2019]

《国家电网公司海外高层次引进人才专项科研经费管理细则》[国网（科 /3）268-2014]

《国家电网公司研究开发费财务管理办法》[国网（财 /2)348-2014]

《国家电网有限公司科技项目储备库管理细则》[国网（科 /3）265-2019]

《国家电网有限公司科技项目管理办法》[国网（科 /3）263-2019]

《国家电网公司科技项目预算编制实施细则》[国网（科 /3）264-2017]

《国家电网公司引进海外高层次人才管理办法（试行）》[国网（人事 /4）139-2013]

《国家电网公司信息化项目可研编制与评审管理办法》[国网（信息 /4）400-2014]

《国家电网公司信息化建设管理办法》[国网（信息 /2）118-2018]

《国家电网公司关于修订生产运营成本标准的通知》(国家电网财 [2017] 992 号)

《国家电网有限公司教育培训项目管理办法》[国网（人资 /4）213-2019]

《国家电网有限公司教育培训管理规定》[国网（人资 /3）212-2019]

《国网山东省电力公司人力资源部关于印发教育培训项目经费标准》(2019 版）的通知（人资培 [2019] 23 号）

《公司人资部关于进一步明确培训项目实施有关事项的通知》(人资培 [2019] 10 号)

《固定资产目录》

《国网山东省电力公司关于规范资产处置管理的指导意见》(鲁电财 [2015] 418 号)

3.2 C2 关键控制：项目可研经济性与财务合规性评审的检查

风险分析：

项目评审不严谨，纳入储备项目质量不高，导致预算投入不精准，预算安排效率低下。

检查方法：

获取储备库中已评审的储备项目资料，包括可研报告（或项目建议书）、估算书及其他支撑资料，结合各个专业储备项目检查要点，检查可行性研究报告（或项目建议书）、估算书等资料是否完整、准确、合理，具体体现为：储备项目是否符合国家财经法规和公司制度要求，如项目投资估算是否合理，取费标准和依据是否充分，设备材料是否公允，资本性支出与成本性支出划分是否准确，项目类别是否准确，有无拆分立项，改造（维修）频率是否合理，物资拆旧及处置方案是否合理；是否符合可研经济性与财务合规性要求，是否出具完整的可研经济性与财务合规性审核意见；是否符合公司投入产出要求。

政策及制度依据：

《国家电网有限公司固定资产管理办法》[国网（财 /2）593-2018]

《国家电网有限公司电网小型基建项目管理办法》[国网（后勤 /2）232-2019]

《国家电网有限公司生产技术改造和设备大修项目可研编制与审批管理规定》[国网（运检 /3）316-2018]

《生产技术改造和生产设备大修项目可行性研究内容深度规定》第一部分生产技术改造项目（Q/GDW 11719.1—2017）

《生产技术改造和生产设备大修项目可行性研究内容深度规定》第二部分生产设备大修项目（Q/GDW 11719.2—2017）

《国家电网有限公司生产辅助技改、大修项目管理办法》[国网（后勤 /3)442-2019]

《国家电网公司非生产性技改项目技术规范》(Q/GDW 11562—2016)

《国家电网公司非生产性大修项目技术规范》(Q/GDW 11563—2016)

《国家电网有限公司固定资产零星购置管理规定》[国网（发展 /3）364-2019]

《国家电网有限公司营销项目管理办法》[国网（营销 /3）381-2019]

《国家电网公司海外高层次引进人才专项科研经费管理细则》[国网（科 /3）268-2014]

《国家电网公司研究开发费财务管理办法》[国网（财 /2)348-2014]

《国家电网有限公司科技项目储备库管理细则》[国网（科 /3）265-2019]

《国家电网有限公司科技项目管理办法》[国网（科 /3）263-2019]

《国家电网公司科技项目预算编制实施细则》[国网(科/3)264-2017]

《国家电网公司引进海外高层次人才管理办法(试行)》[国网(人事/4)139-2013]

《国家电网公司信息化项目可研编制与评审管理办法》[国网(信息/4)400-2014]

《国家电网公司信息化建设管理办法》[国网(信息/2)118-2018]

《国家电网公司关于修订生产运营成本标准的通知》(国家电网财[2017]992号)

《国家电网有限公司教育培训项目管理办法》[国网(人资/4)213-2019]

《国家电网有限公司教育培训管理规定》[国网(人资/3)212-2019]

《国网山东省电力公司人力资源部关于印发教育培训项目经费标准(2019版)的通知》(人资培[2019]23号)

《公司人资部关于进一步明确培训项目实施有关事项的通知》(人资培[2019]10号)

《固定资产目录》

《国网山东省电力公司关于规范资产处置管理的指导意见》(鲁电财[2015]418号)

《国网山东省电力公司项目可研经济性与财务合规性评审指南》(鲁电财[2016]527号)

3.3 C3 关键控制：会同项目部门会签项目可研批复的检查

风险分析：

会签项目可研批复不严谨，导致储备项目质量不高或储备不合规项目。

检查方法：

(1)线上检查储备项目库评审资料的挂接情况，查看储备项目资料是否齐全，包括可研报告(或项目建议书)、估算书、可研批复文件、评审意见；

(2)查看可研批复内容是否完整，是否与项目批次、名称等信息相符。

政策及制度依据：

《国网山东省电力公司项目可研经济性与财务合规性评审指南》(鲁电财[2016]527号)

储备项目评审	业务经办部门：项目管理部门	流程编号：SG-SD0201-02
	归口管理部门：财务部门	编制单位：国网山东省电力公司

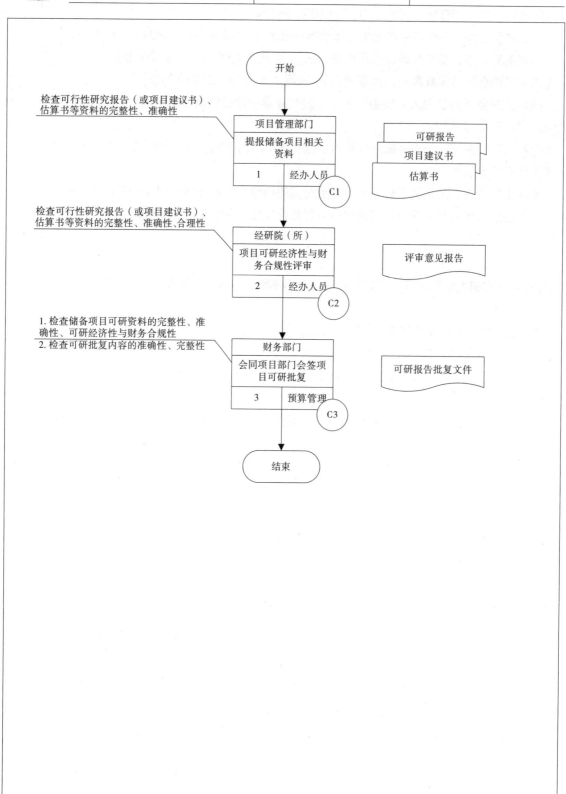

开始

检查可行性研究报告（或项目建议书）、估算书等资料的完整性、准确性

项目管理部门
提报储备项目相关资料
1 经办人员
C1

可研报告
项目建议书
估算书

检查可行性研究报告（或项目建议书）、估算书等资料的完整性、准确性、合理性

经研院（所）
项目可研经济性与财务合规性评审
2 经办人员
C2

评审意见报告

1. 检查储备项目可研资料的完整性、准确性、可研经济性与财务合规性
2. 检查可研批复内容的准确性、完整性

财务部门
会同项目部门会签项目可研批复
3 预算管理
C3

可研报告批复文件

结束

稽核——存款利息收入

1. 编制目的

本节主要评估办理存款利息收入业务的主要风险，确定关键控制点，并针对潜在的风险制定财务稽核检查方法，以指导各级财务稽核人员加强对此类业务的监督管理。

2. 适用范围

通过通用业务单据办理存款利息收入业务。

3. 风险评估与检查方法

3.1 C1 关键控制：发起存款利息确认并生成会计凭证的检查

风险分析：

利息收入的确认标准较难获得，缺乏业务依据，导致收入确认不准确。

检查方法：

与银行沟通确认利息收入的计算方法，正确计算利息收入，保证业务的真实性。

政策及制度依据：

《国家电网有限公司会计基础管理办法》[国网（财 /2）350-2018] 附件：《电网企业经济业务审核手册》

存款利息收入	业务经办部门：财务部门	流程编号：SG-SD0203-01
	归口管理部门：财务部门	编制单位：国网山东省电力公司

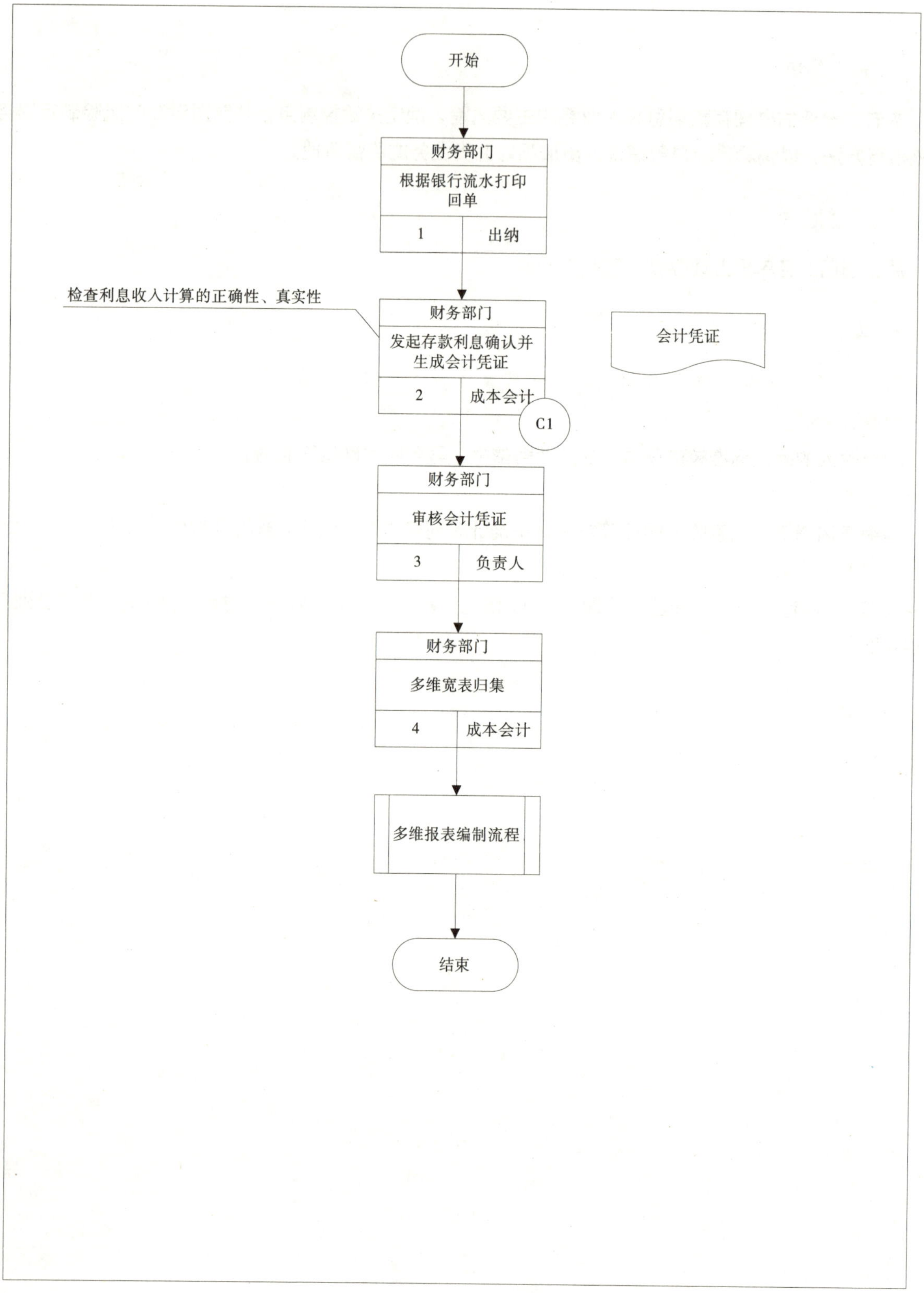

开始

财务部门
根据银行流水打印回单
1 出纳

检查利息收入计算的正确性、真实性

财务部门
发起存款利息确认并生成会计凭证
2 成本会计

C1

会计凭证

财务部门
审核会计凭证
3 负责人

财务部门
多维宽表归集
4 成本会计

多维报表编制流程

结束

稽核——银行手续费支出

1. 编制目的

本节主要评估办理银行手续费支出业务的主要风险，确定关键控制点，并针对潜在的风险制定财务稽核检查方法，以指导各级财务稽核人员加强对此类业务的监督管理。

2. 适用范围

通过通用业务单据办理银行手续费支出业务。

3. 风险评估与检查方法

3.1 C1 关键控制：发起财务费用确认并生成会计凭证的检查

风险分析：

（1）未发现银行扣款，对账不及时，出现银行未达账项，导致财务报告不准确；

（2）未及时取得增值税专用发票，记账日期早于开票日期，存在无付款凭据先行付款的情况，导致财务数据失真。

检查方法：

（1）进入管控系统，查询银行存款余额调节表，结合资金管理报表及重新勾兑的银行流水记录；

（2）检查是否开具增值税专用发票及开票日期，检查费用报销单信息的完整性、一致性、有效性。

政策及制度依据：

《国家电网有限公司会计基础管理办法》[国网（财 /2）350-2018] 附件：《电网企业经济业务审核手册》

3.2 C2 关键控制：审核会计凭证的检查

风险分析：

（1）成本管理会计未对报销事项与报销单据的一致性及单据的完整性、有效性复核，导致财务数据失真；

（2）会计凭证编制未经有效审核，导致凭证编制错误未被及时发现，影响财务报告的准确性。

检查方法：

获取会计凭证及原始单据，查看凭证后附审批单及银行付款回单，检查原始单据的完整性和会计凭证编制的正确性。

银行手续费支出	业务经办部门：财务部门	流程编号：SG-SD0203-02
	归口管理部门：财务部门	编制单位：国网山东省电力公司

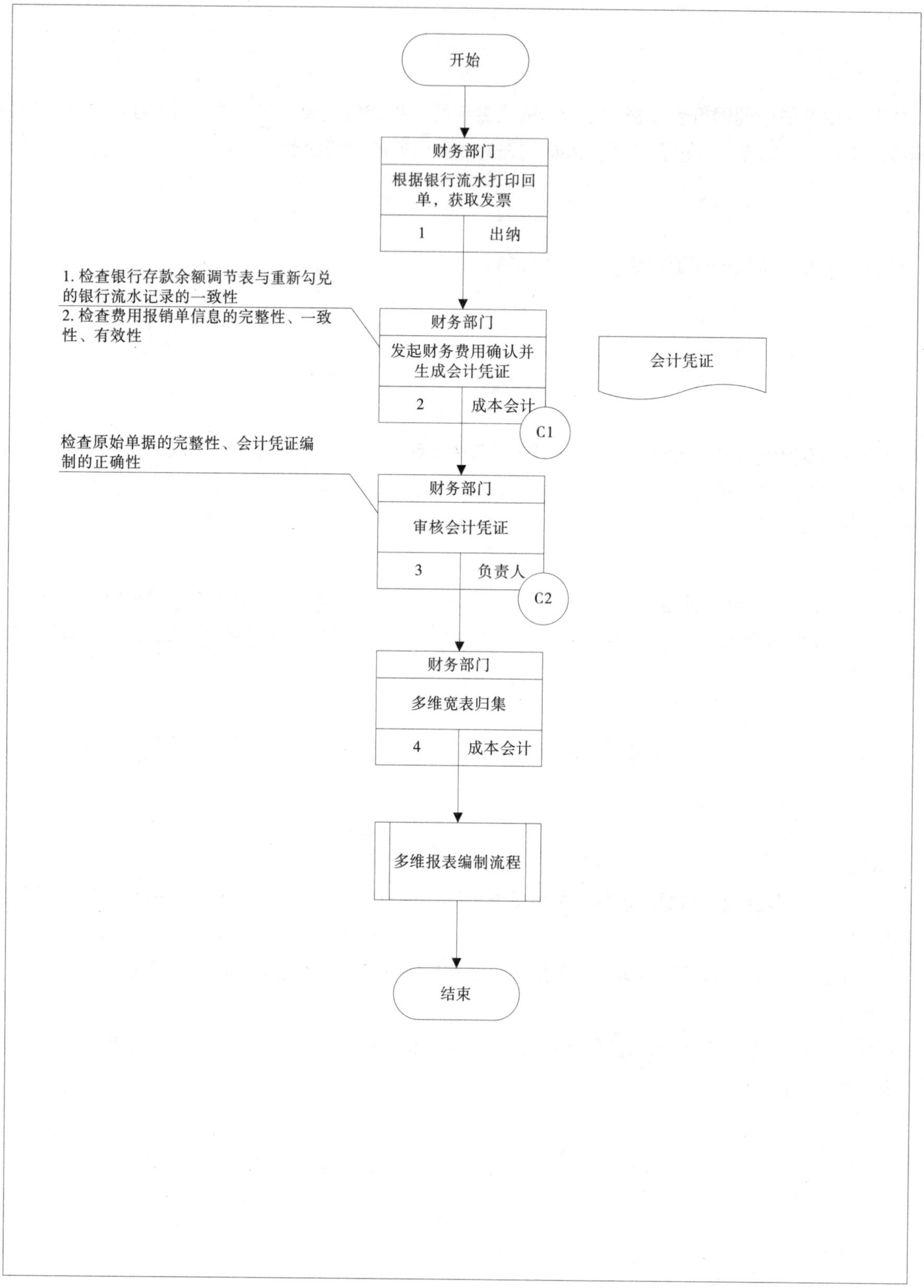

开始

1 财务部门：根据银行流水打印回单，获取发票（出纳）

2 财务部门：发起财务费用确认并生成会计凭证（成本会计）C1

1. 检查银行存款余额调节表与重新勾兑的银行流水记录的一致性
2. 检查费用报销单信息的完整性、一致性、有效性

会计凭证

3 财务部门：审核会计凭证（负责人）C2

检查原始单据的完整性、会计凭证编制的正确性

4 财务部门：多维宽表归集（成本会计）

多维报表编制流程

结束

稽核——资产折旧与摊销

1. 编制目的

本节主要评估固定资产折旧计提及分摊业务的主要风险，确定关键控制点，并针对潜在的风险制定财务稽核检查方法，以指导各级财务稽核人员加强对此类业务的监督管理。

2. 适用范围

通过通用业务单据办理固定资产折旧与摊销业务。

3. 风险评估与检查方法

3.1 C1 关键控制：维护资产类别及成本中心的检查

风险分析：

资产实物管理部门误将生产用资产或管理用资产维护成生产管理共用资产，导致资产折旧计提不准确，影响财务数据的准确性。

检查方法：

将系统维护的生产管理共用资产按照资产性质划分要求逐项核对是否准确。

政策及制度依据：

《国家电网公司会计核算办法 2014》[国网（财 /2）469-2014] 第八章 第三节

3.2 C2 关键控制：维护拆分动因参数的检查

风险分析：

资产实物管理部门拆分动因未按照规定选择，造成拆分参数不合理，影响财务数据的准确性。

检查方法：

将系统维护的生产管理共用资产拆分动因按照公司统一要求逐项核对是否合规、合理。

政策及制度依据：

《国家电网公司会计核算办法 2014》[国网（财 /2）469-2014] 第八章 第三节

3.3 C3 关键控制：计提、分摊折旧与摊销的检查

风险分析：

折旧计提有遗漏，导致固定资产累计折旧及净值数据不准确，影响财务报表的准确性，存在财务报告、税务风险。

检查方法：

导出所有资产卡片明细，检查除逾龄资产之外的所有资产本月是否均已计提折旧。

政策及制度依据：

《国家电网公司会计核算办法 2014》[国网（财 /2）469-2014] 第八章 第三节

资产折旧与摊销

业务经办部门：实物管理部门	流程编号：SG-SD0203-03
归口管理部门：财务部门	编制单位：国网山东省电力公司

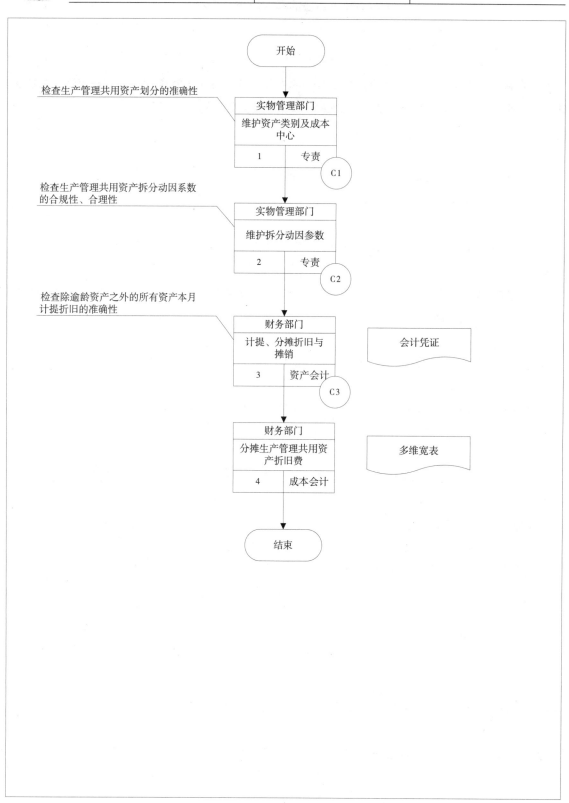

开始

检查生产管理共用资产划分的准确性

实物管理部门
维护资产类别及成本中心
1 专责
C1

检查生产管理共用资产拆分动因系数的合规性、合理性

实物管理部门
维护拆分动因参数
2 专责
C2

检查除逾龄资产之外的所有资产本月计提折旧的准确性

财务部门
计提、分摊折旧与摊销
3 资产会计
C3
会计凭证

财务部门
分摊生产管理共用资产折旧费
4 成本会计
多维宽表

结束

稽核——坏账准备的计提、转回及坏账损失核销

1. 编制目的

本节主要评估坏账准备的计提业务的主要风险，确定关键控制点，并针对潜在的风险制定财务稽核检查方法，以指导各级财务稽核人员加强对此类业务的监督管理。

2. 适用范围

通过财务管控、ERP 系统办理坏账准备的计提、转回及坏账损失核销业务。

3. 风险评估与检查方法

3.1 C1 关键控制：审核账龄分析表、坏账损失等证明材料的检查

风险分析：

（1）未认真审核账龄分析表导致计算错误，影响财务报告的准确性；

（2）未对计提坏账准备原因进行复核，可能导致虚假计提，影响应收账款账面价值，导致财务数据失真。

检查方法：

（1）检查电费坏账账龄分析表是否包括用户名称、应收余额、账龄等信息；

（2）检查坏账准备计提（转回）内部审批单是否逐笔详细说明计提原因，审批流程是否完整；

（3）核实应收余额的账龄信息是否准确，计提依据是否符合会计政策。

政策及制度依据：

《国家电网有限公司会计基础管理办法》[国网（财 /2）350-2018] 附件：《电网企业经济业务审核手册》

3.2 C2 关键控制：审核坏账准备计提与转回明细表、坏账损失确认明细表的检查

风险分析：

（1）未对超过 1 000 万元的坏账准备进行特殊处理，导致入账依据不充分；

（2）未对账龄分析表进行严格复核，导致计算有误，影响会计报表质量。

检查方法：

（1）单笔计提坏账准备超过 1 000 万元，需要专项鉴证报告，检查是否由具有资质的事务所出具，并签字盖章；检查鉴证报告结论是否与实际情况相符，是否经过了审批。

（2）电费坏账计提表是否包括账龄、应收余额、计提标准、计提金额以及个别认定计提的坏账等信息；检查是否由财务部门电价管理岗进行编制。

（3）其他坏账计提表是否包括往来单位、应收余额、账龄、计提标准、计提金额等信息。

政策及制度依据：

《国家电网有限公司会计基础管理办法》[国网（财 /2）350-2018] 附件：《电网企业经济业务审核手册》

3.3 C3 关键控制：审核并生成会计凭证的检查

风险分析：

提报资料未经严格审核，依据提报数据进行账务处理，导致财务报告出现错报。

检查方法：

（1）根据业务实质检查通用业务单据科目选择的正确性；

（2）获取原始单据，检查其完整性、有效性，检查坏账计提表等，确认坏账准备计提入账依据是否充分；

（3）检查提报资料是否经过严格审核，相关人员是否签字确认。

3.4 C4 关键控制：确认递延所得税的检查

风险分析：

递延所得税资产的确认与转回不准确、不及时，导致账务处理不正确，影响财务报告的准确性。

检查方法：

（1）检查可抵扣暂时性差异确认表是否包括产生可抵扣差异的事项、会计金额、税法金额、差额、税率、确认影响所得税金额等信息。

（2）测算递延所得税资产的金额，与账面确认金额进行比较，判断是否存在会计差错。

政策及制度依据：

《国网山东省电力公司原始单据手册（财务试行版）》第 23 条

《国家电网有限公司会计基础管理办法》[国网（财 /2）350-2018] 附件：《电网企业经济业务审核手册》

坏账准备的计提、转回及坏账损失核销	业务经办部门：相关部门	流程编号：SG－SD0203－04
	归口管理部门：财务部门	编制单位：国网山东省电力公司

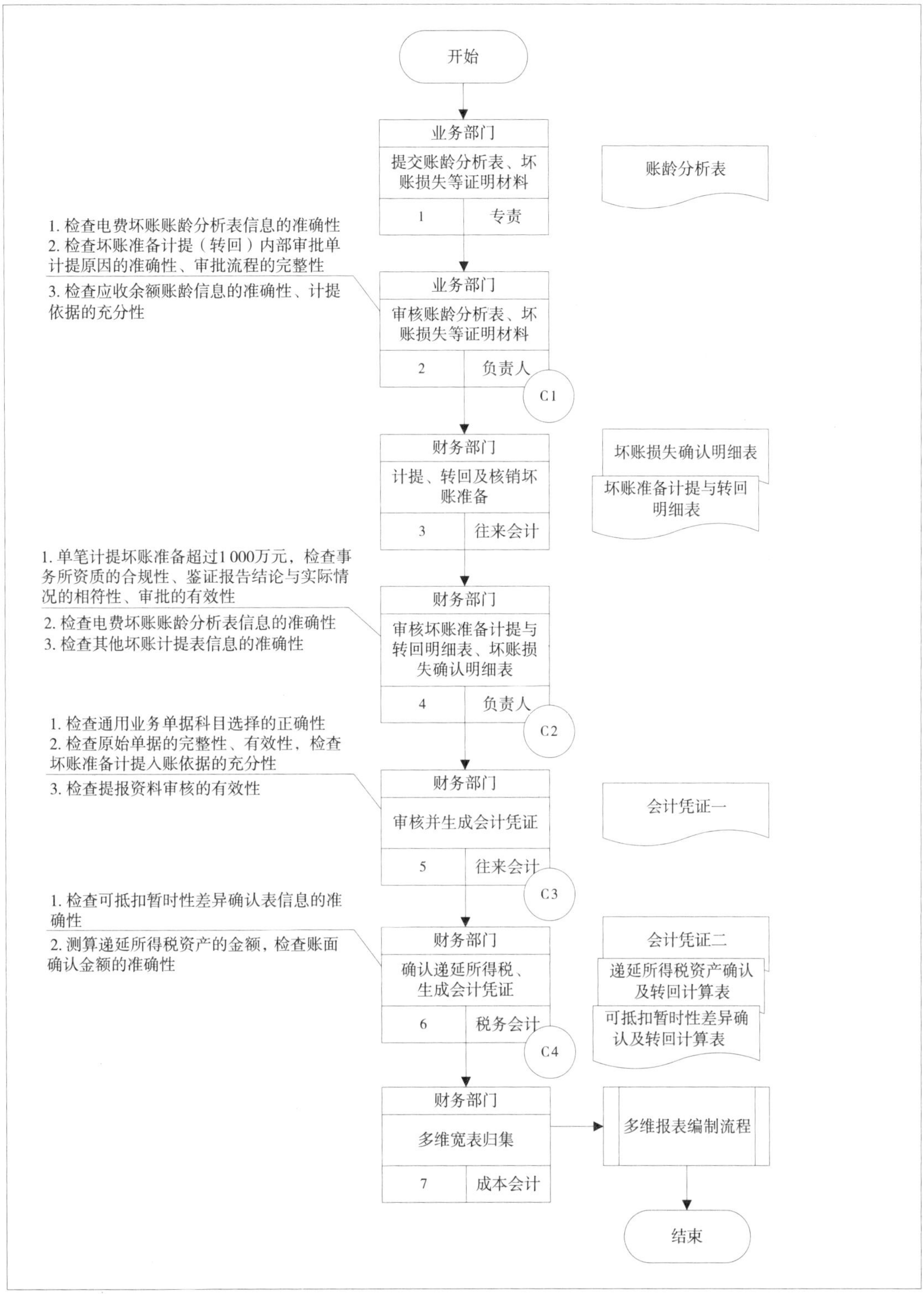

开始

业务部门
提交账龄分析表、坏账损失等证明材料
1 专责
（账龄分析表）

1. 检查电费坏账账龄分析表信息的准确性
2. 检查坏账准备计提（转回）内部审批单计提原因的准确性、审批流程的完整性
3. 检查应收余额账龄信息的准确性、计提依据的充分性

业务部门
审核账龄分析表、坏账损失等证明材料
2 负责人
C1

财务部门
计提、转回及核销坏账准备
3 往来会计
（坏账损失确认明细表；坏账准备计提与转回明细表）

1. 单笔计提坏账准备超过1 000万元，检查事务所资质的合规性、鉴证报告结论与实际情况的相符性、审批的有效性
2. 检查电费坏账账龄分析表信息的准确性
3. 检查其他坏账计提表信息的准确性

财务部门
审核坏账准备计提与转回明细表、坏账损失确认明细表
4 负责人
C2

1. 检查通用业务单据科目选择的正确性
2. 检查原始单据的完整性、有效性，检查坏账准备计提入账依据的充分性
3. 检查提报资料审核的有效性

财务部门
审核并生成会计凭证
5 往来会计
（会计凭证一）
C3

1. 检查可抵扣暂时性差异确认表信息的准确性
2. 测算递延所得税资产的金额，检查账面确认金额的准确性

财务部门
确认递延所得税、生成会计凭证
6 税务会计
（会计凭证二；递延所得税资产确认及转回计算表；可抵扣暂时性差异确认及转回计算表）
C4

财务部门
多维宽表归集
7 成本会计
→ 多维报表编制流程

结束

稽核——资产减值业务

1. 编制目的

本节主要评估资产减值业务的主要风险，确定关键控制点，并针对潜在的风险制定财务稽核检查方法，以指导各级财务稽核人员加强对此类业务的监督管理。

2. 适用范围

资产减值业务。

3. 风险评估与检查方法

3.1 C1 关键控制：提出资产减值准备申请报告的检查

风险分析：

因资产减值迹象判断错误等因素，不符合《国家电网公司会计核算办法》规定，造成资产价值估计错误。

检查方法：

（1）获取资产减值迹象报告；

（2）检查资产减值迹象报告是否符合《国家电网公司会计核算办法》所列资产减值迹象范围。

政策及制度依据：

《国家电网公司会计核算办法 2014》[国网（财 /2）469-2014] 第八章 第四节

3.2 C2 关键控制：组织资产减值测试并开展资产评估的检查

风险分析：

资产评估机构不符合评估资质要求，导致评估价值不准确、不公允，无法为减值资产提供合理参考，存在财务报表错报的风险。

检查方法：

（1）获取资产减值迹象报告、资产减值准备申请报告、资产评估报告；

（2）检查资产评估机构是否为评估准入机构一级备选库中的前两家；

（3）检查评估报告是否有评估报告审核意见书 。

政策及制度依据：

《国家电网公司会计核算办法 2014》[国网（财 /2）469-2014] 第八章 第四节

3.3 C3 关键控制：出具减值资产的会计处理建议，履行决策程序的检查

风险分析：

因达到一定标准以上的资产减值损失，未按规定履行总经理办公会决策程序，存在合规风险。

检查方法：

（1）获取资产减值准备测试结果审核财务处理意见、总经理办公会会议纪要；

（2）检查确认资产减值损失是否有总经理办公会会议纪要。

政策及制度依据：

《国家电网公司会计核算办法 2014》[国网（财 /2）469-2014] 第八章 第四节

3.4 C4 关键控制：确认资产减值，生成会计凭证的检查

风险分析：

因未通过 MDM 平台申请生成会计凭证，存在财务报表错报风险。

检查方法：

检查 MDM 平台记账申请记录。

政策及制度依据：

《国家电网公司会计核算办法 2014》[国网（财 /2）469-2014] 第八章 第四节

资产减值业务	业务经办部门：实物管理部门	流程编号：SG-SD0203-05
	归口管理部门：财务部门	编制单位：国网山东省电力公司

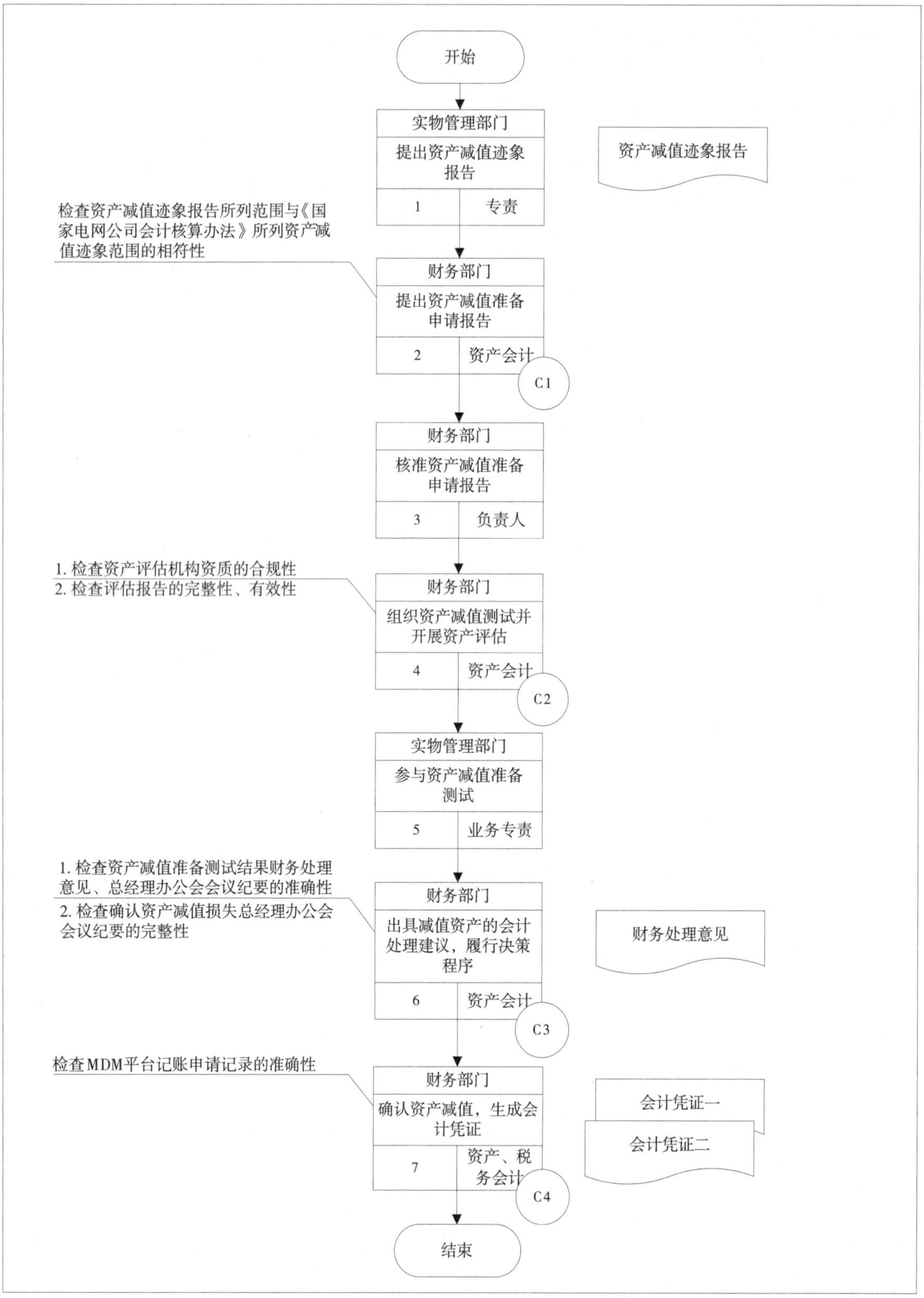

开始

实物管理部门
提出资产减值迹象报告
1 专责
（资产减值迹象报告）

检查资产减值迹象报告所列范围与《国家电网公司会计核算办法》所列资产减值迹象范围的相符性

财务部门
提出资产减值准备申请报告
2 资产会计 C1

财务部门
核准资产减值准备申请报告
3 负责人

1. 检查资产评估机构资质的合规性
2. 检查评估报告的完整性、有效性

财务部门
组织资产减值测试并开展资产评估
4 资产会计 C2

实物管理部门
参与资产减值准备测试
5 业务专责

1. 检查资产减值准备测试结果财务处理意见、总经理办公会会议纪要的准确性
2. 检查确认资产减值损失总经理办公会会议纪要的完整性

财务部门
出具减值资产的会计处理建议，履行决策程序
6 资产会计 C3
（财务处理意见）

检查MDM平台记账申请记录的准确性

财务部门
确认资产减值，生成会计凭证
7 资产、税务会计 C4
（会计凭证一）
（会计凭证二）

结束

稽核——无法支付的款项转收入

1. 编制目的

本节主要评估办理无法支付的款项转收入业务的主要风险，确定关键控制点，并针对潜在的风险制定财务稽核检查方法，以指导各级财务稽核人员加强对此类业务的监督管理。

2. 适用范围

通过通用业务单据办理无法支付的款项转收入业务。

3. 风险评估与检查方法

3.1 C1 关键控制：发起应付款项核销申请的检查

风险分析：

（1）业务部门提供的资料不足以证明款项确实无法支付，导致虚转收入，少计负债；

（2）未及时清理往来账目，导致应付款项长期挂账，存在税务风险。

检查方法：

（1）检查应付款项处置内部审批单是否有无法支付原因，审批流程是否完整；

（2）检查办公会或类似机构决议是否加盖单位公章，参加会议的各级领导是否提出明确的书面指示或处理意见；

（3）检查费用报销单信息的完整性、一致性及有效性。

政策及制度依据：

《国家电网有限公司会计基础管理办法》[国网（财 /2）350-2018] 附件：《电网企业经济业务审核手册》

3.2 C2 关键控制：审核并生成报销凭证的检查

风险分析：

财务人员未及时进行账务处理，导致收入确认延迟，影响财务报告的准确性。

检查方法：

（1）根据业务实质检查通用业务单据科目选择的正确性；

（2）获取原始单据，检查其完整性、有效性，检查应付款项处置内部审批单、办公会或类似机构决议，确认入账依据是否充分。

无法支付款项转收入	业务经办部门：相关部门	流程编号：SG-SD0203-06
	归口管理部门：财务部门	编制单位：国网山东省电力公司

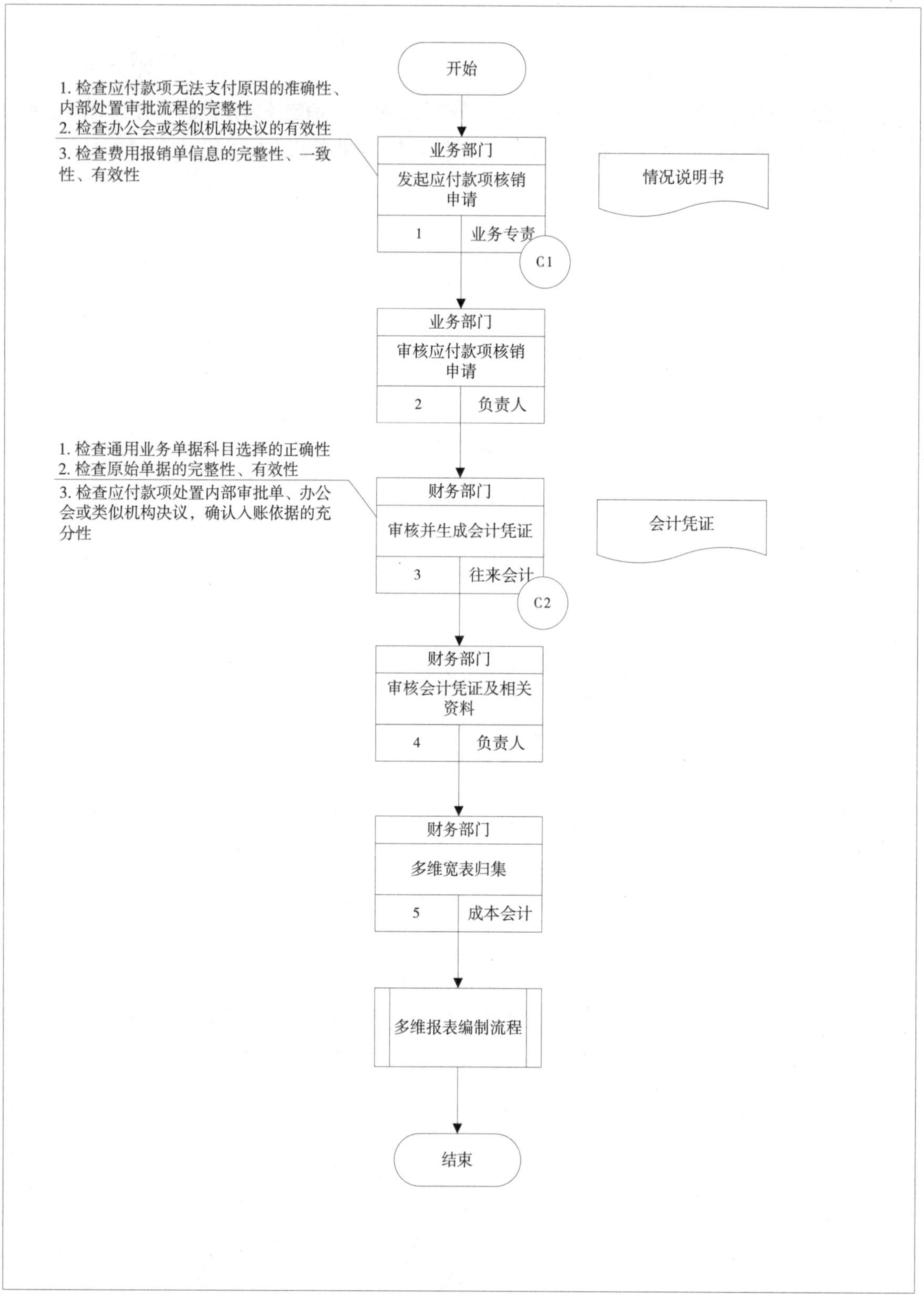

开始

1. 检查应付款项无法支付原因的准确性、内部处置审批流程的完整性
2. 检查办公会或类似机构决议的有效性
3. 检查费用报销单信息的完整性、一致性、有效性

业务部门
发起应付款项核销申请
1 业务专责 C1

情况说明书

业务部门
审核应付款项核销申请
2 负责人

1. 检查通用业务单据科目选择的正确性
2. 检查原始单据的完整性、有效性
3. 检查应付款项处置内部审批单、办公会或类似机构决议，确认入账依据的充分性

财务部门
审核并生成会计凭证
3 往来会计 C2

会计凭证

财务部门
审核会计凭证及相关资料
4 负责人

财务部门
多维宽表归集
5 成本会计

多维报表编制流程

结束

稽核——上级拨入资金

1. 编制目的

本节主要评估内部往来——上级拨入资金业务的主要风险，确定关键控制点，并针对潜在的风险制定财务稽核检查方法，以指导各级财务稽核人员加强对此类业务的监督管理。

2. 适用范围

通过财务管控系统办理上级拨入资金业务。

3. 风险评估与检查方法

无风险点。

上级拨入资金	业务经办部门：财务部门	流程编号：SG-SD0203-07
	归口管理部门：财务部门	编制单位：国网山东省电力公司

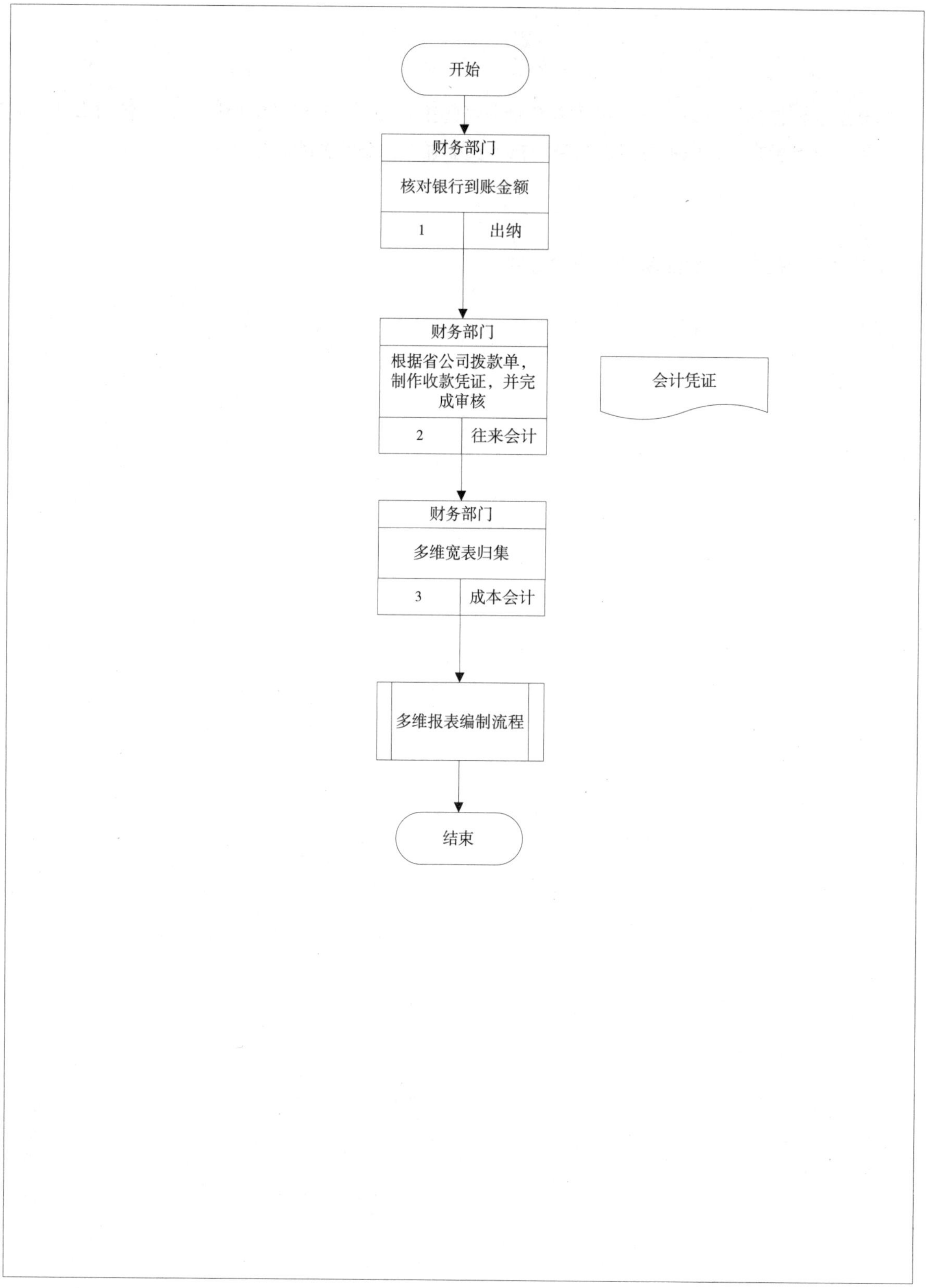

开始

↓

财务部门	
核对银行到账金额	
1	出纳

↓

财务部门	
根据省公司拨款单，制作收款凭证，并完成审核	
2	往来会计

会计凭证

↓

财务部门	
多维宽表归集	
3	成本会计

↓

多维报表编制流程

↓

结束

稽核——价外基金列转

1. 编制目的

本节主要评估结转其他应交款业务的主要风险，确定关键控制点，并介绍财务部门重点关注事项及审核要点，指导财务人员规范办理业务，防范与应对相关风险。

2. 适用范围

通过管控系统进行附加税计提、结转价外基金、列转省公司等其他应交款业务处理。

3. 风险评估与检查方法

3.1 C1 关键控制：复核电费发行价外基金数据一致性的检查

风险分析：

管控系统应收电费发行价外基金数据与月度应收电费汇总表中价外基金数据不一致，导致财务数据失真。

检查方法：

（1）获取营销盖章的月度应收电费汇总表；

（2）通过财务管控系统科目汇总表查询应收电费价外基金数据，检查与营销提供的电费发行价外基金数据是否一致。

政策及制度依据：

《国家电网有限公司会计基础管理办法》[国网（财 /2）350-2018] 附件:《电网企业经济业务审核手册》四、负债业务（四）其他应交款

《国家电网公司关于全面推进营财一体化建设工作的通知》[国家电网财 [2015]696 号] 附件 5：营财一体化—营财数据核对方案—4 核对规则

3.1.2 C2 关键控制：计提价外基金附加税的检查

风险分析：

计提基数、计提税率等信息不正确，影响账务处理的正确性及报表的准确性。

检查方法：

（1）获取税费计算表；

（2）科目汇总表、税费计算表及明细账线下计算并检查应交税费科目基金附加税是否准确。

政策及制度依据：

《国家电网有限公司会计基础管理办法》[国网（财 /2）350-2018] 附件《电网企业经济业务审核手册》四、负债业务（四）其他应交款

3.3 C3 关键控制：列转价外基金至上级部门的检查

风险分析：

列转基数、计提税率等信息不正确，影响账务处理的正确性及报表的准确性。

检查方法：

（1）获取电费收入结转计算表、系统备用费收入结算计算表；

（2）检查科目汇总表其他应交款科目余额是否为零。

政策及制度依据：

《国家电网有限公司会计基础管理办法》[国网（财 /2）350-2018] 附件：《电网企业经济业务审核手册》四、负债业务（四）其他应交款

3.4 C4 关键控制：财务凭证审核的检查

风险分析：

会计凭证编制未经过有效审核，导致凭证编制错误未被及时发现，存在财务报表错报的风险。

检查方法：

（1）获取营销盖章的月度应收电费汇总表、税费计算表；

（2）与管控数据进行核对，检查金额是否一致；

（3）获取科目汇总表，检查其他应交款科目余额是否为零。

政策及制度依据：

《国家电网有限公司会计基础管理办法》[国网（财 /2）350-2018] 附件：《电网企业经济业务审核手册》四、负债业务（四）其他应交款

价外基金列转

业务经办部门：营销部门、财务部门	流程编号：SG-SD0203-08
归口管理部门：财务部门	编制单位：国网山东省电力公司

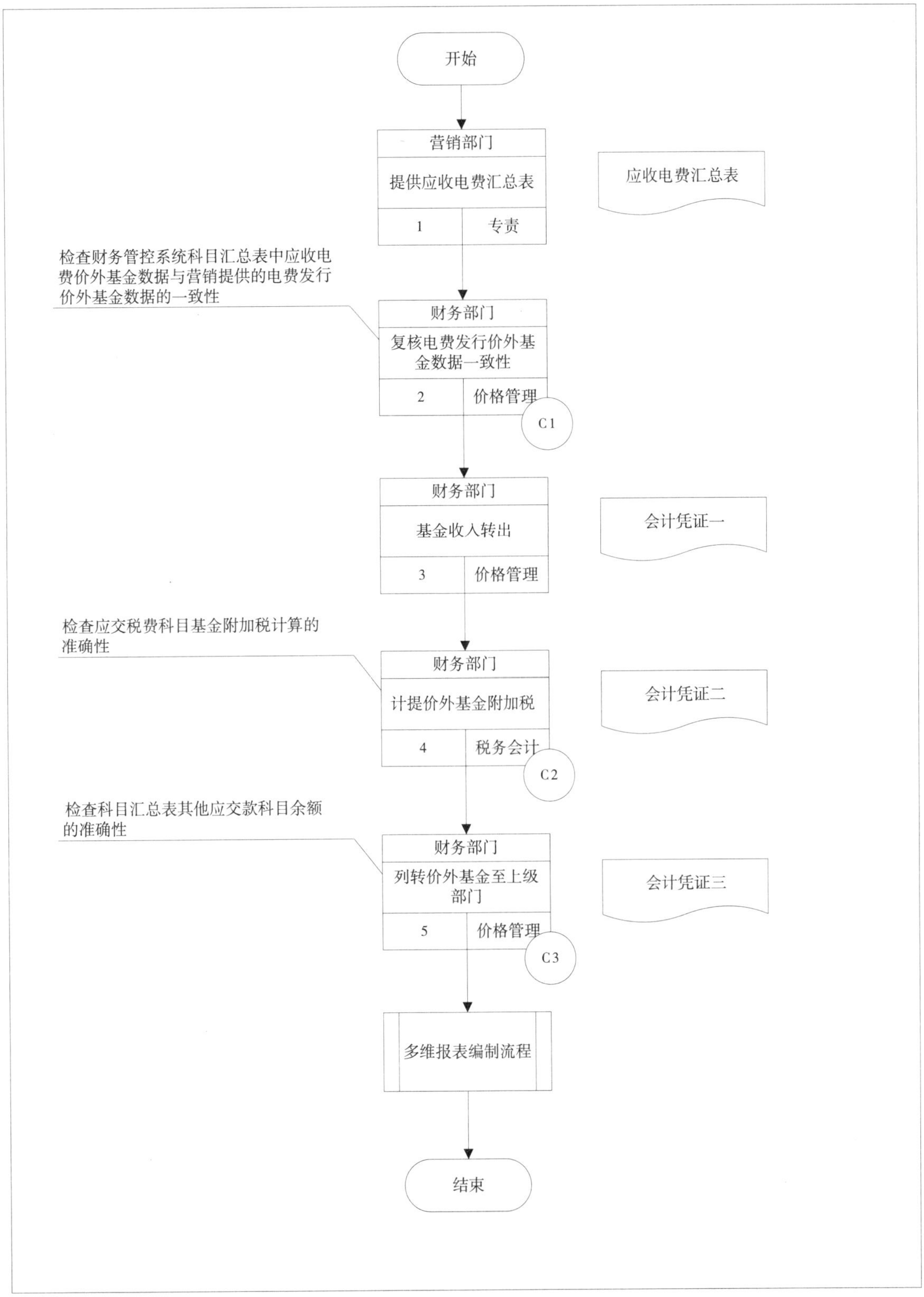

开始

营销部门
提供应收电费汇总表
1 专责
（应收电费汇总表）

检查财务管控系统科目汇总表中应收电费价外基金数据与营销提供的电费发行价外基金数据的一致性

财务部门
复核电费发行价外基金数据一致性
2 价格管理
C1

财务部门
基金收入转出
3 价格管理
（会计凭证一）

检查应交税费科目基金附加税计算的准确性

财务部门
计提价外基金附加税
4 税务会计
C2
（会计凭证二）

检查科目汇总表其他应交款科目余额的准确性

财务部门
列转价外基金至上级部门
5 价格管理
C3
（会计凭证三）

多维报表编制流程

结束

稽核——多维报表编制

1. 编制目的

本节主要评估多维报表编制业务的主要风险，确定关键控制点，明确财务稽核重点审核要点及方法，指导财务稽核人员加强对此类业务的监督管理。

2. 适用范围

通过财务管控系统编制多维报表。

3. 风险评估与检查方法

3.1 C1 关键控制：提供分摊动因参数的检查

风险分析：

分摊动因参数不合理，可能导致数据分析失真。

检查方法：

获取报表分摊动因参数，检查分摊动因参数是否合理，包括各成本中心人员数量、车辆行驶里程、房屋面积、行为频次、资产原值等。

政策及制度依据：

《国家电网公司会计核算办法 2014》[国网（财 /2）469-2014]

《国家电网公司财务管理通则》[国网（财 /1）97-2014]

《国家电网公司财务报告管理办法》[国网（财 /2)474-2014]

3.2 C2 关键控制：系统录入动因指标，执行多维成本归集、分摊的检查

风险分析：

各项成本分摊错误，导致多维报表数据有误。

检查方法：

系统中查看各项成本分摊是否成功。

政策及制度依据：

《国家电网公司财务报告管理办法》[国网（财 /2)474-2014]

3.3 C3 关键控制：编制多维精益管理报表的检查

风险分析：

分摊动因参数不正确，多维成本归集不准确，导致多维报表数据有误。

检查方法：

（1）检查人工成本多维分析表员工人数与人资系统人员数量是否一致；

（2）检查科目维度数据与科目数据是否一致。

政策及制度依据：

《国家电网公司会计核算办法 2014》[国网（财 /2）469-2014]

《国家电网公司财务管理通则》[国网（财 /1）97-2014]

《国家电网公司财务报告管理办法》[国网（财 /2)474-2014]

多维报表编制

业务经办部门：相关部门	流程编号：SG-SD0203-09
归口管理部门：财务部门	编制单位：国网山东省电力公司

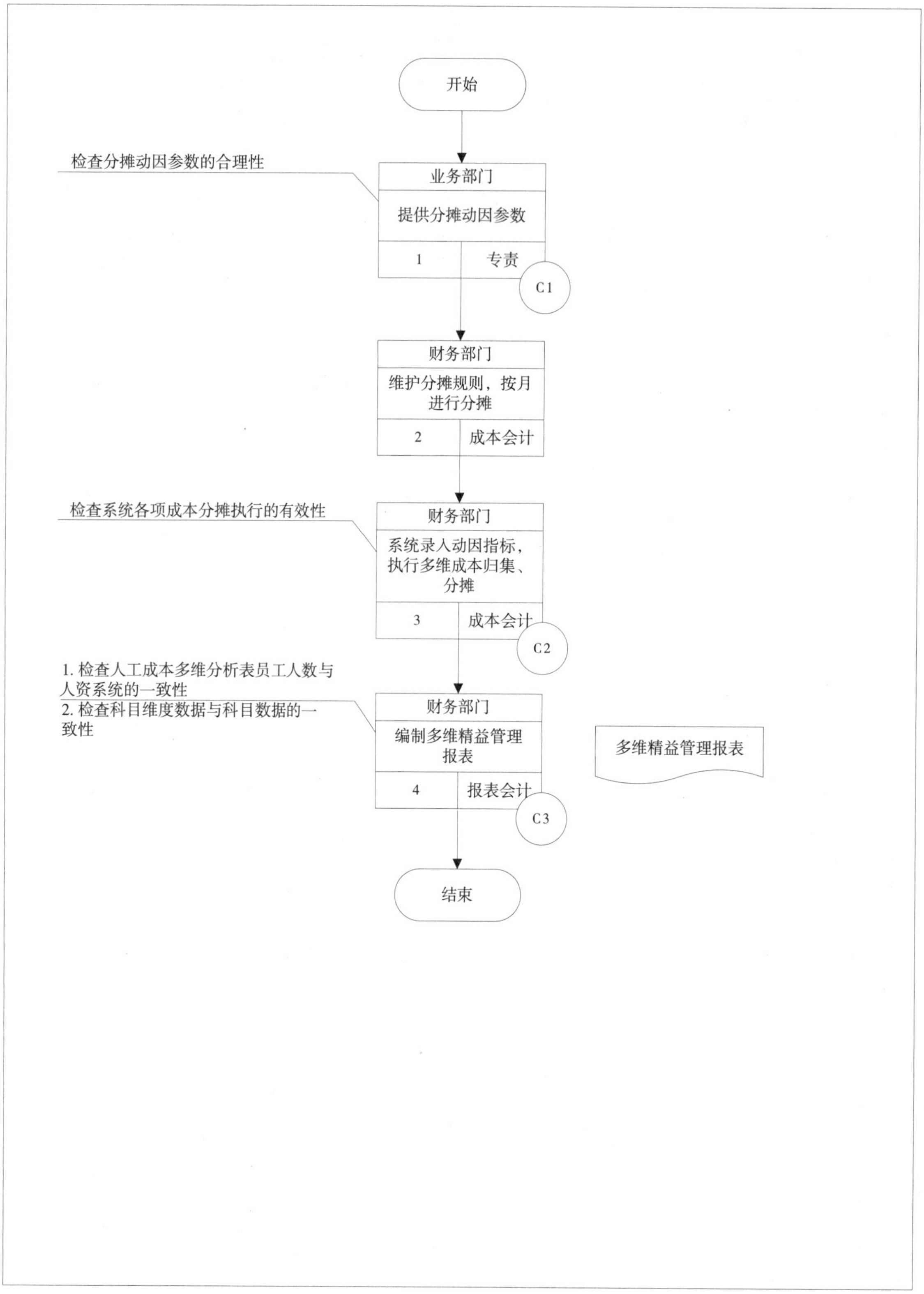

开始

检查分摊动因参数的合理性

业务部门
提供分摊动因参数
1 专责
C1

财务部门
维护分摊规则，按月进行分摊
2 成本会计

检查系统各项成本分摊执行的有效性

财务部门
系统录入动因指标，执行多维成本归集、分摊
3 成本会计
C2

1. 检查人工成本多维分析表员工人数与人资系统的一致性
2. 检查科目维度数据与科目数据的一致性

财务部门
编制多维精益管理报表
4 报表会计
C3

多维精益管理报表

结束

稽核——个人所得税

1. 编制目的

本节主要评估个人所得税的风险，确定关键控制点，明确财务稽核重点审核要点及方法，指导财务稽核人员加强对此类业务的监督管理。

2. 适用范围

通过 ERP 人资模块办理计提个人所得税业务。

3. 风险评估与检查方法

3.1 C1 关键控制：计提个税的检查

风险分析：

（1）未按政策规定使用正确税率计提税金，导致税金计提错误。

（2）未按政策规定维护个人所得税专项附加扣除，导致个税计算错误。

（3）为职工超标准缴纳的年金，养老保险、失业保险和医疗保险、住房公积金未代扣代缴个人所得税；为职工购买的医疗保险等各项商业保险未代扣代缴个人所得税；以报销发票形式向职工支付的各种个人收入未代扣代缴个人所得税；以非货币形式发放的个人收入未代扣代缴个人所得税；赠送给其他单位个人的礼品、礼金等未按规定代扣代缴个人所得税。上述行为导致违反个人所得税法规，存在涉税风险。

检查方法：

复核企业个人所得税计算表，检查是否按政策规定依照适用税率计提个人所得税。计算公式：本期应预扣预缴税额 =（累计预扣预缴应纳税所得额 × 税率 − 速算扣除数）− 累计减免税额 − 已预扣预缴税额、累计预扣预缴应纳税所得额 = 累计收入 − 累计免税收入 − 累计基本减除费用 − 累计专项扣除 − 累计专项附加扣除 − 累计依法确定的其他扣除。

政策及制度依据：

《个人所得税专项附加扣除暂行办法》

《财政部 人力资源社会保障部 国家税务总局关于企业年金 职业年金个人所得税有关问题的通知》（财税［2013］103 号）

《国家税务总局关于单位为员工支付有关保险缴纳个人所得税问题的批复》（国税函［2005］318 号）

《财政部 国家税务总局 保监会关于开展商业健康保险个人所得税政策试点工作的通知》（财税［2015］56 号）

《财政部 国家税务总局关于基本养老保险费基本医疗保险费、失业保险费、住房公积金有关个人所得税政策的通知》（财税［2006］10 号）

《国家税务总局关于个人因公务用车制度改革取得补贴收入征收个人所得税问题的通知》（国税函［2006］245 号）

《国家税务总局关于个人所得税有关政策问题的通知》（国税发［1999］58号）

《中华人民共和国个人所得税法实施条例》（中华人民共和国国务院令第600号）

《企业财务通则》（财政部令第41号）第四十六条

《财政部关于企业加强职工福利费财务管理的通知》（财企［2009］242号）

《财政部 国家税务总局关于企业促销展业赠送礼品有关个人所得税问题的通知》（财税［2011］50号）

《中华人民共和国个人所得税法》

《个人所得税全员全额扣缴申报管理暂行办法》（国税发［2005］205号）

3.2 C2 关键控制：审核人资部门推送的工资汇总表，生成会计凭证检查

风险分析：

（1）未按政策规定使用正确税率计提税金，导致税金计提错误。

（2）未按政策规定维护个人所得税专项附加扣除，导致个税计算错误。

（3）为职工超标准缴纳的年金，养老保险、失业保险和医疗保险、住房公积金未代扣代缴个人所得税；为职工购买的医疗保险等各项商业保险未代扣代缴个人所得税；以报销发票形式向职工支付的各种个人收入未代扣代缴个人所得税；以非货币形式发放的个人收入未代扣代缴个人所得税；赠送给其他单位个人的礼品、礼金等未按规定代扣代缴个人所得税。上述行为导致违反个人所得税法规，存在涉税风险。

检查方法：

复核企业个人所得税计算表，检查是否按政策规定依照适用税率计提个人所得税。计算公式：本期应预扣预缴税额＝（累计预扣预缴应纳税所得额 × 税率－速算扣除数）－累计减免税额－已预扣预缴税额、累计预扣预缴应纳税所得额＝累计收入－累计免税收入－累计基本减除费用－累计专项扣除－累计专项附加扣除－累计依法确定的其他扣除。

政策及制度依据：

《国网山东省电力公司原始凭证单据手册》（鲁电财［2018］621号）第三章 负债 五、应交税费（十三）税金缴纳

3.3 C3 关键控制：提报交税申请的检查

风险分析：

税金付款申请未按照资金分级授权标准进行签批，资金支付结算流程不合规。

检查方法：

严格按照资金分级授权管理要求检查资金支付申请表签字是否齐全。

政策及制度依据：

《国网山东省电力公司资金分级授权管理方案》（鲁电财［2017］807号）七、审批流程

3.4 C4 关键控制：生成交税凭证的检查

风险分析：

（1）会计科目使用不当，导致会计核算不准确，影响财务报告的准确性；

（2）未生成会计凭证，导致核算不准确，影响财务报告的准确性。

检查方法：

（1）检查预制凭证传递后应交税费科目有无余额；

（2）获取银行对账单，逐笔检查个税支付款项是否均已制证。

政策及制度依据：

《国家电网有限公司纳税管理办法》[国网（财 /2）202-2018] 第五章 第二十一条

《国网山东省电力公司原始凭证单据手册》（鲁电财〔2018〕621 号）第三章 负债 五、应交税费（十三）税金缴纳

3.5 C5 关键控制：申报个人所得税的检查

风险分析：

逾期未完成个人所得税申报，申报表填报不规范，导致税收处罚，造成资金损失。

检查方法：

获取纳税申报表，检查申报日期是否逾期，内容填写是否规范、准确，与账务相符，是否及时更新掌握税务政策、规范纳税申报表填报、严格遵守纳税申报的时点要求（一般为每月 15 日之前）。

政策及制度依据：

《国家电网有限公司纳税管理办法》[国网（财 /2）202-2018] 第五章 第二十一条

3.6 C6 关键控制：扣缴个税的检查

风险分析：

三方协议过期或变更导致税款无法正常划转，未按期缴入国库，导致税收处罚，造成资金损失。

检查方法：

检查银行对账单、营业外支出科目，是否存在因未扣款成功导致的税收滞纳金支出。

个人所得税

业务经办部门：人资部门	流程编号：SG－SD0204－01
归口管理部门：人资部门	编制单位：国网山东省电力公司

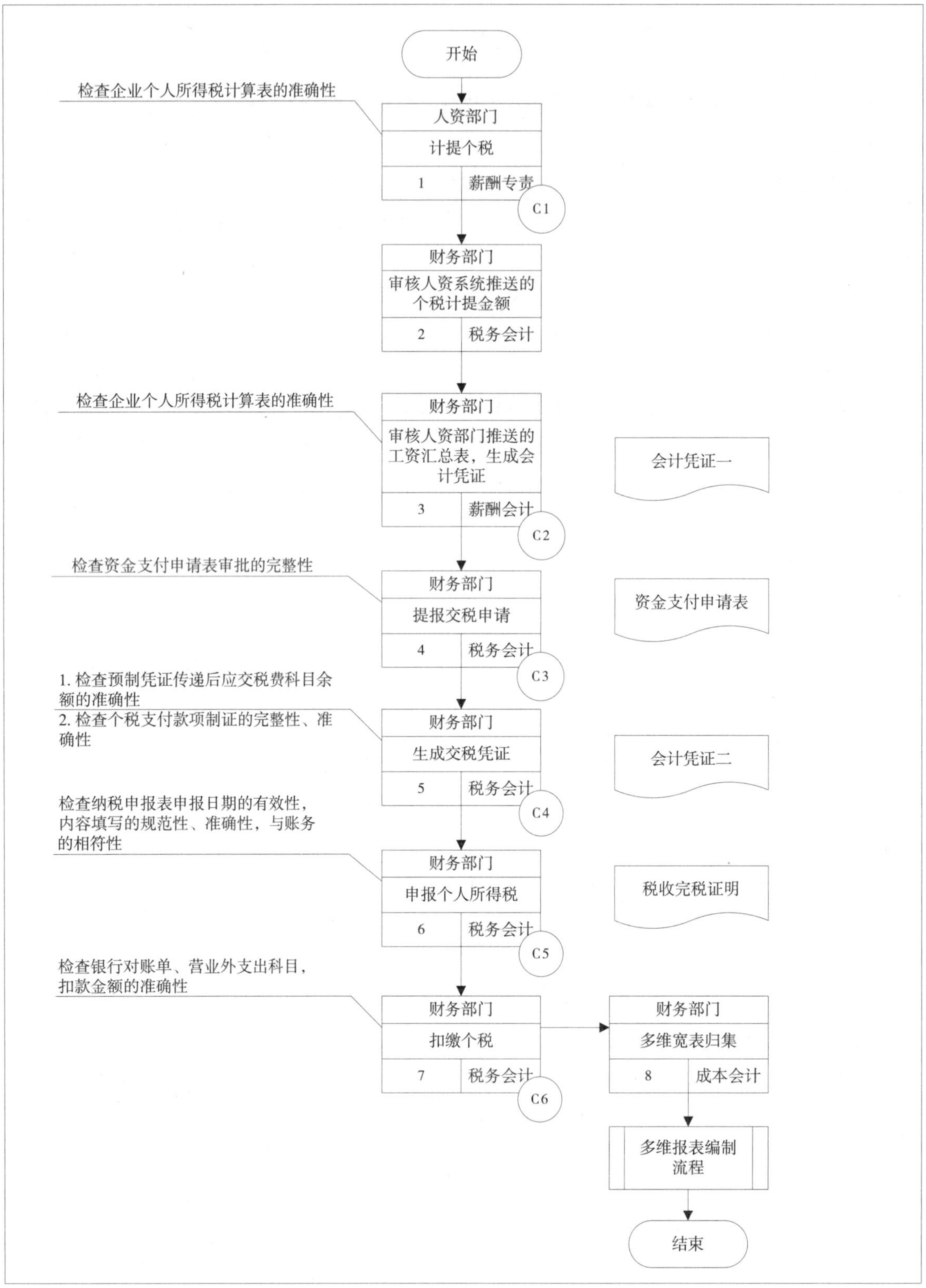

开始

检查企业个人所得税计算表的准确性 —— 人资部门｜计提个税｜1｜薪酬专责｜C1

财务部门｜审核人资系统推送的个税计提金额｜2｜税务会计

检查企业个人所得税计算表的准确性 —— 财务部门｜审核人资部门推送的工资汇总表，生成会计凭证｜3｜薪酬会计｜C2 —— 会计凭证一

检查资金支付申请表审批的完整性 —— 财务部门｜提报交税申请｜4｜税务会计｜C3 —— 资金支付申请表

1. 检查预制凭证传递后应交税费科目余额的准确性
2. 检查个税支付款项制证的完整性、准确性

—— 财务部门｜生成交税凭证｜5｜税务会计｜C4 —— 会计凭证二

检查纳税申报表申报日期的有效性，内容填写的规范性、准确性，与账务的相符性 —— 财务部门｜申报个人所得税｜6｜税务会计｜C5 —— 税收完税证明

检查银行对账单、营业外支出科目，扣款金额的准确性 —— 财务部门｜扣缴个税｜7｜税务会计｜C6

→ 财务部门｜多维宽表归集｜8｜成本会计

→ 多维报表编制流程

→ 结束

稽核——增值税

1. 编制目的

本节主要评估增值税的风险，确定关键控制点，明确财务稽核重点审核要点及方法，指导财务稽核人员加强对此类业务的监督管理。

2. 适用范围

通过财务管控系统、ERP 系统办理计提增值税销项税、抵扣进项税业务。

3. 风险评估与检查方法

3.1 C1 关键控制：计提增值税销项税的检查

风险分析：

应税收入未及时完整入账；未按政策规定的税率或计税依据计提销项税。如果少计销项税额，则少缴税，导致出现补税、滞纳金、罚款等问题，造成损失；如果多计销项税额，导致多缴税，增加企业的税收负担和经营成本，降低市场竞争力。

检查方法：

获取各月科目汇总表，测算账面各项应税收入是否正确计提销项税，计算公式为：销项税额 = 含税销售额 ÷（1+ 税率）× 税率。

政策及制度依据：

《中华人民共和国增值税暂行条例》第二条、第五条

《关于深化增值税改革有关政策的公告》（财政部 税务总局 海关总署公告 2019 年第 39 号）一

《营业税改征增值税试点实施办法》（财税［2016］36 号）

3.2 C2 关键控制：增值税进项税额抵扣的检查

风险分析：

（1）多抵扣进项税，导致少缴税，出现补税、滞纳金、罚款等问题；

（2）少抵扣进项税（例如：该取得增值税专用发票的未取得），导致多缴税，增加企业的税收负担和经营成本，降低市场竞争力。

检查方法：

将当期账面进项税额与当期认证的进项税额抵扣发票比对，查看两者金额是否一致。如果不一致，应查明原因。

政策及制度依据：

《中华人民共和国增值税暂行条例》第二条、第八条

《关于深化增值税改革有关政策的公告》（财政部 税务总局 海关总署公告 2019 年第 39 号）五、六、八

《营业税改征增值税试点实施办法》（财税［2016］36 号）

《财政部、国家税务总局关于收费公路通行费增值税抵扣有关问题的通知》（财税［2016］86 号，2016 年 8 月 1 日起执行）

3.3 C3 关键控制：认证发票的检查

风险分析：

发票认证税额与账面进项税额不一致，导致应交增值税计提错误。

检查方法：

检查本月发票认证税额是否与应交税费、应交增值税、进项税额数据一致。

政策及制度依据：

《中华人民共和国增值税暂行条例》第八条

《关于深化增值税改革有关政策的公告》（财政部 税务总局 海关总署公告 2019 年第 39 号）六

3.4 C4 关键控制：列转增值税的检查

风险分析：

（1）会计核算业务不准确导致增值税列转错误；

（2）会计科目使用不当、结转数据错误，导致账务处理不准确，影响财务报告的准确性。

检查方法：

（1）税金列转后依照适用税率计算检验税金列转是否符合基本逻辑，即：增值税 = 主营业务收入 / 电力销售、电费收入 ×1.5%；

（2）通过财务管控—集团报表—增值税列转报表取数检查列转科目与税率差异是否有差异额；检查未交增值税科目贷方发生额是否与应交增值税销项贷方发生额一致；增值税列转、结转完成后检查应交增值税期末余额是否为零。

政策及制度依据：

《财务管控系统内部往来列转业务单据说明手册》5.1 市公司增值税结转业务

《财务管控系统内部往来列转业务单据说明手册》5.2 县公司增值税列转业务

《国网山东省电力公司原始凭证单据手册》（鲁电财［2018］621 号）第三章　负债 五、应交税费（一）增值税 1. 列转增值税

《财务管控系统内部往来列转业务单据说明手册》6. 增值税清算税款列转

《国网山东省电力公司原始凭证单据手册》（鲁电财［2018］621 号）第三章　负债 五、应交税费（一）增值税 3. 结转其他产品增值税

3.5 C5 关键控制：提报交税申请的检查

风险分析：

税金付款申请未按照资金分级授权标准进行签批，导致资金支付结算流程不合规。

检查方法：

严格按照资金分级授权管理要求检查资金支付申请表签字是否齐全。

政策及制度依据：

《国网山东省电力公司资金分级授权管理方案》（鲁电财［2017］807 号）七、审批流程

3.6 C6 关键控制：生成交税凭证的检查

风险分析：

（1）会计科目使用不当，导致会计核算不准确，影响财务报告的准确性；

（2）未生成会计凭证，导致核算不准确，影响财务报告的准确性。

检查方法：

（1）预制凭证传递后检查应交税费科目有无余额；

（2）获取银行对账单，逐笔检查支付税款是否均已制证。

政策及制度依据：

《国家电网有限公司纳税管理办法》[国网（财 /2）202-2018] 第五章第二十一条

《国网山东省电力公司原始凭证单据手册》（鲁电财 [2018] 621 号）第三章　负债 五、应交税费（十三）税金缴纳

3.7 C7 关键控制：申报缴纳增值税的检查

风险分析：

（1）逾期未完成增值税申报，申报表填报不规范，导致税收处罚，造成资金损失；

（2）三方协议过期或变更导致税款无法正常划转，未按期缴入国库，导致税收处罚，造成资金损失。

检查方法：

（1）获取纳税申报表，检查申报日期是否逾期，内容填写是否规范、准确，与账务相符；

（2）检查银行对账单、营业外支出科目，是否存在因未扣款成功导致的税收滞纳金支出。

政策及制度依据：

《中华人民共和国税收征收管理法》第二章第三节第二十五条，第三章第三十一条、第三十二条、第三十四条

《中华人民共和国增值税暂行条例》第一条、第二条、第五条

《关于深化增值税改革有关政策的公告》（财政部 税务总局 海关总署公告 2019 年第 39 号）一、二

《国家电网有限公司纳税管理办法》[国网（财 /2）202-2018] 第五章第十八条、第二十条、第二十一条

《国家电网公司资金管理办法》第八十一条、第一百条

增值税

业务经办部门：财务部门	流程编号：SG-SD0204-02
归口管理部门：财务部门	编制单位：国网山东省电力公司

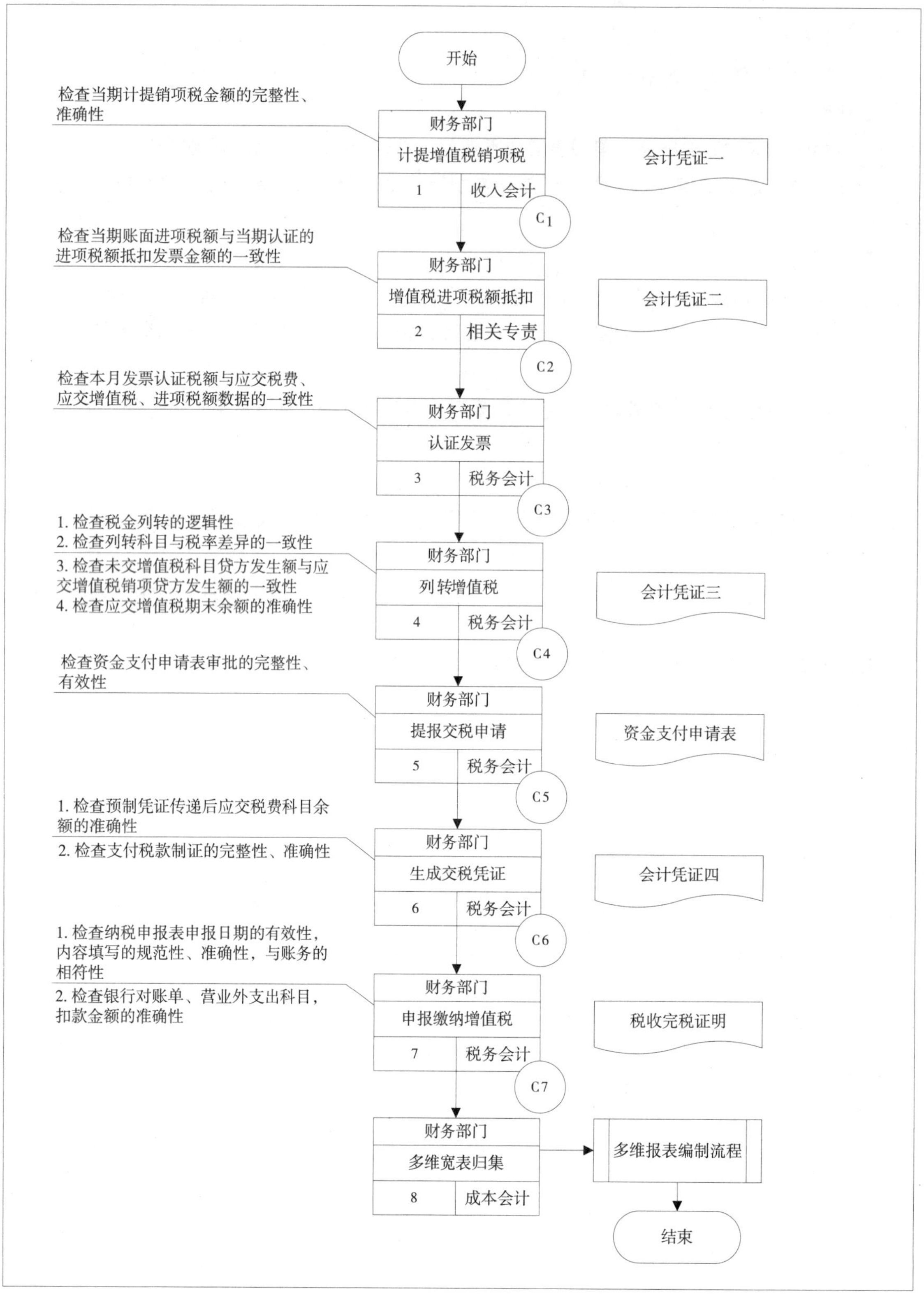

开始

检查当期计提销项税金额的完整性、准确性

财务部门 | 计提增值税销项税 | 1 收入会计 | C1 | 会计凭证一

检查当期账面进项税额与当期认证的进项税额抵扣发票金额的一致性

财务部门 | 增值税进项税额抵扣 | 2 相关专责 | C2 | 会计凭证二

检查本月发票认证税额与应交税费、应交增值税、进项税额数据的一致性

财务部门 | 认证发票 | 3 税务会计 | C3

1. 检查税金列转的逻辑性
2. 检查列转科目与税率差异的一致性
3. 检查未交增值税科目贷方发生额与应交增值税销项贷方发生额的一致性
4. 检查应交增值税期末余额的准确性

财务部门 | 列转增值税 | 4 税务会计 | C4 | 会计凭证三

检查资金支付申请表审批的完整性、有效性

财务部门 | 提报交税申请 | 5 税务会计 | C5 | 资金支付申请表

1. 检查预制凭证传递后应交税费科目余额的准确性
2. 检查支付税款制证的完整性、准确性

财务部门 | 生成交税凭证 | 6 税务会计 | C6 | 会计凭证四

1. 检查纳税申报表申报日期的有效性，内容填写的规范性、准确性，与账务的相符性
2. 检查银行对账单、营业外支出科目，扣款金额的准确性

财务部门 | 申报缴纳增值税 | 7 税务会计 | C7 | 税收完税证明

财务部门 | 多维宽表归集 | 8 成本会计 → 多维报表编制流程

结束

稽核——城市维护建设税

1. 编制目的

本节主要评估城市维护建设税的风险，确定关键控制点，明确财务稽核重点审核要点及方法，指导财务稽核人员加强对此类业务的监督管理。

2. 适用范围

通过财务管控系统税务管理模块办理计提城市维护建设税业务。

3. 风险评估与检查方法

3.1 C1 关键控制：计提城建税的检查

风险分析：

缴纳增值税的同时未计算缴纳城市维护建设税；未按政策规定在计税单上填写计税依据，导致城市维护建设税计提错误或漏提、少提；未按政策规定维护计税单适用税率 7% 或 5%，导致城市维护建设税计提错误；城建税计算与计提不一致，导致少缴税款，面临税收处罚，造成资金损失。

检查方法：

（1）税金计提后依照城建税适用税率 7% 或 5% 计算检验税金计提是否符合基本逻辑，即：城市维护建设税应纳税额 = 实际缴纳增值税 × 适用税率；

（2）通过财务管控集团报表中税费计算与计提一致率检查城建税计算与计提是否一致。

政策及制度依据：

《中华人民共和国城市维护建设税法》第一条、第二条、第四条

《关于免征国家重大水利工程建设基金的城市维护建设税和教育费附加的通知》（财税［2010］44 号）

3.2 C2 关键控制：生成城建税计提凭证的检查

风险分析：

缴纳增值税的同时未计算缴纳城市维护建设税；未按政策规定在计税单上填写计税依据，导致城市维护建设税计提错误或漏提、少提；未按政策规定维护计税单适用税率 7% 或 5%，导致城市维护建设税计提错误；城建税计算与计提不一致，导致少缴税款，面临税收处罚，造成资金损失。

检查方法：

（1）税金计提后依照城建税适用税率 7% 或 5% 计算检验税金计提是否符合基本逻辑，即：城市维护建设税应纳税额 = 实际缴纳增值税 × 适用税率；

（2）通过财务管控集团报表中税费计算与计提一致率检查城建税计算与计提是否一致。

政策及制度依据：

《国网山东省电力公司原始凭证单据手册》（鲁电财［2018］621 号）第三章 负债 五、应交税费（四）城建税及附加

3.3 C3 关键控制：提报交税申请的检查

风险分析：

税金付款申请未按照资金分级授权标准进行签批，导致资金支付结算流程不合规。

检查方法：

严格按照资金分级授权管理要求检查资金支付申请表签字是否齐全。

政策及制度依据：

《国网山东省电力公司资金分级授权管理方案》（鲁电财［2017］807 号）七、审批流程

3.4 C4 关键控制：生成交税凭证的检查

风险分析：

（1）会计科目使用不当，导致会计核算不准确，影响财务报告的准确性；

（2）未生成会计凭证，导致核算不准确，影响财务报告的准确性。

检查方法：

（1）预制凭证传递后检查应交税费科目有无余额；

（2）获取银行对账单，逐笔检查支付税款是否均已制证。

政策及制度依据：

《国家电网有限公司纳税管理办法》[国网（财/2）202-2018] 第五章第二十一条

《国网山东省电力公司原始凭证单据手册》（鲁电财［2018］621 号）第三章　负债 五、应交税费（十三）税金缴纳

3.5 C5 关键控制：申报城建税的检查

风险分析：

逾期未完成城市维护建设税申报，申报表填报不规范，导致税收处罚，造成资金损失。

检查方法：

获取纳税申报表，检查申报日期是否逾期，内容填写是否规范、准确，与账务相符。

政策及制度依据：

《中华人民共和国税收征收管理法》第二章第三节第二十五条，第三章第三十一条、第三十二条、第三十四条

《中华人民共和国城市维护建设税法》第一条、第二条、第四条

《关于免征国家重大水利工程建设基金的城市维护建设税和教育费附加的通知》（财税［2010］44 号）

《国家电网有限公司纳税管理办法》［国网（财/2）202-2018］第五章第十八条、第二十条、第二十一条

3.6 C6 关键控制：扣缴城建税的检查

风险分析：

三方协议过期或变更导致税款无法正常划转，未按期缴入国库，导致税收处罚，造成资金损失。

检查方法：

检查银行对账单、营业外支出科目，是否存在因未扣款成功导致的税收滞纳金支出。

政策及制度依据：

《中华人民共和国税收征收管理法》第三章第三十一条、第三十二条、第三十四条

《国家电网有限公司纳税管理办法》［国网（财/2）202-2018］第五章第十八条、第二十一条

《国家电网公司资金管理办法》第八十一条、第一百条

城市维护建设税

业务经办部门：财务部门	流程编号：SG-SD0204-03
归口管理部门：财务部门	编制单位：国网山东省电力公司

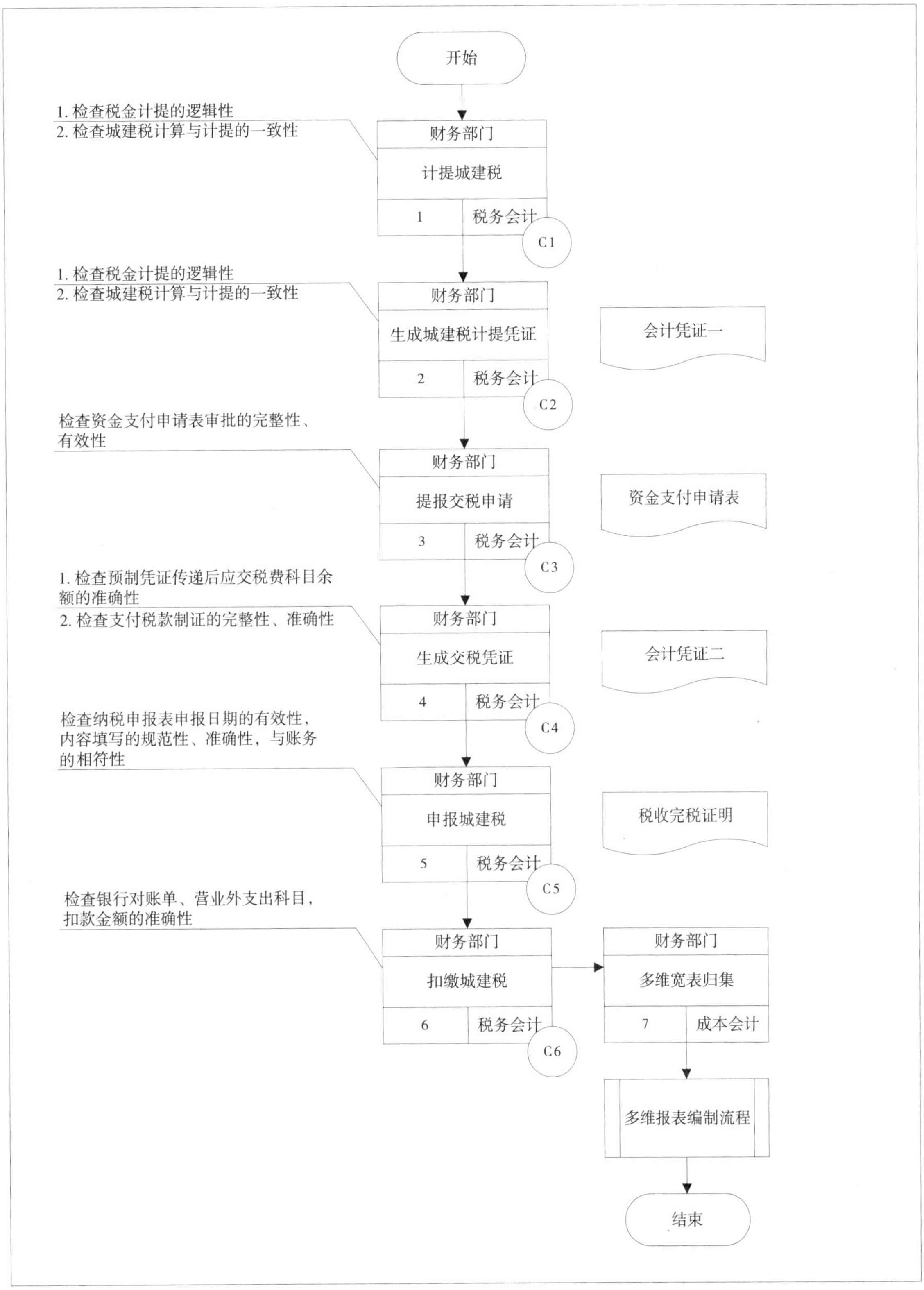

开始

编号	部门	步骤	岗位	控制点	控制内容	输出文档
1	财务部门	计提城建税	税务会计	C1	1. 检查税金计提的逻辑性 2. 检查城建税计算与计提的一致性	
2	财务部门	生成城建税计提凭证	税务会计	C2	1. 检查税金计提的逻辑性 2. 检查城建税计算与计提的一致性	会计凭证一
3	财务部门	提报交税申请	税务会计	C3	检查资金支付申请表审批的完整性、有效性	资金支付申请表
4	财务部门	生成交税凭证	税务会计	C4	1. 检查预制凭证传递后应交税费科目余额的准确性 2. 检查支付税款制证的完整性、准确性	会计凭证二
5	财务部门	申报城建税	税务会计	C5	检查纳税申报表申报日期的有效性，内容填写的规范性、准确性，与账务的相符性	税收完税证明
6	财务部门	扣缴城建税	税务会计	C6	检查银行对账单、营业外支出科目，扣款金额的准确性	
7	财务部门	多维宽表归集	成本会计			

多维报表编制流程

结束

稽核——教育费附加、地方教育费附加

1. 编制目的

本节主要评估地方教育费附加的风险，确定关键控制点，明确财务稽核重点审核要点及方法，指导财务稽核人员加强对此类业务的监督管理。

2. 适用范围

通过财务管控系统税务管理模块办理计提教育费附加、地方教育费附加业务。

3. 风险评估与检查方法

3.1 C1 关键控制：计提教育费附加、地方教育费附加的检查

风险分析：

缴纳增值税的同时未计算缴纳地方教育费附加；未按政策规定在计税单上填写计税依据，导致地方教育费附加计提错误或漏提、少提；未按政策规定维护计税单适用税率 2%，导致地方教育费附加计提错误；地方教育费附加计算与计提不一致，导致少缴税款，面临税收处罚，造成资金损失。

检查方法：

（1）税金计提后依照地方教育费附加适用税率 2% 计算检验税金计提是否符合基本逻辑，即：地方教育费附加应纳税额 = 实际缴纳增值税 ×2%；

（2）通过财务管控集团报表中税费计算与计提一致率检查地方教育费附加计算与计提是否一致。

政策及制度依据：

《财政部关于统一地方教育附加政策有关问题的通知》（财综［2010］98 号）

《关于免征国家重大水利工程建设基金的城市维护建设税和教育费附加的通知》（财税［2010］44 号）

3.2 C2 关键控制：生成教育费附加、地方教育费附加计提凭证的检查

风险分析：

缴纳增值税的同时未计算缴纳地方教育费附加；未按政策规定在计税单上填写计税依据，导致地方教育费附加计提错误或漏提、少提；未按政策规定维护计税单适用税率 2%，导致地方教育费附加计提错误；地方教育费附加计算与计提不一致，导致少缴税款，面临税收处罚，造成资金损失。

检查方法：

（1）税金计提后依照地方教育费附加适用税率 2% 计算检验税金计提是否符合基本逻辑，即：地方教育费附加应纳税额 = 实际缴纳增值税 ×2%；

（2）通过财务管控集团报表中税费计算与计提一致率检查地方教育费附加计算与计提是否一致。

政策及制度依据：

《国网山东省电力公司原始凭证单据手册》（鲁电财［2018］621 号）第三章 负债 五、应交税费（四）城建税及附加

3.3 C3 关键控制：提报交税申请的检查

风险分析：

税金付款申请未按照资金分级授权标准进行签批，导致资金支付结算流程不合规。

检查方法：

严格按照资金分级授权管理要求检查资金支付申请表签字是否齐全。

政策及制度依据：

《国网山东省电力公司资金分级授权管理方案》（鲁电财［2017］807 号）七、审批流程

3.4 C4 关键控制：生成交税凭证的检查

风险分析：

（1）会计科目使用不当，导致会计核算不准确，影响财务报告的准确性；

（2）未生成会计凭证，导致核算不准确，影响财务报告的准确性。

检查方法：

（1）预制凭证传递后检查应交税费科目有无余额；

（2）获取银行对账单，逐笔检查支付税款是否均已制证。

政策及制度依据：

《国家电网有限公司纳税管理办法》[国网（财 /2）202-2018] 第五章第二十一条

《国网山东省电力公司原始凭证单据手册》（鲁电财［2018］621 号）第三章 负债 五、应交税费（十三）税金缴纳

3.5 C5 关键控制：申报地方教育费附加的检查

风险分析：

逾期未完成地方教育费附加申报，申报表填报不规范，导致税收处罚，造成资金损失。

检查方法：

获取纳税申报表，检查申报日期是否逾期，内容填写是否规范、准确，与账务相符。

政策及制度依据：

《中华人民共和国税收征收管理法》第二章第三节第二十五条，第三章第三十一条、第三十二条、第三十四条

《财政部关于统一地方教育附加政策有关问题的通知》（财综［2010］98 号）二

《关于免征国家重大水利工程建设基金的城市维护建设税和教育费附加的通知》（财税［2010］44 号）

《国家电网有限公司纳税管理办法》[国网（财 /2）202-2018] 第五章第十八条、第二十条、第二十一条

3.6 C6 关键控制：扣缴地方教育费附加税款的检查

风险分析：

三方协议过期或变更导致税款无法正常划转，未按期缴入国库，导致税收处罚，造成资金损失。

检查方法：

检查银行对账单、营业外支出科目，是否存在因未扣款成功导致的税收滞纳金支出。

政策及制度依据：

《中华人民共和国税收征收管理法》第三章第三十一条、第三十二条、第三十四条

《国家电网有限公司纳税管理办法》[国网（财 /2）202-2018] 第五章第十八条、第二十一条

《国家电网公司资金管理办法》第八十一条、第一百条

教育费附加、地方教育费附加	业务经办部门：财务部门	流程编号：SG-SD0204-04
	归口管理部门：财务部门	编制单位：国网山东省电力公司

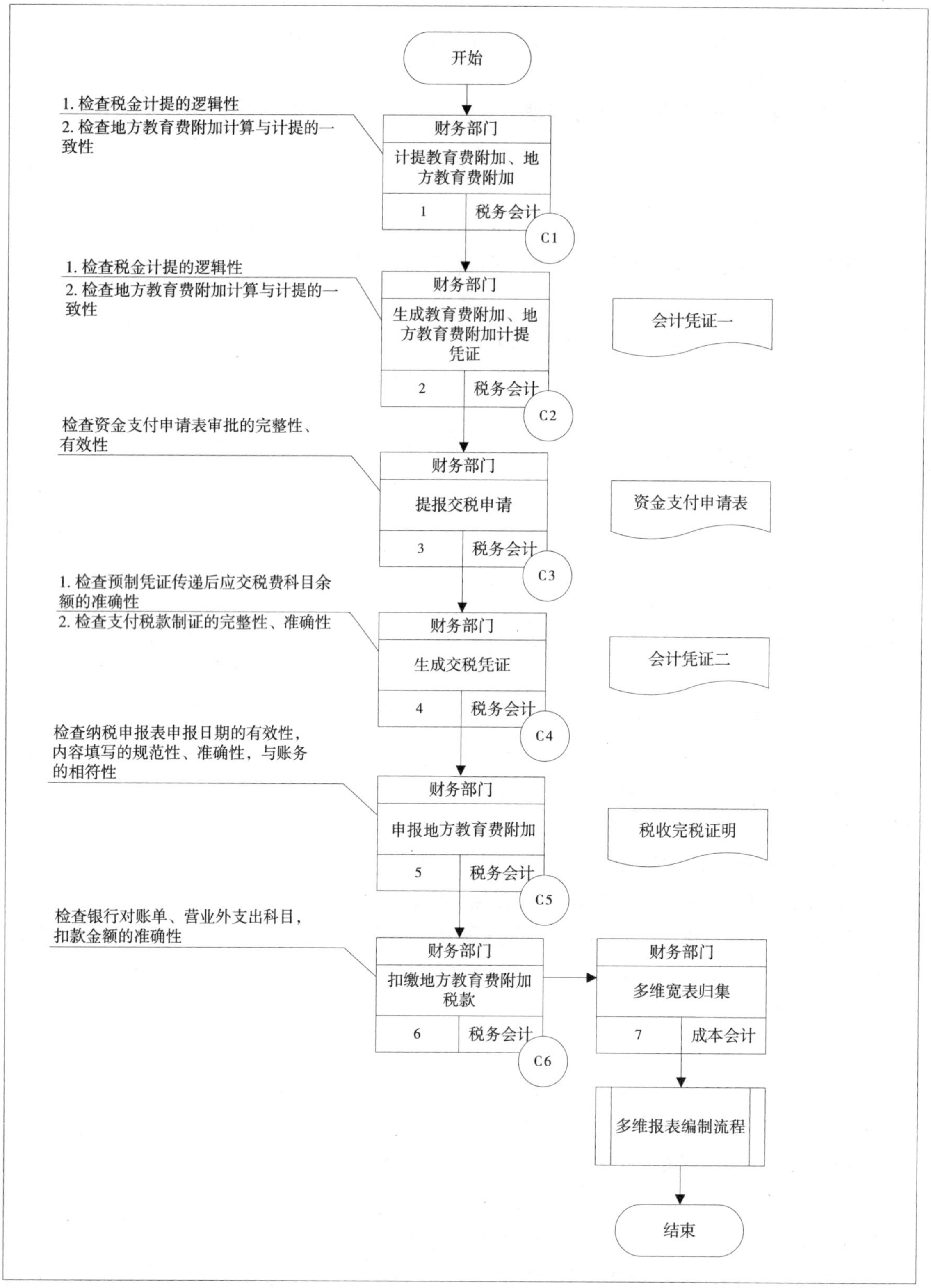

开始

1. 检查税金计提的逻辑性
2. 检查地方教育费附加计算与计提的一致性

财务部门｜计提教育费附加、地方教育费附加｜1｜税务会计｜C1

1. 检查税金计提的逻辑性
2. 检查地方教育费附加计算与计提的一致性

财务部门｜生成教育费附加、地方教育费附加计提凭证｜2｜税务会计｜C2 —— 会计凭证一

检查资金支付申请表审批的完整性、有效性

财务部门｜提报交税申请｜3｜税务会计｜C3 —— 资金支付申请表

1. 检查预制凭证传递后应交税费科目余额的准确性
2. 检查支付税款制证的完整性、准确性

财务部门｜生成交税凭证｜4｜税务会计｜C4 —— 会计凭证二

检查纳税申报表申报日期的有效性，内容填写的规范性、准确性，与账务的相符性

财务部门｜申报地方教育费附加｜5｜税务会计｜C5 —— 税收完税证明

检查银行对账单、营业外支出科目，扣款金额的准确性

财务部门｜扣缴地方教育费附加税款｜6｜税务会计｜C6 → 财务部门｜多维宽表归集｜7｜成本会计

多维报表编制流程

结束

稽核——土地使用税

1. 编制目的

本节主要评估土地使用税的风险，确定关键控制点，明确财务稽核重点审核要点及方法，指导财务稽核人员加强对此类业务的监督管理。

2. 适用范围

通过财务管控税费管理模块办理计提土地使用税业务。

3. 风险评估与检查方法

3.1 C1 关键控制：维护土地涉税台账的检查

风险分析：

（1）对于符合免征、减征土地使用税政策的土地，未按时进行备案，逾期未备案导致产生滞纳金、罚款等问题，造成资金损失；

（2）未及时按政策规定维护计税依据，导致数据维护不及时，税金计提错误。

检查方法：

（1）检查金税系统备案信息与涉税台账信息是否一致；

（2）获取税款计算单，依照适用税率计算检验税金计提是否符合基本逻辑。

政策及制度依据：

《中华人民共和国税收征收管理法实施细则》第三十二条

《国家税务局关于电力行业征免土地使用税问题的规定》（国税地字［1989］第13号）第三条

3.2 C2 关键控制：生成土地使用税计提凭证的检查

风险分析：

（1）对于符合免征、减征土地使用税政策的土地，未按时进行备案，逾期未备案导致产生滞纳金、罚款等问题，造成资金损失；

（2）未及时按政策规定维护计税依据，导致数据维护不及时，税金计提错误；

（3）凭证金额与计算单金额不一致，导致财务数据不准确，可能导致少缴或多缴税款。

检查方法：

（1）检查金税系统备案信息与涉税台账信息是否一致。

（2）获取税款计算单，依照适用税率计算检验税金计提是否符合基本逻辑；检查记账凭证金额是否与计算单金额一致。

政策及制度依据：

《国网山东省电力公司原始凭证单据手册》（鲁电财［2018］621号）第三章 负债 五、应交税费（六）土地使用税

3.3 C3 关键控制：提报交税申请的检查

风险分析：

税金付款申请未按照资金分级授权标准进行签批，导致资金支付结算流程不合规。

检查方法：

严格按照资金分级授权管理要求检查资金支付申请表签字是否齐全。

政策及制度依据：

《国网山东省电力公司资金分级授权管理方案》（鲁电财［2017］807号）七、审批流程

3.4 C4 关键控制：生成交税凭证的检查

风险分析：

（1）会计科目使用不当，导致会计核算不准确，影响财务报告的准确性；

（2）未生成会计凭证，导致核算不准确，影响财务报告的准确性。

检查方法：

（1）预制凭证传递后检查应交税费科目有无余额；

（2）获取银行对账单，逐笔检查支付税款是否均已制证。

政策及制度依据：

《国家电网有限公司纳税管理办法》［国网（财/2）202-2018］第五章第二十一条

《国网山东省电力公司原始凭证单据手册》（鲁电财［2018］621号）第三章 负债 五、应交税费（十三）税金缴纳

3.5 C5 关键控制：申报土地使用税的检查

风险分析：

逾期未完成土地使用税申报，申报表填报不规范，导致税收处罚，造成资金损失。

检查方法：

获取纳税申报表，检查申报日期是否逾期，内容填写是否规范、准确，与账务相符。

政策及制度依据：

《中华人民共和国税收征收管理法》第二章第三节第二十五条

《中华人民共和国税收征收管理法实施细则》第三十二条

《国家电网有限公司纳税管理办法》［国网（财/2）202-2018］第五章第十八条、第二十条

3.6 C6 关键控制：扣缴土地使用税

风险分析：

三方协议过期或变更导致税款无法正常划转，未按期缴入国库，导致税收处罚，造成资金损失。

检查方法：

检查银行对账单、营业外支出科目，是否存在因未扣款成功导致的税收滞纳金支出。

政策及制度依据：

《中华人民共和国税收征收管理法》第三章第三十一条、第三十二条、第三十四条

《国家电网有限公司纳税管理办法》［国网（财/2）202-2018］第五章第十八条、第二十一条

《国家电网公司资金管理办法》第八十一条、第一百条

土地使用税

业务经办部门：财务部门	流程编号：SG-SD0204-05
归口管理部门：财务部门	编制单位：国网山东省电力公司

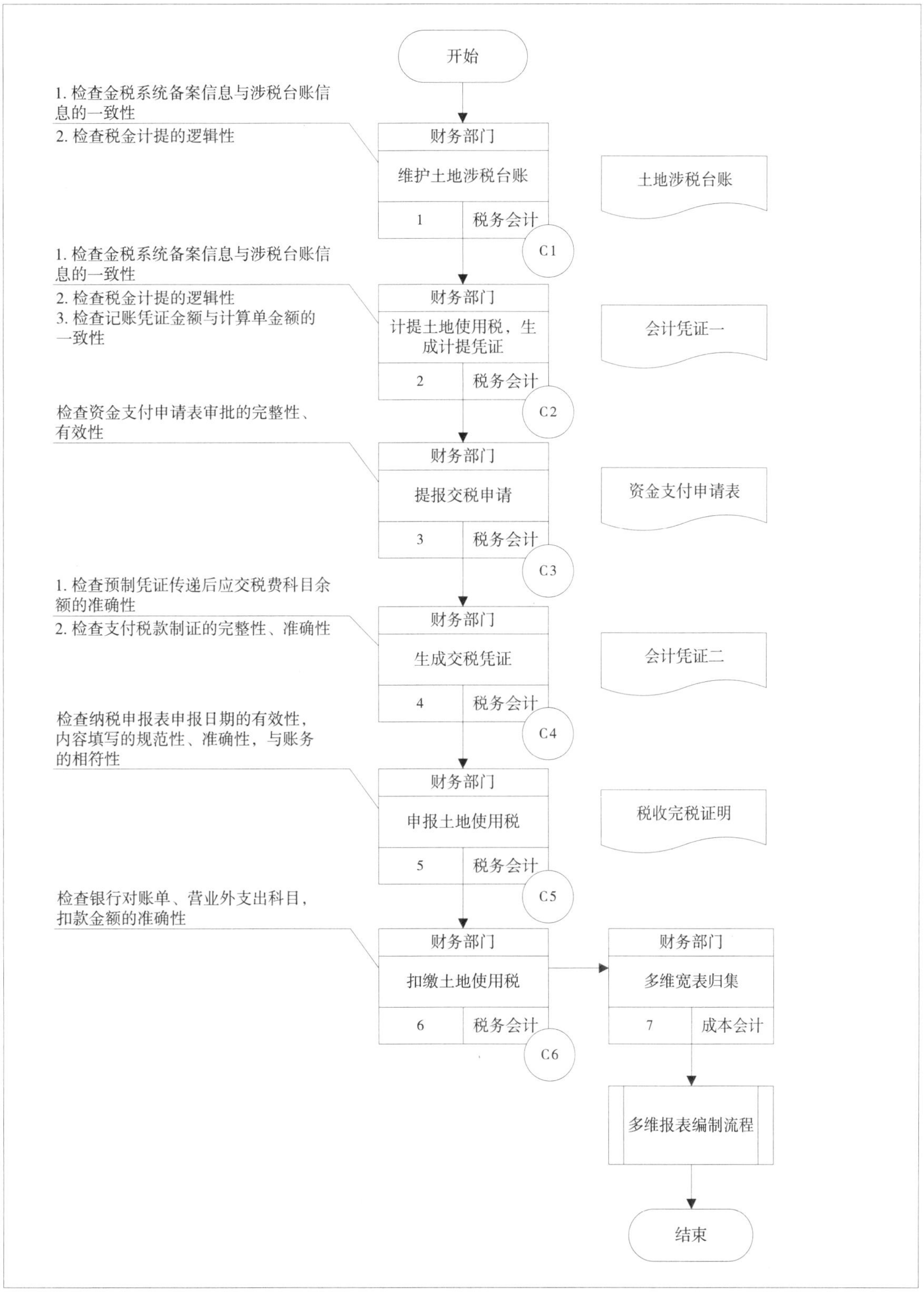

开始

1 财务部门 维护土地涉税台账（税务会计）—— 土地涉税台账
C1：1. 检查金税系统备案信息与涉税台账信息的一致性 2. 检查税金计提的逻辑性

2 财务部门 计提土地使用税，生成计提凭证（税务会计）—— 会计凭证一
C2：1. 检查金税系统备案信息与涉税台账信息的一致性 2. 检查税金计提的逻辑性 3. 检查记账凭证金额与计算单金额的一致性

3 财务部门 提报交税申请（税务会计）—— 资金支付申请表
C3：检查资金支付申请表审批的完整性、有效性

4 财务部门 生成交税凭证（税务会计）—— 会计凭证二
C4：1. 检查预制凭证传递后应交税费科目余额的准确性 2. 检查支付税款制证的完整性、准确性

5 财务部门 申报土地使用税（税务会计）—— 税收完税证明
C5：检查纳税申报表申报日期的有效性，内容填写的规范性、准确性，与账务的相符性

6 财务部门 扣缴土地使用税（税务会计）
C6：检查银行对账单、营业外支出科目，扣款金额的准确性

7 财务部门 多维宽表归集（成本会计）

多维报表编制流程

结束

稽核——印花税

1. 编制目的

本节主要评估印花税的风险，确定关键控制点，明确财务稽核重点审核要点及方法，指导财务稽核人员加强对此类业务的监督管理。

2. 适用范围

通过财务管控系统办理计提印花税业务。

3. 风险评估与检查方法

3.1 C1 关键控制：计提印花税的检查

风险分析：

经法系统及业务部门提供的合同台账不完整，税目、税率适用不当，对应税合同把握不准确，纳税主体不清晰，导致少计、漏记印花税，或印花税缴纳不及时。

检查方法：

对于应税合同，获取合同台账，结合企业印花税计提台账进行测算，检查有无漏缴印花税的情况。

政策及制度依据：

《中华人民共和国印花税暂行条例（2011 修订）》第一条、第二条、第三条、第七条、第十三条

《国家税务局关于对借款合同贴花问题的具体规定》（国税地［1988］030 号）

《中华人民共和国印花税暂行条例（2011 修订）》附件《印花税税目税率表》中关于“营业账簿－生产经营用账册”的规定

《国家税务局关于印花税若干具体问题的规定》（国税地［1988］025 号）

《财政部、国家税务总局关于印花税若干政策的通知》（财税［2006］162 号）

3.2 C2 关键控制：生成印花税计提凭证的检查

风险分析：

计税单未经有效审核，导致印花税计提错误未能被及时发现，影响财务报告的准确性。

检查方法：

获取印花税计税单、计税依据，核实计税单计提金额是否准确。

政策及制度依据：

《国网山东省电力公司原始凭证单据手册》（鲁电财［2018］621 号）第三章 负债 五、应交税费（八）印花税

3.3 C3 关键控制：提报交税申请的检查

风险分析：

税金付款申请未按照资金分级授权标准进行签批，导致资金支付结算流程不合规。

检查方法：

严格按照资金分级授权管理要求检查资金支付申请表签字是否齐全。

政策及制度依据：

《国网山东省电力公司资金分级授权管理方案》（鲁电财［2017］807号）七、审批流程

3.4 C4 关键控制：预制交税凭证

风险分析：

（1）会计科目使用不当，导致会计核算不准确，影响财务报告的准确性；

（2）未生成会计凭证，导致核算不准确，影响财务报告的准确性。

检查方法：

（1）预制凭证传递后检查应交税费科目有无余额；

（2）获取银行对账单，逐笔检查支付税款是否均已制证。

政策及制度依据：

《国家电网有限公司纳税管理办法》［国网（财/2）202-2018］第五章第二十一条

《国网山东省电力公司原始凭证单据手册》（鲁电财［2018］621号）第三章 负债 五、应交税费（十三）税金缴纳

3.5 C5 关键控制：申报印花税

风险分析：

逾期未完成印花税申报，申报表填报不规范，导致税收处罚，造成资金损失。

检查方法：

获取纳税申报表，检查申报日期是否逾期，内容填写是否规范、准确，与账务相符。

政策及制度依据：

《中华人民共和国税收征收管理法》第二章第三节第二十五条，第三章第三十一条、第三十二条、第三十四条

《中华人民共和国印花税暂行条例（2011修订）》第一条、第二条、第三条、第七条、第十三条

《国家电网有限公司纳税管理办法》［国网（财/2）202-2018］第五章第十八条、第二十条、第二十一条

3.6 C6 关键控制：扣缴印花税的检查

风险分析：

三方协议过期或变更导致税款无法正常划转，未按期缴入国库，导致税收处罚，造成资金损失。

检查方法：

检查银行对账单、营业外支出科目，是否存在因未扣款成功导致的税收滞纳金支出。

政策及制度依据：

《中华人民共和国税收征收管理法》第三章第三十一条、第三十二条、第三十四条

《国家电网有限公司纳税管理办法》［国网（财/2）202-2018］第五章第十八条、第二十一条

《国家电网公司资金管理办法》第八十一条、第一百条

印花税

业务经办部门：财务部门	流程编号：SG-SD0204-06
归口管理部门：财务部门	编制单位：国网山东省电力公司

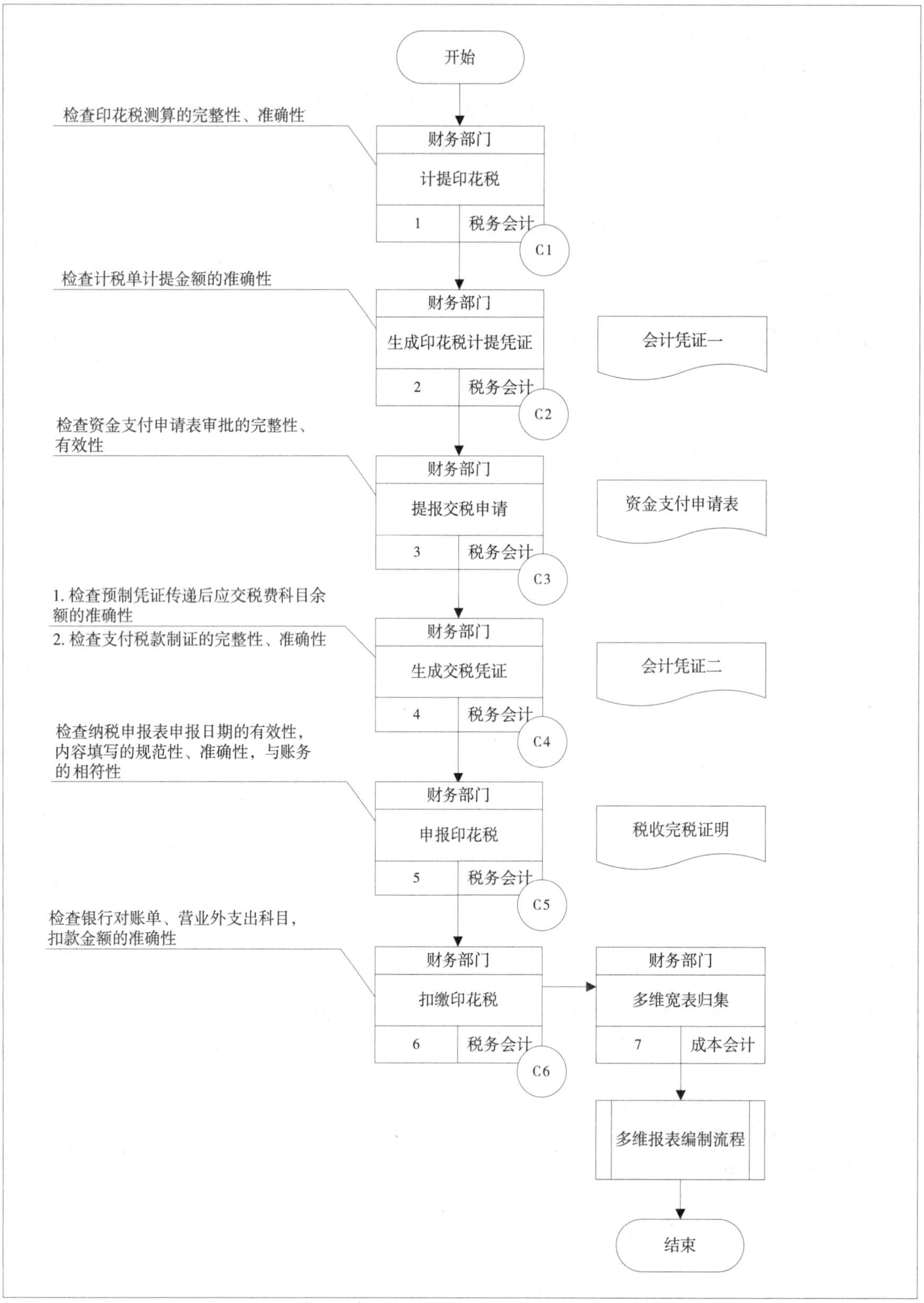

开始

稽核要点	部门	步骤	编号	岗位	控制点	输出
检查印花税测算的完整性、准确性	财务部门	计提印花税	1	税务会计	C1	
检查计税单计提金额的准确性	财务部门	生成印花税计提凭证	2	税务会计	C2	会计凭证一
检查资金支付申请表审批的完整性、有效性	财务部门	提报交税申请	3	税务会计	C3	资金支付申请表
1. 检查预制凭证传递后应交税费科目余额的准确性 2. 检查支付税款制证的完整性、准确性	财务部门	生成交税凭证	4	税务会计	C4	会计凭证二
检查纳税申报表申报日期的有效性，内容填写的规范性、准确性，与账务的相符性	财务部门	申报印花税	5	税务会计	C5	税收完税证明
检查银行对账单、营业外支出科目，扣款金额的准确性	财务部门	扣缴印花税	6	税务会计	C6	
	财务部门	多维宽表归集	7	成本会计		

多维报表编制流程

结束

稽核——房产税

1. 编制目的

本节主要评估房产税的风险，确定关键控制点，明确财务稽核重点审核要点及方法，指导财务稽核人员加强对此类业务的监督管理。

2. 适用范围

通过财务管控税费管理模块办理计提房产税业务。

3. 风险评估与检查方法

3.1 C1 关键控制：维护房产涉税台账的检查

风险分析：

（1）从价计征房产税的，未按政策规定维护计税依据，房产税计税基础有误，导致税金计提错误，存在涉税风险；

（2）房屋新增未及时通过涉税台账维护，维护不及时，导致税金计提错误，存在涉税风险；

（3）未正确划分出租部分与自用部分原值与面积，导致房产税计算错误，存在涉税风险。

检查方法：

获取房屋、土地台账，核对税金计提是否依照适用税率计算，检验税金计提是否符合基本逻辑，即：从价计征房产税应纳税额 = 房产原值 ×（1-10% 或 30%）× 税率（1.2%）；从租计征应纳税额 = 房产租金收入 × 税率（12%）。

政策及制度依据：

《财政部 国家税务总局关于安置残疾人就业单位城镇土地使用税等政策的通知》（财税［2010］121 号）二、三

《财政部、税务总局关于房产税若干具体问题的解释和暂行规定》（财税地字［1986］8 号）十九

《中华人民共和国房产税暂行条例》第三条

《国家税务局关于进一步明确房屋附属设备和配套设施计征房产税有关问题的通知》（国税发［2005］173 号）一、二

《财政部、国家税务总局关于具备房屋功能的地下建筑征收房产税的通知》（财税［2005］181 号）

3.2 C2 关键控制：计提房产税，生成计提凭证的检查

风险分析：

（1）从价计征房产税的，未按政策规定维护计税依据，房产税计税基础有误，导致税金计提错误，存在涉税风险；

（2）房屋新增未及时通过涉税台账维护，维护不及时，导致税金计提错误，存在涉税风险；

（3）未正确划分出租部分与自用部分原值与面积，导致房产税计算错误，存在涉税风险；

（4）凭证金额与计算单金额不一致，导致财务数据不准确，可能导致少缴或多缴税款。

检查方法：

（1）税金计提后依照适用税率计算检验税金计提是否符合基本逻辑；

（2）检查记账凭证金额是否与计算单金额一致。

政策及制度依据：

《国网山东省电力公司原始凭证单据手册》（鲁电财〔2018〕621号）第三章 负债 五、应交税费（五）房产税

3.3 C3 关键控制：提报交税申请的检查

风险分析：

税金付款申请未按照资金分级授权标准进行签批，导致资金支付结算流程不合规。

检查方法：

严格按照资金分级授权管理要求检查资金支付申请表签字是否齐全。

政策及制度依据：

《国网山东省电力公司资金分级授权管理方案》（鲁电财〔2017〕807号）七、审批流程

3.4 C4 关键控制：生成交税凭证的检查

风险分析：

（1）会计科目使用不当，导致会计核算不准确，影响财务报告的准确性；

（2）未生成会计凭证，导致核算不准确，影响财务报告的准确性。

检查方法：

（1）预制凭证传递后检查应交税费科目有无余额；

（2）获取银行对账单，逐笔检查支付税款是否均已制证。

政策及制度依据：

《国家电网有限公司纳税管理办法》[国网（财/2）202-2018]第五章第二十一条

《国网山东省电力公司原始凭证单据手册》（鲁电财〔2018〕621号）第三章 负债 五、应交税费（十三）税金缴纳

3.5 C5 关键控制：申报房产税的检查

风险分析：

逾期未完成房产税申报，申报表填报不规范，导致税收处罚，造成资金损失。

检查方法：

获取纳税申报表，检查申报日期是否逾期，内容填写是否规范、准确，与账务相符。

政策及制度依据：

《国家电网有限公司纳税管理办法》[国网（财/2）202-2018]第五章第十八条 、第二十条

《中华人民共和国税收征收管理法》第二章第三节第二十五条

《中华人民共和国税收征收管理法实施细则》第三十二条

3.6 C6 关键控制：扣缴房产税的检查

风险分析：

三方协议过期或变更导致税款无法正常划转，税款未按期缴入国库，导致税收处罚，造成资金损失。

检查方法：

检查银行对账单、营业外支出科目，是否存在因未扣款成功导致的税收滞纳金支出。

政策及制度依据：

《中华人民共和国税收征收管理法》第三章第三十一条、第三十二条、第三十四条

《国家电网有限公司纳税管理办法》[国网（财 /2）202-2018] 第五章第十八条、第二十一条

《国家电网公司资金管理办法》第八十一条、第一百条

# 房产税	业务经办部门：财务部门	流程编号：SG-SD0204-07
	归口管理部门：财务部门	编制单位：国网山东省电力公司

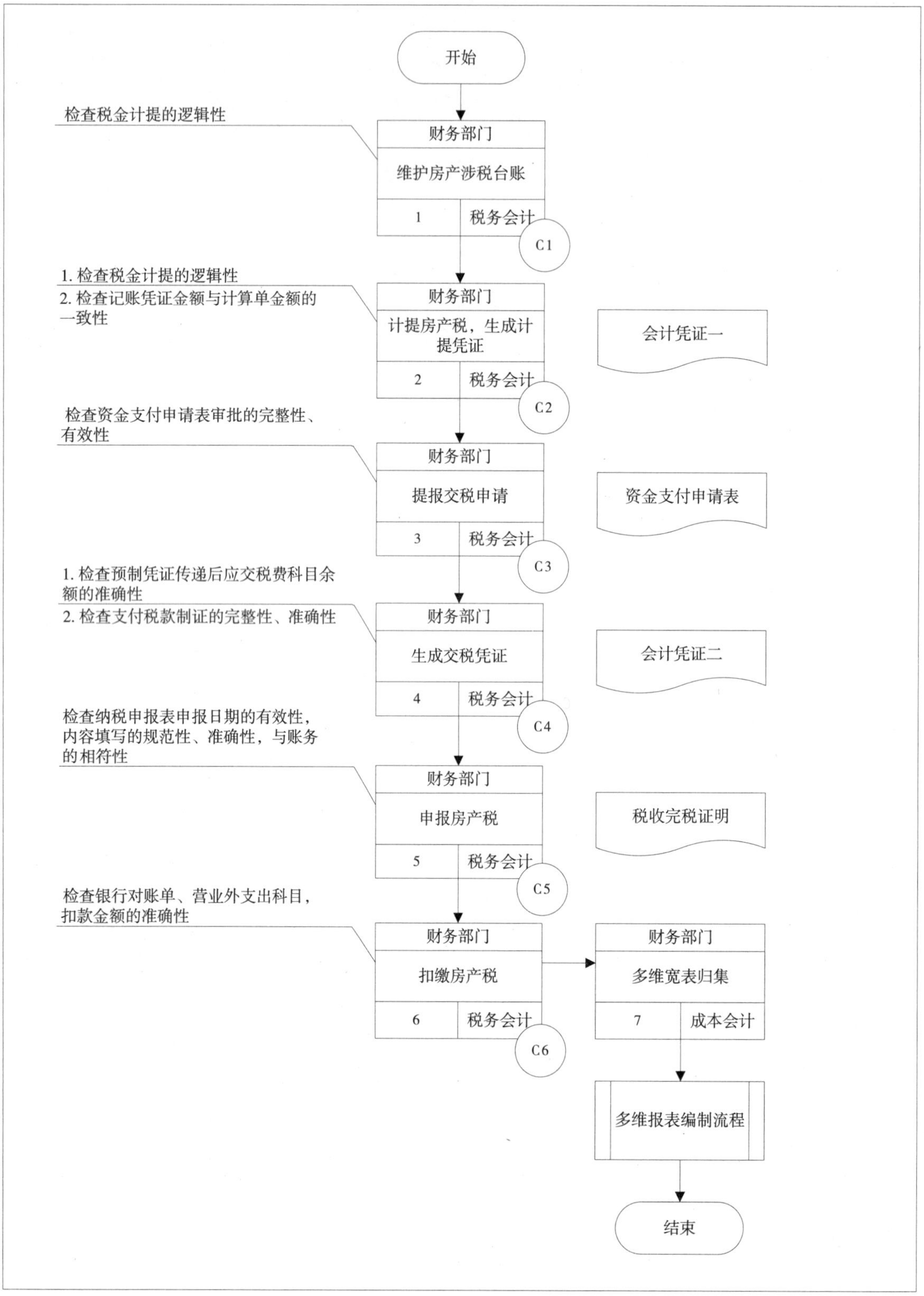

开始

1. 财务部门：维护房产涉税台账（税务会计）C1 —— 检查税金计提的逻辑性
2. 财务部门：计提房产税，生成计提凭证（税务会计）C2 —— 1. 检查税金计提的逻辑性 2. 检查记账凭证金额与计算单金额的一致性；会计凭证一
3. 财务部门：提报交税申请（税务会计）C3 —— 检查资金支付申请表审批的完整性、有效性；资金支付申请表
4. 财务部门：生成交税凭证（税务会计）C4 —— 1. 检查预制凭证传递后应交税费科目余额的准确性 2. 检查支付税款制证的完整性、准确性；会计凭证二
5. 财务部门：申报房产税（税务会计）C5 —— 检查纳税申报表申报日期的有效性，内容填写的规范性、准确性，与账务的相符性；税收完税证明
6. 财务部门：扣缴房产税（税务会计）C6 —— 检查银行对账单、营业外支出科目，扣款金额的准确性
7. 财务部门：多维宽表归集（成本会计）

多维报表编制流程

结束

三、薪酬福利业务

稽核——工资

1. 编制目的

本节主要评估工资计提业务的主要风险，确定关键控制点，并针对潜在的风险制定财务稽核检查方法，以指导各级财务稽核人员加强对此类业务的监督管理。

2. 适用范围

通过 SAP 薪资系统办理工资计提业务。

3. 风险评估与检查方法

3.1 C1 关键控制：薪酬相关明细计算、汇总的检查

风险分析：

工资业务未经过有效审核，无法确保明细数据的真实性和合规性。

检查方法：

（1）获取凭证事由说明单或工资计提汇总表。

（2）检查是否签字审批齐全；获取员工花名册，比对工资计提发放人数是否一致。

政策及制度依据：

《国家电网有限公司会计基础管理办法》[国网（财 /2）350-2018] 第八条

3.2 C2 关键控制：审核数据的检查

风险分析：

（1）无工资明细项目、代扣明细项目的名称和金额、应发和实发小计等信息，造成财务数据不准确；

（2）制单人无签章，人力资源部门和财务部门未盖章，单位主要负责人无签字，无法确保工资薪金数据的准确性、真实性。

检查方法：

（1）获取资金支付申请表、工资薪金应发实发汇总表、奖励文件或通知、上级批复文件；

（2）检查应发、实发、代扣等数据计算是否准确；

（3）检查附件签字、盖章是否齐全。

政策及制度依据：

《国家电网有限公司会计基础管理办法》[国网（财 /2）350-2018] 第八条

3.3 C3 关键控制：生成工资计提、付款凭证的检查

风险分析：

会计凭证编制未经过有效审核，导致凭证编制错误未被及时发现，存在财务报表错报的风险。

检查方法：

（1）获取资金支付申请表、工资薪金应发实发汇总表、奖励文件或通知、上级批复文件；

（2）检查系统生成凭证是否与人员所在部门对应。

政策及制度依据：

《国家电网公司会计核算办法 2014》[国网（财 /2）469-2014] 第十三章 职工薪酬 第五条

《国家电网有限公司会计基础管理办法》[国网（财 /2）350-2018] 第四十条、第五十四条

工资	业务经办部门：人资部门	流程编号：SG－SD0301
	归口管理部门：人资部门	编制单位：国网山东省电力公司

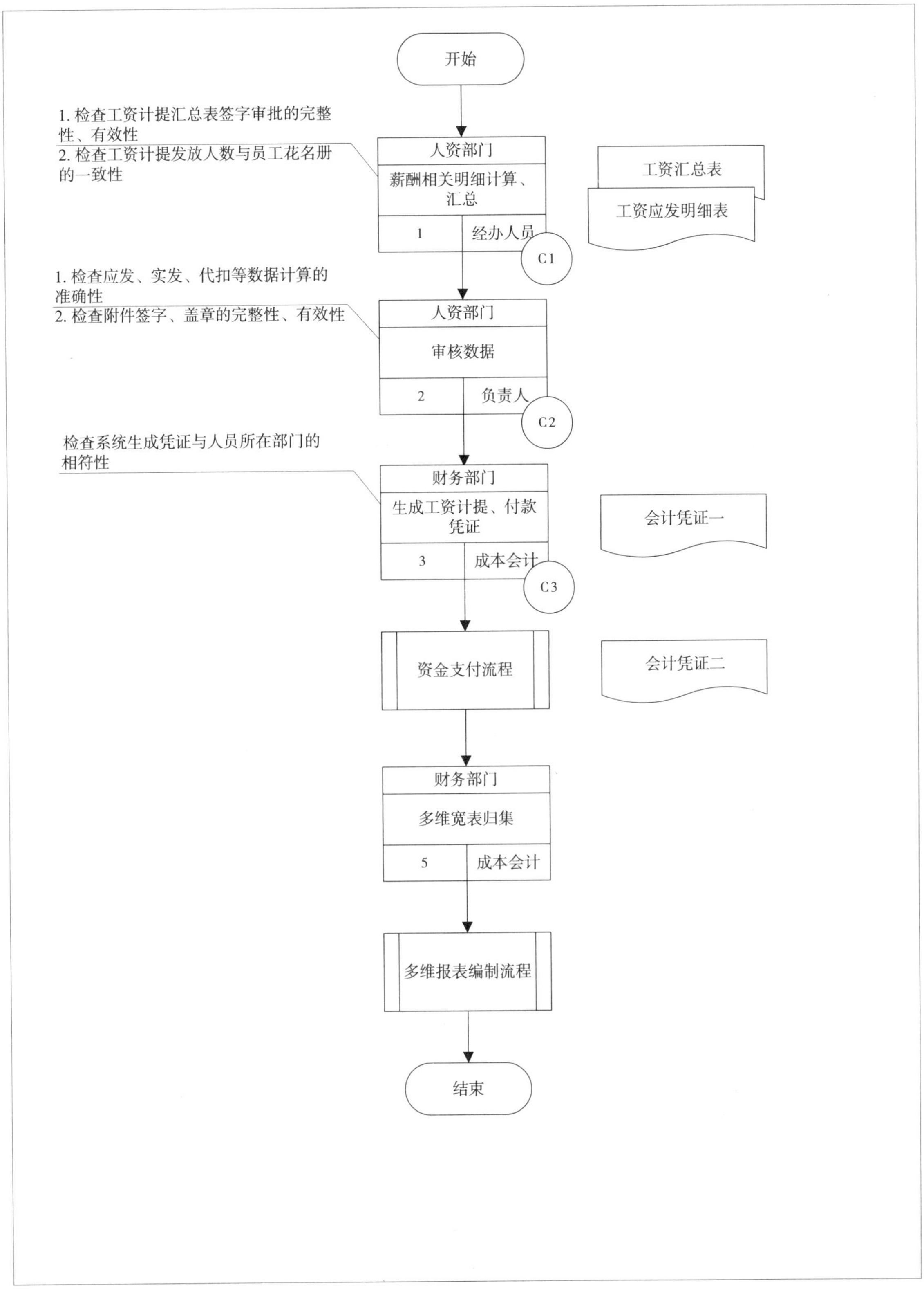

开始

1. 检查工资计提汇总表签字审批的完整性、有效性
2. 检查工资计提发放人数与员工花名册的一致性

人资部门 / 薪酬相关明细计算、汇总 / 1 / 经办人员 / C1

工资汇总表
工资应发明细表

1. 检查应发、实发、代扣等数据计算的准确性
2. 检查附件签字、盖章的完整性、有效性

人资部门 / 审核数据 / 2 / 负责人 / C2

检查系统生成凭证与人员所在部门的相符性

财务部门 / 生成工资计提、付款凭证 / 3 / 成本会计 / C3

会计凭证一

资金支付流程

会计凭证二

财务部门 / 多维宽表归集 / 5 / 成本会计

多维报表编制流程

结束

稽核——职工疗养费

1. 编制目的

本节主要评估职工疗养费的风险，确定关键控制点，明确财务稽核重点审核要点及方法，指导财务稽核人员加强对此类业务的监督管理。

2. 适用范围

通过福利系统和 ERP 系统办理职工疗养费报销业务。

3. 风险评估与检查方法

3.1 C1 关键控制：审核福利费报销申请的检查

风险分析：

报销申请未经有效审核，可能导致报销事项缺乏真实性、必要性、合理性。

检查方法：

根据报销业务，审核报销内容的真实性、单据的有效性。

（1）检查报销单据，是否存在报销出差补助等不属于职工疗养费用的支出；

（2）获取员工花名册，检查疗养费用报销人是否为本单位员工；

（3）获取疗养费报销发票及费用明细，检查支付标准是否符合要求，费用报销是否超标。

政策及制度依据：

《国网山东省电力公司原始单据手册（财务试行版）》第三章 负债 四 应付职工薪酬（二）职工福利费 3 职工疗养费用

3.2 C2 关键控制：汇总福利费计提数据，形成对公支付付款数据的检查

风险分析：

收款人与发票开具单位不一致，可能导致报销事项不真实，影响对公付款信息的准确性。

检查方法：

检查福利系统，获取资金支付申请表，检查收款单位与发票开具单位是否一致。

3.3 C3 关键控制：审核报销申请，生成报销凭证的检查

风险分析：

（1）会计凭证未经有效审核，导致凭证编制错误未被及时发现，影响财务报告的准确性；

（2）会计科目使用不当，导致业务的真实性未得到反映，影响财务报告的准确性。

检查方法：

（1）获取审批单、发票及其他条件单据，检查审批单签批是否完整；检查经工会审核签章的职工疗养审批单、与疗养机构签订的合同或协议报销单据之间内容的一致性。

（2）检查报销单据是否存在报销出差补助等不属于职工疗养费用的支出。

（3）获取员工花名册，检查疗养费用报销人是否为本单位员工。

（4）获取疗养费报销发票及费用明细，检查支付标准是否符合要求，费用报销是否超标。

（5）获取疗养费报销凭证，检查会计凭证编制是否准确，是否符合会计核算要求。

（6）检查疗养费开具的发票是否符合要求，不得出现旅行社开具的发票、旅游费发票、考察费发票、餐费发票等。

政策及制度依据：

《国家电网有限公司会计基础管理办法》[国网（财/2）350-2018]第四章 第三节 第五十四条

职工疗养费

业务经办部门：工会	流程编号：SG-SD0302-01
归口管理部门：人资部门	编制单位：国网山东省电力公司

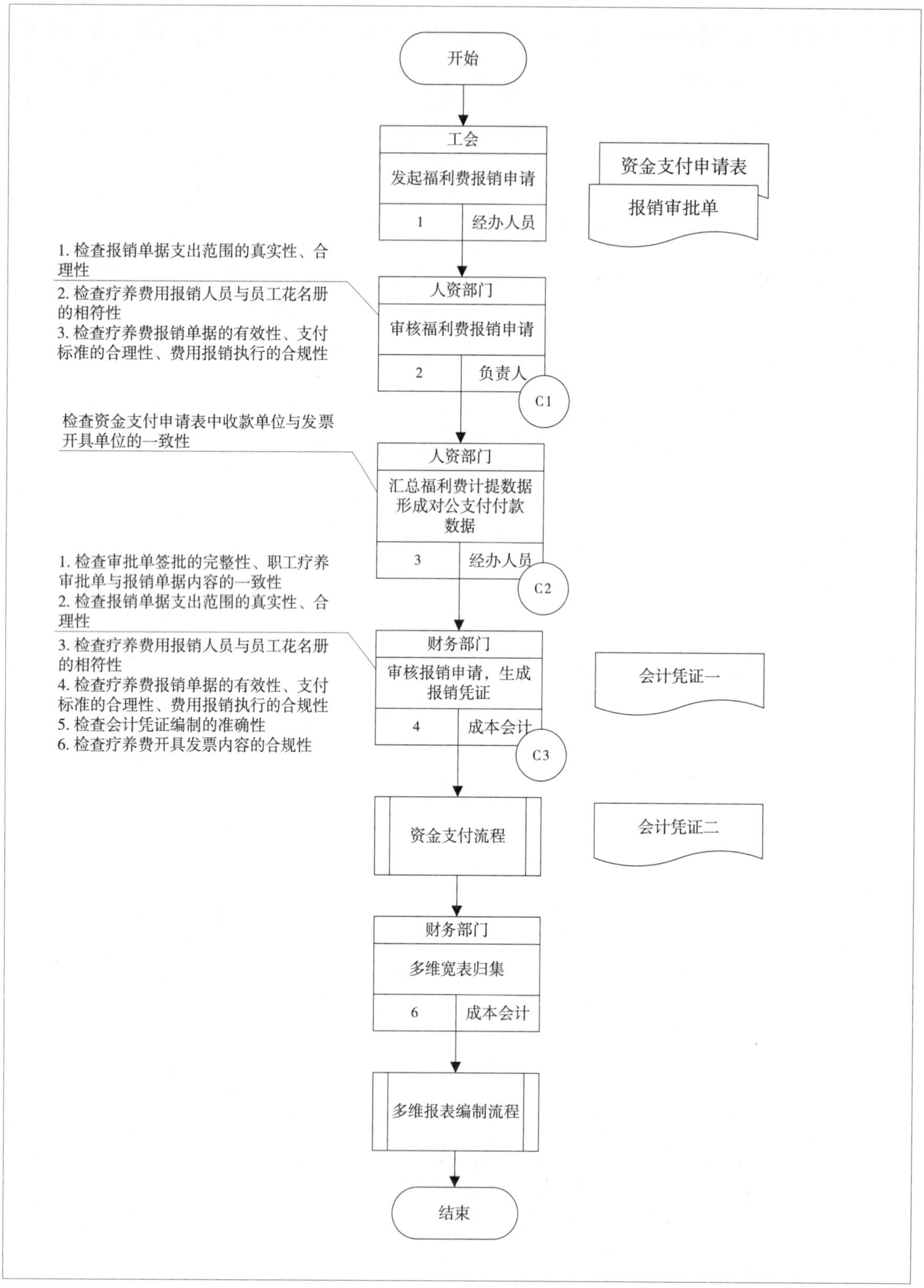

开始

工会
发起福利费报销申请
1 经办人员

资金支付申请表
报销审批单

1. 检查报销单据支出范围的真实性、合理性
2. 检查疗养费用报销人员与员工花名册的相符性
3. 检查疗养费报销单据的有效性、支付标准的合理性、费用报销执行的合规性

人资部门
审核福利费报销申请
2 负责人
C1

检查资金支付申请表中收款单位与发票开具单位的一致性

人资部门
汇总福利费计提数据形成对公支付付款数据
3 经办人员
C2

1. 检查审批单签批的完整性、职工疗养审批单与报销单据内容的一致性
2. 检查报销单据支出范围的真实性、合理性
3. 检查疗养费用报销人员与员工花名册的相符性
4. 检查疗养费报销单据的有效性、支付标准的合理性、费用报销执行的合规性
5. 检查会计凭证编制的准确性
6. 检查疗养费开具发票内容的合规性

财务部门
审核报销申请，生成报销凭证
4 成本会计
C3

会计凭证一

资金支付流程

会计凭证二

财务部门
多维宽表归集
6 成本会计

多维报表编制流程

结束

稽核——医疗费用

1. 编制目的

本节主要评估医疗费用的风险，确定关键控制点，并针对潜在的风险制定财务稽核检查方法，以指导各级财务稽核人员加强对此类业务的监督管理。

2. 适用范围

通过福利系统和 ERP 系统办理医疗费用报销业务。

3. 风险评估与检查方法

3.1 C1 关键控制：发起福利费报销申请的检查

风险分析：

（1）医疗费发放人数不正确、发放金额不符合标准，导致费用报销不真实，造成资产损失；

（2）药品超标准、超范围报销，导致费用报销不真实，造成资产损失；

（3）集中在一个月报销并代扣代缴个人所得税，导致费用报销不合规。

检查方法：

（1）获取医疗报销凭据、体检合同或协议、明细清单，检查支付申请是否符合要求和标准；

（2）是否存在超标准、超范围药品；检查报销单据日期，是否集中报销。

3.2 C2 关键控制：审核福利费报销申请的检查

风险分析：

报销申请未经有效审核，可能导致报销事项缺乏真实性、必要性、合理性。

检查方法：

（1）获取员工花名册，检查医疗费用报销人是否为本单位员工；

（2）获取医疗费报销发票及费用明细，检查支付标准是否符合要求。

政策及制度依据：

《国网山东省电力公司原始单据手册（财务试行版）》第三章 负债 四 应付职工薪酬（二）职工福利费 2 医疗费用。

3.3 C3 关键控制：汇总福利费计提数据，形成对公支付付款数据的检查

风险分析：

收款人与发票开具单位不一致，可能导致报销事项不真实，影响对公付款信息的准确性。

检查方法：

检查福利系统，获取资金支付申请表，检查收款单位与发票开具单位是否一致。

3.4 C4 关键控制：审核报销申请，生成报销凭证的检查

风险分析：

（1）会计凭证未经有效审核，导致凭证编制错误未被及时发现，影响财务报告的准确性；

（2）会计科目使用不当，导致业务的真实性未得到反映，影响财务报告的准确性。

检查方法：

（1）获取审批单、发票及其他条件单据，检查审批单签批是否完整；报销单据之间内容是否一致。

（2）获取员工花名册，检查医疗费用报销人是否为本单位员工。

（3）获取医疗费报销发票及费用明细，检查支付标准是否符合要求。

（4）获取医疗费报销凭证，检查会计凭证编制是否准确，是否符合会计核算要求。

医疗费用	业务经办部门：工会	流程编号：SG－SD0302－02
	归口管理部门：人资部门	编制单位：国网山东省电力公司

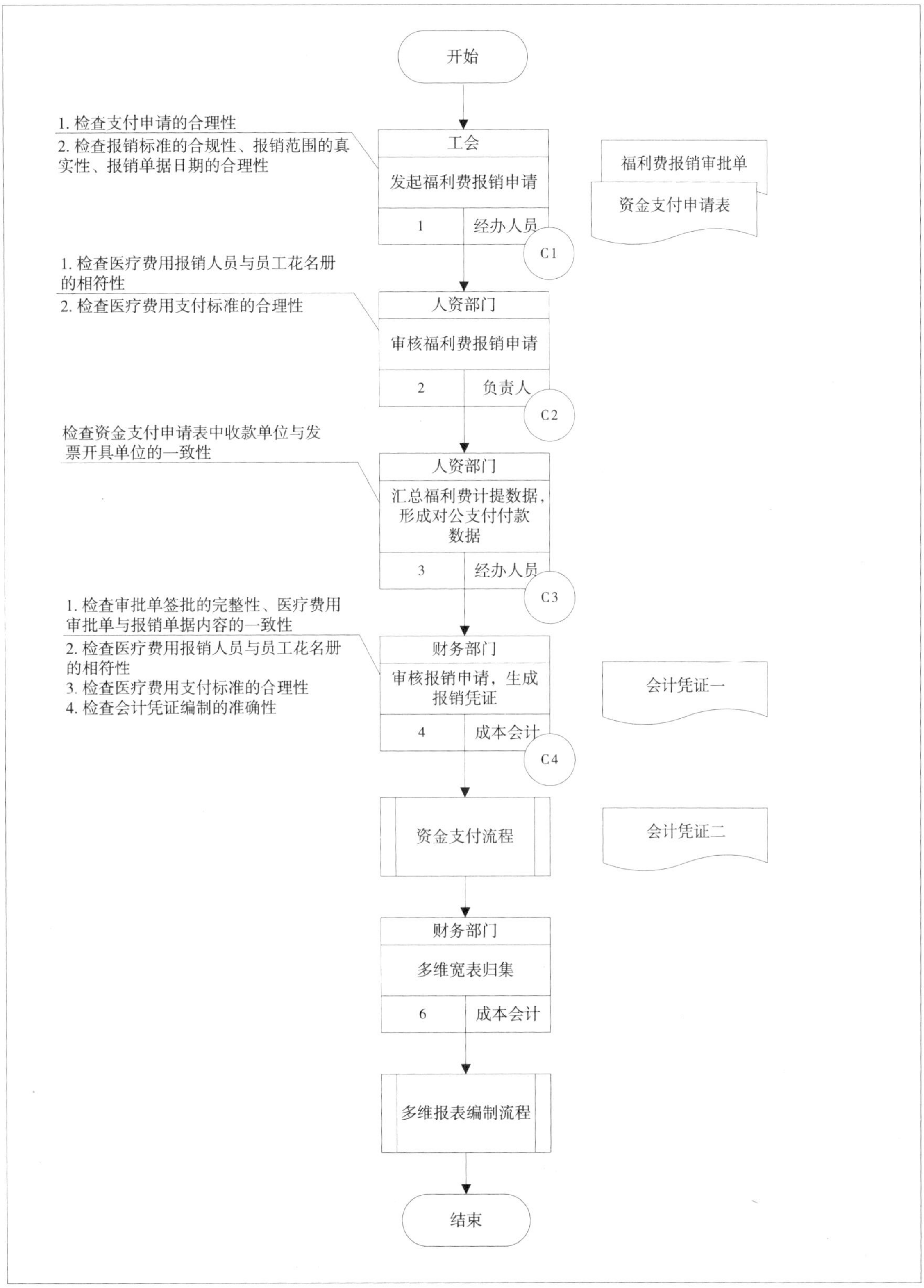

开始

1. 检查支付申请的合理性
2. 检查报销标准的合规性、报销范围的真实性、报销单据日期的合理性

工会
发起福利费报销申请
1 经办人员
C1

福利费报销审批单
资金支付申请表

1. 检查医疗费用报销人员与员工花名册的相符性
2. 检查医疗费用支付标准的合理性

人资部门
审核福利费报销申请
2 负责人
C2

检查资金支付申请表中收款单位与发票开具单位的一致性

人资部门
汇总福利费计提数据，形成对公支付付款数据
3 经办人员
C3

1. 检查审批单签批的完整性、医疗费用审批单与报销单据内容的一致性
2. 检查医疗费用报销人员与员工花名册的相符性
3. 检查医疗费用支付标准的合理性
4. 检查会计凭证编制的准确性

财务部门
审核报销申请，生成报销凭证
4 成本会计
C4

会计凭证一

资金支付流程

会计凭证二

财务部门
多维宽表归集
6 成本会计

多维报表编制流程

结束

稽核——食堂经费

1. 编制目的

本节主要评估食堂经费报销过程的主要风险，确定关键控制点，并针对潜在的风险制定财务稽核检查方法，以指导各级财务稽核人员加强对此类业务的监督管理。

2. 适用范围

通过福利系统和 ERP 系统办理食堂经费报销业务。

3. 风险评估与检查方法

3.1 C1 关键控制：发起福利费报销申请的检查

风险分析：

（1）报销烟酒等招待费用支出，存在费用报销合规风险；

（2）委托服务发票与结算清单人数不一致，导致账实不符，财务信息失真；

（3）自办食堂发票报销内容不符合要求，税控系统货物清单与结算清单物资不一致，存在虚列食堂经费风险。

检查方法：

（1）获取资金支付申请表、发票或收据、合同或协议、供餐结算清单；

（2）检查是否存在烟酒等招待费用支出，委托服务发票是否与结算清单人数一致，自办食堂发票报销内容是否符合要求，税控系统货物清单是否与结算清单物资一致。

政策及制度依据：

《国网山东省电力公司食堂经费管理细则》（鲁电人资〔2018〕930 号）第二条、第十四条、第十八条、第十九条、第二十条、第二十一条、第二十二条、第二十三条

3.2 C2 关键控制：审核福利费报销申请的检查

风险分析：

（1）未按实际就餐人数提供人员明细，而是按照所有员工人数进行提报，存在虚列食堂经费风险；

（2）通过食堂经费为职工发放福利，导致食堂经费不真实，存在发放福利合规风险。

检查方法：

（1）获取资金支付申请表、发票或收据、合同或协议、供餐结算清单、员工花名册、出勤表等；

（2）根据获取的资料与食堂提供的实际就餐人数进行核对，检查食堂经费是否准确；

（3）根据食堂经费单据，检查是否存在烟酒等招待费用支出，委托服务发票是否与结算清单人数一致；

（4）检查自办食堂发票报销内容是否符合要求，税控系统货物清单是否与结算清单物资一致，食堂经费执行标准是否超支。

政策及制度依据：

《国网山东省电力公司食堂经费管理细则》（鲁电人资〔2018〕930号）第二条、第十四条、第十八条、第十九条、第二十条、第二十一条、第二十二条、第二十三条

3.3 C3 关键控制：审核报销申请，生成报销凭证的检查

风险分析：

（1）会计凭证编制未经过有效审核，导致凭证编制错误未被及时发现，存在财务报表错报的风险；

（2）财务人员未对报销事项与报销单据的一致性及单据的完整性、有效性复核，可能导致财务数据失真；

（3）未按照规定选择对应科目，导致业务的真实性未得到反映，出现会计核算差错问题，影响财务报表的准确性。

检查方法：

（1）根据业务实质检查会计凭证科目的正确性；

（2）获取原始单据，检查其完整性、有效性，检查发放人数是否正确，是否存在烟酒等招待费用支出，委托服务发票是否与结算清单人数一致，自办食堂发票报销内容是否符合要求，税控系统货物清单是否与结算清单物资一致，食堂经费执行标准是否超支。

政策及制度依据：

《国网山东省电力公司食堂经费管理细则》（鲁电人资〔2018〕930号）第二条、第十四条、第十八条、第十九条、第二十条、第二十一条、第二十二条、第二十三条

食堂经费

业务经办部门：后勤部门	流程编号：SG－SD0302－03
归口管理部门：人资部门	编制单位：国网山东省电力公司

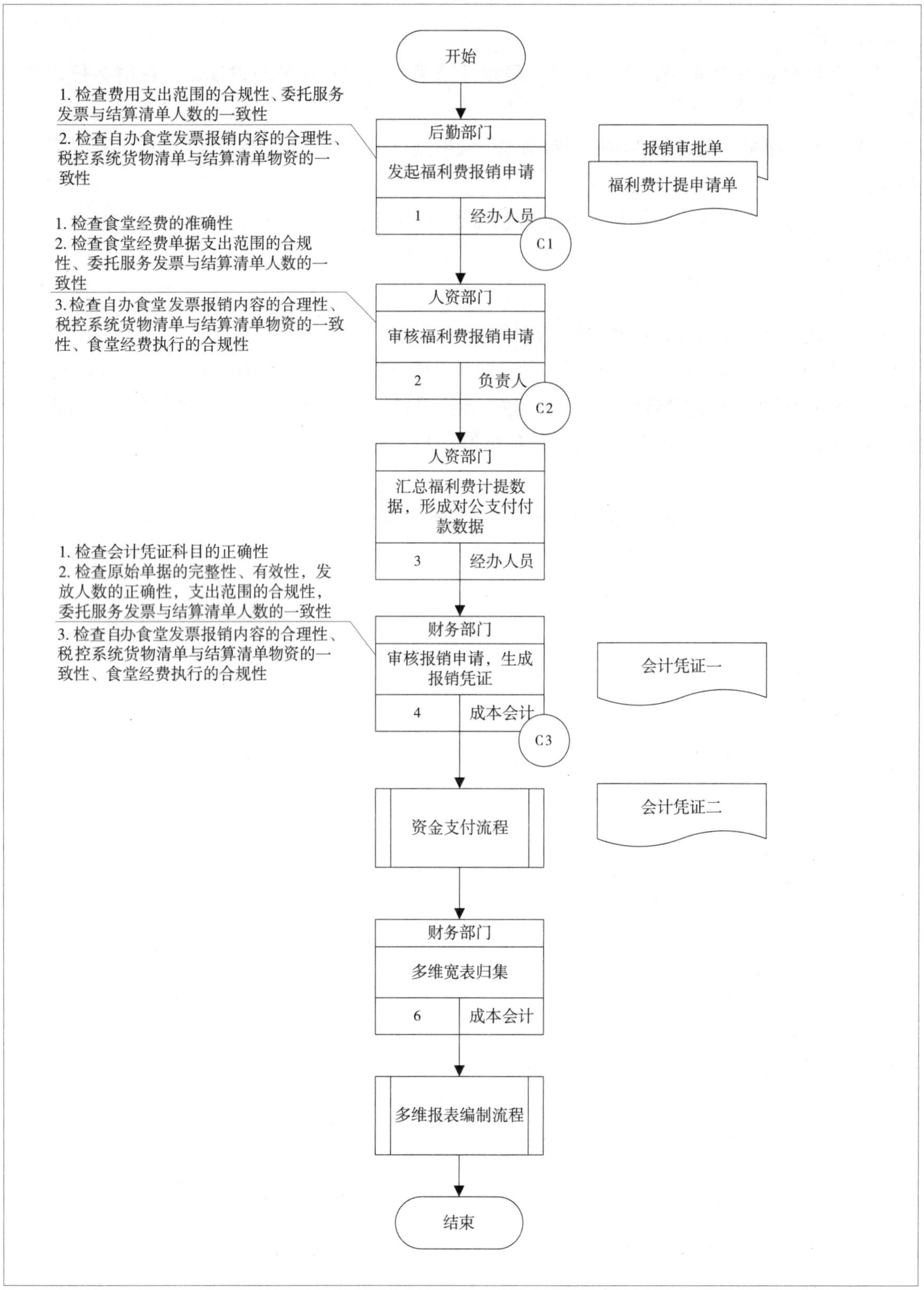

开始

1. 检查费用支出范围的合规性、委托服务发票与结算清单人数的一致性
2. 检查自办食堂发票报销内容的合理性、税控系统货物清单与结算清单物资的一致性

后勤部门｜发起福利费报销申请｜1｜经办人员｜C1

报销审批单
福利费计提申请单

1. 检查食堂经费的准确性
2. 检查食堂经费单据支出范围的合规性、委托服务发票与结算清单人数的一致性
3. 检查自办食堂发票报销内容的合理性、税控系统货物清单与结算清单物资的一致性、食堂经费执行的合规性

人资部门｜审核福利费报销申请｜2｜负责人｜C2

人资部门｜汇总福利费计提数据，形成对公支付付款数据｜3｜经办人员

1. 检查会计凭证科目的正确性
2. 检查原始单据的完整性、有效性，发放人数的正确性，支出范围的合规性，委托服务发票与结算清单人数的一致性
3. 检查自办食堂发票报销内容的合理性、税控系统货物清单与结算清单物资的一致性、食堂经费执行的合规性

财务部门｜审核报销申请，生成报销凭证｜4｜成本会计｜C3

会计凭证一

资金支付流程

会计凭证二

财务部门｜多维宽表归集｜6｜成本会计

多维报表编制流程

结束

稽核——防暑降温费

1. 编制目的

本节主要评估防暑降温费发放过程的主要风险，确定关键控制点，并针对潜在的风险制定财务稽核检查方法，以指导各级财务稽核人员加强对此类业务的监督管理。

2. 适用范围

通过福利系统办理防暑降温费发放业务。

3. 风险评估与检查方法

3.1 C1 关键控制：发起福利费报销申请的检查

风险分析：

防暑降温费发放人数不正确、发放金额不符合标准，导致费用报销不真实，存在合规风险。

检查方法：

（1）获取防暑降温费发放汇总表、资金支付申请表；

（2）检查发放人数是否正确、发放标准是否符合要求。

政策及制度依据：

《国家电网有限公司福利项目通用标准名录（2018 年版）》4.4、附录 A.01

3.2 C2 关键控制：审核福利费报销申请的检查

风险分析：

报销申请未经有效审核，无法保证报销事项的真实性，报销单据填制的完整性、准确性及报销单据的合法性、合规性。

检查方法：

（1）获取防暑降温费发放汇总表、资金支付申请表、福利费支付申请单；

（2）根据获取的资料检查报销申请是否合规、完整，结合人员花名册检查人员数量是否准确、发放金额是否超标。

政策及制度依据：

《国家电网有限公司福利项目通用标准名录（2018 年版）》4.4、附录 A.01

3.3 C3 关键控制：审核报销申请和相关单据，生成报销凭证的检查

风险分析：

（1）会计凭证编制未经过有效审核，导致凭证编制错误未被及时发现，存在财务报表错报的风险；

（2）财务人员未对报销事项与报销单据的一致性及单据的完整性、有效性复核，可能导致财务数据失真；

（3）未按照规定选择对应科目，导致业务的真实性未得到反映，出现会计核算差错问题，影响财务报表的准确性。

检查方法：

（1）获取防暑降温费发放汇总表、资金支付申请表、福利费支付申请单；

（2）从人资部门获取人员相关信息，检查员工级别及所属部门，确认费用标准是否符合标准，成本中心选择是否准确；

（3）检查 ERP 系统费用明细科目选择的正确性；

（4）根据防暑降温费发放汇总表、员工花名册，检查人数是否正确，对照《国家电网有限公司福利项目通用标准名录（2018 年版）》检查发放金额是否超标；

（5）根据防暑降温费发放汇总表和福利费支付申请单检查审批是否齐全。

政策及制度依据：

《国家电网公司原始凭证管理办法》[国网（财 /2)349-2014] 第六章 第三节 第一百三十条（四）

《国家电网有限公司福利项目通用标准名录（2018 年版）》4.4、附录 A.01

防暑降温费

业务经办部门：人资部门	流程编号：SG－SD0302－04
归口管理部门：人资部门	编制单位：国网山东省电力公司

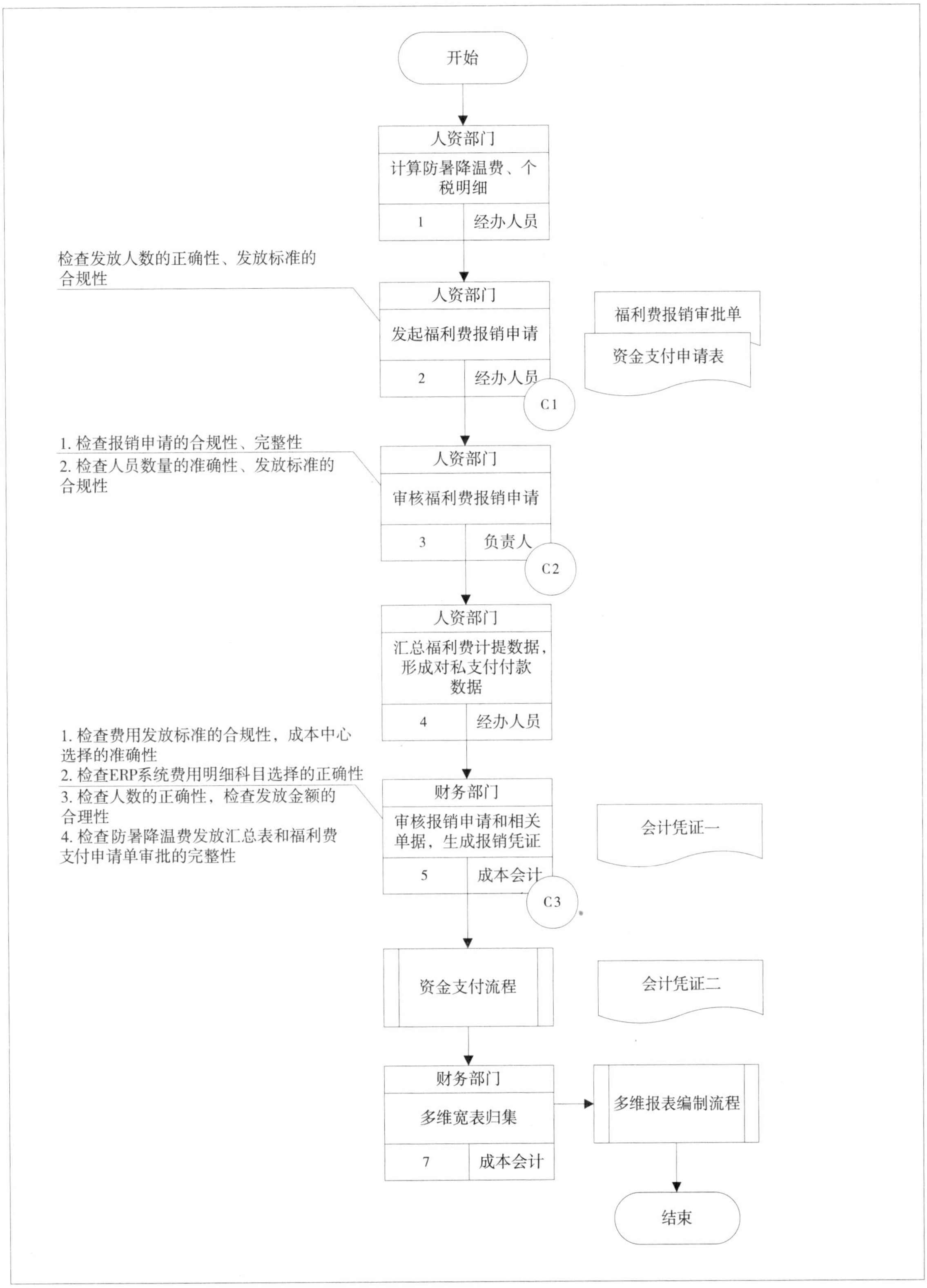

开始

人资部门
计算防暑降温费、个税明细
1 经办人员

检查发放人数的正确性、发放标准的合规性

人资部门
发起福利费报销申请
2 经办人员
C1

福利费报销审批单
资金支付申请表

1. 检查报销申请的合规性、完整性
2. 检查人员数量的准确性、发放标准的合规性

人资部门
审核福利费报销申请
3 负责人
C2

人资部门
汇总福利费计提数据，形成对私支付付款数据
4 经办人员

1. 检查费用发放标准的合规性，成本中心选择的准确性
2. 检查ERP系统费用明细科目选择的正确性
3. 检查人数的正确性，检查发放金额的合理性
4. 检查防暑降温费发放汇总表和福利费支付申请单审批的完整性

财务部门
审核报销申请和相关单据，生成报销凭证
5 成本会计
C3

会计凭证一

资金支付流程

会计凭证二

财务部门
多维宽表归集
7 成本会计

多维报表编制流程

结束

稽核——供暖费补贴

1. 编制目的

本节主要评估供暖费补贴的风险，确定关键控制点，并针对潜在的风险制定财务稽核检查方法，以指导各级财务稽核人员加强对此类业务的监督管理。

2. 适用范围

通过福利系统办理供暖费补贴发放业务。

3. 风险评估与检查方法

3.1 C1 关键控制：汇总、发起福利费报销申请，形成对私支付付款数据的检查

风险分析：

（1）未按标准金额报销，导致费用报销不真实、不合规，造成资产损失；

（2）未扣缴个人所得税，导致税收处罚，造成资产损失；

（3）收款人与发票开具单位不一致，可能导致报销事项不真实，影响对公付款信息的准确性。

检查方法：

（1）获取供暖费补贴发放汇总表，检查是否按照行政级别及专业技术等级标准计算供暖费补贴；

（2）获取发放供暖补贴个税计算单，检查是否计算准确；

（3）检查福利系统，获取资金支付申请表，检查收款单位与发票开具单位是否一致。

政策及制度依据：

《国家电网有限公司福利项目通用标准名录（2018 年版）》4.4、附录 A.02

3.2 C2 关键控制：审核福利费报销申请的检查

风险分析：

报销申请未经有效审核，可能导致报销事项缺乏真实性、准确性、合法性、合规性。

检查方法：

获取供暖费补贴发放汇总表、福利费支付申请单，检查其信息的合规性和完整性；结合人员花名册检查员工人数是否正确；检查发放金额是否超标。

政策及制度依据：

《国家电网有限公司福利项目通用标准名录（2018 年版）》4.4、附录 A.02

3.3 C3 关键控制：审核报销申请，生成报销凭证的检查

风险分析：

（1）会计凭证未经有效审核，导致凭证编制错误未被及时发现，影响财务报告的准确性；

（2）会计科目使用不当，导致业务的真实性未得到反映，影响财务报告的准确性。

检查方法：

（1）从人资部门获取人员相关信息，核对员工级别及所属部门，检查费用标准应用是否适当及成本中心选择是否准确无误；

（2）检查 ERP 系统费用明细科目选择的正确性；

（3）获取供暖费补贴发放汇总表、员工花名册，检查人员是否为公司员工、人数是否正确，对照《国家电网有限公司福利项目通用标准名录（2018 年版）》核实发放金额是否超标；

（4）检查供暖费补贴发放汇总表、资金支付审批表金额是否一致，签字审批是否完整有效。

政策及制度依据：

《国家电网有限公司福利项目通用标准名录（2018 年版）》4.4、附录 A.02

《国家电网公司原始凭证管理办法》[国网（财 /2)349-2014] 第六章 第三节 第一百三十条（四）

供暖费补贴	业务经办部门：人资部门	流程编号：SG-SD0302-05
	归口管理部门：人资部门	编制单位：国网山东省电力公司

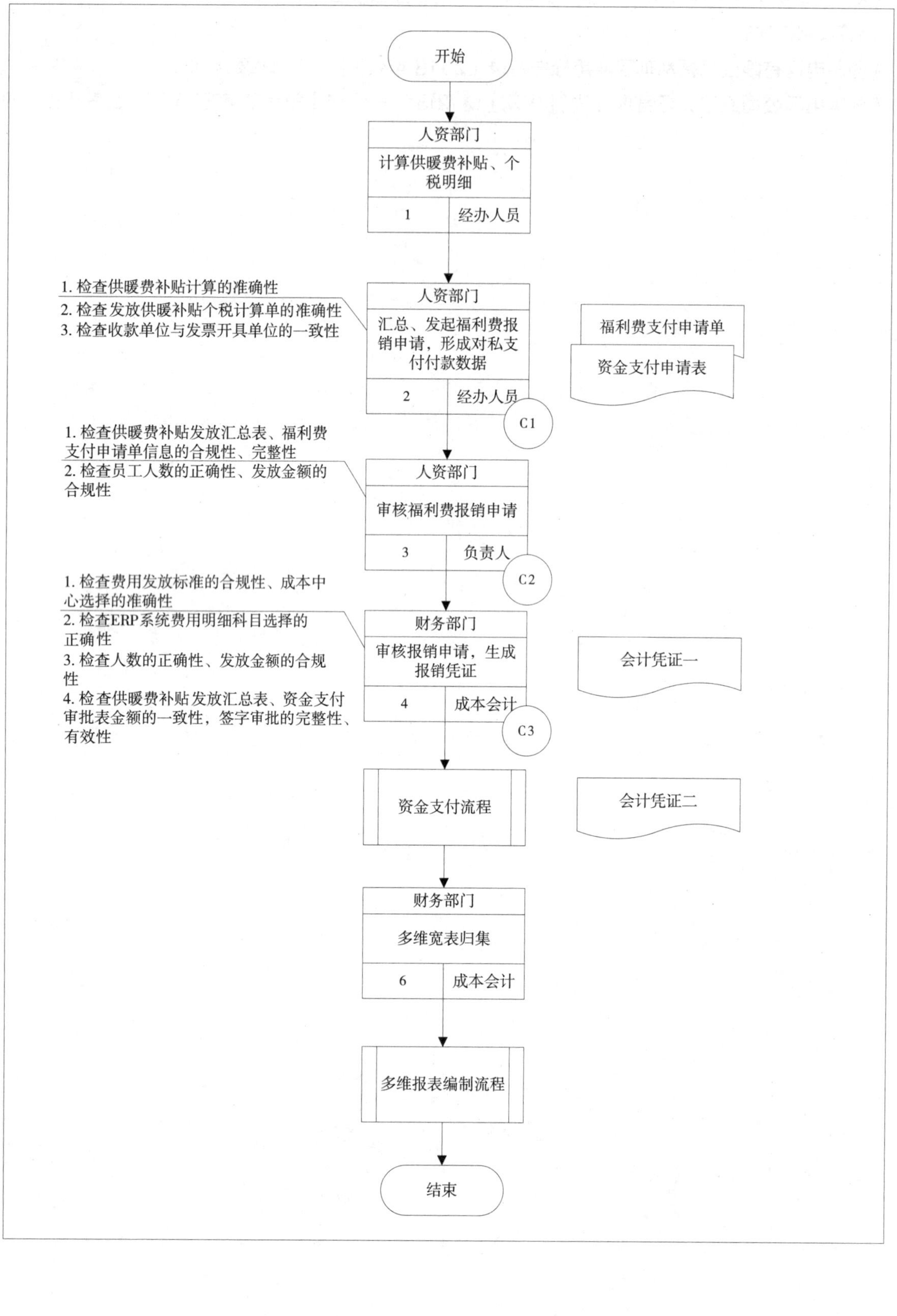

开始

人资部门
计算供暖费补贴、个税明细
1 经办人员

人资部门
汇总、发起福利费报销申请，形成对私支付付款数据
2 经办人员
C1

1. 检查供暖费补贴计算的准确性
2. 检查发放供暖补贴个税计算单的准确性
3. 检查收款单位与发票开具单位的一致性

福利费支付申请单
资金支付申请表

人资部门
审核福利费报销申请
3 负责人
C2

1. 检查供暖费补贴发放汇总表、福利费支付申请单信息的合规性、完整性
2. 检查员工人数的正确性、发放金额的合规性

财务部门
审核报销申请，生成报销凭证
4 成本会计
C3

1. 检查费用发放标准的合规性、成本中心选择的准确性
2. 检查ERP系统费用明细科目选择的正确性
3. 检查人数的正确性、发放金额的合规性
4. 检查供暖费补贴发放汇总表、资金支付审批表金额的一致性，签字审批的完整性、有效性

会计凭证一

资金支付流程

会计凭证二

财务部门
多维宽表归集
6 成本会计

多维报表编制流程

结束

稽核——独生子女费

1. 编制目的

本节主要评估独生子女费的风险，确定关键控制点，并针对潜在的风险制定财务稽核检查方法，以指导各级财务稽核人员加强对此类业务的监督管理。

2. 适用范围

通过福利系统办理独生子女费发放业务。

3. 风险评估与检查方法

3.1 C1 关键控制：发起福利费报销申请的检查

风险分析：

独生子女费发放人数不正确、发放金额不符合标准，导致费用报销不真实，造成资产损失。

检查方法：

获取独生子女费发放汇总表、员工花名册，检查人数是否正确，对照《国家电网有限公司福利项目通用标准名录（2018 年版）》核实发放金额是否超标。

政策及制度依据：

《国家电网有限公司福利项目通用标准名录（2018 年版）》4.4、附录 A.03

3.2 C2 关键控制：审核福利费报销申请的检查

风险分析：

报销申请未经有效审核，可能导致报销事项缺乏真实性、必要性、合理性。

检查方法：

获取独生子女费发放汇总表、福利费支付申请单，检查其信息的合规性和完整性；重点关注员工是否符合独生子女费发放要求，发放金额是否超标。

政策及制度依据：

《国家电网有限公司福利项目通用标准名录（2018 年版）》4.4、附录 A.03

3.3 C3 关键控制：审核报销申请，生成报销凭证的检查

风险分析：

（1）会计凭证未经有效审核，导致凭证编制错误未被及时发现，影响财务报告的准确性；

（2）会计科目使用不当，导致业务的真实性未得到反映，影响财务报告的准确性。

检查分析：

（1）从人资部门获取人员相关信息，检查费用标准应用是否适当及成本中心选择是否准确无误；

（2）检查 ERP 系统费用明细科目选择的正确性；

（3）获取独生子女费发放汇总表、员工花名册，检查人数是否正确，对照《国家电网有限公司福利项目通用标准名录（2018 年版）》核实发放金额是否超标；

（4）获取独生子女费发放汇总表和福利费支付申请单检查签字审批是否齐全。

政策及制度依据：

《国家电网有限公司福利项目通用标准名录（2018 年版）》4.4、附录 A.03

《国家电网公司原始凭证管理办法》[国网（财 /2)349-2014] 第六章 第三节 第一百三十条（四）

独生子女费	业务经办部门：工会	流程编号：SG-SD0302-06
	归口管理部门：人资部门	编制单位：国网山东省电力公司

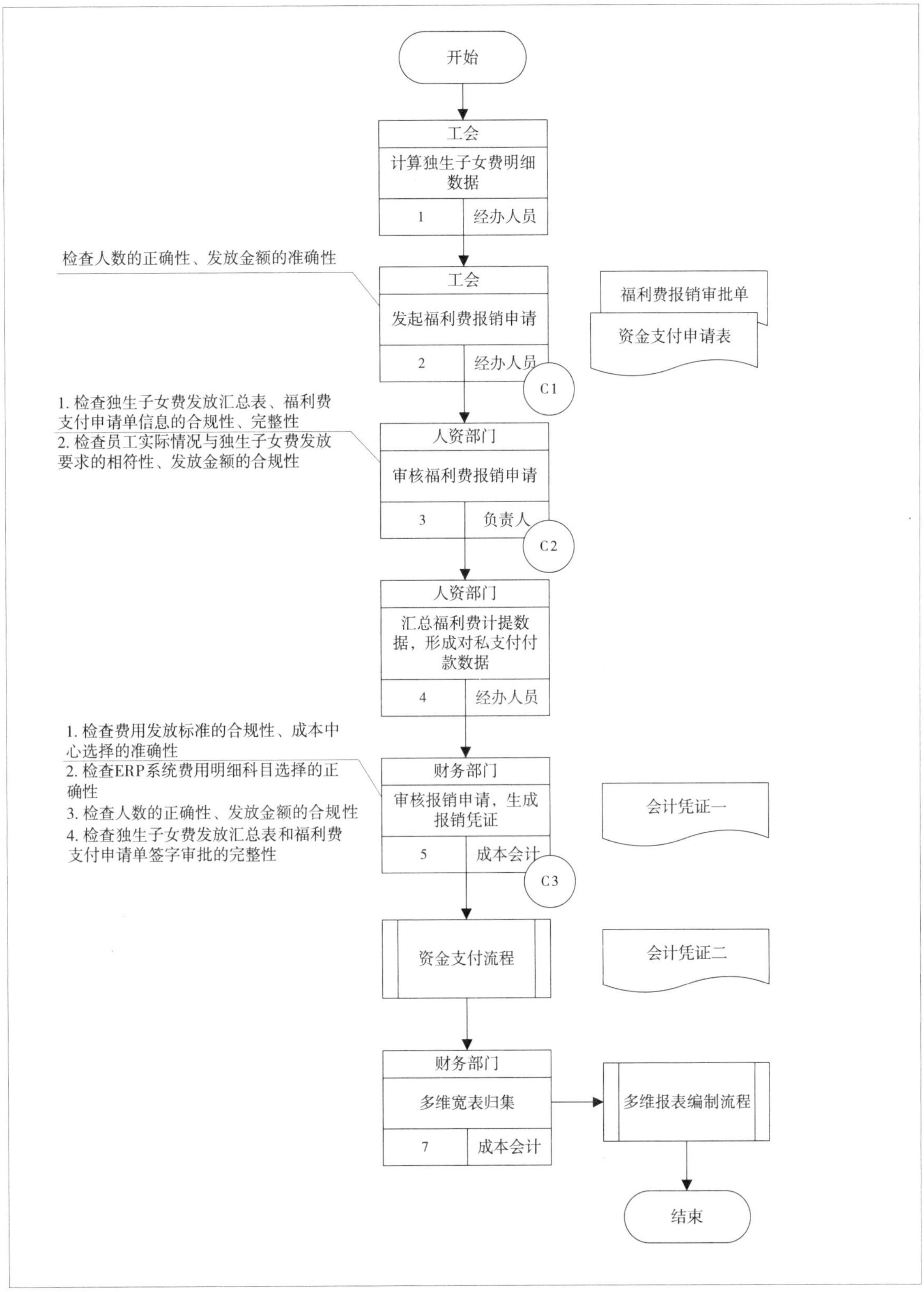

开始

工会
计算独生子女费明细数据
1 经办人员

检查人数的正确性、发放金额的准确性

工会
发起福利费报销申请
2 经办人员 C1

福利费报销审批单
资金支付申请表

1. 检查独生子女费发放汇总表、福利费支付申请单信息的合规性、完整性
2. 检查员工实际情况与独生子女费发放要求的相符性、发放金额的合规性

人资部门
审核福利费报销申请
3 负责人 C2

人资部门
汇总福利费计提数据，形成对私支付付款数据
4 经办人员

1. 检查费用发放标准的合规性、成本中心选择的准确性
2. 检查ERP系统费用明细科目选择的正确性
3. 检查人数的正确性、发放金额的合规性
4. 检查独生子女费发放汇总表和福利费支付申请单签字审批的完整性

财务部门
审核报销申请，生成报销凭证
5 成本会计 C3

会计凭证一

资金支付流程

会计凭证二

财务部门
多维宽表归集
7 成本会计

多维报表编制流程

结束

稽核——丧葬补助费

1. 编制目的

本节主要评估办理丧葬补助费发放过程的主要风险，确定关键控制点，并针对潜在的风险制定财务稽核检查方法，以指导各级财务稽核人员加强对此类业务的监督管理。

2. 适用范围

通过福利系统办理丧葬补助费发放业务。

3. 风险评估与检查方法

3.1 C1 关键控制：审核福利费报销申请的检查

风险分析：

报销申请未经有效审核，无法保证报销事项的真实性，报销单据填制的完整性、准确性及报销单据的合法性、合规性。

检查方法：

（1）获取丧葬补助费发放汇总表、资金支付申请表；

（2）检查其信息的合规性和完整性，检查员工报销是否符合丧葬补助费发放要求、发放金额是否超标。

政策及制度依据：

《国家电网有限公司福利项目通用标准名录（2018 年版）》4.4、附录 A.04

3.2 C2 关键控制：审核报销申请，生成报销凭证的检查

风险分析：

（1）会计凭证编制未经过有效审核，导致凭证编制错误未被及时发现，存在财务报表错报的风险；

（2）财务人员未对报销事项与报销单据的一致性及单据的完整性、有效性复核，存在单据合规风险；

（3）未按照规定选择对应科目，导致业务的真实性未得到反映，出现会计核算差错问题，影响财务报表的准确性。

检查方法：

（1）获取丧葬补助费发放汇总表、资金支付申请表；

（2）从人资部门获取人员相关信息，确认费用标准应用是否适当及成本中心选择是否准确无误；

（3）检查 ERP 系统费用明细科目选择的正确性；

（4）根据丧葬补助费发放汇总表、员工花名册，检查人员是否为公司员工，对照《国家电网有限公司福利项目通用标准名录（2018 年版）》核实发放金额是否超标；

（5）检查丧葬补助费发放汇总表、资金支付审批表金额是否一致，签字审批是否完整有效。

政策及制度依据：

《国家电网有限公司福利项目通用标准名录（2018 年版）》4.4、附录 A.04

《国家电网公司原始凭证管理办法》[国网（财 /2)349-2014] 第六章 第三节 第一百三十条（四）

丧葬补助费

业务经办部门：工会	流程编号：SG-SD0302-07
归口管理部门：人资部门	编制单位：国网山东省电力公司

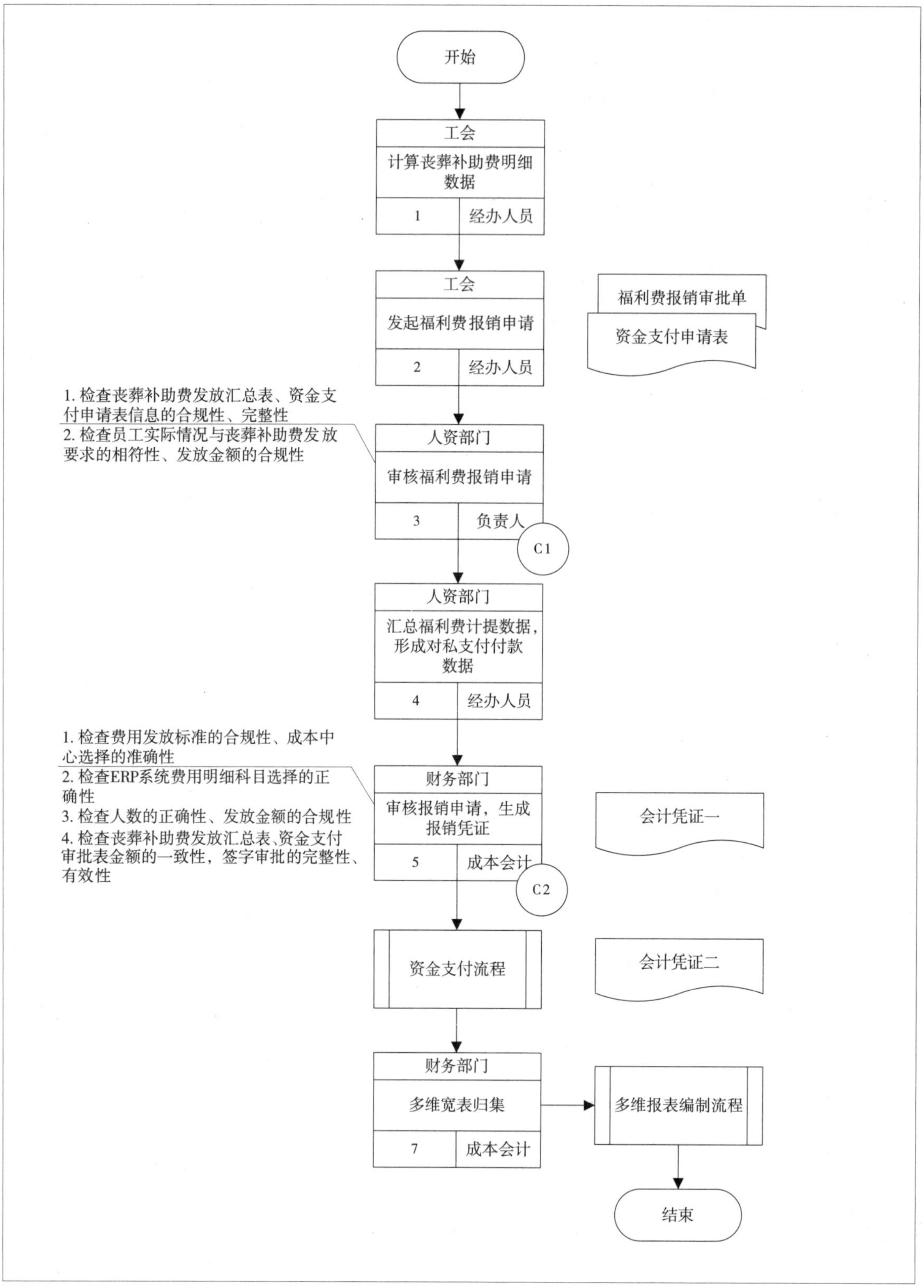

开始

工会
计算丧葬补助费明细数据
1 经办人员

工会
发起福利费报销申请
2 经办人员
（福利费报销审批单、资金支付申请表）

人资部门
审核福利费报销申请
3 负责人
C1

1. 检查丧葬补助费发放汇总表、资金支付申请表信息的合规性、完整性
2. 检查员工实际情况与丧葬补助费发放要求的相符性、发放金额的合规性

人资部门
汇总福利费计提数据，形成对私支付付款数据
4 经办人员

财务部门
审核报销申请，生成报销凭证
5 成本会计
C2
（会计凭证一）

1. 检查费用发放标准的合规性、成本中心选择的准确性
2. 检查ERP系统费用明细科目选择的正确性
3. 检查人数的正确性、发放金额的合规性
4. 检查丧葬补助费发放汇总表、资金支付审批表金额的一致性，签字审批的完整性、有效性

资金支付流程
（会计凭证二）

财务部门
多维宽表归集
7 成本会计

多维报表编制流程

结束

稽核——抚恤费

1. 编制目的

本节主要评估抚恤费的风险，确定关键控制点，并针对潜在的风险制定财务稽核检查方法，以指导各级财务稽核人员加强对此类业务的监督管理。

2. 适用范围

通过福利系统办理抚恤费发放业务。

3. 风险评估与检查方法

3.1 C1 关键控制：审核福利费报销申请的检查

风险分析：

报销申请未经有效审核，可能导致报销事项缺乏真实性、准确性、合法性、合规性。

检查方法：

获取抚恤费发放汇总表、福利费支付申请单，检查其信息的合规性和完整性；检查员工报销是否符合抚恤费发放要求，发放金额是否超标。

政策及制度依据：

《国家电网有限公司福利项目通用标准名录（2018 年版）》4.4、附录 A.05

3.2 C2 关键控制：审核报销申请，生成报销凭证的检查

风险分析：

（1）会计凭证未经有效审核，导致凭证编制错误未被及时发现，影响财务报告的准确性；

（2）会计科目使用不当，导致业务的真实性未得到反映，影响财务报告的准确性。

检查方法：

（1）从人资部门获取人员相关信息，检查费用标准应用适当是否及成本中心选择是否准确无误；

（2）检查 ERP 系统费用明细科目选择的正确性；

（3）检查抚恤费发放汇总表的完整性、有效性，审核、审批是否完整有效。

政策及制度依据：

《国家电网有限公司福利项目通用标准名录（2018 年版）》4.4、附录 A.05

《国家电网公司原始凭证管理办法》[国网（财 /2)349-2014] 第六章 第三节 第一百三十条（四）

抚恤费	业务经办部门：工会	流程编号：SG-SD0302-08
	归口管理部门：人资部门	编制单位：国网山东省电力公司

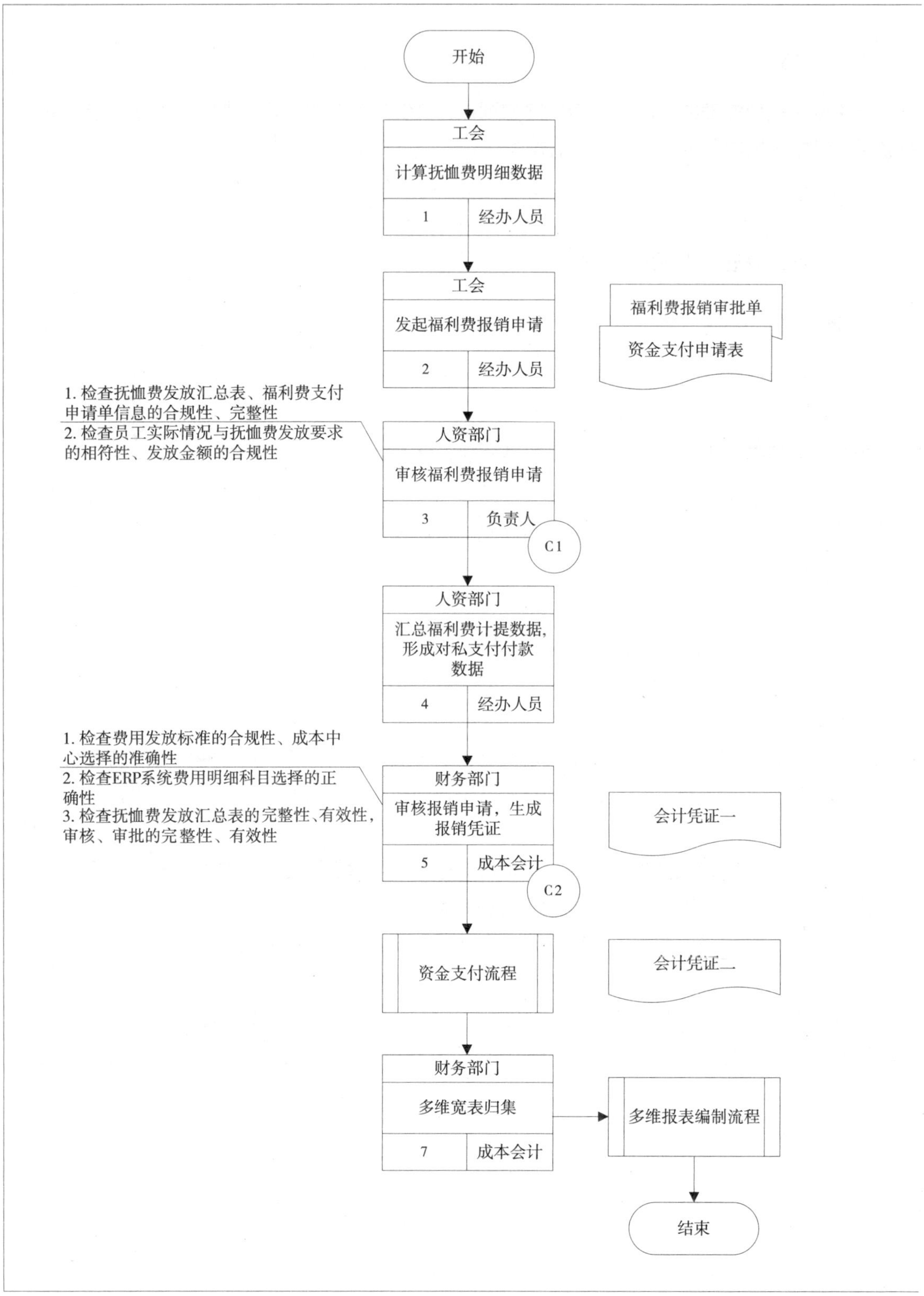

开始

工会
计算抚恤费明细数据
1 经办人员

工会
发起福利费报销申请
2 经办人员

福利费报销审批单
资金支付申请表

1. 检查抚恤费发放汇总表、福利费支付申请单信息的合规性、完整性
2. 检查员工实际情况与抚恤费发放要求的相符性、发放金额的合规性

人资部门
审核福利费报销申请
3 负责人
C1

人资部门
汇总福利费计提数据，形成对私支付付款数据
4 经办人员

1. 检查费用发放标准的合规性、成本中心选择的准确性
2. 检查ERP系统费用明细科目选择的正确性
3. 检查抚恤费发放汇总表的完整性、有效性，审核、审批的完整性、有效性

财务部门
审核报销申请，生成报销凭证
5 成本会计
C2

会计凭证一

资金支付流程

会计凭证二

财务部门
多维宽表归集
7 成本会计

多维报表编制流程

结束

稽核——职工困难补助

1. 编制目的

本节主要评估办理职工困难补助业务的主要风险，确定关键控制点，并针对潜在的风险制定财务稽核检查方法，以指导各级财务稽核人员加强对此类业务的监督管理。

2. 适用范围

通过福利系统办理职工困难补助业务。

3. 风险评估与检查方法

3.1 C1 关键控制：发起福利费报销申请的检查

风险分析：

未对提报资料进行有效审核，存在将不符合困难职工认定标准的人员纳入补助发放范围的可能。

检查方法：

（1）获取职工困难补助发放汇总表、履行公示等相关程序的证明；

（2）结合困难补助申请表、困难职工入户调查表、困难职工统计表、困难职工档案，检查是否符合认定标准，数据计算是否符合要求，金额是否符合标准。

政策及制度依据：

《国网山东省电力公司职工困难补助管理细则》（鲁电人资［2018］930 号）第五条

3.2 C2 关键控制：审核福利费报销申请的检查

风险分析：

资金支付申请未经过有效审核，无法保证困难补助事项的真实性、必要性。

检查方法：

（1）获取困难职工补助发放汇总表、履行公示等相关程序的证明、资金支付申请表；

（2）检查职工困难补助发放汇总表中人员名单与公示证明人员名单是否一致，检查资金支付申请表金额与汇总表发放金额是否一致。

政策及制度依据：

《国网山东省电力公司职工困难补助管理细则》（鲁电人资［2018］930 号）第十二条

3.3 C3 关键控制：审核报销申请和相关单据，生成报销凭证的检查

风险分析：

（1）会计凭证编制未经过有效审核，导致凭证编制错误未被及时发现，存在财务报表错报的风险；

（2）财务人员未对报销事项与报销单据的一致性及单据的完整性、有效性复核，可能导致财务数据失真；

（3）未按照规定选择对应科目，导致业务的真实性未得到反映，出现会计核算差错问题，影响财务报表的准确性。

检查方法：

（1）根据业务实质检查科目选择是否正确；

（2）检查报销单据，是否具有已履行公示等相关程序的证明，发放人员名单与公示名单是否一致，金额是否符合标准。

政策及制度依据：

《国网山东省电力公司职工困难补助管理细则》（鲁电人资［2018］930 号）第六条

职工困难补助

业务经办部门：工会	流程编号：SG-SD0302-09
归口管理部门：人资部门	编制单位：国网山东省电力公司

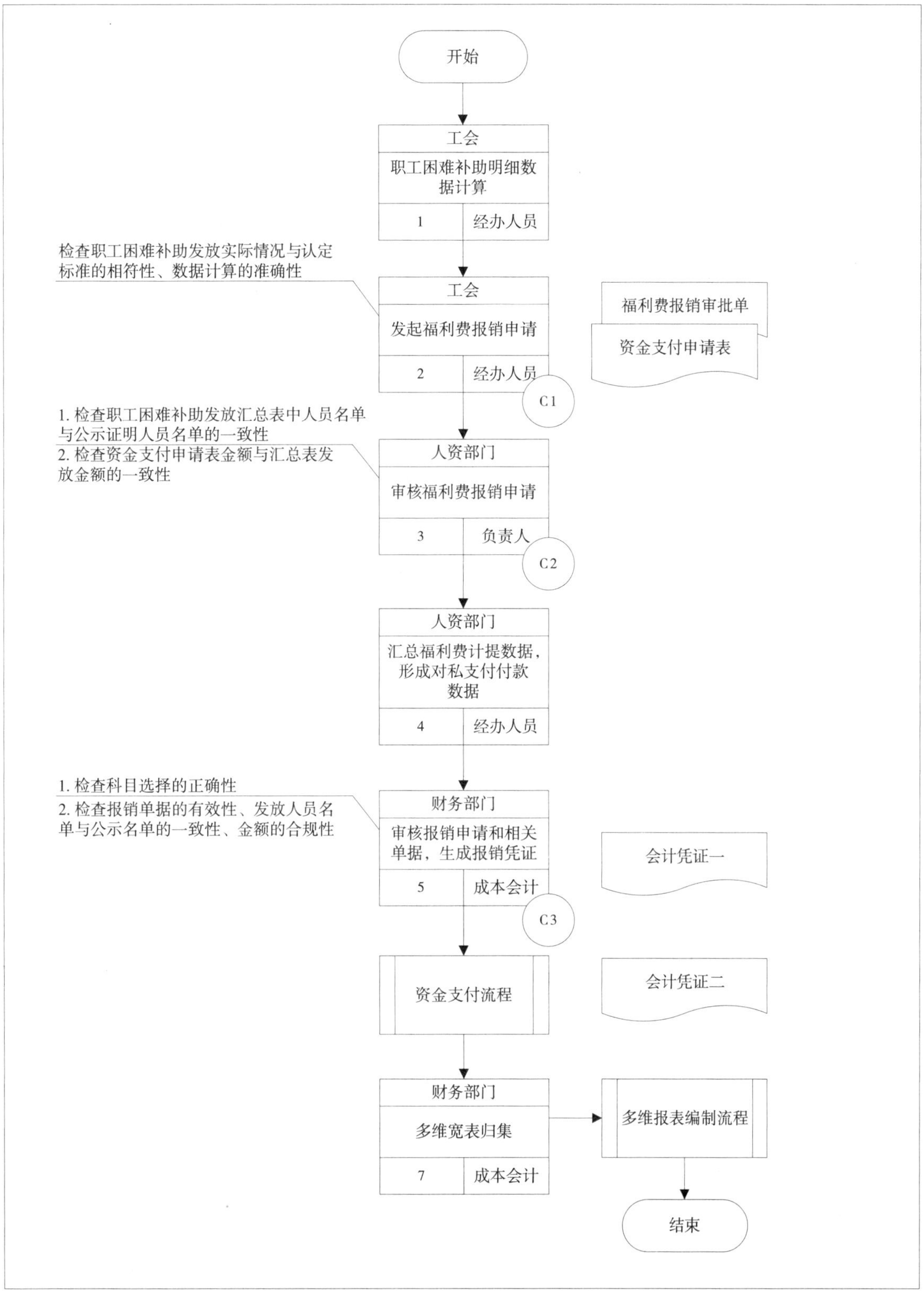

开始

工会
职工困难补助明细数据计算
1 经办人员

检查职工困难补助发放实际情况与认定标准的相符性、数据计算的准确性

工会
发起福利费报销申请
2 经办人员
C1

福利费报销审批单
资金支付申请表

1. 检查职工困难补助发放汇总表中人员名单与公示证明人员名单的一致性
2. 检查资金支付申请表金额与汇总表发放金额的一致性

人资部门
审核福利费报销申请
3 负责人
C2

人资部门
汇总福利费计提数据，形成对私支付付款数据
4 经办人员

1. 检查科目选择的正确性
2. 检查报销单据的有效性、发放人员名单与公示名单的一致性、金额的合规性

财务部门
审核报销申请和相关单据，生成报销凭证
5 成本会计
C3

会计凭证一

资金支付流程

会计凭证二

财务部门
多维宽表归集
7 成本会计

多维报表编制流程

结束

稽核——离退休医疗费、困难补助、活动经费及其他支出

1. 编制目的

本节主要评估离退休医疗费、离退休困难补助、离退休活动经费及其他离退休支出报销业务的主要风险，确定关键控制点，并针对潜在的风险制定财务稽核检查方法，以指导各级财务稽核人员加强对此类业务的监督管理。

2. 适用范围

通过 ERP 福利系统办理离退休医疗费、困难补助、活动经费及其他支出

3. 风险评估与检查方法

3.1 C1 关键控制：发起报销申请的检查

风险分析：

（1）报销非离退休人员医疗费，导致费用报销不合规，存在合规风险；

（2）无离退休困难补助申请及批复，导致费用报销不合规，存在合规风险；

（3）无离退休困难补助发放公示资料及发放明细，导致费用报销不合规，存在合规风险；

（4）无离退休活动通知、合同或协议、活动费用明细或发票，导致费用报销不合规，存在合规风险；

（5）报销申请未经过有效审核，无法保证报销事项的真实性，报销单据填制的完整性、准确性及报销单据的合法性、合规性；

（6）未进行分级审核，经办人自行审核其所报销的费用，可能出现资金损失及舞弊风险。

检查方法：

（1）报销离退休医疗费。

①获取资金支付申请表、发票或明细；

②核对离退休人员名单与离退休医疗费发票名称，检查是否有报销非离退休人员医疗费的情形。

③获取离退休医疗费发票，检查是否有虚假发票。

（2）报销离退休困难补助。

①获取离退休困难补助申请及批复资料，检查批复金额及人员明细与实际发放是否一致；

②获取离退休困难补助发放公示资料及发放明细，检查离退休困难补助是否发放到离退休人员本人。

（3）报销离退休活动经费及其他离退休支出。获取离退休活动通知、合同或协议、活动费用明细，检查离退休活动经费及其他离退休支出是否与离退休活动相关。

政策及制度依据：

未列明。

3.2 C2 关键控制：福利费报销申请审核的检查

风险分析：

（1）离退休活动经费及其他离退休支出与活动通知、合同或协议、活动费用明细不一致，导致虚列费用；

（2）离退休人员通过开具虚假发票套取医疗费，导致费用流失；

（3）超标准发放离退休困难补助，导致费用流失。

检查方法：

（1）获取离退休活动经费及其他离退休支出与活动通知、合同或协议、活动费用明细，检查是否一致；

（2）获取离退休医疗费发票，检查是否有虚假发票；

（3）获取离退休困难补助发放标准，与实际离退休困难补助发放金额核对，检查是否超标。

政策及制度依据：

《国家电网有限公司会计基础管理办法》[国网（财 /2）350-2018] 第八条

3.3 C3 关键控制：审核报销申请，生成报销凭证的检查

风险分析：

（1）会计凭证编制未经过有效审核，导致凭证编制错误未及时被发现，造成财务报表错报的风险；

（2）财务人员未对报销事项与报销单据的一致性及单据的完整性、有效性复核，可能导致财务数据失真；

（3）未按照规定选择对应科目，导致业务的真实性未得到反映，出现会计核算差错问题，影响财务报表的准确性。

检查方法：

（1）根据业务实质检查会计凭证科目的正确性。

（2）获取原始单据，检查其完整性、有效性；检查发票是否与活动通知、合同或协议、活动费用明细一致；检查离退休医疗费发票报销内容是否具备真实发票；检查发放人数是否正确；检查离退休困难补助执行标准是否超支。

政策及制度依据：

《国家电网有限公司会计基础管理办法》[国网（财 /2）350-2018] 第四章 第三节 第五十四条

离退休医疗费、困难补助、活动经费及其他支出	业务经办部门：后勤部门	流程编号：SG-SD0302-10
	归口管理部门：人资部门	编制单位：国网山东省电力公司

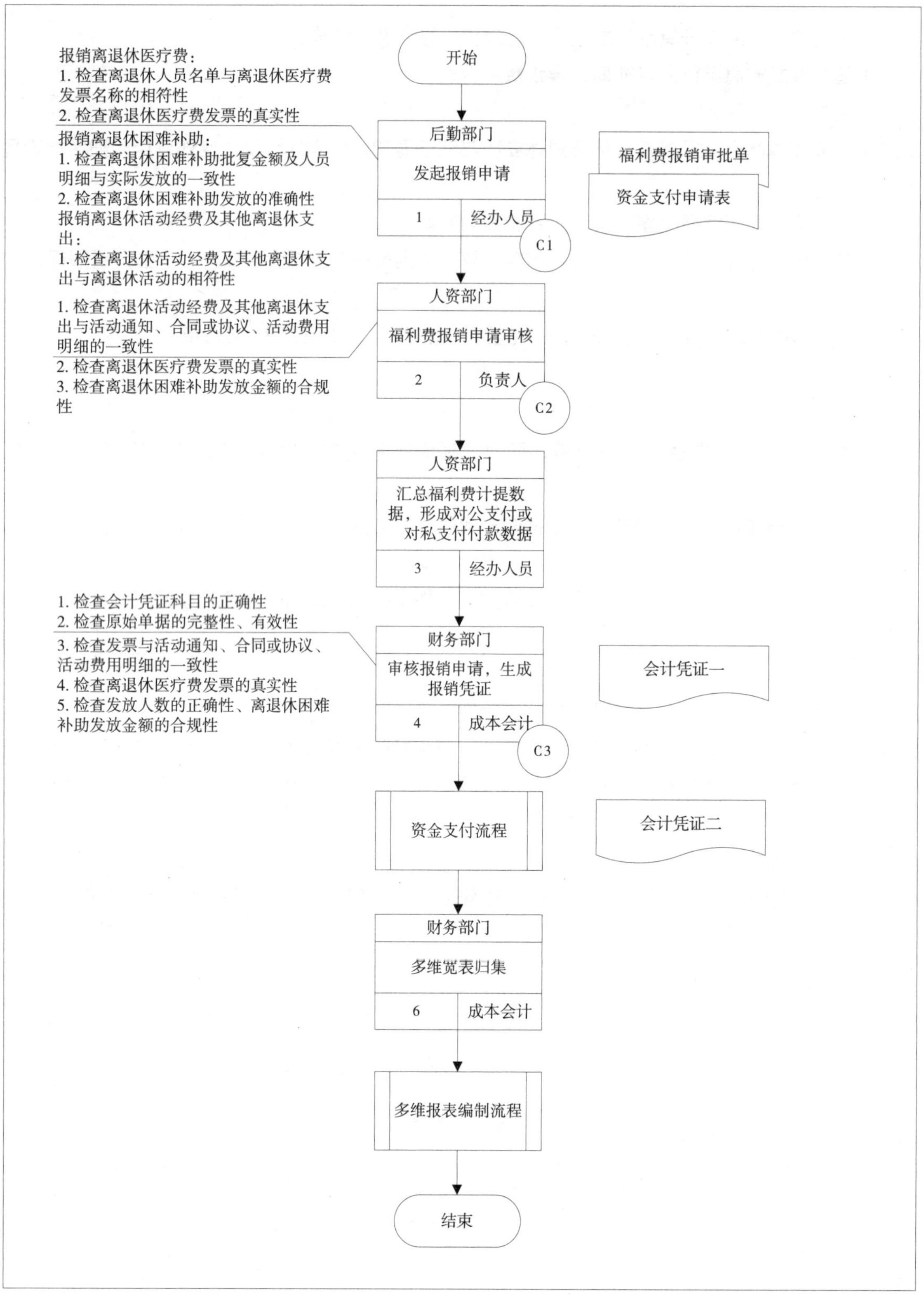

开始

后勤部门
发起报销申请
1 经办人员
C1

报销离退休医疗费：
1. 检查离退休人员名单与离退休医疗费发票名称的相符性
2. 检查离退休医疗费发票的真实性
报销离退休困难补助：
1. 检查离退休困难补助批复金额及人员明细与实际发放的一致性
2. 检查离退休困难补助发放的准确性
报销离退休活动经费及其他离退休支出：
1. 检查离退休活动经费及其他离退休支出与离退休活动的相符性

福利费报销审批单
资金支付申请表

人资部门
福利费报销申请审核
2 负责人
C2

1. 检查离退休活动经费及其他离退休支出与活动通知、合同或协议、活动费用明细的一致性
2. 检查离退休医疗费发票的真实性
3. 检查离退休困难补助发放金额的合规性

人资部门
汇总福利费计提数据，形成对公支付或对私支付付款数据
3 经办人员

财务部门
审核报销申请，生成报销凭证
4 成本会计
C3

1. 检查会计凭证科目的正确性
2. 检查原始单据的完整性、有效性
3. 检查发票与活动通知、合同或协议、活动费用明细的一致性
4. 检查离退休医疗费发票的真实性
5. 检查发放人数的正确性、离退休困难补助发放金额的合规性

会计凭证一

资金支付流程

会计凭证二

财务部门
多维宽表归集
6 成本会计

多维报表编制流程

结束

稽核——离退休生活补贴、住房补贴

1. 编制目的

本节主要评估办理离退休生活补贴、住房补贴过程的主要风险，确定关键控制点，并针对潜在的风险制定财务稽核检查方法，以指导各级财务稽核人员加强对此类业务的监督管理。

2. 适用范围

通过和福利系统 ERP 系统办理离退休生活补贴、住房补贴业务。

3. 风险评估与检查方法

3.1 C1 关键控制：发起福利费报销申请的检查

风险分析：

补贴发放人数不正确、发放金额不符合标准，导致费用报销不真实，造成财务信息失真。

检查方法：

（1）获取发放汇总表、资金支付申请表，或有单据：离退休人员生活补贴、住房补贴明细表；

（2）检查人数是否正确；

（3）对照《国家电网有限公司福利项目通用标准名录（2018 年版）》核实发放金额是否超标。

政策及制度依据：

《国家电网公司福利保障管理办法》[国网（人资 /3)547-2014] 第十二条 福利项目标准管理

3.2 C2 关键控制：审核福利费报销申请的检查

风险分析：

报销申请事项未经有效审核，无法保证报销事项的真实性，存在虚报或列支不属于离退休人员生活补贴、住房补贴的其他费用的风险。

检查方法：

（1）获取发放汇总表、资金支付申请表，或有单据：离退休人员生活补贴、住房补贴明细表；

（2）检查人数是否正确；

（3）对照《国家电网有限公司福利项目通用标准名录（2018 年版）》核实发放金额是否超标，是否虚报或列支其他费用。

政策及制度依据：

未列明。

3.3 C3 关键控制：生成福利费计提凭证的检查

风险分析：

（1）会计凭证编制未经过有效审核，导致凭证编制错误未被及时发现，存在财务报表错报的风险；

（2）财务人员未对报销单据之间的一致性及单据的完整性、有效性复核，存在单据合规风险；

（3）未按照规定选择对应科目，导致业务的真实性未得到反映，出现会计核算差错问题，影响财务报表的准确性。

检查方法：

（1）获取发放汇总表、资金支付申请表，或有单据：离退休人员生活补贴、住房补贴明细表；

（2）检查员工所属的部门，确认成本中心选择是否准确无误以及发放人员数量是否正确；

（3）根据业务实质检查管控系统费用科目选择是否正确；

（4）对照《国家电网有限公司福利项目通用标准名录（2018 年版）》核实发放金额是否超标，是否虚报或列支其他费用；

（5）是否按照分级授权进行签批审核。

政策及制度依据：

《国家电网公司报销管理办法》[国网（财 /2）194-2014] 第四章 重点费用报销管理 第二十条

《国家电网公司原始凭证管理办法》[国网（财 /2)349-2014] 第四章 第二节 第二十五条

离退休生活补贴、住房补贴

业务经办部门：后勤部门	流程编号：SG-SD0302-11
归口管理部门：人资部门	编制单位：国网山东省电力公司

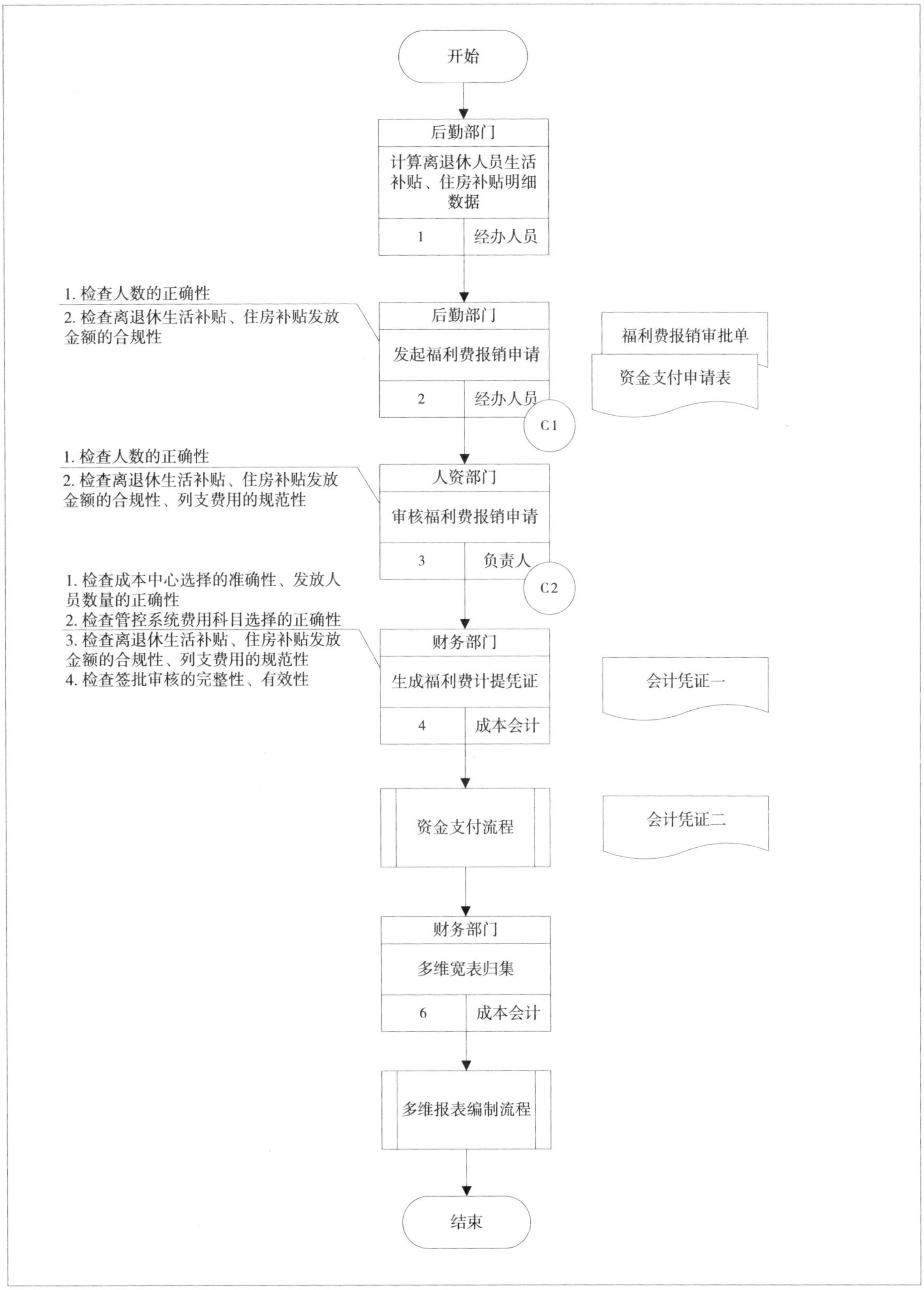

开始

↓

后勤部门
计算离退休人员生活补贴、住房补贴明细数据
1 经办人员

↓

1. 检查人数的正确性
2. 检查离退休生活补贴、住房补贴发放金额的合规性

后勤部门
发起福利费报销申请
2 经办人员
C1

福利费报销审批单
资金支付申请表

↓

1. 检查人数的正确性
2. 检查离退休生活补贴、住房补贴发放金额的合规性、列支费用的规范性

人资部门
审核福利费报销申请
3 负责人
C2

↓

1. 检查成本中心选择的准确性、发放人员数量的正确性
2. 检查管控系统费用科目选择的正确性
3. 检查离退休生活补贴、住房补贴发放金额的合规性、列支费用的规范性
4. 检查签批审核的完整性、有效性

财务部门
生成福利费计提凭证
4 成本会计

会计凭证一

↓

资金支付流程

会计凭证二

↓

财务部门
多维宽表归集
6 成本会计

↓

多维报表编制流程

↓

结束

稽核——社会保险费

1. 编制目的

本节主要评估社会保险费计提过程的主要风险，确定关键控制点，并针对潜在的风险制定财务稽核检查方法，以指导各级财务稽核人员加强对此类业务的监督管理。

2. 适用范围

通过 SAP 薪资系统办理社会保险费计提业务。

3. 风险评估与检查方法

3.1 C1 关键控制：审核汇总数据的检查

风险分析：

个人、单位缴纳比例不正确，或超标准，存在社保费用报销合规风险。

检查方法：

（1）获取员工社会保险费汇总表；

（2）结合参保职工工资收入台账，检查企业负担与个人缴纳金额是否合理。

政策及制度依据：

《国家电网公司社会保险管理办法》[国网（人资/4）844-2017] 第十七条

3.2 C2 关键控制：生成社保计提、缴纳凭证的检查

风险分析：

会计凭证编制未经过有效审核，导致凭证编制错误未被及时发现，存在财务报表错报的风险。

检查方法：

（1）获取社保部门收据或行政事业费收据、资金支付申请表；

（2）检查系统生成凭证是否与部门对应。

政策及制度依据：

未列明。

社会保险费

业务经办部门：人资部门	流程编号：SG-SD0303
归口管理部门：人资部门	编制单位：国网山东省电力公司

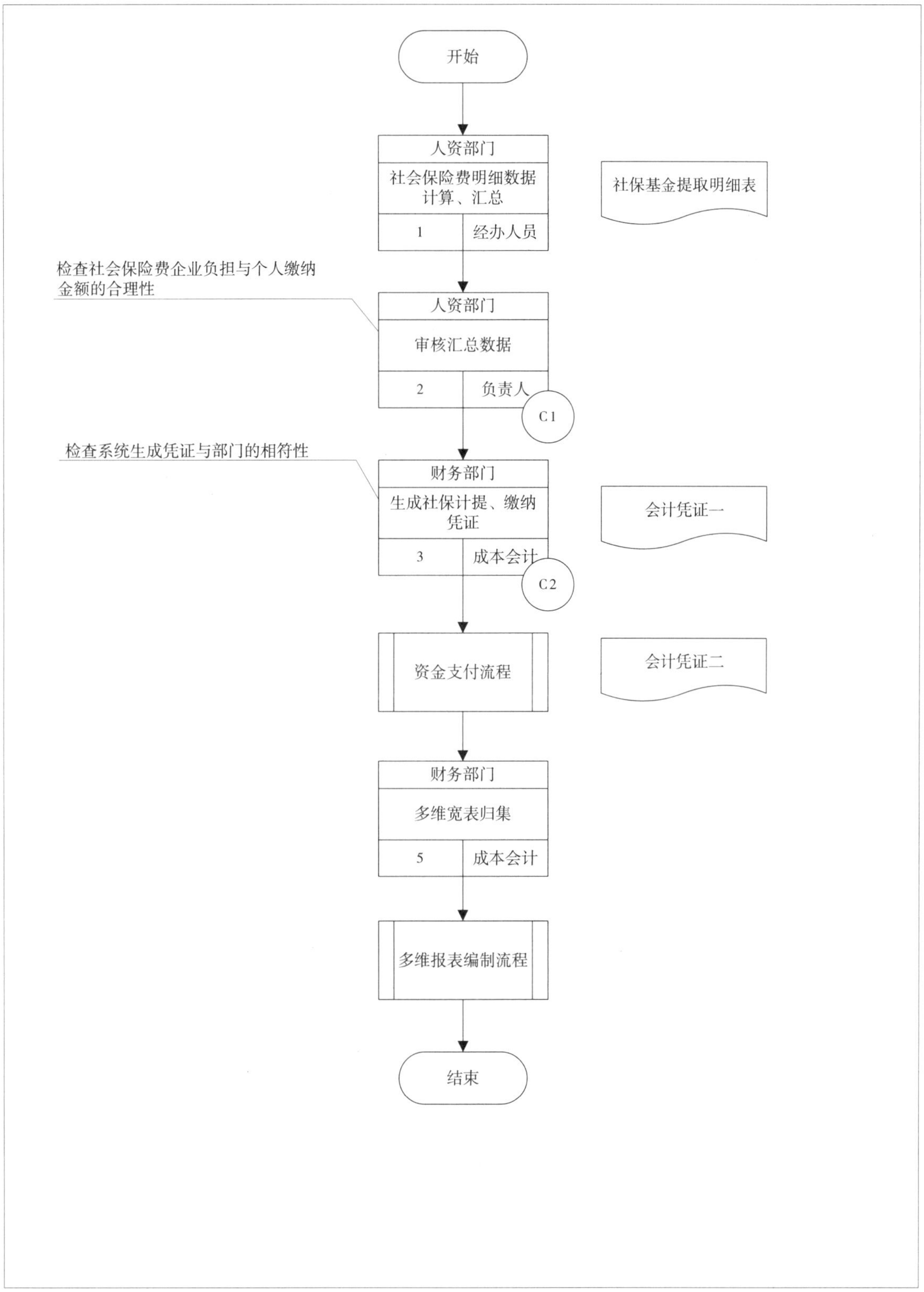

开始

人资部门
社会保险费明细数据计算、汇总
1 经办人员
（社保基金提取明细表）

检查社会保险费企业负担与个人缴纳金额的合理性

人资部门
审核汇总数据
2 负责人
C1

检查系统生成凭证与部门的相符性

财务部门
生成社保计提、缴纳凭证
3 成本会计
C2
（会计凭证一）

资金支付流程
（会计凭证二）

财务部门
多维宽表归集
5 成本会计

多维报表编制流程

结束

四、营销管理业务

稽核——实收电费资金到账

1. 编制目的

本节主要评估实收电费资金银行到账业务的主要风险，确定关键控制点，并针对潜在的风险制定财务稽核检查方法，以指导各级财务稽核人员加强对此类业务的监督管理。

2. 适用范围

通过营财一体化处理实收电费到账。

3. 风险评估与检查方法

通过营财一体化处理实收电费到账，营销部门进行实收电费资金账务处理并由财务部门复核完成实收电费收入确认。

3.1 C1 关键控制：根据资金到账情况，确认电费收费到账的检查

风险分析：

（1）实收电费统计表数据与银行回单数据不符，导致财务信息失真；

（2）上交电费资金用户与营销系统销账确认用户不一致，导致财务信息失真。

检查方法：

（1）检查银行回单和月度实收电费汇总表数据是否一致；

（2）检查营销系统用户实收电费数据与银行回单、电费汇总表数据是否一致。

政策及制度依据：

《国家电网公司电费抄核收管理规则》[国网（营销 /3)273-2014] 第四章 核算管理 第二十五条、第二十八条，第五章 电费收交管理 第三十条到第五十条

《国家电网有限公司资金管理办法》（国家电网企管［2019］427 号）第二节 收入管理 第六十七条、第七十四条

《国家电网公司关于全面推进营财一体化建设工作的通知》[国网（财）696-2015] 附件 4 :《营财一体化账务核算规则》

3.2 C2 关键控制：生成营销账务汇总凭证的检查

风险分析：

（1）实收电费统计表数据与银行回单数据不符，导致财务信息失真；

（2）上交电费资金用户与营销系统销账确认用户不一致，导致财务信息失真。

检查方法：

（1）检查银行回单和月度实收电费汇总表数据是否一致；

（2）检查营销系统用户实收电费数据与银行回单、电费汇总表数据是否一致。

政策及制度依据：

《国家电网公司电费抄核收管理规则》[国网（营销 /3)273-2014] 第四章 核算管理 第二十五条、第二十八条，第五章 电费收交管理 第三十条到第五十条

《国家电网有限公司资金管理办法》(国家电网企管〔2019〕427号)第二节 收入管理 第六十七条、第七十四条;

《国家电网公司关于全面推进营财一体化建设工作的通知》[国网(财)696-2015]附件4:《营财一体化账务核算规则》

3.3 C3 关键控制:生成财务汇总凭证的检查

风险分析:

财务、营销实收电费月度科目汇总表数据不一致,导致营财数据不符,财务数据不准确。

检查方法:

检查营销系统、财务管控,获取营销、财务科目汇总表及明细账是否一致。

政策及制度依据:

《国家电网有限公司会计基础管理办法》[国网(财/2)350-2018]附件:《电网企业经济业务审核手册》一、收入业务(一)电力业务收入 2. 实收电费资金银行到账

《国家电网公司关于全面推进营财一体化建设工作的通知》(国家电网〔2015〕696号)附件5:营财一体化 营财数据核对方案 4 核对规则

3.4 C4 关键控制:审核财务凭证的检查

风险分析:

财务、营销实收电费月度科目汇总表数据不一致,导致营财数据不符,财务数据不准确。

检查方法:

检查营销系统、财务管控,获取营销、财务科目汇总表及明细账是否一致。

政策及制度依据:

《国家电网有限公司会计基础管理办法》[国网(财/2)350-2018]附件:《电网企业经济业务审核手册》一、收入业务(一)电力业务收入 2. 实收电费资金银行到账

《国家电网公司关于全面推进营财一体化建设工作的通知》(国家电网〔2015〕696号)附件5:营财一体化 营财数据核对方案 4 核对规则

实收电费资金到账

业务经办部门：人资部门	流程编号：SG－SD0401
归口管理部门：人资部门	编制单位：国网山东省电力公司

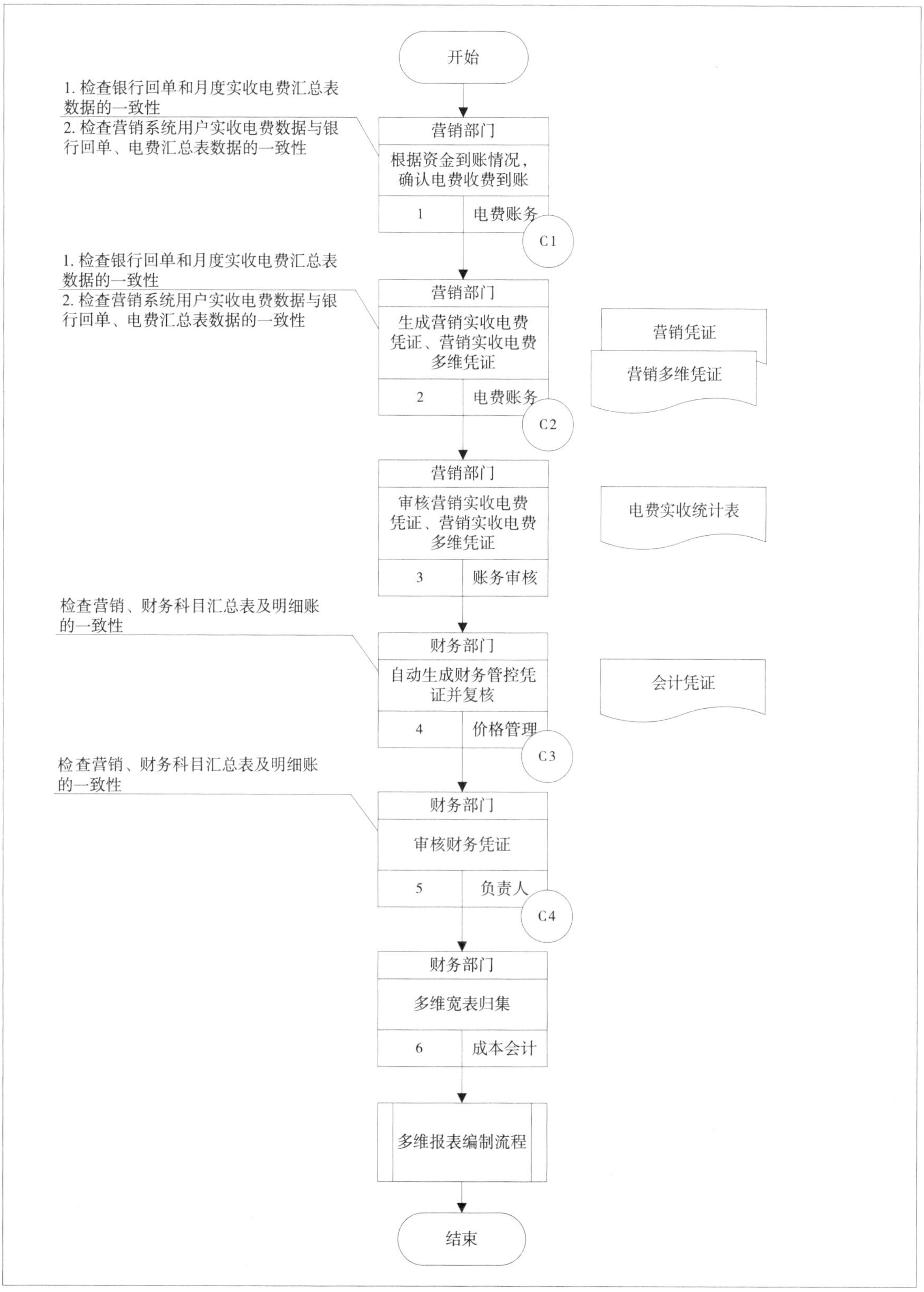

开始

1. 检查银行回单和月度实收电费汇总表数据的一致性
2. 检查营销系统用户实收电费数据与银行回单、电费汇总表数据的一致性

营销部门
根据资金到账情况，确认电费收费到账
1 电费账务
C1

1. 检查银行回单和月度实收电费汇总表数据的一致性
2. 检查营销系统用户实收电费数据与银行回单、电费汇总表数据的一致性

营销部门
生成营销实收电费凭证、营销实收电费多维凭证
2 电费账务
C2

营销凭证
营销多维凭证

营销部门
审核营销实收电费凭证、营销实收电费多维凭证
3 账务审核

电费实收统计表

检查营销、财务科目汇总表及明细账的一致性

财务部门
自动生成财务管控凭证并复核
4 价格管理
C3

会计凭证

检查营销、财务科目汇总表及明细账的一致性

财务部门
审核财务凭证
5 负责人
C4

财务部门
多维宽表归集
6 成本会计

多维报表编制流程

结束

稽核——预收电费

1. 编制目的

本节主要评估预收电费结转业务的主要风险，确定关键控制点，并针对潜在的风险制定财务稽核检查方法，以指导各级财务稽核人员加强对此类业务的监督管理。

2. 适用范围

通过营财一体化协同处理预收电费结转业务。

3. 风险评估与检查方法

3.1 C1 关键控制：电费结转操作、生成营销账务汇总凭证的检查

风险分析：

（1）营销专责未对电费预收统计表信息进行核实确认，导致财务信息失真；

（2）营销专责将预收电费人为拆分抵顶不同用户欠费或预收转应收非同一用户，存在业务合规风险。

检查方法：

（1）获取预收电费滚存统计表、电费预收统计表。

（2）根据营销系统中预收用户户名、户号、电量、电费等数据，检查是否与电费预收统计表数据一致；检查营销系统预收电费转应收电费用户是否一致。

政策及制度依据：

《国家电网公司电费抄核收管理规则》[国网（营销/3）273-2014]第五章 电费收交管理 第三十条到第五十条

《山东电力集团公司电费账务管理办法》（鲁电集团营销〔2013〕120号）第四章 账务管理 第三十二条到第四十条

3.2 C2 关键控制：审核营销账务汇总凭证的检查

风险分析：

（1）财务、营销预收电费科目月度科目汇总表数据不一致，存在合规风险；

（2）电压等级、用户类别多维信息对应归集不正确，导致财务数据失真，存在财务报表错报风险。

检查方法：

（1）获取预收电费滚存统计表、电费预收统计表；

（2）根据营销系统中预收用户户名、户号、电量、电费等数据，检查是否与电费预收统计表数据一致。

政策及制度依据：

《国家电网公司关于全面推进营财一体化建设工作的通知》（国家电网财[2015]696号）附件5：营财一体化—营财数据核对方案　4 核对规则　4.1 财务数据核对

预收电费

业务经办部门：人资部门	流程编号：SG－SD0402
归口管理部门：人资部门	编制单位：国网山东省电力公司

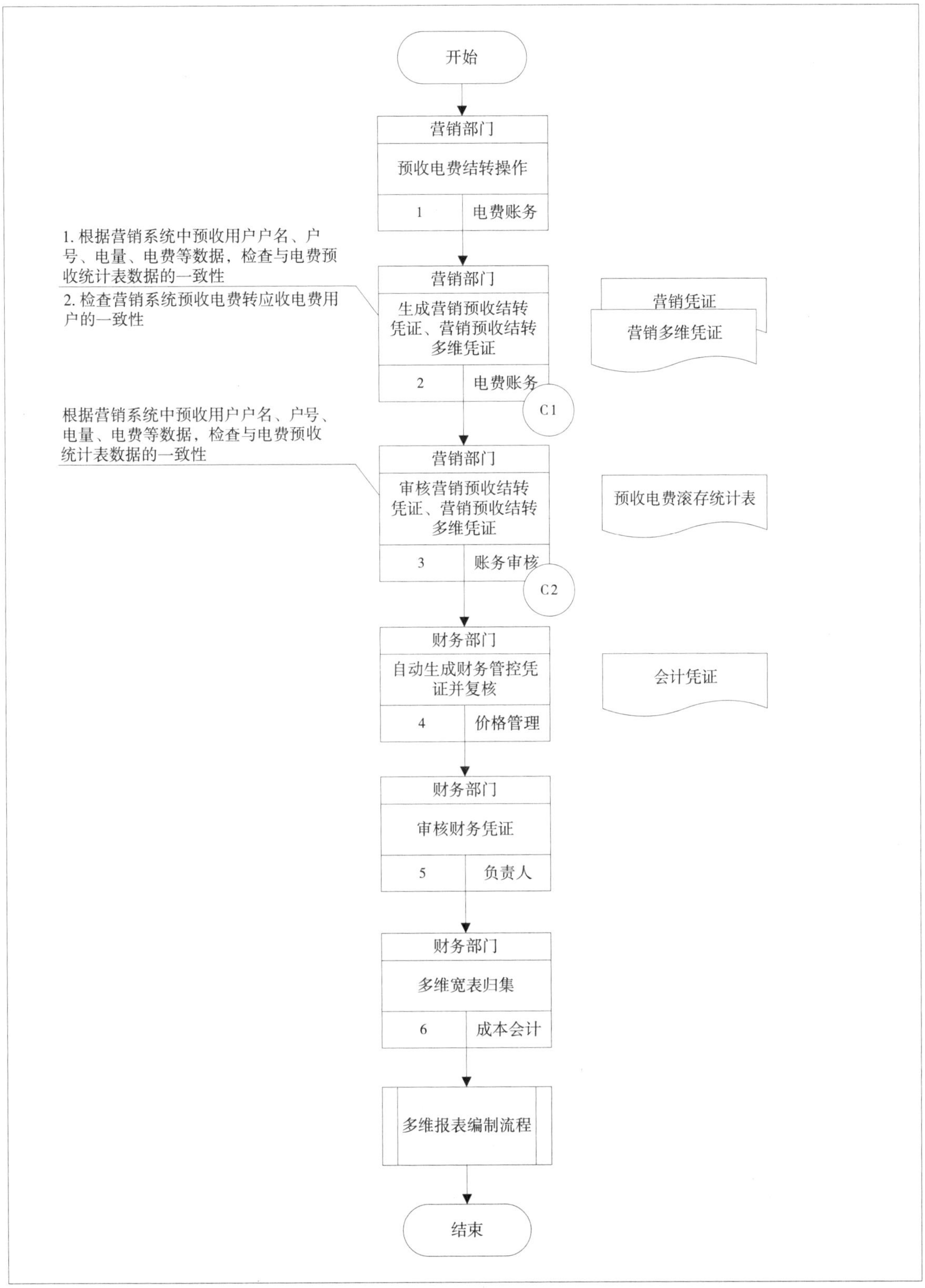

开始

营销部门
预收电费结转操作
1 电费账务

营销部门
生成营销预收结转凭证、营销预收结转多维凭证
2 电费账务
C1

1. 根据营销系统中预收用户户名、户号、电量、电费等数据，检查与电费预收统计表数据的一致性
2. 检查营销系统预收电费转应收电费用户的一致性

营销凭证
营销多维凭证

营销部门
审核营销预收结转凭证、营销预收结转多维凭证
3 账务审核
C2

根据营销系统中预收用户户名、户号、电量、电费等数据，检查与电费预收统计表数据的一致性

预收电费滚存统计表

财务部门
自动生成财务管控凭证并复核
4 价格管理

会计凭证

财务部门
审核财务凭证
5 负责人

财务部门
多维宽表归集
6 成本会计

多维报表编制流程

结束

稽核——省内售电收入

1. 编制目的

本节主要评估省内售电收入业务的主要风险，确定关键控制点，并针对潜在的风险制定财务稽核检查方法，以指导各级财务稽核人员加强对此类业务的监督管理。

2. 适用范围

通过营财一体化处理省内售电收入业务。

3. 风险评估与检查方法

3.1 C1 关键控制：进行应收电费发行的检查

风险分析：

营销电费相关人员未对电费收入数据进行核实确认，导致财务信息失真。

检查方法：

检查营销系统具体用户信息，核对电费数据是否准确。

政策及制度依据：

《国家电网公司电费抄核收管理规则》[国网（营销/3）273-2014]

3.2 C2 关键控制：生成营销账务汇总凭证、营销多维应收凭证的检查

风险分析：

（1）营销电费相关人员未对电费收入数据进行核实确认，导致财务信息失真；

（2）营销多维凭证电压等级、用户类别数据归集不正确，导致财务信息失真。

检查方法：

检查营销系统具体用户信息，核对电压等级、用户类别数据是否准确。

政策及制度依据：

《国家电网公司电费抄核收管理规则》[国网（营销/3）273-2014]

3.3 C3 关键控制：生成财务汇总凭证的检查

风险分析：

（1）财务、营销应收电费科目月度科目汇总表数据不一致；

（2）财务管控系统自动进行价税分离数据不正确；

（3）电压等级、用户类别多维信息对应归集不正确，影响营财数据的准确性。

检查方法：

逐条核对营销、财务科目汇总表及明细账。

政策及制度依据：

《国家电网有限公司会计基础管理办法》[国网（财/2）350-2018]

《国家电网公司关于全面推进营财一体化建设工作的通知》[国网（财）696-2015]

3.4 C4 关键控制：财务凭证审核的检查

风险分析：

（1）财务、营销应收电费科目月度科目汇总表数据不一致；

（2）财务管控系统自动进行价税分离数据不正确；

（3）电压等级、用户类别多维信息对应归集不正确，影响营财数据的准确性。

检查方法：

逐条核对营销、财务科目汇总表及明细账。

政策及制度依据：

《国家电网有限公司会计基础管理办法》[国网（财 /2）350-2018]

《国家电网公司关于全面推进营财一体化建设工作的通知》[国网（财）696-2015]

3.5 C5 关键控制：SAP 集成凭证的检查

风险分析：

财务管控凭证审核成功后，系统未自动传递至 SAP，未生成 SAP 集成凭证，导致账务数据不准确。

检查方法：

核对 SAP、管控应收电费、基金等科目是否一致。

省内售电收入	业务经办部门：人资部门	流程编号：SG－SD0403
	归口管理部门：人资部门	编制单位：国网山东省电力公司

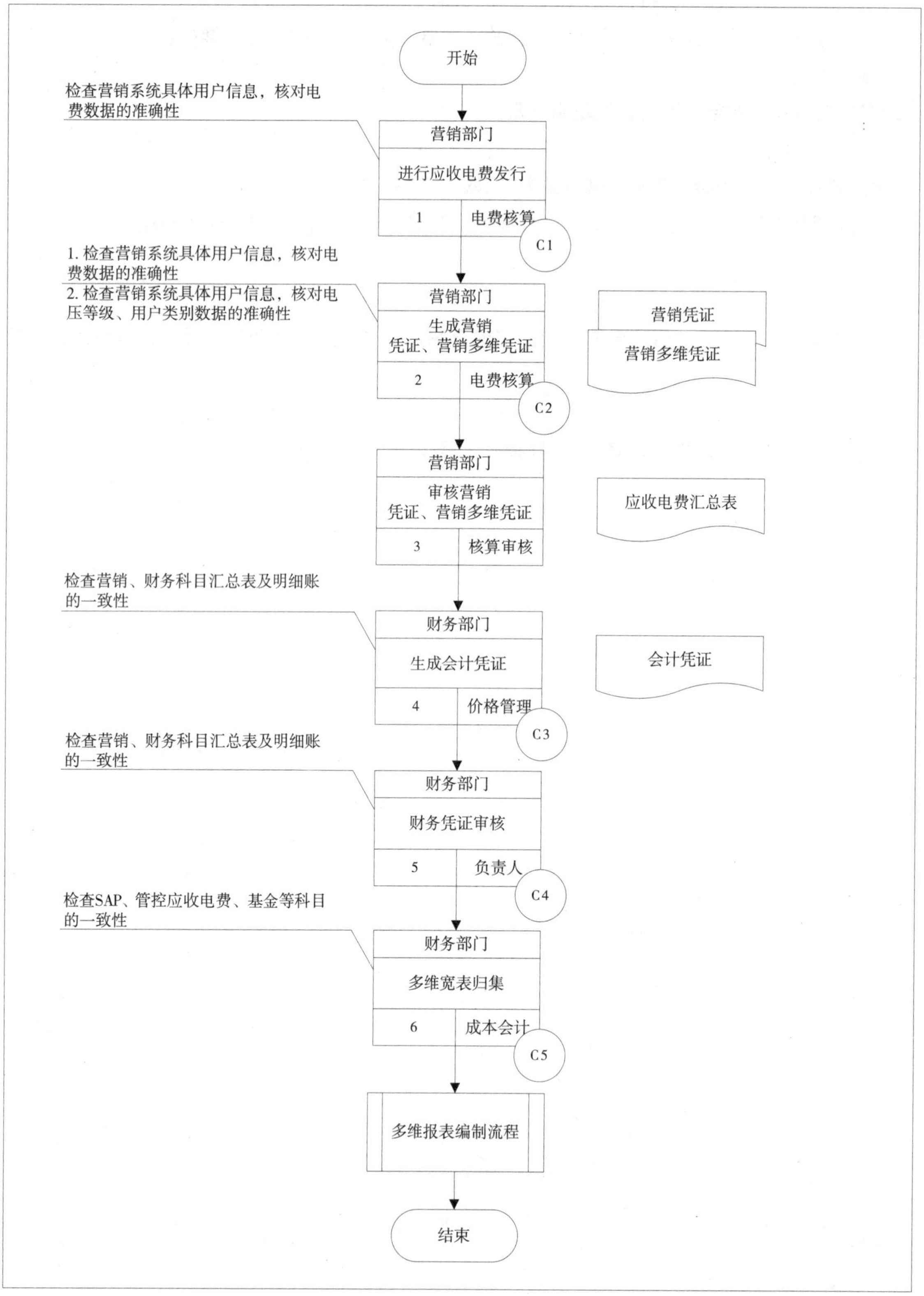

开始

检查营销系统具体用户信息，核对电费数据的准确性

营销部门
进行应收电费发行
1 电费核算
C1

1. 检查营销系统具体用户信息，核对电费数据的准确性
2. 检查营销系统具体用户信息，核对电压等级、用户类别数据的准确性

营销部门
生成营销凭证、营销多维凭证
2 电费核算
C2

营销凭证
营销多维凭证

营销部门
审核营销凭证、营销多维凭证
3 核算审核

应收电费汇总表

检查营销、财务科目汇总表及明细账的一致性

财务部门
生成会计凭证
4 价格管理
C3

会计凭证

检查营销、财务科目汇总表及明细账的一致性

财务部门
财务凭证审核
5 负责人
C4

检查SAP、管控应收电费、基金等科目的一致性

财务部门
多维宽表归集
6 成本会计
C5

多维报表编制流程

结束

稽核——违约使用电费

1. 编制目的

本节主要评估违约使用电费业务的主要风险，确定关键控制点，并针对潜在的风险制定财务稽核检查方法，以指导各级财务稽核人员加强对此类业务的监督管理。

2. 适用范围

通过营财一体化处理违约使用电费业务。

3. 风险评估与检查方法

3.1 C1 关键控制：发起营业收费单据的检查

风险分析：

营销违约使用电费相关人员未对违约电费收入数据进行核实确认，导致财务信息失真。

检查方法：

（1）获取业务费明细表（营业厅出具的违约使用电费汇总表及违约使用电费客户明细）；

（2）根据营销系统具体用户信息，检查违约电费数据的准确性。

政策及制度依据：

《山东电力集团公司营销业务费收取管理办法》（鲁电集团营销［2013］119 号）第三章 营业操作

3.2 C2 关键控制：确认资金到账，传递营业收费单据的检查

风险分析：

电费违约金实际支付单位（或人）与实际用电违约单位（或人）不一致，存在核算错误风险。

检查方法：

（1）获取业务费明细表（营业厅出具的违约使用电费汇总表及违约使用电费客户明细）、发票、银行回单；

（2）核对是否存在实际用电违约方与付款方信息不一致的情况。

政策及制度依据：

《国家电网有限公司会计基础管理办法》［国网（财 /2）350-2018］附件：《电网企业经济业务审核手册》一、收入业务（三）其他收入 2. 营业外收入

3.3 C3 关键控制：审核单据生成业务收费凭证的检查

风险分析：

财务人员未对单据的完整性、有效性复核，可能导致凭证编制不准确，存在单据合规风险和核算错误风险。

检查方法：

（1）获取业务费明细表、合同或协议、违约客户信息、银行回单等；

（2）检查数据的准确性、单据的一致性。

政策及制度依据：

（1）《国家电网有限公司会计基础管理办法》[国网（财 /2）350-2018] 附件：《电网企业经济业务审核手册》一、收入业务（三）其他收入 2. 营业外收入

（2）《国家电网公司关于全面推进营财一体化建设工作的通知》（国家电网财〔2015〕696 号）附件 5：营财一体化　营财数据核对方案　4 核对规则

3.4 C4 关键控制：审核凭证的检查

风险分析：

会计凭证编制未经过有效审核，导致凭证编制错误未被及时发现，存在财务报表错报风险。

检查方法：

（1）获取业务费明细表（营业厅出具和违反使用电费汇总表及违约使用电费客户明细）、发票、银行回单；

（2）检查电费违约业务会计凭证记账是否准确。

政策及制度依据：

（1）《国家电网有限公司会计基础管理办法》[国网（财 /2）350-2018] 附件：《电网企业经济业务审核手册》一、收入业务（三）其他收入 2. 营业外收入

（2）《国家电网公司关于全面推进营财一体化建设工作的通知》（国家电网财〔2015〕696 号）附件：5 营财一体化　营财数据核对方案　4 核对规则

违约使用电费

业务经办部门：营销部门	流程编号：SG-SD0404
归口管理部门：营销部门	编制单位：国网山东省电力公司

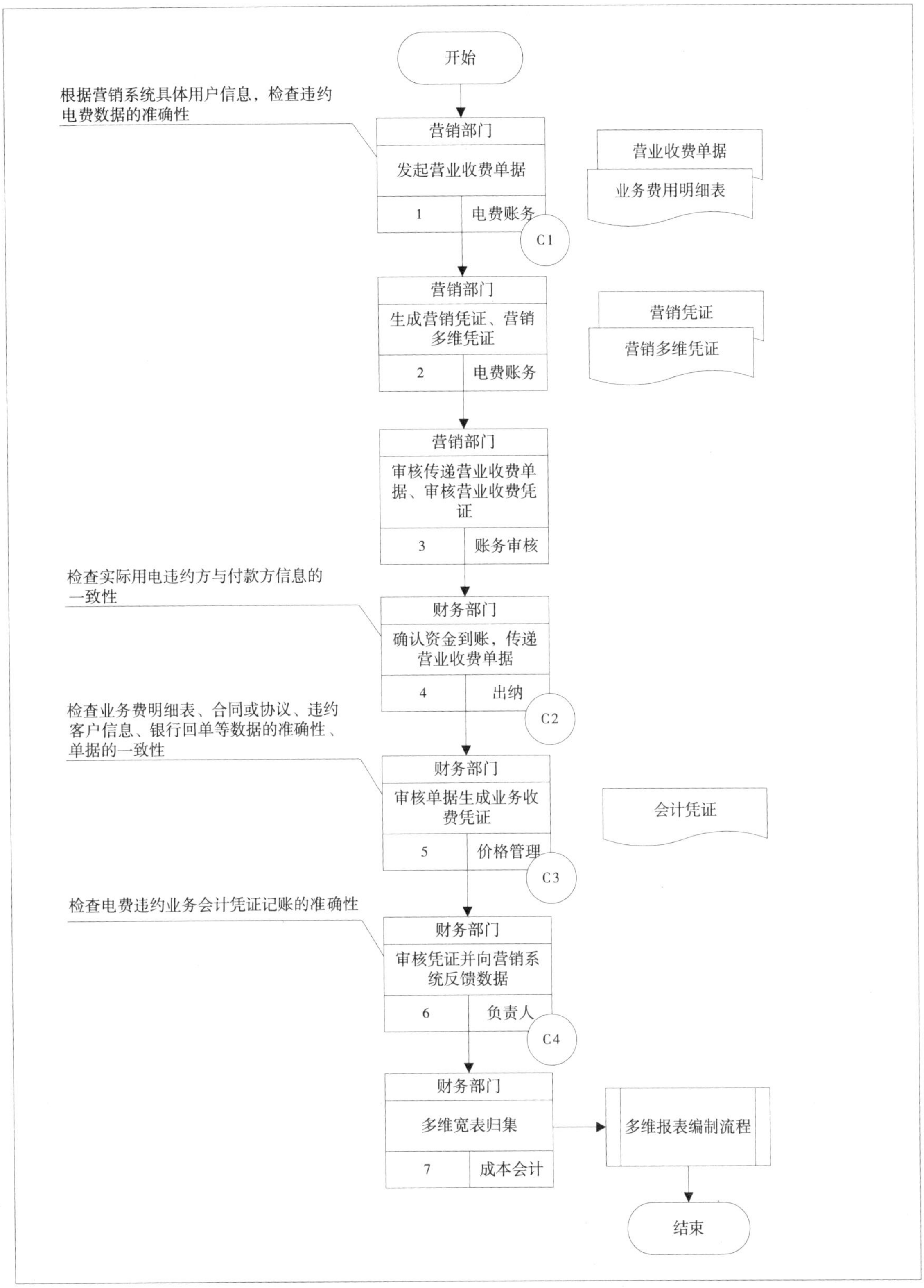

开始

根据营销系统具体用户信息，检查违约电费数据的准确性

营销部门
发起营业收费单据
1 电费账务
C1

营业收费单据
业务费用明细表

营销部门
生成营销凭证、营销多维凭证
2 电费账务

营销凭证
营销多维凭证

营销部门
审核传递营业收费单据、审核营业收费凭证
3 账务审核

检查实际用电违约方与付款方信息的一致性

财务部门
确认资金到账，传递营业收费单据
4 出纳
C2

检查业务费明细表、合同或协议、违约客户信息、银行回单等数据的准确性、单据的一致性

财务部门
审核单据生成业务收费凭证
5 价格管理
C3

会计凭证

检查电费违约业务会计凭证记账的准确性

财务部门
审核凭证并向营销系统反馈数据
6 负责人
C4

财务部门
多维宽表归集
7 成本会计

多维报表编制流程

结束

稽核——高可靠性供电收入

1. 编制目的

本节主要评估高可靠性供电收入业务的主要风险，确定关键控制点，并针对潜在的风险制定财务稽核检查方法，以指导各级财务稽核人员加强对此类业务的监督管理。

2. 适用范围

通过营财一体化协同处理高可靠性供电收入业务

3. 风险评估与应对措施

3.1 C1 关键控制：发起营业收费单据的检查

风险分析：

未对项目名称、客户名称、收费金额等数据进行有效审核，导致营业收费单据信息错误。

检查方法：

（1）获取用户用电类别、电压等级等信息，参考收费标准，审核收费数据是否正确；

（2）核对营销系统中高可靠供电用户户名、户号、收费金额等数据是否与费用确认单信息一致。

政策及制度依据：

《山东电力集团公司营销业务费收取管理办法》（鲁电集团营销［2013］119 号）第三章 营业操作

3.2 C2 关键控制：审核传递营业收费单据、审核营销凭证的检查

风险分析：

高可靠费用确认单信息不齐全、无营销部签章，存在业务合规风险。

检查方法：

获取高可靠费用确认单，审查填写信息是否齐全、是否有营销部签章。

政策及制度依据：

《国家电网有限公司会计基础管理办法》［国网（财/2）350-2018］附件：《电网企业经济业务审核手册》一、收入业务（一）电力业务收入 6. 其他电力业务收入

3.3 C3 关键控制：确认资金到账，传递营业收费单据的检查

风险分析：

实际到账资金与高可靠费用确认单金额不一致，存在资金损失风险。

检查方法：

获取银行回单和高可靠费用确认单，审核金额是否一致。

政策及制度依据：

《国家电网有限公司会计基础管理办法》［国网（财/2）350-2018］附件：《电网企业经济业务审核手册》一、收入业务（一）电力业务收入 6. 其他电力业务收入

3.4 C4 关键控制：审核单据生成业务收费凭证的检查

风险分析：

财务人员未对原始单据进行有效审核，可能导致财务数据失真，影响财务报表的准确性。

检查方法：

获取高可靠费用确认单、银行回单，检查金额是否一致，高可靠费用确认单信息填写是否齐全、签章是否完整。

政策及制度依据：

《国家电网有限公司会计基础管理办法》[国网（财 /2）350-2018] 附件：《电网企业经济业务审核手册》一、收入业务（一）电力业务收入 6. 其他电力业务收入

《国家电网公司关于全面推进营财一体化建设工作的通知》(国家电网财[2015]696 号）附件 5：营财一体化　营财数据核对方案　4 核对规则

3.5 C5 关键控制：审核凭证的检查

风险分析：

会计凭证编制错误未被及时发现，存在财务报表错报的风险。

检查方法：

（1）高可靠费用确认单、银行回单与记账凭证进行核对，检查金额是否一致；

（2）复核高可靠收入记账凭证会计分录编制是否符合会计准则及内部会计基础核算的要求。

政策及制度依据：

《国家电网有限公司会计基础管理办法》[国网（财 /2）350-2018] 附件：《电网企业经济业务审核手册》一、收入业务（一）电力业务收入 6. 其他电力业务收入

《国家电网公司关于全面推进营财一体化建设工作的通知》（国家电网财［2015］696 号）附件：5 营财一体化　营财数据核对方案　4 核对规则

高可靠性供电收入	业务经办部门：营销部门	流程编号：SG－SD0405
	归口管理部门：营销部门	编制单位：国网山东省电力公司

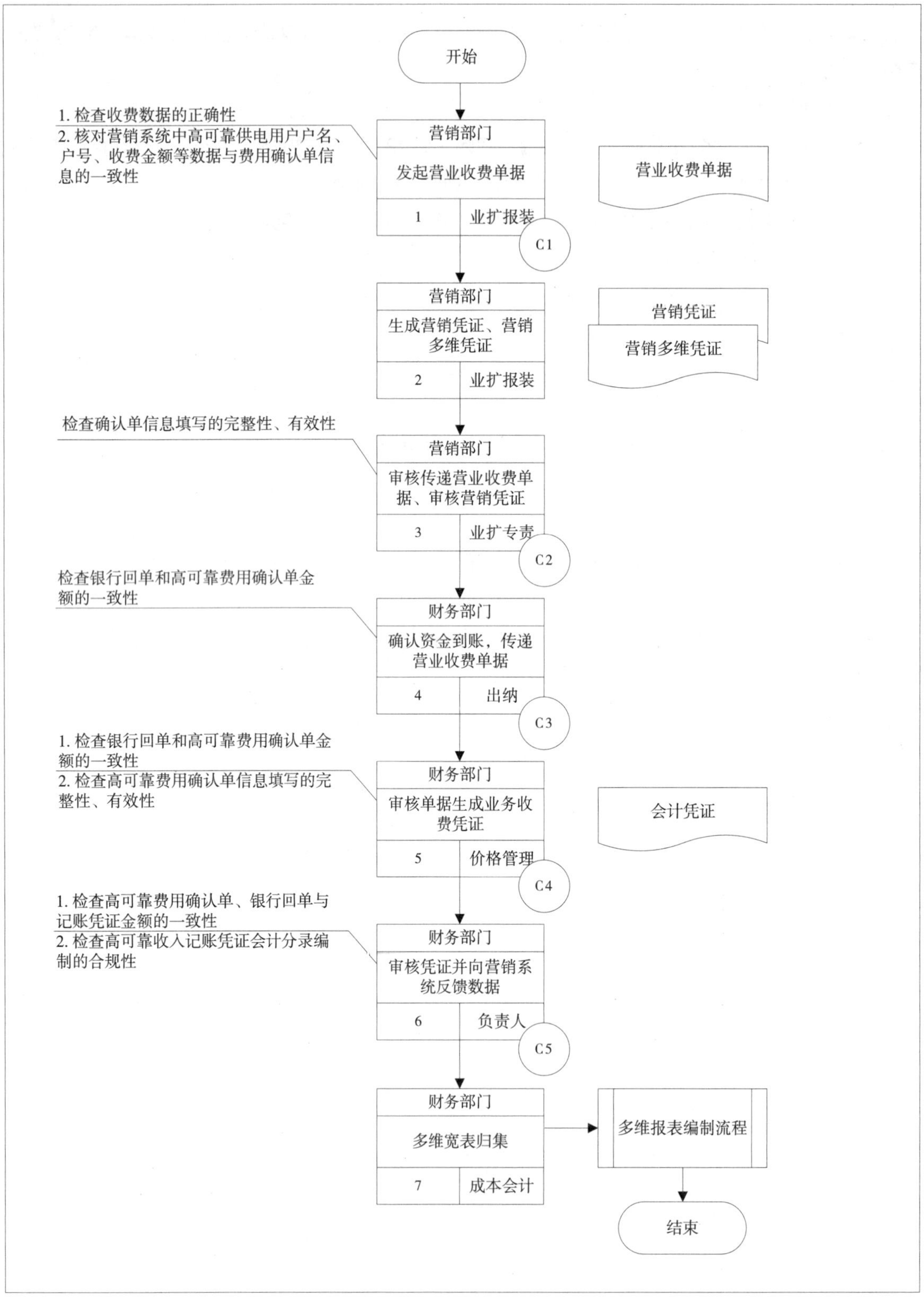

开始

1. 检查收费数据的正确性
2. 核对营销系统中高可靠供电用户户名、户号、收费金额等数据与费用确认单信息的一致性

营销部门：发起营业收费单据（1 业扩报装）C1 —— 营业收费单据

营销部门：生成营销凭证、营销多维凭证（2 业扩报装）—— 营销凭证、营销多维凭证

检查确认单信息填写的完整性、有效性

营销部门：审核传递营业收费单据、审核营销凭证（3 业扩专责）C2

检查银行回单和高可靠费用确认单金额的一致性

财务部门：确认资金到账，传递营业收费单据（4 出纳）C3

1. 检查银行回单和高可靠费用确认单金额的一致性
2. 检查高可靠费用确认单信息填写的完整性、有效性

财务部门：审核单据生成业务收费凭证（5 价格管理）C4 —— 会计凭证

1. 检查高可靠费用确认单、银行回单与记账凭证金额的一致性
2. 检查高可靠收入记账凭证会计分录编制的合规性

财务部门：审核凭证并向营销系统反馈数据（6 负责人）C5

财务部门：多维宽表归集（7 成本会计）→ 多维报表编制流程

结束

稽核——退还电费

1. 编制目的

本节主要评估退还电费业务的主要风险，确定关键控制点，并针对潜在的风险制定财务稽核检查方法，以指导各级财务稽核人员加强对此类业务的监督管理。

2. 适用范围

通过营财一体化处理退还电费业务。营销系统发起退费流程，将退费申请单据传递至财务管控完成退还电费流程，生成退费凭证后回传营销系统归档，完成电费退费全流程。

3. 风险评估与检查方法

3.1 C1 关键控制：受理客户退款申请，营销系统发起退款申请流程的检查

风险分析：

（1）客户退费资料不全，存在退费业务合规风险；

（2）客户编号、身份信息、申请金额与系统数据不一致，存在虚假退费风险。

检查方法：

（1）获取退预收电费（误划款）申请表、企业证件信息、个人身份证明（退费用户为企业的，应附营业执照、税务登记证、组织机构代码证复印件；退费用户为个人的，应附身份证明资料）、退费申请单（退费申请单至少应包括退款单位或个人名称、银行账户、客户编号、退费项目、退款金额、退款原因等信息）、收据；

（2）检查退费申请信息与营销系统是否相符，检查退费附件与原始单据手册要求是否一致。

政策及制度依据：

《山东电力集团公司电量电费退补管理办法》（鲁电集团营销［2013］121 号）

3.2 C2 关键控制：审核客户退费资料的检查

风险分析：

（1）客户退费资料不全，存在退费业务合规风险；

（2）客户编号、身份信息、申请金额与系统数据不一致，存在虚假退费风险。

检查方法：

获取退预收电费（误划款）申请表、企业证件信息、个人身份证明（退费用户为企业的，应附营业执照、税务登记证、组织机构代码证复印件；退费用户为个人的，应附身份证明资料）、退费申请单（退费申请单至少应包括退款单位或个人名称、银行账户、客户编号、退费项目、退款金额、退款原因等信息）、收据。

政策及制度依据：

《山东电力集团公司电量电费退补管理办法》（鲁电集团营销［2013］121 号）

3.3 C3 关键控制：接收退费申请单据和线下退费资料的检查

风险分析：

（1）客户退费资料不全或客户身份信息、申请金额、账号信息不一致，存在资金风险；

（2）财务人员对退费资料缺乏有效审核，无法保证报销单据的完整性、有效性、业务一致性，导致退款错误未被及时发现，存在财务报表错报风险。

检查方法：

（1）获取资料除 C1 要求外，需要获取资金支付申请表；

（2）检查客户身份信息、申请金额与营销系统是否一致；

（3）退费附件与原始单据手册要求是否一致；

（4）检查金额审批流程、营销部分级审批流程和资金分级授权分级审批流程是否符合审批流程。

政策及制度依据：

《国网山东省电力公司原始单据手册》《国网山东省电力公司财务管理负面清单》

3.4 C4 关键控制：生成财务凭证的检查

风险分析：

（1）客户退费资料不全或客户身份信息、申请金额、账号信息不一致，存在资金风险；

（2）财务人员对退费资料缺乏有效审核，无法保证报销单据的完整性、有效性、业务一致性，导致退款错误未被及时发现，存在财务报表错报风险。

检查方法：

（1）获取资料除 C3 要求外，需要获取银行回单；

（2）检查客户身份信息、申请金额与营销系统是否一致；

（3）退费附件与原始单据手册要求是否一致；

（4）检查金额审批流程、营销部分级审批流程和资金分级授权分级审批流程是否符合审批流程。

政策及制度依据：

《国网山东省电力公司原始单据手册》《国网山东省电力公司财务管理负面清单》

3.5 C5 关键控制：审核财务凭证的检查

风险分析：

（1）客户退费资料不全或客户身份信息、申请金额、账号信息不一致，存在资金风险；

（2）财务人员对退费资料缺乏有效审核，无法保证报销单据的完整性、有效性、业务一致性，导致退款错误未被及时发现，存在财务报表错报风险。

检查方法：

（1）获取资料除 C3 要求外，需要获取银行回单；

（2）检查客户身份信息、申请金额与营销系统是否一致；

（3）退费附件与原始单据手册要求是否一致；

（4）检查金额审批流程、营销部分级审批流程和资金分级授权分级审批流程是否符合审批流程。

政策及制度依据：

《国网山东省电力公司原始单据手册》《国网山东省电力公司财务管理负面清单》

3.6 C6 关键控制：营销系统收到财务管控退费凭证的检查

风险分析：

（1）现金退费，不传递财务管控，存在坐支现金风险；

（2）付款流程未按照资金管理制度要求办理资金支付，存在资金损失风险；

（3）退费支付成功后，未全部生成凭证，未反馈到营销系统，营销系统无法归档，导致记账凭证不完整，存在财务报表错报风险。

检查方法：

获取财务支付信息，检查业务流程，确保凭证传递至营销系统。

退还电费

业务经办部门：营销部门	流程编号：SG-SD0406
归口管理部门：营销部门	编制单位：国网山东省电力公司

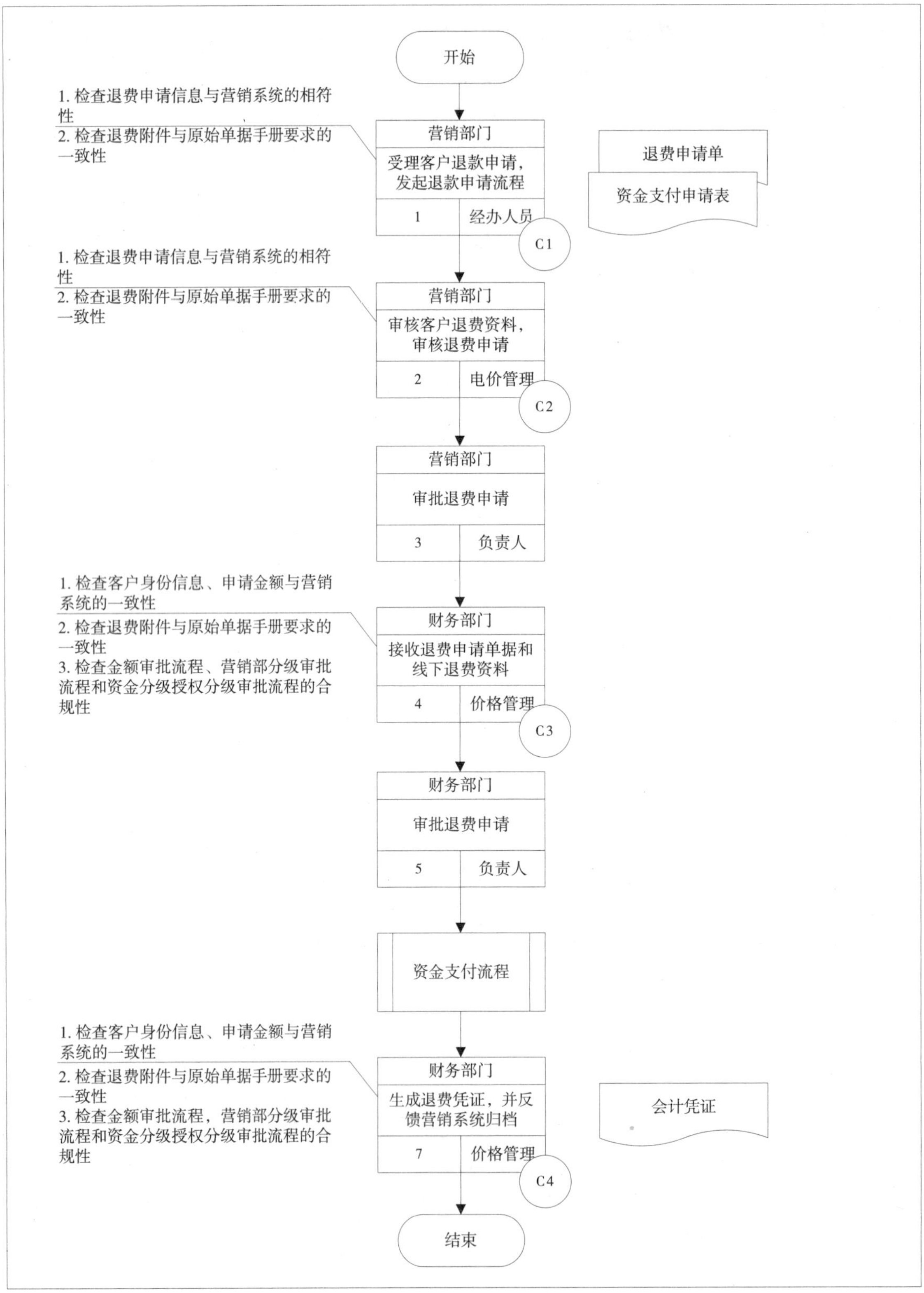

开始

1. 检查退费申请信息与营销系统的相符性
2. 检查退费附件与原始单据手册要求的一致性

营销部门
受理客户退款申请，发起退款申请流程
1 经办人员 C1

退费申请单
资金支付申请表

1. 检查退费申请信息与营销系统的相符性
2. 检查退费附件与原始单据手册要求的一致性

营销部门
审核客户退费资料，审核退费申请
2 电价管理 C2

营销部门
审批退费申请
3 负责人

1. 检查客户身份信息、申请金额与营销系统的一致性
2. 检查退费附件与原始单据手册要求的一致性
3. 检查金额审批流程、营销部分级审批流程和资金分级授权分级审批流程的合规性

财务部门
接收退费申请单据和线下退费资料
4 价格管理 C3

财务部门
审批退费申请
5 负责人

资金支付流程

1. 检查客户身份信息、申请金额与营销系统的一致性
2. 检查退费附件与原始单据手册要求的一致性
3. 检查金额审批流程，营销部分级审批流程和资金分级授权分级审批流程的合规性

财务部门
生成退费凭证，并反馈营销系统归档
7 价格管理 C4

会计凭证

结束

稽核——委托运行维护费

1. 编制目的

本节主要评估委托运行维护费的风险，确定关键控制点，并针对潜在的风险制定财务稽核检查方法，以指导各级财务稽核人员加强对此类业务的监督管理。

2. 适用范围

通过 ERP 系统服务采购流程办理委托运行维护费业务。

3. 风险评估与检查方法

3.1 C1 关键控制：创建采购订单的检查

风险分析：

（1）采购服务超预算资金，可能导致无法报销入账或超预算支出，影响预算目标的实现；

（2）“总账科目”“成本中心”等信息不准确，导致财务核算不准确，影响财务报告的准确性。

检查方法：

（1）比较委托运行维护费年度预算安排与账面实际支出，查看是否存在超预算支出情况；

（2）线上检查选择的科目是否准确。

政策及制度依据：

《国家电网公司会计核算办法 2014》[国网（财 /2）469-2014] 第十六章

3.2 C2 关键控制：合同会签生效的检查

风险分析：

合同未经过有效审核，可能导致合同条款含糊不清，出现合同纠纷，造成法律风险及经济损失。

检查方法：

抽取经法系统业务合同，检查合同的有效性、准确性、完整性，如是否对不含税价、税率及税额进行了明确，同时在合同中约定了“若国家出台新的税收政策，则按新政策执行”。

3.3 C3 关键控制：发票校验的检查

风险分析：

（1）业务人员提交报销单据不及时、未按要求进行分级审核，造成报销单据不真实、不合规；

（2）发票信息不准确、不完整，导致报销单据不符合财务制度要求，造成资金损失。

检查方法：

（1）获取原始单据，检查其完整性、有效性、及时性，如报销原始单据时间是否符合逻辑、签批流程是否符合要求；

（2）核对发票信息是否与合同、报销审批单信息一致。

政策及制度依据：

《国家电网有限公司会计基础管理办法》[国网（财 /2）350-2018] 第四章 第三节 第五十四条

委托运行维护费

业务经办部门：营销部门	流程编号：SG－SD0407
归口管理部门：营销部门	编制单位：国网山东省电力公司

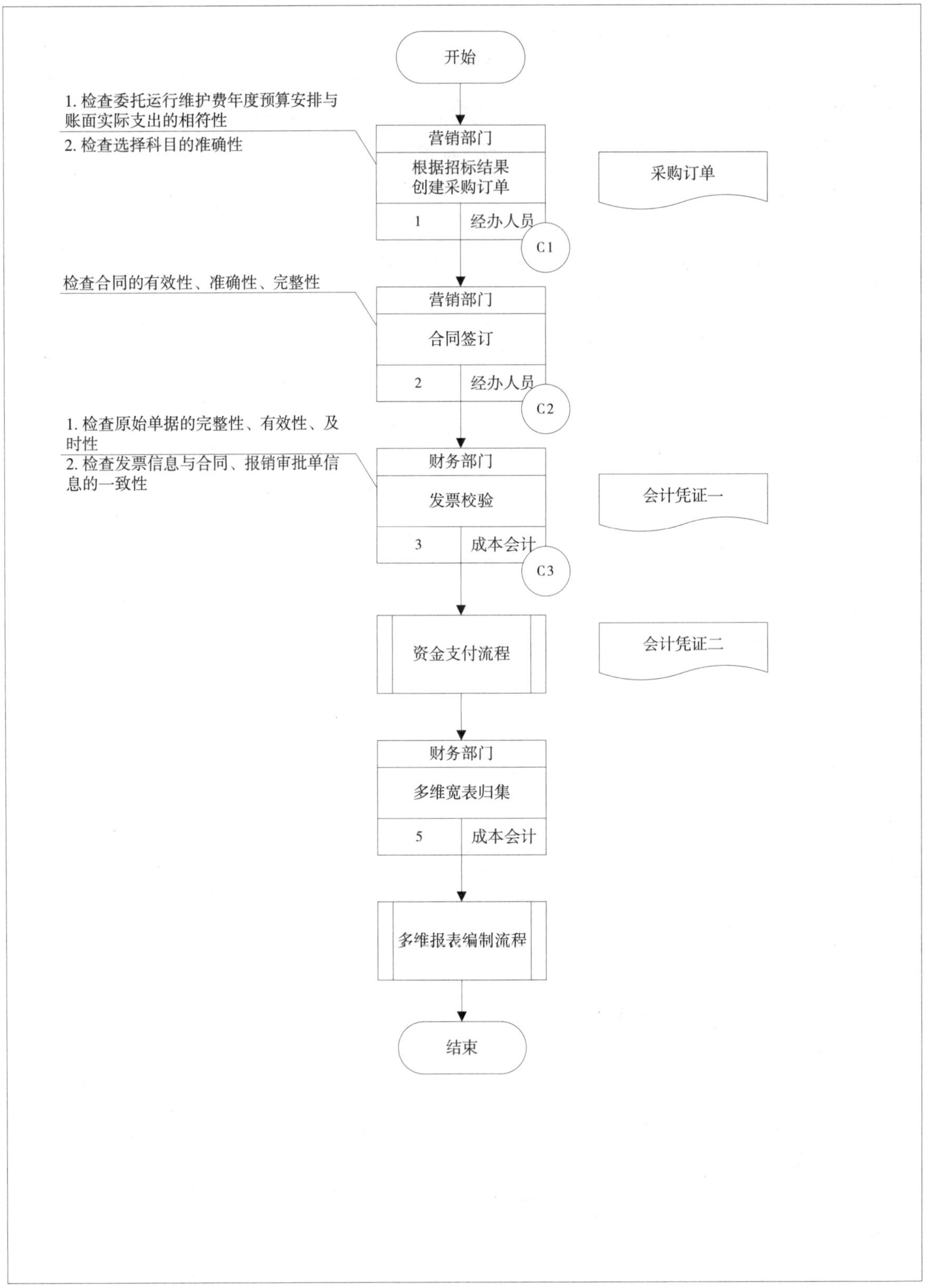

开始

1. 检查委托运行维护费年度预算安排与账面实际支出的相符性
2. 检查选择科目的准确性

营销部门
根据招标结果创建采购订单
1 经办人员 C1
采购订单

检查合同的有效性、准确性、完整性

营销部门
合同签订
2 经办人员 C2

1. 检查原始单据的完整性、有效性、及时性
2. 检查发票信息与合同、报销审批单信息的一致性

财务部门
发票校验
3 成本会计 C3
会计凭证一

资金支付流程
会计凭证二

财务部门
多维宽表归集
5 成本会计

多维报表编制流程

结束

稽核——业务费

1. 编制目的

本节主要评估业务费服务采购、日常报销过程的主要风险，确定关键控制点，并针对潜在的风险制定财务稽核检查方法，以指导各级财务稽核人员加强对此类业务的监督管理。

2. 适用范围

通过员工报销系统办理业务费业务（合同签订限额标准以下）；

通过 ERP 服务采购流程办理服务采购业务（合同签订限额标准以上）。

3. 风险评估与检查方法

3.1 通过员工报销系统办理业务费业务（合同签订限额标准以下）

3.1.1 C1 关键控制：审核业务费报销申请的检查

风险分析：

（1）物资需求计划未经有效审核，导致采购物资不符合业务费报销要求，存在超范围、虚假列支业务费的风险；

（2）业务费支出超年度预算安排，造成无法报销入账或超预算支出的风险；

（3）未通过“应付职工薪酬”核算，直接将窃电奖励支付给内部员工，造成超范围列支奖励款。

检查方法：

（1）获取报销审批单发票或收据（非营利单位）、合同或协议、窃电举报奖励支出与查补电费收入计算单（如是此类业务费需提供）、国网山东省电力公司窃电及违约用电举报奖励审批表，举报人的身份证复印件（如是此类业务费需提供）、业务费年度预算；

（2）审核物资需求计划是否经过有效审核；

（3）获取物资计划审批表，审核采购物资是否符合业务费列支范围；

（4）比较业务费年度预算安排与账面实际支出，检查是否存在超预算支出情况；

（5）获取员工名单，对照附件人员名单，检查是否存在未通过“应付职工薪酬”核算，直接支付给内部员工。

政策及制度依据：

《国网山东省电力公司本部办公物资管理办法》（鲁电后勤〔2016〕740 号）第一章 第二条

《国家电网公司会计核算办法 2014》[国网（财 /2）469-2014] 第十六章 第二节 13. 业务费

《国家电网有限公司合同管理办法》（国家电网企管〔2019〕427 号）

3.1.2 C2 关键控制：审核报销申请和相关单据，生成报销凭证的检查

风险分析：

（1）财务人员未对报销事项与报销单据的一致性及单据的完整性、有效性复核，可能导致财务数据不准确，存在财务报表错报的风险；

（2）会计凭证编制未经过有效审核导致凭证编制错误不能及时被发现，存在财务报表错报的风险。

检查方法：

（1）获取报销审批单发票或收据（非营利单位）、合同或协议、窃电举报奖励支出与查补电费收入计算单（如是此类业务费需提供）、国网山东省电力公司窃电及违约用电举报奖励审批表，举报人的身份证复印件（如是此类业务费需提供）、业务费年度预算；

（2）检查原始单据是否完整、有效、及时，如报销原始单据时间是否符合逻辑、签批流程是否符合要求等；

（3）抽查会计凭证，检查凭证是否经过会计主管审核，检查会计凭证是否规范、正确，主要包括摘要内容、会计科目、信息维度等。

政策及制度依据：

《国家电网有限公司会计基础管理办法》[国网（财/2）350-2018] 第四章 第三节 第五十四条

业务费

业务经办部门：营销部门	流程编号：SG-SD0408
归口管理部门：营销部门	编制单位：国网山东省电力公司

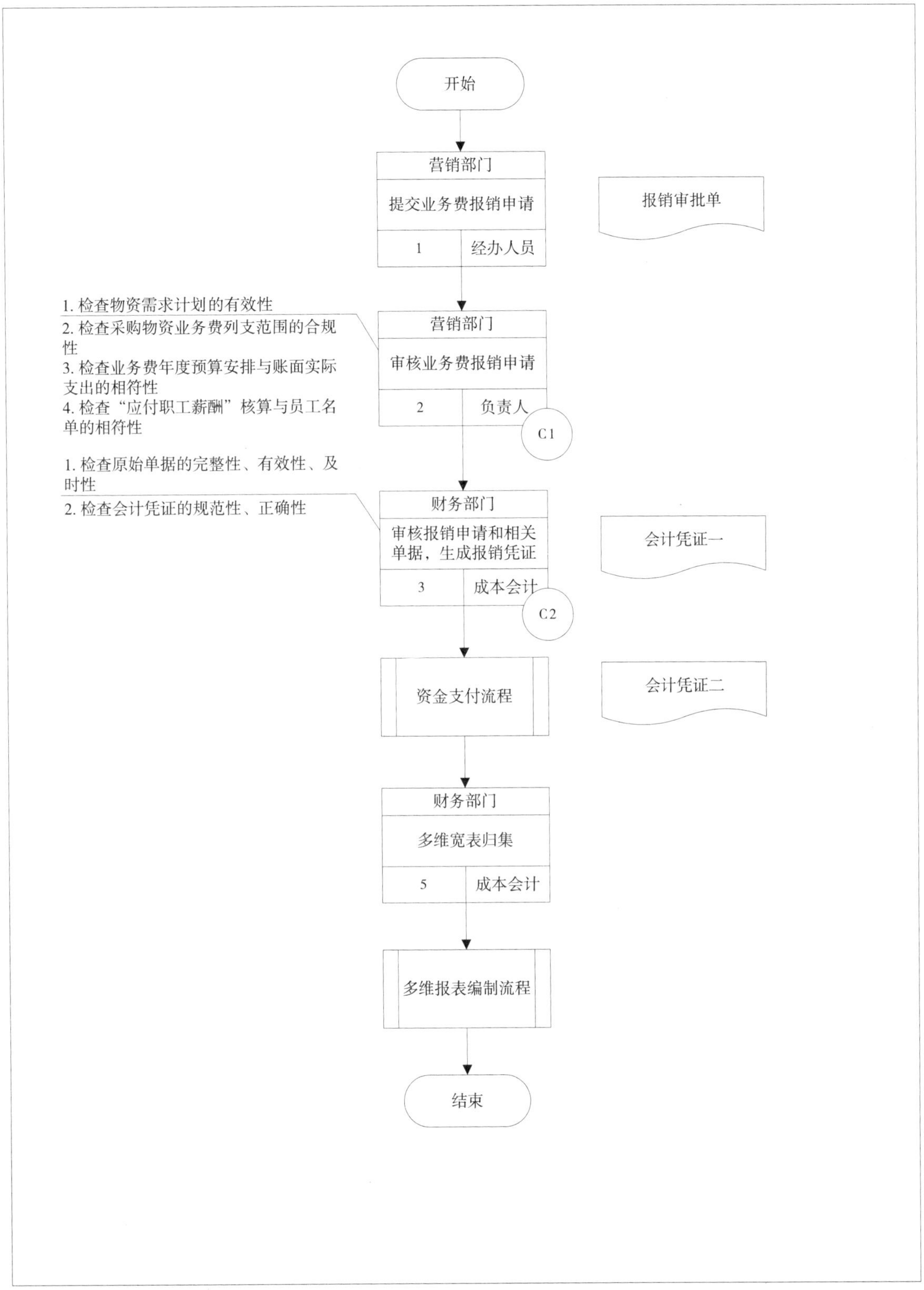

开始

营销部门
提交业务费报销申请
1 经办人员
（报销审批单）

营销部门
审核业务费报销申请
2 负责人
C1

1. 检查物资需求计划的有效性
2. 检查采购物资业务费列支范围的合规性
3. 检查业务费年度预算安排与账面实际支出的相符性
4. 检查“应付职工薪酬”核算与员工名单的相符性

财务部门
审核报销申请和相关单据，生成报销凭证
3 成本会计
C2
（会计凭证一）

1. 检查原始单据的完整性、有效性、及时性
2. 检查会计凭证的规范性、正确性

资金支付流程
（会计凭证二）

财务部门
多维宽表归集
5 成本会计

多维报表编制流程

结束

3.2 通过 ERP 服务采购流程办理服务采购业务（合同签订限额标准以上）

3.2.1 C1 关键控制：创建采购订单的检查

风险分析：

（1）服务采购超年度预算安排，造成无法报销入账或超预算支出的风险；

（2）“总账科目”“成本中心”等信息不准确，导致财务核算不准确，存在财务报表错报的风险。

检查方法：

（1）获取业务费年度预算；

（2）检查实际支出是否存在超预算支出的情况；

（3）线上检查选择的科目是否准确。

政策及制度依据：

《国家电网公司会计核算办法 2014》[国网（财 /2）469-2014] 第十六章 第二节 21. 业务费

3.2.2 C2 关键控制：合同会签生效的检查

风险分析：

合同未经过有效审核，导致合同条款含糊不清，可能出现合同纠纷。

检查方法：

（1）获取合同或协议；

（2）检查合同是否有效、准确、完整，如是否对不含税价、税率及税额进行了明确，同时在合同中约定了“若国家出台新的税收政策，则按新政策执行”。

政策及制度依据：

未列明。

3.2.3 C3 关键控制：发票校验的检查

风险分析：

（1）业务人员提交报销单据不及时、未按要求进行分级审核，存在报销单据合规风险；

（2）发票信息不准确、不完整，造成报销单据不符合财务制度要求，存在税务风险。

检查方法：

（1）获取报销审批单、费用审批单、发票及采购明细、合同或协议。

（2）检查原始单据是否完整、有效、及时，如报销原始单据时间是否符合逻辑、签批流程是否符合要求；比对发票与合同信息，核对发票信息的准确性。

政策及制度依据：

《国家电网有限公司会计基础管理办法》[国网（财 /2）350-2018] 第四章 第三节 第五十四条

业务费	业务经办部门：营销部门	流程编号：SG－SD0408
	归口管理部门：营销部门	编制单位：国网山东省电力公司

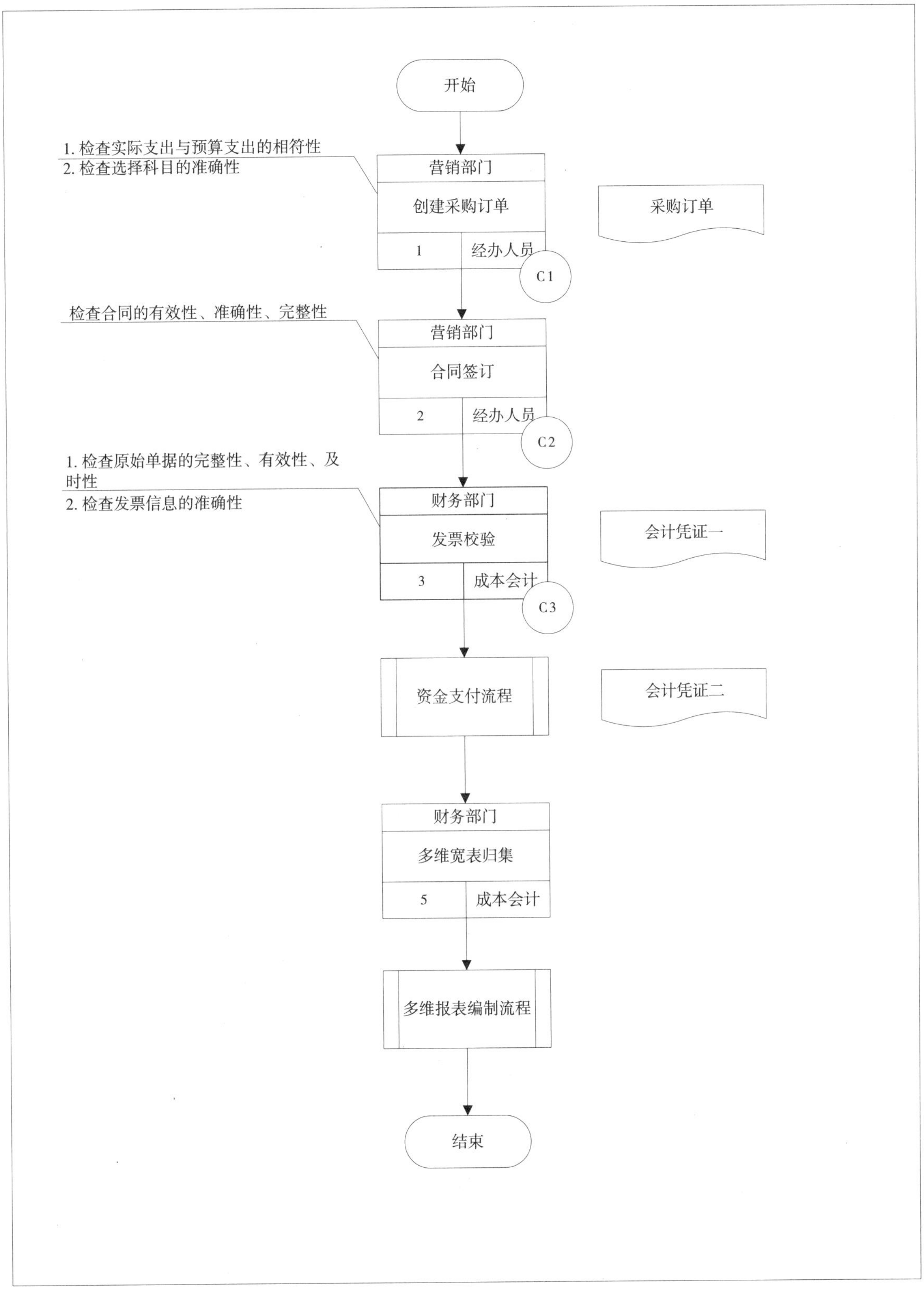

开始

1. 检查实际支出与预算支出的相符性
2. 检查选择科目的准确性

营销部门
创建采购订单
1 经办人员 C1

采购订单

检查合同的有效性、准确性、完整性

营销部门
合同签订
2 经办人员 C2

1. 检查原始单据的完整性、有效性、及时性
2. 检查发票信息的准确性

财务部门
发票校验
3 成本会计 C3

会计凭证一

资金支付流程

会计凭证二

财务部门
多维宽表归集
5 成本会计

多维报表编制流程

结束

稽核——节能服务费

1. 编制目的

本节主要评估节能服务费的主要风险，确定关键控制点，明确财务稽核重点审核要点及方法，指导财务稽核人员加强对此类业务的监督管理。

2. 适用范围

通过 ERP 系统服务采购流程办理节能服务费业务。

3. 风险评估与检查方法

3.1 C1 关键控制：创建采购订单的检查

风险分析：

（1）采购服务超预算资金，可能导致无法报销入账或超预算支出，影响预算目标的实现；

（2）“总账科目”“成本中心”等信息不准确，导致财务核算不准确，影响财务报告的准确性。

检查方法：

（1）比较节能服务费年度预算安排与账面实际支出，查看是否存在超预算支出情况；

（2）线上检查选择的科目是否准确。

政策及制度依据：

《国家电网公司会计核算办法 2014》[国网（财 /2）469-2014] 第十六章

3.2 C2 关键控制：合同会签生效的检查

风险分析：

合同未经过有效审核，可能导致合同条款含糊不清，出现合同纠纷，造成法律风险及经济损失。

检查方法：

抽取经法系统业务合同，检查合同的有效性、准确性、完整性，如是否对不含税价、税率及税额进行了明确，同时在合同中约定了“若国家出台新的税收政策，则按新政策执行”。

3.3 C3 关键控制：发票校验的检查

风险分析：

（1）业务人员提交报销单据不及时、未按要求进行分级审核，造成报销单据不真实、不合规；

（2）发票信息不准确、不完整，导致报销单据不符合财务制度要求，造成资金损失。

检查方法：

（1）获取原始单据，检查其完整性、有效性、及时性，如报销原始单据时间是否符合逻辑、签批流程是否符合要求；

（2）核对发票信息是否与合同、报销审批单信息一致。

政策及制度依据：

《国家电网有限公司会计基础管理办法》[国网（财 /2）350-2018] 第四章 第三节 第五十四条

节能服务费

业务经办部门：营销部门	流程编号：SG－SD0409
归口管理部门：营销部门	编制单位：国网山东省电力公司

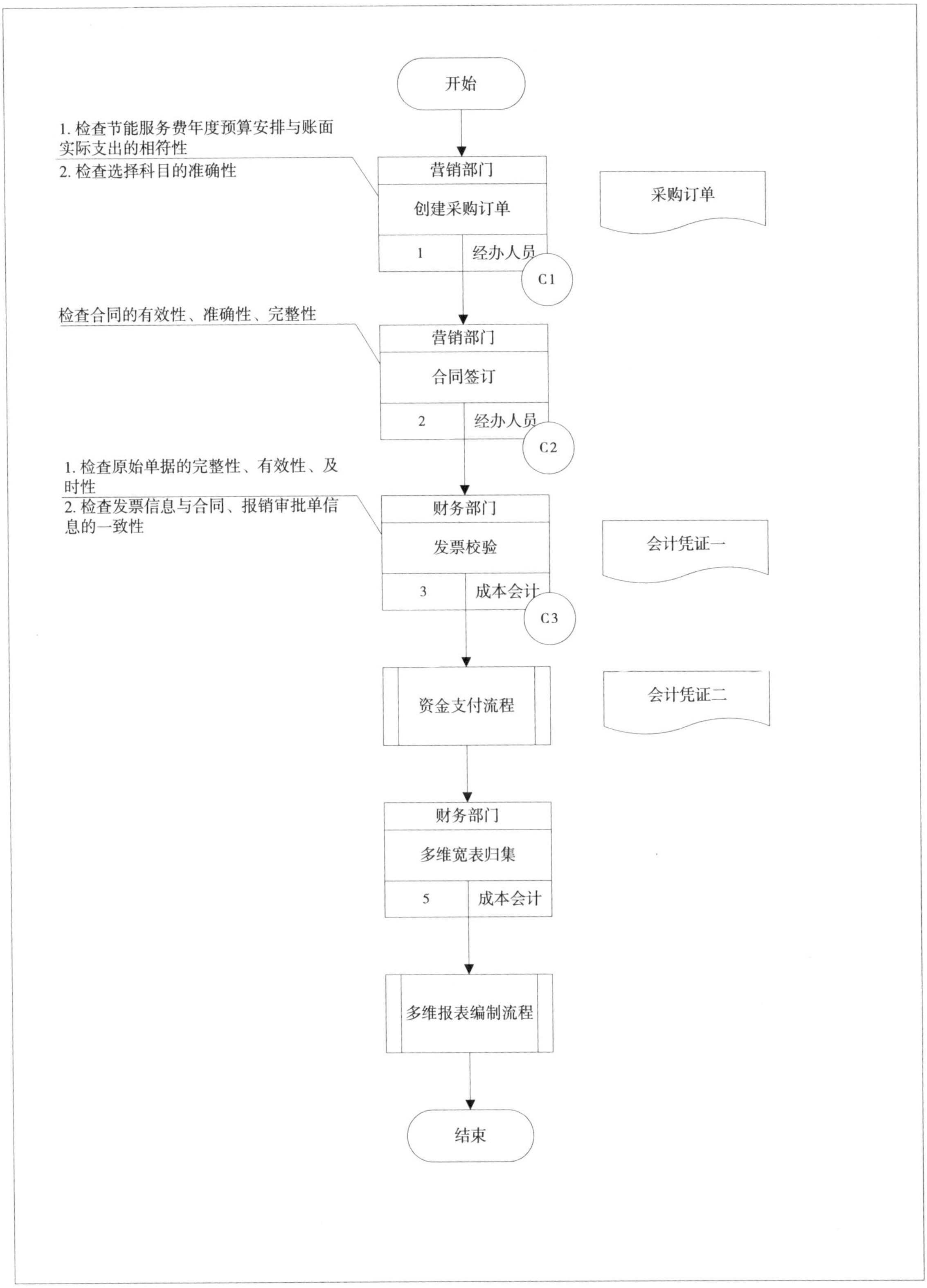

开始

1. 检查节能服务费年度预算安排与账面实际支出的相符性
2. 检查选择科目的准确性

营销部门 — 创建采购订单 — 1 经办人员 — C1 — 采购订单

检查合同的有效性、准确性、完整性

营销部门 — 合同签订 — 2 经办人员 — C2

1. 检查原始单据的完整性、有效性、及时性
2. 检查发票信息与合同、报销审批单信息的一致性

财务部门 — 发票校验 — 3 成本会计 — C3 — 会计凭证一

资金支付流程 — 会计凭证二

财务部门 — 多维宽表归集 — 5 成本会计

多维报表编制流程

结束

五、电力交易业务

稽核——统调电厂购电

1. 编制目的

本节主要评估统调电厂购电业务的关键风险点，并介绍业务部门、财务部门重点关注事项及审核要点，指导业务、财务人员规范办理业务，防范相关风险。

2. 适用范围

通过交易系统、营财协同处理统调电厂购电业务。

3. 风险评估与检查方法

3.1 C1 关键控制：维护上网电厂、机组信息的检查

风险分析：

供应商、装机容量（兆瓦）、银行账号、 机组名称、调度方式、商运电价等数据不正确，导致财务信息失真。

检查方法：

获取上网电厂电价批复文件、并网协议、电厂批复文件等资料，检查交易系统信息是否与资料信息一致。

3.2 C2 关键控制：抄表算费的检查

风险分析：

机组名称、抄表电量等数据不正确，导致财务信息失真。

检查方法：

营销部专责获取电厂抄表电量、计算电费数据后与电厂核对电量、电费数据是否一致。

政策及制度依据：

《国家电网公司电费抄核收管理规则》[国网（营销 /3）273-2014]

3.3 C3 关键控制：提交购电结算通知单的检查

风险分析：

购电结算通知单中上网电量、电价等信息不正确，导致财务信息失真。

检查方法：

获取交易系统电厂电量、相关电价文件等资料，核对购电结算通知单信息的正确性。

政策及制度依据：

《国家电网公司电费抄核收管理规则》[国网（营销 /3）273-2014]

3.4 C4 关键控制：获取购电结算通知单的检查

风险分析：

电厂签字盖章结算通知单中的电量数据不正确，导致财务数据不准确，存在财务报表错报风险。

检查方法：

获取营销部门提供的签字盖章电厂电量数据，取得相关电价文件等资料，核对购电结算通知单信息的正确性。

政策及制度依据：

《国家电网有限公司会计基础管理办法》[国网（财 /2）350-2018] 第四十条

3.5 C5 关键控制：匹配发票与购电发票信息单的检查

风险分析：

发票金额与发票单数据不一致，存在税务、财务报表错报风险。

检查方法：

获取报销申请单，查看发票金额是否与发票单数据一致。

政策及制度依据：

《国家电网有限公司会计基础管理办法》[国网（财 /2）350-2018] 第四十条

3.6 C6 关键控制：生成购电成本凭证的检查

风险分析：

电厂购电成本结算单信息不完整、不准确，影响成本核算的准确性，存在财务报表错报风险。

检查方法：

核对成本结算单各类别金额分别与购电涉及的各科目金额、发票数据是否一致。

政策及制度依据：

《国家电网有限公司会计基础管理办法》[国网（财 /2）350-2018] 第四十条

3.7 C7 关键控制：往来列转省公司的检查

风险分析：

列转金额与科目汇总表金额不一致，导致财务数据不准确，存在财务报表错报风险。

检查方法：

获取财务管控统调电厂科目汇总表，审核是否与列转凭证金额一致。

政策及制度依据：

《国家电网有限公司会计基础管理办法》[国网（财 /2）350-2018] 第四十条

3.8 C8 关键控制：支付统调电厂购电费

风险分析：

详见资金结算部分。

检查方法：

详见资金结算部分。

政策及制度依据：

详见资金结算部分。

统调电厂购电

业务经办部门：省电力交易中心、营销部门	流程编号：SG－SD0501
归口管理部门：营销部门	编制单位：国网山东省电力公司

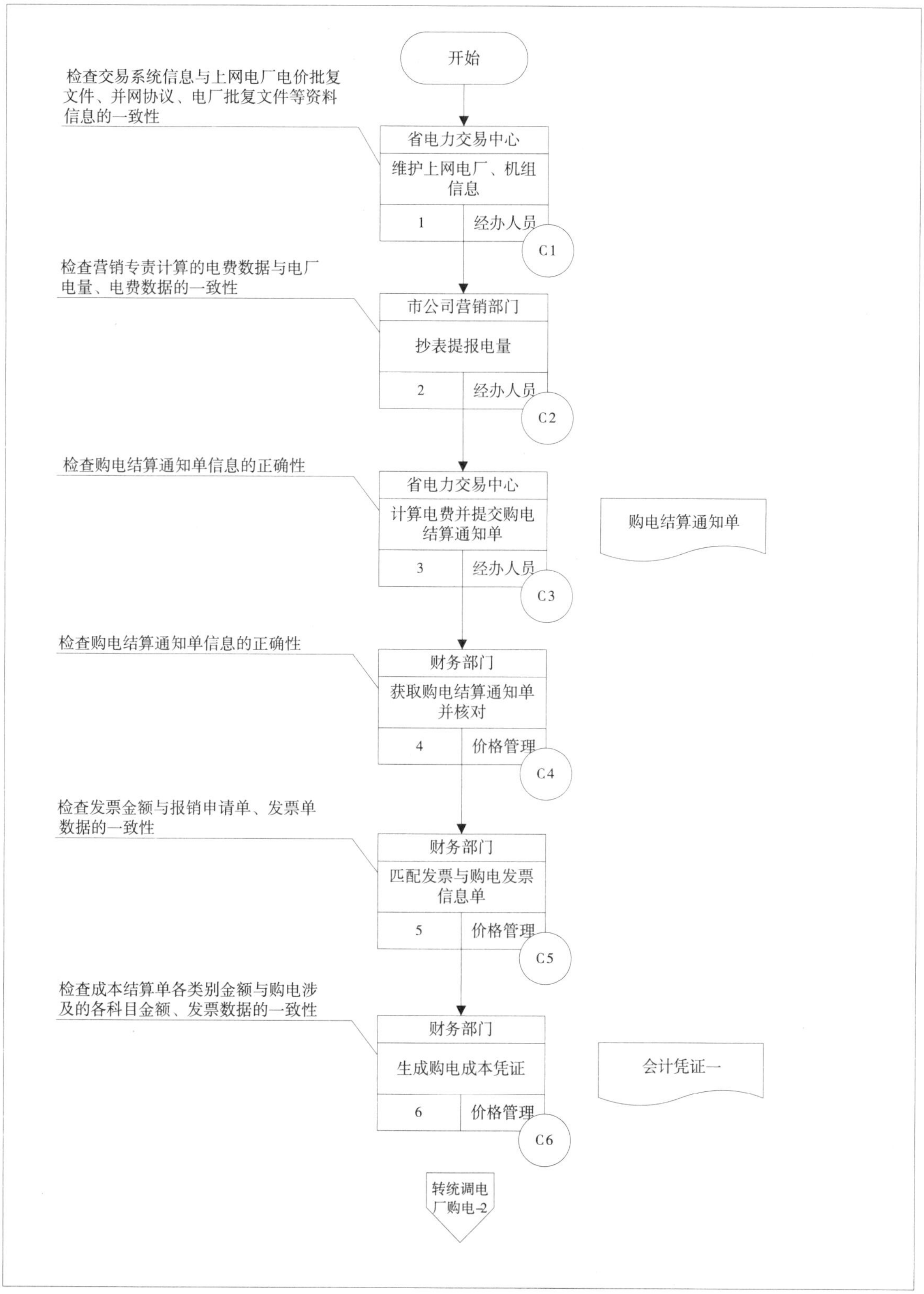

开始

检查交易系统信息与上网电厂电价批复文件、并网协议、电厂批复文件等资料信息的一致性

省电力交易中心	
维护上网电厂、机组信息	
1	经办人员

C1

检查营销专责计算的电费数据与电厂电量、电费数据的一致性

市公司营销部门	
抄表提报电量	
2	经办人员

C2

检查购电结算通知单信息的正确性

省电力交易中心	
计算电费并提交购电结算通知单	
3	经办人员

C3

购电结算通知单

检查购电结算通知单信息的正确性

财务部门	
获取购电结算通知单并核对	
4	价格管理

C4

检查发票金额与报销申请单、发票单数据的一致性

财务部门	
匹配发票与购电发票信息单	
5	价格管理

C5

检查成本结算单各类别金额与购电涉及的各科目金额、发票数据的一致性

财务部门	
生成购电成本凭证	
6	价格管理

C6

会计凭证一

转统调电厂购电-2

统调电厂购电	业务经办部门：省电力交易中心、营销部门	流程编号：SG-SD0501
	归口管理部门：营销部门	编制单位：国网山东省电力公司

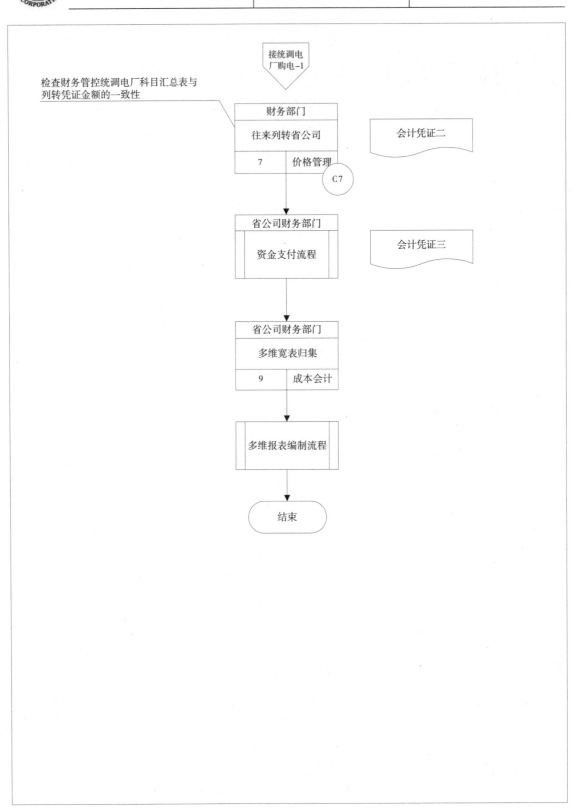

接统调电厂购电-1

检查财务管控统调电厂科目汇总表与列转凭证金额的一致性

财务部门
往来列转省公司
7 价格管理
C7

会计凭证二

省公司财务部门
资金支付流程

会计凭证三

省公司财务部门
多维宽表归集
9 成本会计

多维报表编制流程

结束

稽核——非统调电厂购电

1. 编制目的

本节主要评估非统调电厂购电业务工作流程的主要风险，确定关键控制点，并针对潜在的风险制定财务稽核检查方法，以指导各级财务稽核人员加强对此类业务的监督管理。

2. 适用范围

通过营财系统协同处理非统调电厂购电业务。

3. 风险评估与检查方法

3.1 C1 关键控制：维护上网电厂、机组信息的检查

风险分析：

未对供应商、装机容量（兆瓦）、银行账号、机组名称、调度方式、商运电价等数据进行有效审核，导致上网电厂、机组信息不准确。

检查方法：

获取上网电厂电价批复文件、并网协议、电厂批复文件等资料，查看营销系统信息是否与资料信息一致。

政策及制度依据：

《国家电网公司电费抄核收管理规则》[国网（营销 /3）273-2014]

3.2 C2 关键控制：抄表算费的检查

风险分析：

未对机组名称、抄表电量、结算电价等数据进行有效审核，导致抄表算费数据不准确。

检查方法：

获取营销部专责提供的电厂抄表电量、计算的电费数据后与电厂核对电量、电费数据是否一致。

政策及制度依据：

《国家电网公司电费抄核收管理规则》[国网（营销 /3）273-2014]

3.3 C3 关键控制：提交购电结算通知单的检查

风险分析：

购电结算通知单中上网电量、电价、结算金额等信息不正确，导致结算信息不准确。

检查方法：

获取营销系统电厂电量、相关电价文件等资料，核对上网电量、电价、补贴电价等信息是否准确。

政策及制度依据：

《国家电网公司电费抄核收管理规则》[国网（营销 /3）273-2014]

3.4 C4 关键控制：获取购电结算通知单并核对的检查

风险分析：

未对购电结算通知单中上网电量、结算金额等信息进行有效审核，存在资金风险、财务报表错报风险。

检查方法：

获取营销部门提供的签字盖章电厂电量数据，取得相关电价文件等资料，核对购电结算通知单信息的正确性。

政策及制度依据：

《国家电网有限公司会计基础管理办法》[国网（财/2）350-2018]

3.5 C5 关键控制：匹配发票与购电发票信息单的检查

风险分析：

未对发票金额与发票单数据进行有效审核，存在税务风险。

检查方法：

获取报销申请单、购电发票单，查看金额是否与发票单数据一致。

政策及制度依据：

《国家电网有限公司会计基础管理办法》[国网（财/2）350-2018]

3.6 C6 关键控制：生成购电成本凭证的检查

风险分析：

电厂购电成本结算单信息不完整、不准确，影响成本核算的准确性，存在财务报表错报风险。

检查方法：

核对成本结算单各类别金额分别与购电涉及的各科目金额、发票数据是否一致。

政策及制度依据：

《国家电网有限公司会计基础管理办法》[国网（财/2）350-2018]

非统调电厂购电

业务经办部门：营销部门	流程编号：SG－SD0502
归口管理部门：营销部门	编制单位：国网山东省电力公司

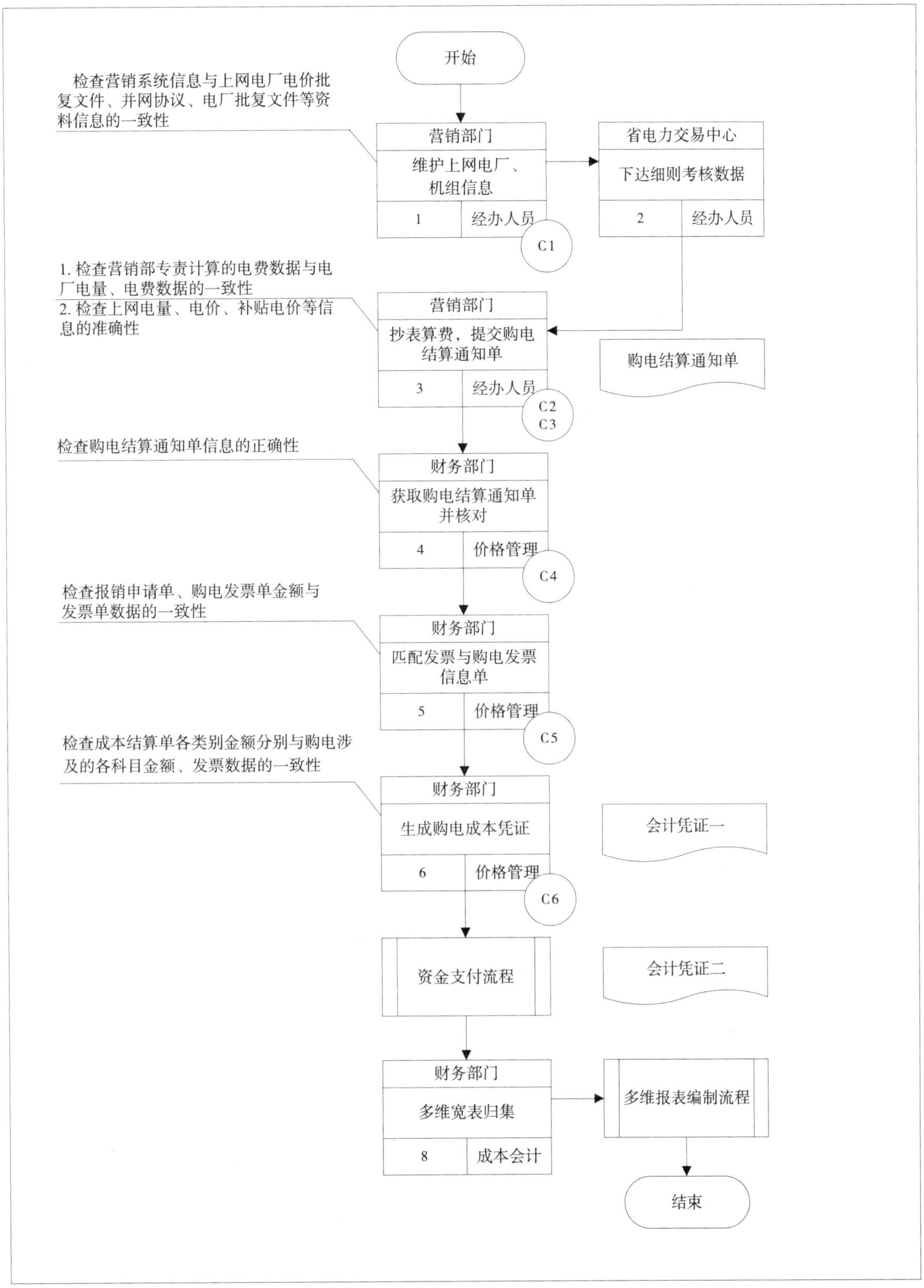

开始

检查营销系统信息与上网电厂电价批复文件、并网协议、电厂批复文件等资料信息的一致性

营销部门
维护上网电厂、机组信息
1 经办人员
C1

省电力交易中心
下达细则考核数据
2 经办人员

1. 检查营销部专责计算的电费数据与电厂电量、电费数据的一致性
2. 检查上网电量、电价、补贴电价等信息的准确性

营销部门
抄表算费，提交购电结算通知单
3 经办人员
C2
C3

购电结算通知单

检查购电结算通知单信息的正确性

财务部门
获取购电结算通知单并核对
4 价格管理
C4

检查报销申请单、购电发票单金额与发票单数据的一致性

财务部门
匹配发票与购电发票信息单
5 价格管理
C5

检查成本结算单各类别金额分别与购电涉及的各科目金额、发票数据的一致性

财务部门
生成购电成本凭证
6 价格管理
C6

会计凭证一

资金支付流程

会计凭证二

财务部门
多维宽表归集
8 成本会计

多维报表编制流程

结束

六、基建工程业务

稽核——建设项目前期费

1. 编制目的

本节主要评估建设项目前期费的风险，确定关键控制点，明确财务稽核重点审核要点及方法，指导财务稽核人员加强对此类业务的监督管理。

2. 适用范围

通过 ERP 完成建设项目前期费的结算业务。

3. 风险评估与检查方法

3.1 C1 关键控制：合同会签生效的检查

风险分析：

（1）未达到合同付款条件预付工程款或超比例支付工程预付款，导致付款依据不充分、不合理、不合规；

（2）供应商及合同金额与中标公告不一致，导致资金损失；

（3）合同中未明确合同的金额、支付条件、结算方式、发票开具方式、支付时间、工程进度等内容，导致合同难以有效执行，容易产生纠纷。

检查方法：

（1）按照招投标管理制度相关规定要求，检查各类业务是否按照资金限额规定履行招标手续，通过单项支付金额与需招标条件对比查看；

（2）通过经法系统导出签订的合同明细，检查是否存在多项名称或内容相似的合同（签订时间接近、标的相同、对方单位相同），根据实际情况判断是否存在拆分合同规避招标的情况；

（3）获取合同、中标通知书，检查合同金额是否与中标通知书金额一致；

（4）从经法系统中查询已签订的合同，逐项检查合同必备信息是否准确、完整。

政策及制度依据：

《国家电网公司工程财务管理办法》[国网（财 /2）351-2018] 第二十九条

3.2 C2 关键控制：服务确认的检查

风险分析：

未按服务完成进度进行服务确认，提前或滞后确认服务，导致工程成本核算不真实、不准确，影响财务报告的可靠性、准确性。

检查方法：

索取结算批复报告，查看结算批复日期，核实在报账截止期限后是否存在大量费用报账或尚未报账。

政策及制度依据：

《国家电网公司工程财务管理办法》[国网（财 /2）351-2018] 第十七条

3.3 C3 关键控制：发票校验的检查

风险分析：

（1）线上流转信息与线下纸质信息不一致，导致电子附件挂接不准确；

（2）报销审批单填写有误，与发票、合同信息不一致，可能导致挂账供应商出现金额错误等现象，影响财务报告的准确性；

（3）发票或服务确认单日期在合同签订日期之前，项目先实施后签订合同，导致合同不合理、不合规，造成资金损失。

检查方法：

（1）抽查线下纸质凭证与线上电子附件比对，审核是否完全一致；

（2）抽查发票校验的凭证，审核发票日期、服务确认单日期是否早于合同日期。

政策及制度依据：

《国家电网有限公司会计基础管理办法》[国网（财 /2）350-2018] 附件：《电网企业经济业务审核手册》（九）在建工程

《国家电网公司工程财务管理办法》[国网（财 /2）351-2018] 第十七条

3.4 C4 关键控制：创建资本性项目的检查

风险分析：

创建项目时，导入统一项目储备库管理系统的信息不完整，导致预算无法下达，影响项目开工进度。

检查方法：

从统一项目储备库管理系统中查询项目资料挂接情况，检查是否有未挂接可研批复等必备附件的项目，关注是否及时挂接。

3.5 C5 关键控制：成本结转的检查

风险分析：

项目的前期费用长期挂账（超过两年），影响工程资金使用效率，可能导致项目失败。

检查方法：

从财务管控中获取其他应收款（工程前期费用）科目余额，检查挂账时间是否超过两年。

政策及制度依据：

《国家电网公司工程财务管理办法》[国网（财 /2）351-2018] 第十八条

《国家电网公司会计核算办法 2014》[国网（财 /2）469-2014] 第七章 在建工程及工程物资

《国家电网有限公司会计基础管理办法》[国网（财 /2）350-2018] 附件：《电网企业经济业务审核手册》（九）在建工程

3.6 C6 关键控制：转销核算的检查

风险分析：

财务人员未对转销证明材料进行有效的复核，影响财务报告的准确性。

检查方法：

抽取前期费用转销凭证，检查所附证明材料是否充分、可否支持费用转销。

政策及制度依据：

《国家电网公司会计核算办法 2014》[国网（财 /2）469-2014] 第七章 在建工程及工程物资

《国家电网有限公司会计基础管理办法》[国网（财 /2）350-2018] 附件：《电网企业经济业务审核手册》（九）在建工程

建设项目前期费

业务部门：发策部门	流程编号：SG－SD0601
归口管理部门：项目管理部门	编制单位：国网山东省电力公司

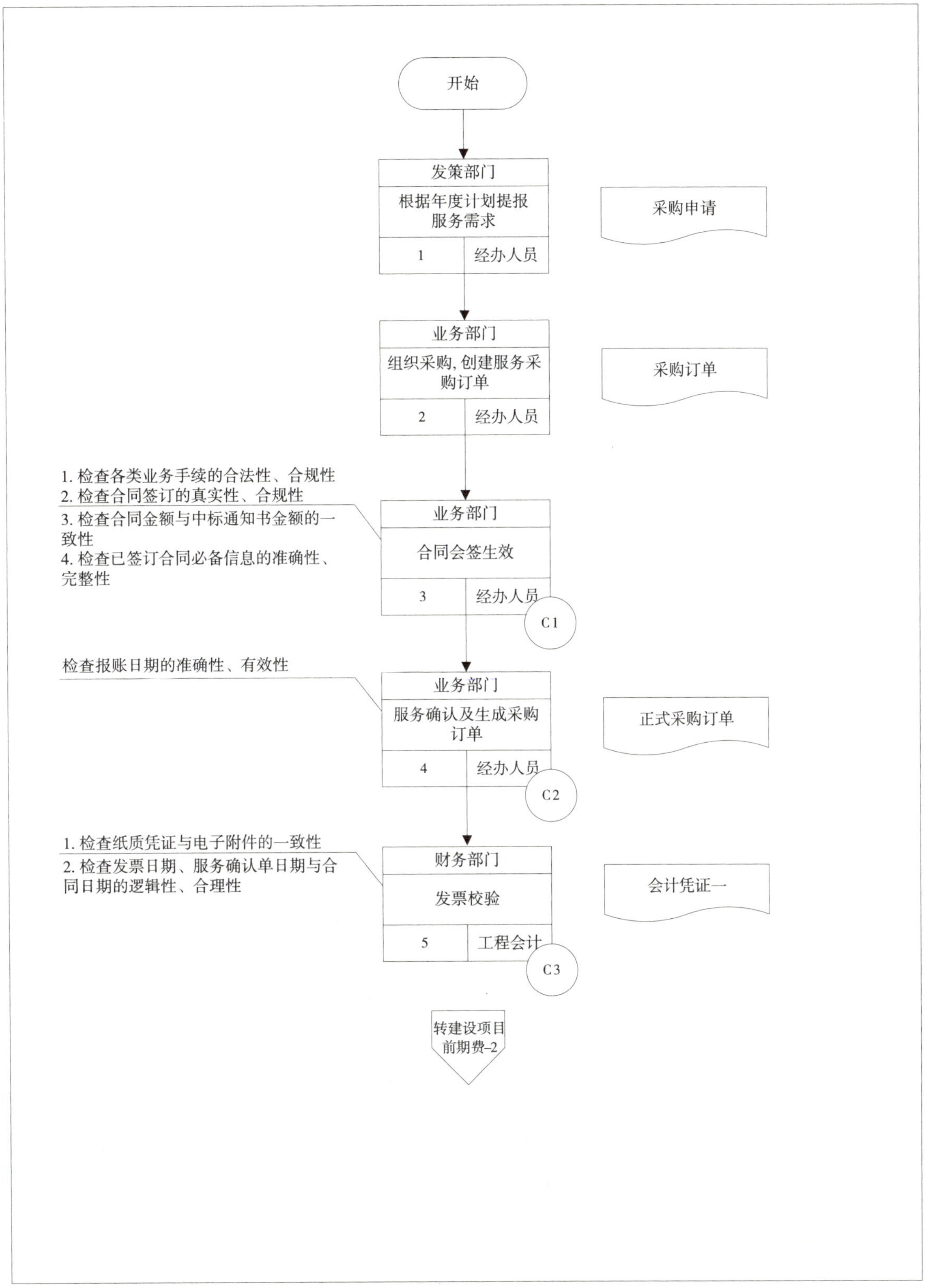

开始

1 发策部门：根据年度计划提报服务需求（经办人员）——采购申请

2 业务部门：组织采购，创建服务采购订单（经办人员）——采购订单

3 业务部门：合同会签生效（经办人员）C1

1. 检查各类业务手续的合法性、合规性
2. 检查合同签订的真实性、合规性
3. 检查合同金额与中标通知书金额的一致性
4. 检查已签订合同必备信息的准确性、完整性

4 业务部门：服务确认及生成采购订单（经办人员）C2——正式采购订单

检查报账日期的准确性、有效性

5 财务部门：发票校验（工程会计）C3——会计凭证一

1. 检查纸质凭证与电子附件的一致性
2. 检查发票日期、服务确认单日期与合同日期的逻辑性、合理性

转建设项目前期费-2

建设项目前期费	业务部门：发策部门	流程编号：SG-SD0601
	归口管理部门：项目管理部门	编制单位：国网山东省电力公司

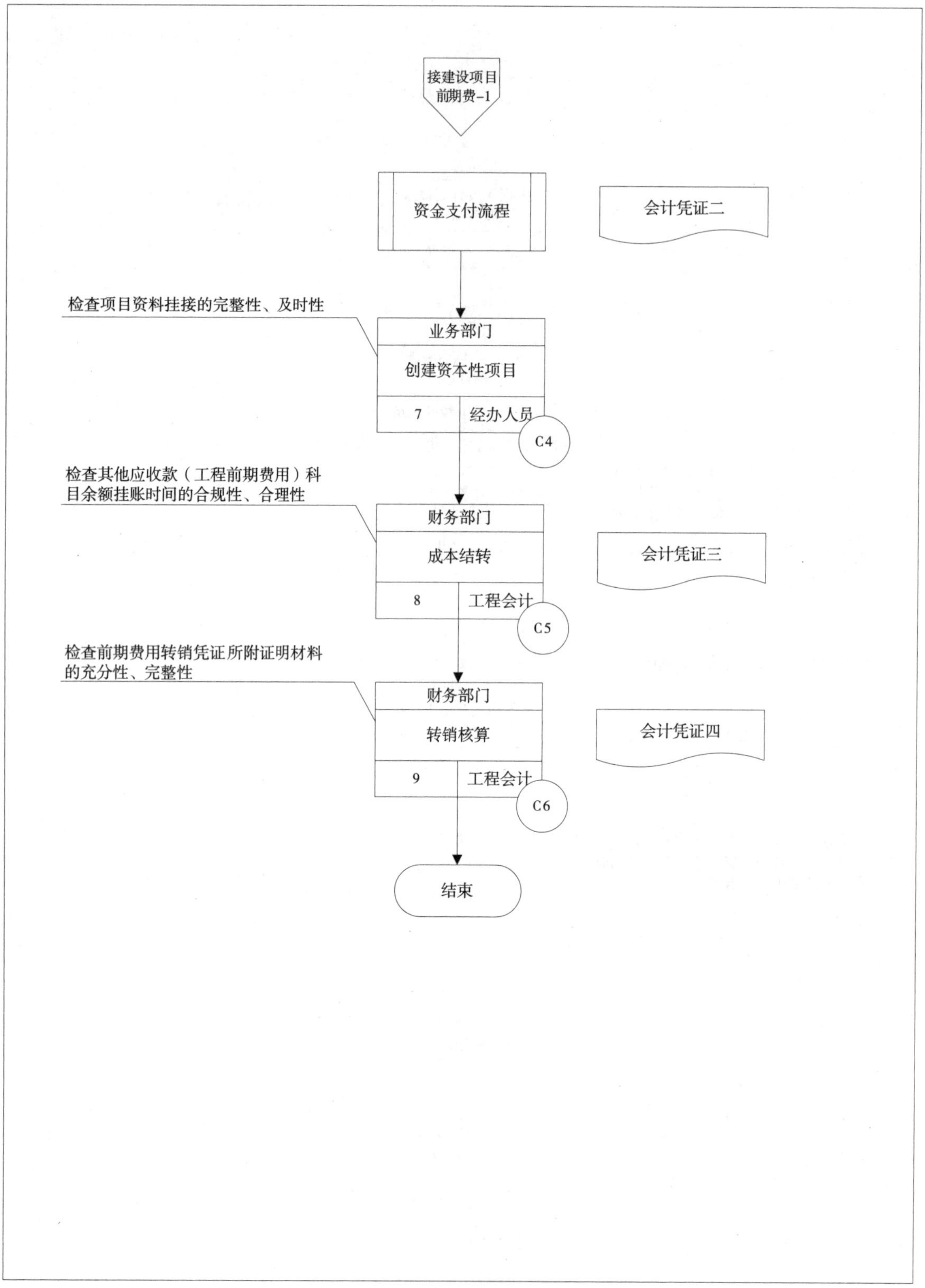

接建设项目前期费-1

资金支付流程

会计凭证二

检查项目资料挂接的完整性、及时性

业务部门
创建资本性项目
7 经办人员
C4

检查其他应收款（工程前期费用）科目余额挂账时间的合规性、合理性

财务部门
成本结转
8 工程会计
C5

会计凭证三

检查前期费用转销凭证所附证明材料的充分性、完整性

财务部门
转销核算
9 工程会计
C6

会计凭证四

结束

稽核——工程款结算

1. 编制目的

本节主要评估工程款结算的风险，确定关键控制点，明确财务稽核重点审核要点及方法，指导财务稽核人员加强对此类业务的监督管理。

2. 适用范围

通过 ERP 服务采购流程办理工程款结算业务。

3. 风险评估与检查方法

3.1 C1 关键控制：创建资本性项目的检查

风险分析：

创建项目时，导入统一项目储备库管理系统的信息不完整，导致预算无法下达，影响项目开工进度。

检查方法：

从统一项目储备库管理系统中查询项目资料挂接情况，检查是否有未挂接可研批复等必备附件的项目，关注是否及时挂接。

3.2 C2 关键控制：合同会签生效的检查

风险分析：

（1）未采用统一的合同文本以及在招投标手续不规范、不完整情况下签订合同，导致合同条款不完善，存在法律风险；

（2）供应商及合同金额与中标公告不一致，导致资金损失；

（3）合同中未明确合同的金额、支付条件、结算方式、发票开具方式、支付时间、工程进度等内容，导致合同难以有效执行，容易产生纠纷。

检查方法：

（1）按照招投标管理制度相关规定要求，检查各类业务是否按照资金限额规定履行招标手续，通过单项支付金额与需招标条件对比查看；

（2）通过经法系统导出签订的合同明细，检查是否存在多项名称或内容相似的合同（签订时间接近，标的相同，对方单位相同），根据实际情况判断是否存在拆分合同规避招标的情况；

（3）获取合同、中标通知书，检查合同金额是否与中标通知书金额一致；

（4）从经法系统中查询已签订的合同，逐项检查合同必备信息是否准确、完整。

政策及制度依据：

《国家电网公司工程财务管理办法》[国网（财/2）351-2018]第二十九条

3.3 C3 关键控制：服务确认的检查

风险分析：

未按服务完成进度进行服务确认，提前或滞后确认服务，导致工程成本核算不真实、不准确，影响财务报告的可靠性、准确性。

检查方法：

索取结算批复报告，查看结算批复日期，核实在报账截止期限后是否存在大量工程款报账或尚未报账。

政策及制度依据：

《国家电网公司工程财务管理办法》[国网（财/2）351-2018]第三十一条、第三十三条

3.4 C4 关键控制：发票校验的检查

风险分析：

（1）线上流转信息与线下纸质信息不一致，导致电子附件挂接不准确；

（2）报销审批单填写有误，与发票、合同信息不一致，可能导致挂账供应商出现金额错误等现象，影响财务报告的准确性；

（3）发票或服务确认单日期在合同签订日期之前，项目先实施后签订合同，导致合同不合理、不合规，造成资金损失。

检查方法：

（1）抽查线下纸质凭证与线上电子附件比对，审核是否完全一致；

（2）抽查发票校验的凭证，审核发票日期、服务确认单日期是否早于合同日期。

政策及制度依据：

《国家电网有限公司会计基础管理办法》[国网（财/2）350-2018]附件：《电网企业经济业务审核手册》（九）在建工程

《国家电网公司工程财务管理办法》[国网（财/2）351-2018]第三十三条

3.5 C5 关键控制：完成付款结算并进行成本结转的检查

风险分析：

（1）未按期支付质保金，导致对方出现违约行为，增加索赔的程序和成本；

（2）凭证信息不完整，可能导致结转时有失败的记录，影响 ERP 和财务管控系统科目余额一致性。

检查方法：

（1）依据合同及项目竣工时间查看是否存在未按期支付质保金情况；

（2）月末在 ERP 用 ZFIR0123 命令查看项目成本三栏所有项目余额，比对财务管控在建工程科目余额是否一致。

政策及制度依据：

《国家电网公司工程财务管理办法》[国网（财/2）351-2018]第三十一条、第三十三条

《国家电网有限公司会计基础管理办法》[国网（财/2）350-2018]附件：《电网企业经济业务审核手册》（九）在建工程

《国家电网有限公司资金管理办法》[国网（财/2）345-2019]第八十一条、第八十三条、第八十四条、第八十六条

工程款结算

业务经办部门：项目实施部门	流程编号：SG-SD0602
归口管理部门：项目管理部门	编制单位：国网山东省电力公司

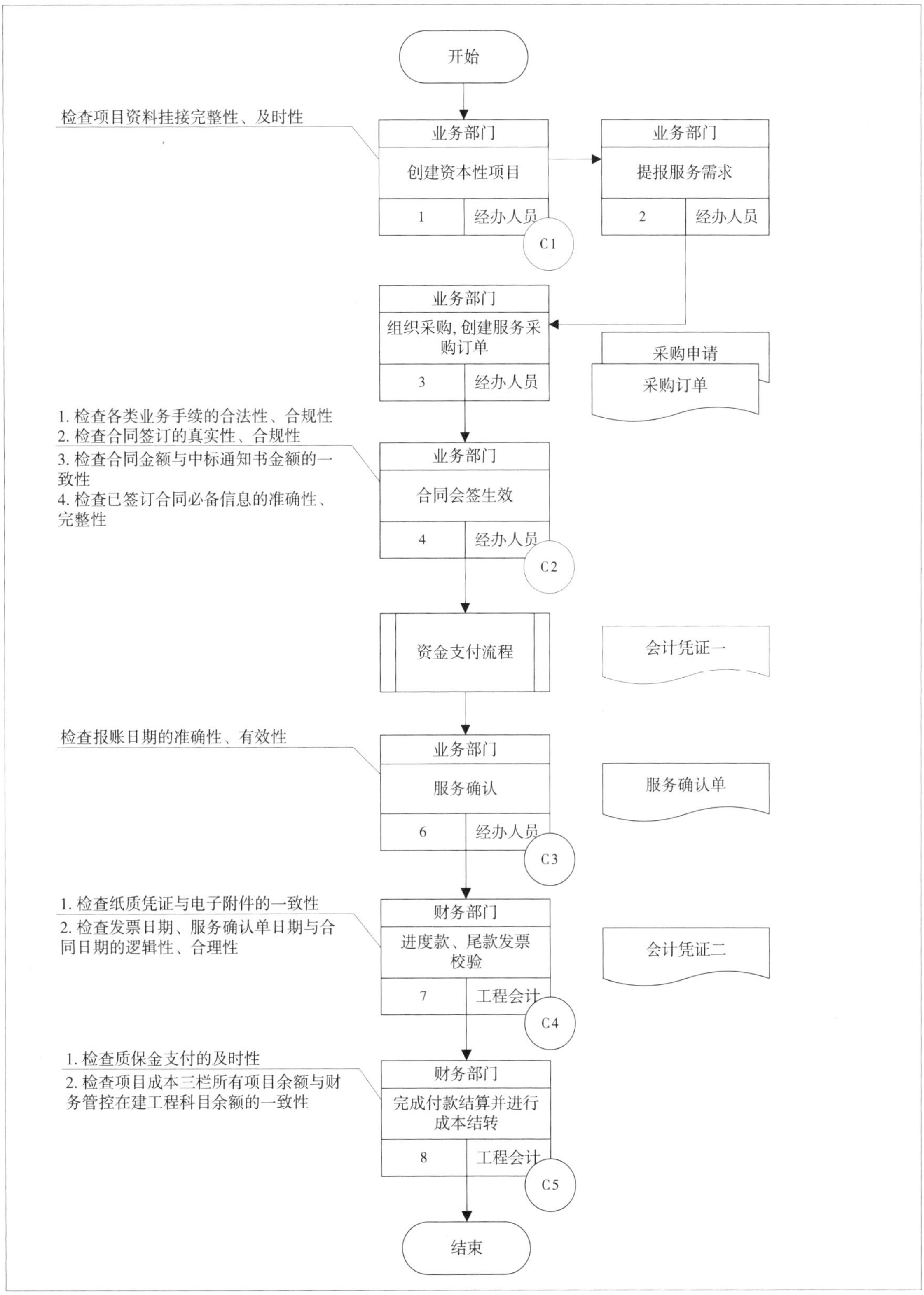

开始

检查项目资料挂接完整性、及时性

业务部门
创建资本性项目
1 经办人员
C1

业务部门
提报服务需求
2 经办人员

业务部门
组织采购，创建服务采购订单
3 经办人员

采购申请
采购订单

1. 检查各类业务手续的合法性、合规性
2. 检查合同签订的真实性、合规性
3. 检查合同金额与中标通知书金额的一致性
4. 检查已签订合同必备信息的准确性、完整性

业务部门
合同会签生效
4 经办人员
C2

资金支付流程

会计凭证一

检查报账日期的准确性、有效性

业务部门
服务确认
6 经办人员
C3

服务确认单

1. 检查纸质凭证与电子附件的一致性
2. 检查发票日期、服务确认单日期与合同日期的逻辑性、合理性

财务部门
进度款、尾款发票校验
7 工程会计
C4

会计凭证二

1. 检查质保金支付的及时性
2. 检查项目成本三栏所有项目余额与财务管控在建工程科目余额的一致性

财务部门
完成付款结算并进行成本结转
8 工程会计
C5

结束

稽核——工程物资结算

1. 编制目的

本节主要评估工程物资结算的风险，确定关键控制点，明确财务稽核重点审核要点及方法，指导财务稽核人员加强对此类业务的监督管理。

2. 适用范围

通过 ERP 物资采购流程办理工程物资结算业务。

3. 风险评估与检查方法

3.1 C1 关键控制：创建资本性项目的检查

风险分析：

创建项目时，导入统一项目储备库管理系统的信息不完整，导致预算无法下达，影响项目开工进度。

检查方法：

从统一项目储备库管理系统中查询项目资料挂接情况，检查是否有未挂接可研批复等必备附件的项目，关注是否及时挂接。

3.2 C2 关键控制：物资到货的检查

风险分析：

（1）货物交接单未签字盖章，导致账实不符、资产流失；

（2）实际收到的货物与货物交接单不一致，导致虚假收货现象，造成损失；

（3）到货验收单、采购订单上物资的名称、金额、数量等不一致，导致虚假物资入库，造成损失。

检查方法：

（1）校验货物交接单是否签字盖章；

（2）查验实际收到的货物与货物交接单的一致性，有无虚假收货现象；

（3）查看发票结构化信息传输到 ERP 的完整性和准确性，检查三单信息的一致性。

3.3 C3 关键控制：发票校验的检查

风险分析：

三单信息不匹配，导致供应商挂错，造成多付货款的情况，影响资金安全。

检查方法：

（1）检查到货验收单的收货信息是否完整，是否经物资部门相关人员签字确认；

（2）检查发票、到货验收单和采购订单上相关物资的金额和数量是否一致，价款、进项税额填写是否正确。

政策及制度依据：

《国家电网公司会计核算办法 2014》[国网（财 /2）469-2014] 第七章 在建工程及工程物资 第二节 工程物资

《国家电网有限公司会计基础管理办法》[国网（财/2）350-2018] 附件：《电网企业经济业务审核手册》(四)存货 工程物资

3.4 C4 关键控制：完成付款结算并反馈付款信息的检查

风险分析：

未按期支付质保金，导致对方出现违约行为，增加索赔的程序和成本。

检查方法：

依据合同及项目竣工时间查看是否存在未按期支付质保金情况。

政策及制度依据：

《国家电网有限公司资金管理办法》[国网（财/2）345-2019] 第八十一条、第八十三条、第八十四条

工程物资结算	业务经办部门：运检部门、物资部门等项目实施部门	流程编号：SG－SD0603
	归口管理部门：项目管理部门	编制单位：国网山东省电力公司

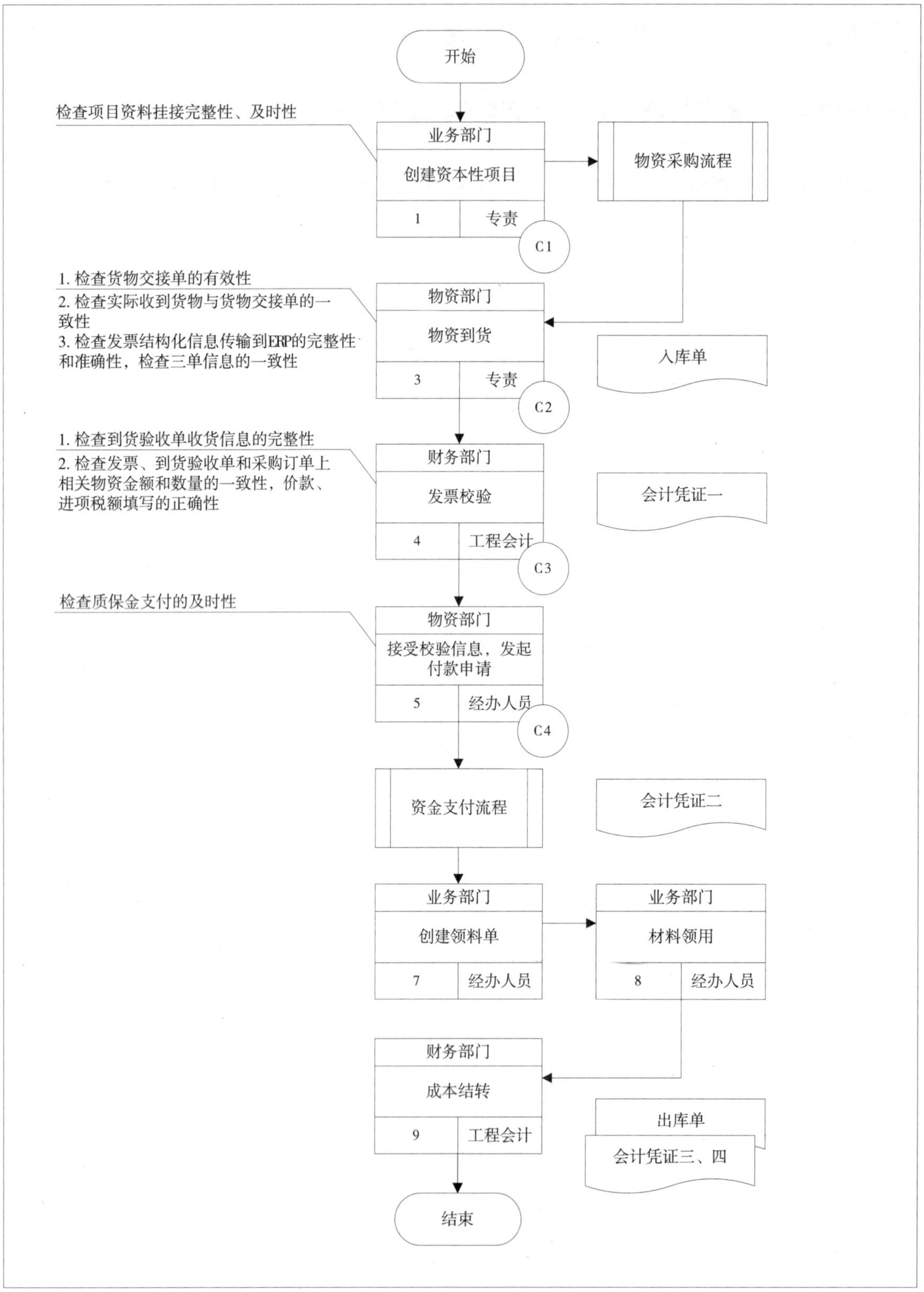

开始

检查项目资料挂接完整性、及时性

业务部门
创建资本性项目
1 专责
C1

物资采购流程

1. 检查货物交接单的有效性
2. 检查实际收到货物与货物交接单的一致性
3. 检查发票结构化信息传输到ERP的完整性和准确性，检查三单信息的一致性

物资部门
物资到货
3 专责
C2

入库单

1. 检查到货验收单收货信息的完整性
2. 检查发票、到货验收单和采购订单上相关物资金额和数量的一致性，价款、进项税额填写的正确性

财务部门
发票校验
4 工程会计
C3

会计凭证一

检查质保金支付的及时性

物资部门
接受校验信息，发起付款申请
5 经办人员
C4

资金支付流程

会计凭证二

业务部门
创建领料单
7 经办人员

业务部门
材料领用
8 经办人员

财务部门
成本结转
9 工程会计

出库单

会计凭证三、四

结束

稽核——工程其他费用

1. 编制目的

本节主要评估工程其他费用的风险，确定关键控制点，明确财务稽核重点审核要点及方法，指导财务稽核人员加强对此类业务的监督管理。

2. 适用范围

通过 ERP 服务采购流程办理工程其他费用结算业务。

3. 风险评估与检查方法

3.1 C1 关键控制：创建资本性项目的检查

风险分析：

创建项目时，导入统一项目储备库管理系统的信息不完整，导致预算无法下达，影响项目开工进度。

检查方法：

从统一项目储备库管理系统中查询项目资料挂接情况，检查是否有未挂接可研批复等必备附件的项目，关注是否及时挂接。

3.2 C2 关键控制：合同会签生效的检查

风险分析：

（1）未采用统一的合同文本以及在招投标手续不规范、不完整情况下签订合同，导致合同条款不完善，存在法律风险；

（2）供应商及合同金额与中标公告不一致，导致资金损失；

（3）合同中未明确合同的金额、支付条件、结算方式、发票开具方式、支付时间、工程进度等内容，导致合同难以有效执行，容易产生纠纷。

检查方法：

（1）按照招投标管理制度相关规定要求，检查各类业务是否按照资金限额规定履行招标手续，通过单项支付金额与需招标条件对比查看；

（2）通过经法系统导出签订的合同明细，检查是否存在多项名称或内容相似的合同（签订时间接近、标的相同、对方单位相同），根据实际情况判断是否存在拆分合同规避招标的情况；

（3）获取合同、中标通知书检查合同金额是否与中标通知书金额一致；

（4）从经法系统中查询已签订的合同，逐项检查合同必备信息是否准确、完整。

政策及制度依据：

《国家电网公司工程财务管理办法》[国网（财 /2）351-2018] 第二十九条

3.3 C3 关键控制：服务确认的检查

风险分析：

未按服务完成进度进行服务确认，提前或滞后确认服务，导致工程成本核算不真实、不准确，影响财务报告的可靠性、准确性。

检查方法：

索取结算批复报告，查看结算批复日期，核实在报账截止期限后是否存在大量费用报账或尚未报账。

政策及制度依据：

《国家电网公司工程财务管理办法》[国网（财 /2）351-2018] 第三十一条 、第三十三条

3.4 C4 关键控制：发票校验的检查

风险分析：

（1）线上流转信息与线下纸质信息不一致，导致电子附件挂接不准确；

（2）报销审批单填写有误，与发票、合同信息不一致，可能导致挂账供应商出现金额错误等现象，影响财务报告的准确性；

（3）发票或服务确认单日期在合同签订日期之前，项目先实施后签订合同，导致合同不合理、不合规，造成资金损失。

检查方法：

（1）抽查线下纸质凭证与线上电子附件比对，审核是否完全一致；

（2）抽查发票校验的凭证，审核发票日期、服务确认单日期是否早于合同日期。

政策及制度依据：

《国家电网有限公司会计基础管理办法》[国网（财 /2）350-2018] 附件：《电网企业经济业务审核手册》（九）在建工程

《国家电网有限公司成本管理办法》[国网（财 /2）347-2019] 第十四条

3.5 C5 关键控制：成本结转的检查

风险分析：

凭证信息不完整，可能导致结转时有失败的记录，影响 ERP 和财务管控系统科目余额的一致性。

检查方法：

月末在 ERP 用 ZFIR0123 命令查看项目成本三栏所有项目余额，比对财务管控在建工程科目余额是否一致。

工程其他费用

业务经办部门：项目实施部门	流程编号：SG－SD0604
归口管理部门：项目管理部门	编制单位：国网山东省电力公司

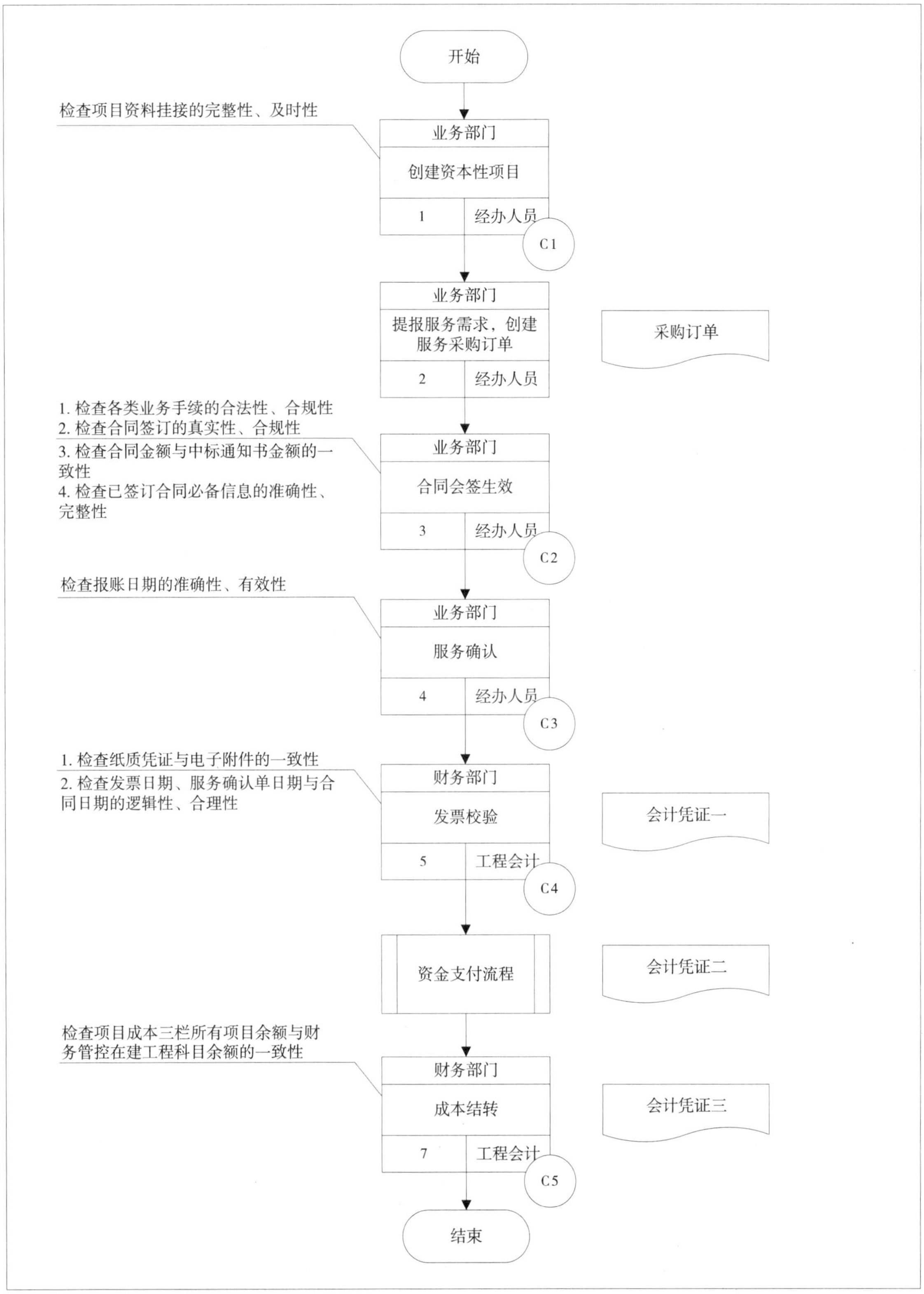

开始

检查项目资料挂接的完整性、及时性

业务部门
创建资本性项目
1 经办人员
C1

业务部门
提报服务需求，创建服务采购订单
2 经办人员

采购订单

1. 检查各类业务手续的合法性、合规性
2. 检查合同签订的真实性、合规性
3. 检查合同金额与中标通知书金额的一致性
4. 检查已签订合同必备信息的准确性、完整性

业务部门
合同会签生效
3 经办人员
C2

检查报账日期的准确性、有效性

业务部门
服务确认
4 经办人员
C3

1. 检查纸质凭证与电子附件的一致性
2. 检查发票日期、服务确认单日期与合同日期的逻辑性、合理性

财务部门
发票校验
5 工程会计
C4

会计凭证一

资金支付流程

会计凭证二

检查项目成本三栏所有项目余额与财务管控在建工程科目余额的一致性

财务部门
成本结转
7 工程会计
C5

会计凭证三

结束

稽核——工程投产转资

1. 编制目的

本节主要评估工程投产转资的风险，确定关键控制点，明确财务稽核重点审核要点及方法，指导财务稽核人员加强对此类业务的监督管理。

2. 适用范围

通过 ERP 完成工程投产转资。

3. 风险评估与检查方法

3.1 C1 关键控制：提供工程竣工验收资料的检查

风险分析：

（1）未履行合同约定的价款结算方式，如合同约定为总价包干，实际据实结算，或合同约定为可调单价，实际按固定总价结算等情况，导致合同履行不合规，增加工程成本，影响工程竣工验收；

（2）未及时提供竣工验收相关资料导致转资时间滞后，影响财务报告的准确性；

（3）工程超概结算未履行决策审批程序，导致工程超概结算缺乏依据，造成工程管理失控；

（4）竣工结算费用中存在虚列内容、虚报工程量或不合理费用，存在廉洁风险，造成工程管理混乱。

检查方法：

（1）随机抽取工程项目，查看工程决算资料，检查是否存在执行价格与合同约定不一致的情况。

（2）抽取工程投产转资凭证，检查是否在竣工验收当月转资。

（3）检查结算报告审定金额与概算金额，对比分析是否存在超概情况。

（4）核查本单位内部超概处理规范文件，如有超概情况，是否规范履行审批程序。

（5）结合现场勘查，分析相关施工资料，检查工程竣工图与结（决）算书、现场施工内容是否相符，有无变更建设内容、改变项目用途、造成建设资金损失现象；检查设计变更、签证事项的合理性、真实性；查看结算资料，注意是否存在结算重复列支或虚列的事项，如在其他费用中单独列支了施工方的企业管理费取费、重复列支设备运输费；关注招标代理服务费是否重复列支；关注甲供材乙方重复列支的情况。

3.2 C2 关键控制：创建设备台账，自动生成资产卡片的检查

风险分析：

系统联动产生的固定资产卡片内容不正确，与台账内容不一致，可能影响固定资产明细账的准确性，进而影响财务报告的准确性，造成财务报告错报、漏报。

检查方法：

抽取已建固定资产卡片，核查基本信息是否准确、完整。

3.3 C3 关键控制：审核竣工验收报告等相关资料的检查

风险分析：

（1）竣工投运当月，财务人员对尚未确认的工程成本未进行暂估，直接按账面价值转资，导致账务处理不准确，影响财务报告的真实性；

（2）竣工验收投运当月暂估工程成本不合理，导致工程成本不准确，影响财务报告的真实性。

检查方法：

（1）通过 ERP 抽取竣工项目，查询项目暂估时是否按照合同执行情况进行暂估；

（2）暂估比例是否合适，是否存在暂估成本入账凭证，核实暂估工程成本明细表，检查相关部门是否签章，合同台账金额是否充分；

（3）检查暂估成本入账凭证，对比投运报告日期，查看跨度是否太大；

（4）索取结算报告，对比投运“当月工程成本支出金额 + 抵扣增值税金额”是否与结算总金额保持合理差异。

3.4 C4 关键控制：项目成本暂估入账的检查

风险分析：

暂估成本依据不充分、不及时，导致项目成本列示不准确，资产价值确认不准确，影响财务报告的准确性。

检查方法：

（1）检查暂估工程成本明细表要素是否完全、是否由编制部门盖章确认，合同台账金额是否充分；

（2）检查暂估成本入账凭证，对比投运报告日期，查看跨度是否太大；

（3）索取结算报告，对比投运当月“工程成本支出金额 + 抵扣增值税金额”是否与结算总金额保持合理差异。

3.5 C5 关键控制：项目成本结算的检查

风险分析：

月结时，若存在未结转工程情况，导致 ERP 和财务管控系统科目余额不一致，影响报表取数。

检查方法：

在 ERP 运行项目成本三栏账，核对是否与财务管控在建工程一致。

政策及制度依据：

《国家电网公司工程财务管理办法》[国网（财 /2）351-2020] 第四十七条

《国家电网有限公司会计基础管理办法》[国网（财 /2）350-2018] 附件：《电网企业经济业务审核手册》（九）在建工程；

《国家电网公司会计核算办法 2014》[国网（财 /2）469-2014] 在建工程及工程物资

补充制度：

《国家电网有限公司工程财务管理办法》[国网（财 /2）351-2020] 第四十七条

3.6 C6 关键控制：项目投产转资的检查

风险分析：

在建工程的投产转资不及时、不准确，造成公司资产价值确认不及时、不准确，资产折旧的计提不及时、不准确，从而影响财务报告的准确性，造成财务报告错报、漏报。

检查方法：

在 ERP 中抽查投产转资项目，核实是否在竣工投运当月转资、是否有推迟转资的情况。

政策及制度依据：

《国家电网有限公司会计基础管理办法》[国网（财 /2）350-2018] 附件：《电网企业经济业务审核手册》（九）在建工程

《国家电网公司会计核算办法 2014》[国网（财 /2）469-2014] 在建工程及工程物资

工程投产转资

业务经办部门：项目实施部门	流程编号：SG－SD0605
归口管理部门：财务部门	编制单位：国网山东省电力公司

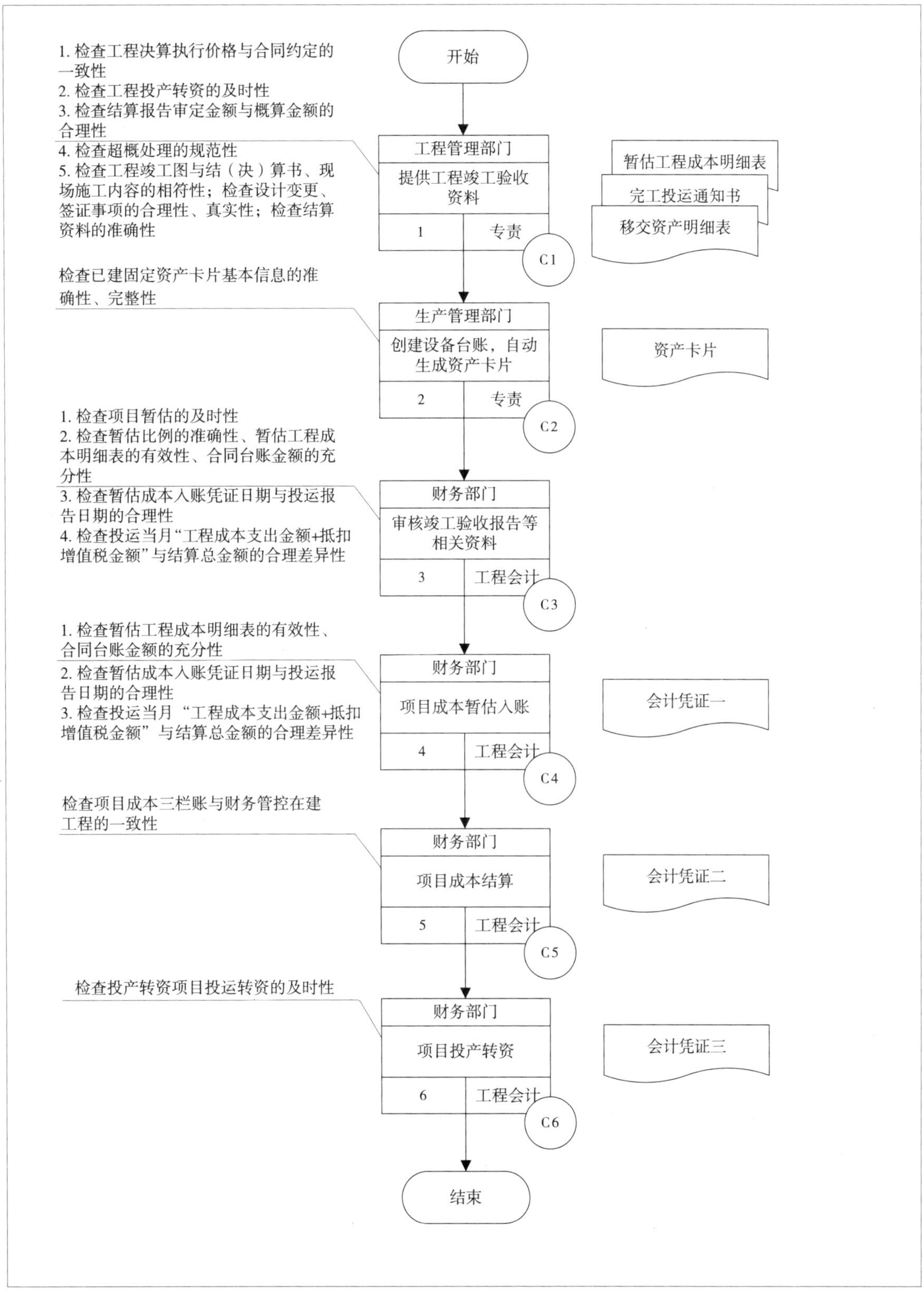

开始

1 工程管理部门 — 提供工程竣工验收资料（专责）C1

1. 检查工程决算执行价格与合同约定的一致性
2. 检查工程投产转资的及时性
3. 检查结算报告审定金额与概算金额的合理性
4. 检查超概处理的规范性
5. 检查工程竣工图与结（决）算书、现场施工内容的相符性；检查设计变更、签证事项的合理性、真实性；检查结算资料的准确性

文档：暂估工程成本明细表；完工投运通知书；移交资产明细表

2 生产管理部门 — 创建设备台账，自动生成资产卡片（专责）C2

检查已建固定资产卡片基本信息的准确性、完整性

文档：资产卡片

3 财务部门 — 审核竣工验收报告等相关资料（工程会计）C3

1. 检查项目暂估的及时性
2. 检查暂估比例的准确性、暂估工程成本明细表的有效性、合同台账金额的充分性
3. 检查暂估成本入账凭证日期与投运报告日期的合理性
4. 检查投运当月“工程成本支出金额+抵扣增值税金额”与结算总金额的合理差异性

4 财务部门 — 项目成本暂估入账（工程会计）C4

1. 检查暂估工程成本明细表的有效性、合同台账金额的充分性
2. 检查暂估成本入账凭证日期与投运报告日期的合理性
3. 检查投运当月“工程成本支出金额+抵扣增值税金额”与结算总金额的合理差异性

文档：会计凭证一

5 财务部门 — 项目成本结算（工程会计）C5

检查项目成本三栏账与财务管控在建工程的一致性

文档：会计凭证二

6 财务部门 — 项目投产转资（工程会计）C6

检查投产转资项目投运转资的及时性

文档：会计凭证三

结束

稽核——工程决算转资

1. 编制目的

本节主要评估工程决算转资的风险，确定关键控制点，明确财务稽核重点审核要点及方法，指导财务稽核人员加强对此类业务的监督管理。

2. 适用范围

通过 ERP 完成工程决算转资。

3. 风险评估与检查方法

3.1 C1 关键控制：合同清理，收集工程核准、可研及概算等资料的检查

风险分析：

工程所有合同执行情况统计不完整，可能导致工程项目成本确认不准确。

检查方法：

抽查已决算项目成本，确定入账是否与合同或结算书一致。

3.2 C2 关键控制：办理实物移交的检查

风险分析：

工程剩余物资退库手续未及时办理，或未进行物资退库，导致工程物资流失。

检查方法：

（1）通过审定结算资料中甲供物资安装数量和竣工图、项目成本中甲供物资进行对比，对差异部分进行核实，检查项目成本中是否存在多计甲供设备或甲供材；

（2）索取结余物资退库资料，核实结余物资是否及时办理退库，财务账面是否进行了相应处理，是否冲减工程建设成本，现场实际盘点，并查看保存是否完整。

3.3 C3 关键控制：编制物资实际耗用表的检查

风险分析：

ERP 物料账与物资实际耗用表金额、数量不一致，导致工程成本确认不准确，或虚列工程成本。

检查方法：

抽查已决算项目，确定物资账目价值是否与结算金额一致。

政策及制度依据：

《国家电网公司工程财务管理办法》[国网（财 /2）351-2018] 第四十七条

3.4 C4 关键控制：完成工程结算的检查

风险分析：

未按期出具工程结算资料，导致转资滞后，造成公司资产价值确认不及时、不准确，资产折旧的计提不及时、不准确，从而影响财务报告的准确性，造成财务报告错报、漏报。

检查方法：

抽查已决算项目，索取竣工决算报告、结算报告批复文件，将决算报告出具时间与结算报告批复时间、投运时间进行对比分析，检查是否存在编制不及时的情况。

政策及制度依据：

《国家电网公司工程财务管理办法》[国网（财 /2）351-2018] 第四十六条

3.5 C5 关键控制：确定尾工工程的检查

风险分析：

预留未完收尾工程预留不合规，导致项目成本核算不准确，影响财务报告的准确性，造成财务报告错报、漏报。

检查方法：

（1）索取预留未完工程审批文件，查看审批程序是否合规；

（2）查看预留未完工程工程量是否超概算总量 5%；

（3）索取预留未完工程完工证明，核实是否在 6 个月内实施完成，是否据实调整决算报告。

政策及制度依据：

补充制度

3.6 C6 关键控制：编制竣工决算报告并转资的检查

风险分析：

（1）未按期编制决算资料并转资，导致转资滞后，造成公司资产价值确认不及时、不准确，资产折旧的计提不及时、不准确，从而影响财务报告的准确性，造成错报、漏报；

（2）决算报告数据不准确，编制内容不规范，导致工程转资资产价值确认不准确，影响财务报告的准确性。

检查方法：

（1）抽查已决算项目，索取竣工决算报告、结算报告批复文件，将决算报告出具时间与结算报告批复时间、投运时间进行对比分析，检查是否存在编制不及时的原因。

（2）检查报告日账面总成本数据与竣工决算报告总数据是否相符。

（3）检查四大类支出明细数据是否一致。

（4）检查竣工决算报告，核对表间钩稽关系。

（5）获取竣工决算报告，检查是否按照《国家电网公司工程竣工决算报告编制办法》的编制要求执行，是否按《国家电网公司固定资产目录》移交资产，固定资产卡片是否依据工程竣工决算报告中移交资产的资产明细进行登记。

（6）审查其他费用的列支与概算口径是否一致，是否存在将生产经营性费用列入工程成本；审查其他费用是否实行单项控制、据实列支，是否相互挤占概算，有无项目间拼盘使用的现象。

政策及制度依据：

《国家电网公司工程财务管理办法》[国网（财 /2）351-2018] 第四十六条

工程决算转资

业务经办部门：物资、运检等工程管理部门	流程编号：SG－SD0606
归口管理部门：财务部门	编制单位：国网山东省电力公司

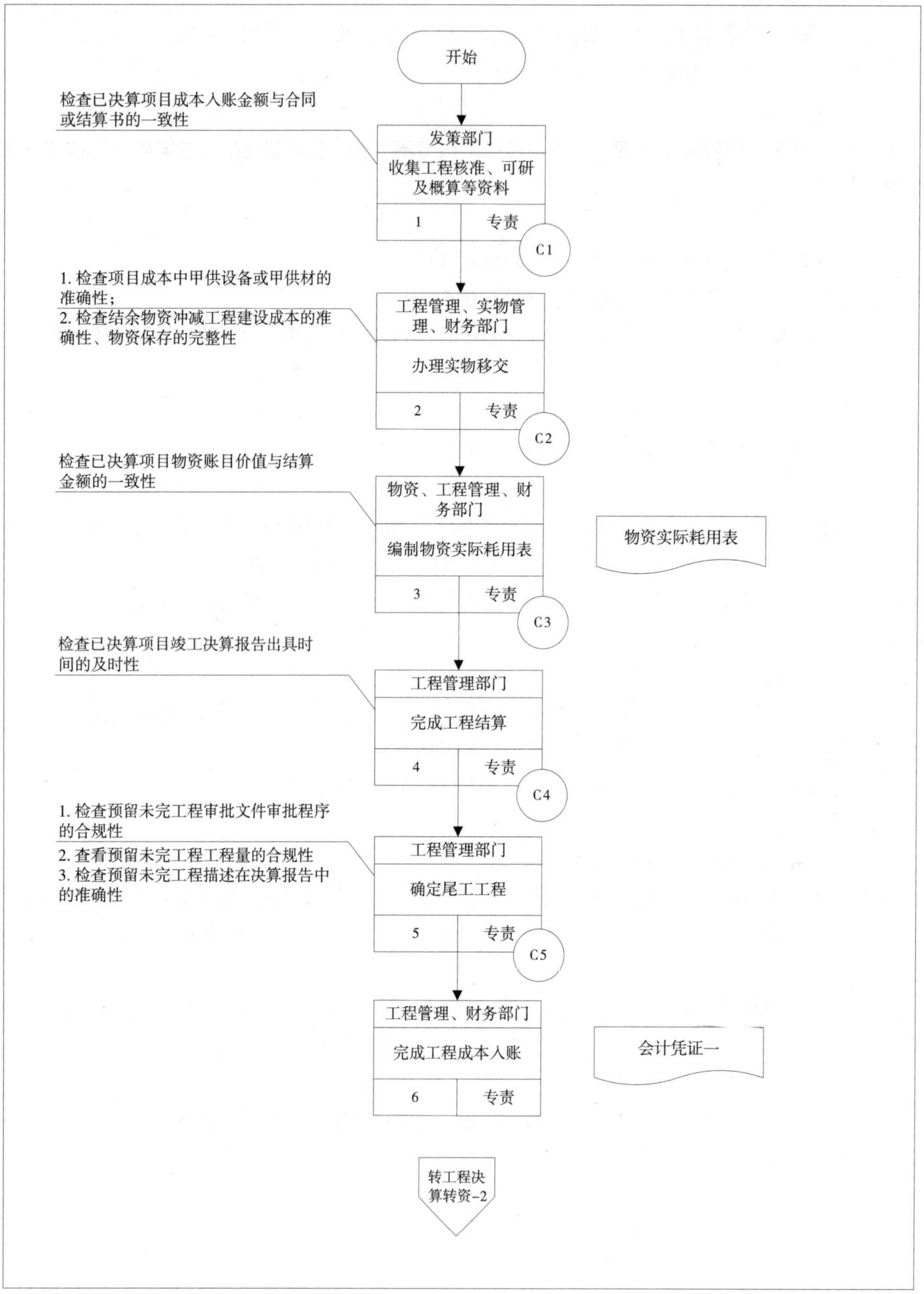

开始

检查已决算项目成本入账金额与合同或结算书的一致性

发策部门	
收集工程核准、可研及概算等资料	
1	专责

C1

1. 检查项目成本中甲供设备或甲供材的准确性；
2. 检查结余物资冲减工程建设成本的准确性、物资保存的完整性

工程管理、实物管理、财务部门	
办理实物移交	
2	专责

C2

检查已决算项目物资账目价值与结算金额的一致性

物资、工程管理、财务部门	
编制物资实际耗用表	
3	专责

C3

物资实际耗用表

检查已决算项目竣工决算报告出具时间的及时性

工程管理部门	
完成工程结算	
4	专责

C4

1. 检查预留未完工程审批文件审批程序的合规性
2. 查看预留未完工程工程量的合规性
3. 检查预留未完工程描述在决算报告中的准确性

工程管理部门	
确定尾工工程	
5	专责

C5

工程管理、财务部门	
完成工程成本入账	
6	专责

会计凭证一

转工程决算转资-2

工程决算转资	业务经办部门：物资、运检等工程管理部门	流程编号：SG-SD0606
	归口管理部门：财务部门	编制单位：国网山东省电力公司

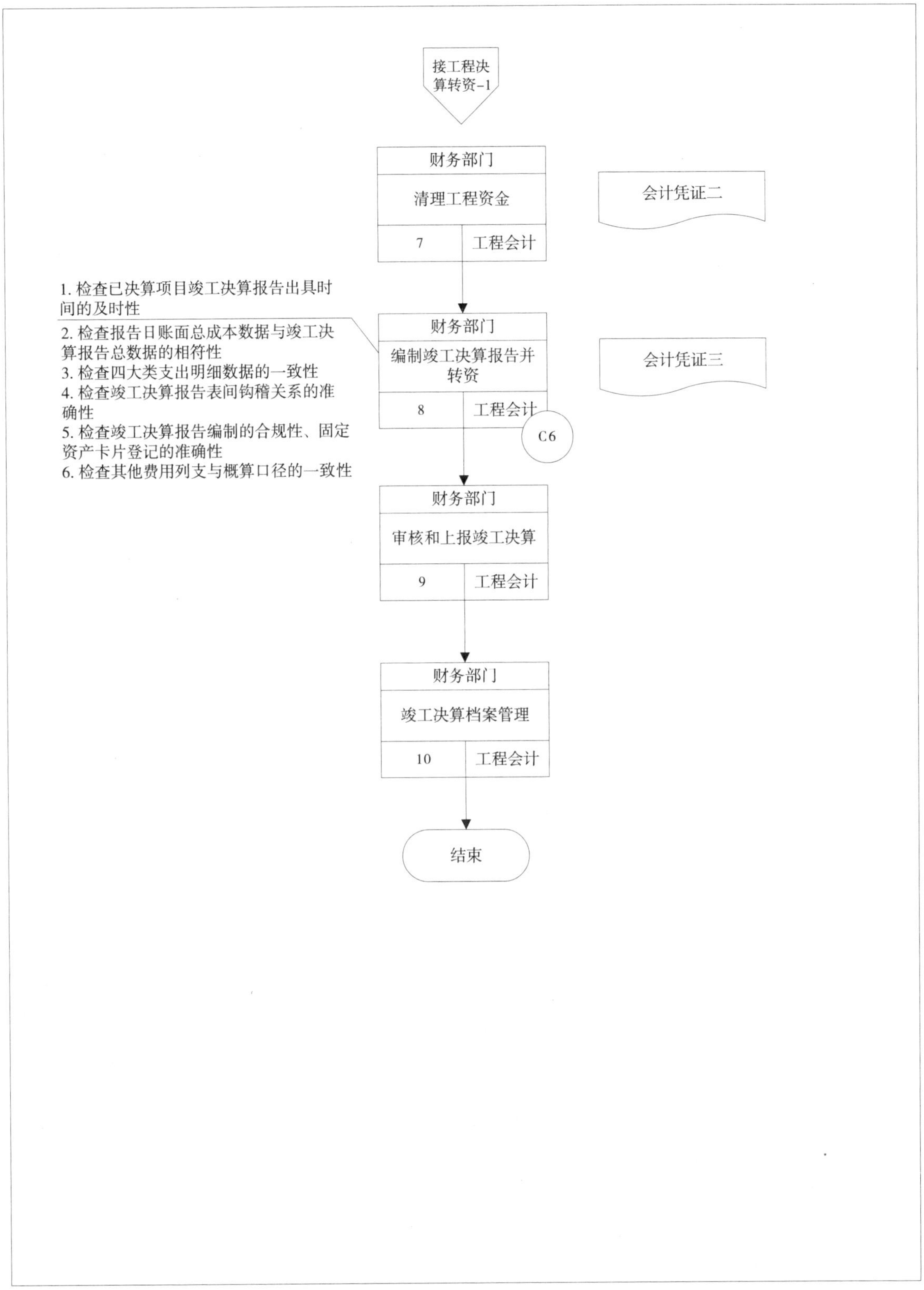

接工程决算转资-1

↓

财务部门	
清理工程资金	
7	工程会计

会计凭证二

↓

财务部门	
编制竣工决算报告并转资	
8	工程会计

C6

会计凭证三

1. 检查已决算项目竣工决算报告出具时间的及时性
2. 检查报告日账面总成本数据与竣工决算报告总数据的相符性
3. 检查四大类支出明细数据的一致性
4. 检查竣工决算报告表间钩稽关系的准确性
5. 检查竣工决算报告编制的合规性、固定资产卡片登记的准确性
6. 检查其他费用列支与概算口径的一致性

↓

财务部门	
审核和上报竣工决算	
9	工程会计

↓

财务部门	
竣工决算档案管理	
10	工程会计

↓

结束

稽核——500千伏及以上工程委托属地报销业务

1. 编制目的

本节主要评估500千伏及以上工程委托属地报销业务的风险，确定关键控制点，明确财务稽核重点审核要点及方法，指导财务稽核人员加强对此类业务的监督管理。

2. 适用范围

通过ERP完成500千伏及以上工程委托属地报销业务。

3. 风险评估与检查方法

3.1 C1 关键控制：市县公司审核资金申请的检查

风险分析：

由于前端业务部门资料不齐全或未到付款条件，导致已提报的现金预算无法支付，形成现金流量预算偏差，影响财务报告的准确性。

检查方法：

获取当月付款信息与现金流量管理核对，是否有应付未付的现象。

3.2 C2 关键控制：拨付500千伏及以上属地业务垫付资金的检查

风险分析：

资金付款时未经有效审核，导致拨款明细不准确，造成资金损失。

检查方法：

获取资金申请金额明细、银行回单、拨款明细，检查资金申请金额是否与拨款明细完全一致。

3.3 C3 关键控制：发起资金支付申请的检查

风险分析：

（1）在项目过程中存在铺张浪费以及虚报、假报等谋取私利的行为，导致资金损失；

（2）缺乏有效分级审核、审批，导致支付缺乏真实性、必要性，报销单据缺乏完整性、合法性、合规性。

检查方法：

（1）抽取受托垫付资金项目整理资料，按照清单核对是否有遗漏重要原始单据的现象；

（2）抽取相关资料，检查审核、审批流程是否完善；

（3）必要时选取有疑点项目通过实地走访调查等方式进行查证。

政策及制度依据：

《国家电网公司工程财务管理办法》[国网（财/2）351-2018]第三十一条、第三十三条

《国家电网有限公司会计基础管理办法》[国网（财/2）350-2018]第九十五条

3.4 C4 关键控制：列转500千伏及以上属地业务垫付资金的检查

风险分析：

未通过BPM工作流进行流转，会计凭证生成有误，账务处理不规范，影响财务报告的准确性。

检查方法：

通过财务管控系统“其他应付款——应付单位款”“其他应收款——应收单位款”“其他应收款——其他”等相关科目查看凭证处理是否规范。

500千伏及以上工程委托属地报销业务	业务经办部门：属地化业务管理部门	流程编号：SG－SD0607
	归口管理部门：建设公司管理部门、财务部门	编制单位：国网山东省电力公司

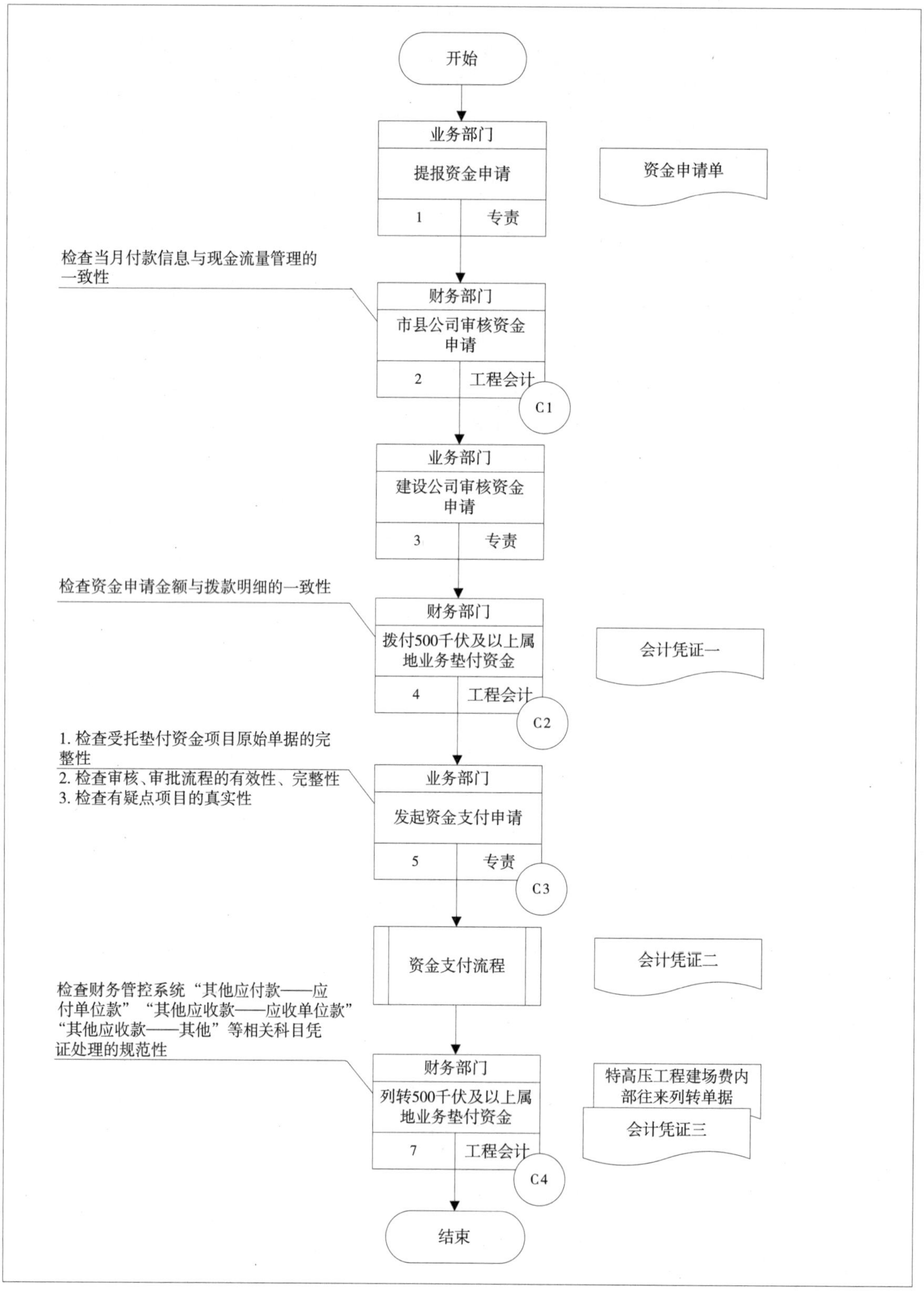

开始

业务部门
提报资金申请
1 专责
资金申请单

检查当月付款信息与现金流量管理的一致性

财务部门
市县公司审核资金申请
2 工程会计
C1

业务部门
建设公司审核资金申请
3 专责

检查资金申请金额与拨款明细的一致性

财务部门
拨付500千伏及以上属地业务垫付资金
4 工程会计
C2
会计凭证一

1. 检查受托垫付资金项目原始单据的完整性
2. 检查审核、审批流程的有效性、完整性
3. 检查有疑点项目的真实性

业务部门
发起资金支付申请
5 专责
C3

资金支付流程
会计凭证二

检查财务管控系统“其他应付款——应付单位款”“其他应收款——应收单位款”“其他应收款——其他”等相关科目凭证处理的规范性

财务部门
列转500千伏及以上属地业务垫付资金
7 工程会计
C4
特高压工程建场费内部往来列转单据
会计凭证三

结束

七、运维检修业务

稽核——运维检修费

1. 编制目的

本节主要评估委托运维检修费的风险，确定关键控制点，并针对潜在的风险制定财务稽核检查方法，以指导各级财务稽核人员加强对此类业务的监督管理。

2. 适用范围

通过 ERP 系统办理自营（外包）材料费、外包检修费入账业务。

3. 风险评估与检查方法

3.1 物资采购流程

3.1.1 C1 关键控制：物资到货的检查

风险分析：

验收单、入库单未按照要求进行签字确认，可能导致账实不符，影响真实性。

检查方法：

获取电商化采购业务验收单、入库单、领用明细，检查单据的完整性、单据间的一致性。

3.1.2 C2 关键控制：发票校验的检查

风险分析：

（1）业务人员提交报销单据与采购申请不一致，可能导致虚列成本，造成损失；

（2）发票信息不准确、不完整，导致税收处罚，造成损失。

检查方法：

获取原始单据，检查其完整性、有效性、及时性，如报销原始单据时间是否符合逻辑、签批流程是否符合要求等。

政策及制度依据：

《国家电网有限公司会计基础管理办法》[国网（财 /2）350-2018] 第四章 第三节 第五十四条

检修运维费

业务经办部门：运检、营销、安质、后勤等项目管理部门	流程编号：SG－SD0701
归口管理部门：运检、营销、安质、后勤等项目管理部门	编制单位：国网山东省电力公司

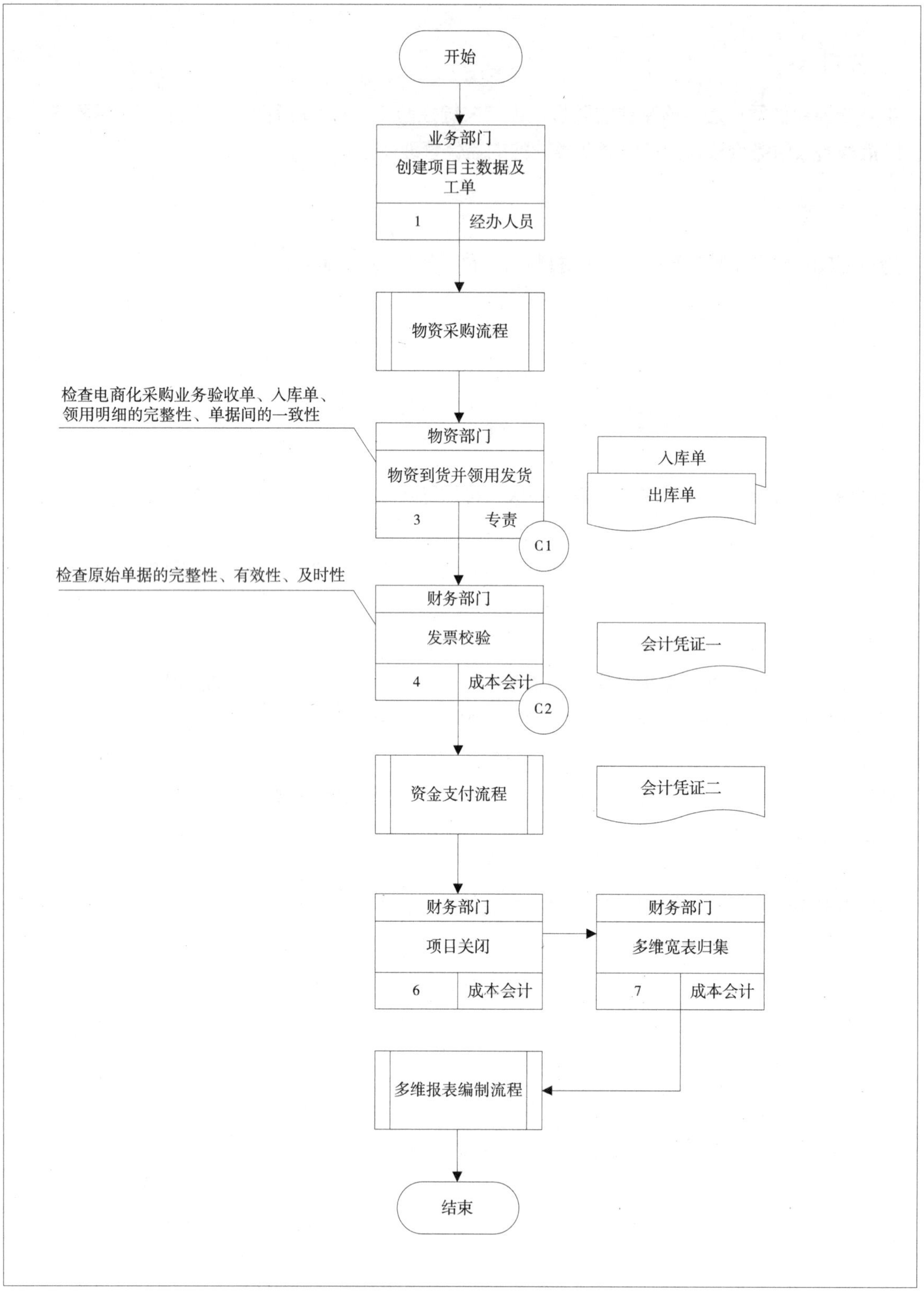

开始

业务部门
创建项目主数据及工单
1 经办人员

物资采购流程

检查电商化采购业务验收单、入库单、领用明细的完整性、单据间的一致性

物资部门
物资到货并领用发货
3 专责
C1

入库单
出库单

检查原始单据的完整性、有效性、及时性

财务部门
发票校验
4 成本会计
C2

会计凭证一

资金支付流程

会计凭证二

财务部门
项目关闭
6 成本会计

财务部门
多维宽表归集
7 成本会计

多维报表编制流程

结束

3.2 服务采购流程

3.2.1 C1 关键控制：创建项目主数据及工单的检查

风险分析：

采购服务超预算资金，可能导致无法报销入账或超预算支出，影响预算目标的实现。

检查方法：

比较采购服务年度预算与采购服务申请，检查是否存在超预算提报的情况。

3.2.2 C2 关键控制：创建服务采购订单的检查

风险分析：

采购订单相关信息与合同不一致，可能导致采购事项缺乏真实性、相关单据缺乏有效性，影响财务报告的准确性。

检查方法：

检查采购订单中税率、付款条件、供应商名称、银行账户、交货日期等信息与合同是否一致。

3.2.3 C3 关键控制：合同会签生效的检查

风险分析：

合同未经过有效审核，可能导致合同条款含糊不清，出现合同纠纷，造成法律风险及经济损失。

检查方法：

检查经法系统业务合同，检查合同的有效性、准确性、完整性，如是否对不含税价、税率及税额进行了明确，同时在合同中约定了“若国家出台新的税收政策，则按新政策执行”。

3.2.4 C4 关键控制：服务确认的检查

风险分析：

未按照工程实际进度、合同执行进度开具发票，影响财务报告的准确性。

检查方法：

查验实际工程进度、合同执行进度及发票开具情况。

3.1.5 C5 关键控制：发票校验的检查

风险分析：

（1）业务人员提交报销单据不及时、未按要求进行分级审核，造成报销单据不真实、不合规；

（2）发票信息不准确、不完整，导致报销单据不符合财务制度要求，造成资金损失。

检查方法：

获取原始单据，检查其完整性、有效性、及时性，如报销原始单据时间是否符合逻辑、签批流程是否符合要求等。

政策及制度依据：

《国家电网有限公司会计基础管理办法》[国网（财 /2）350-2018] 第四章 第三节 第五十四条

# 检修运维费	业务经办部门：运检、营销、安质、后勤等项目管理部门	流程编号：SG-SD0701
	归口管理部门：运检、营销、安质、后勤等项目管理部门	编制单位：国网山东省电力公司

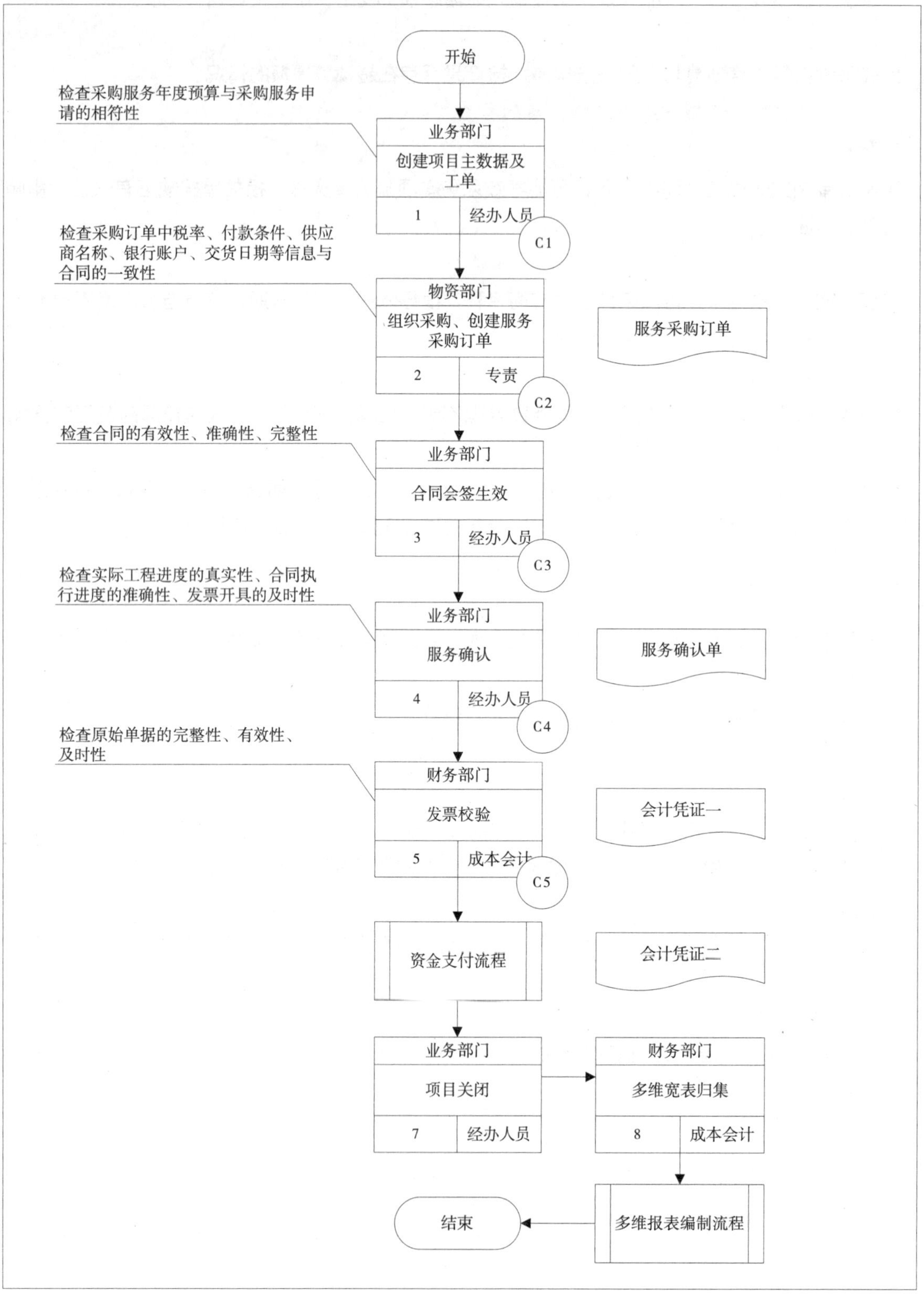

开始

检查采购服务年度预算与采购服务申请的相符性

业务部门
创建项目主数据及工单
1 经办人员 C1

检查采购订单中税率、付款条件、供应商名称、银行账户、交货日期等信息与合同的一致性

物资部门
组织采购、创建服务采购订单
2 专责 C2
服务采购订单

检查合同的有效性、准确性、完整性

业务部门
合同会签生效
3 经办人员 C3

检查实际工程进度的真实性、合同执行进度的准确性、发票开具的及时性

业务部门
服务确认
4 经办人员 C4
服务确认单

检查原始单据的完整性、有效性、及时性

财务部门
发票校验
5 成本会计 C5
会计凭证一

资金支付流程
会计凭证二

业务部门
项目关闭
7 经办人员

财务部门
多维宽表归集
8 成本会计

多维报表编制流程

结束

稽核——设备检测费

1. 编制目的

本节主要评估设备检测费的主要风险，确定关键控制点，明确财务稽核重点审核要点及方法，指导财务稽核人员加强对此类业务的监督管理。

2. 适用范围

通过 ERP 系统服务采购流程办理设备检测费业务。

3. 风险评估与检查方法

3.1 C1 关键控制：创建采购订单的检查

风险分析：

（1）采购服务超预算资金，可能导致无法报销入账或超预算支出，影响预算目标的实现；

（2）“总账科目”“成本中心”等信息不准确，导致财务核算不准确，影响财务报告的准确性。

检查方法：

（1）比较设备检测费年度预算安排与账面实际支出，查看是否存在超预算支出情况；

（2）线上检查选择的科目是否准确。

政策及制度依据：

《国家电网公司会计核算办法 2014》[国网（财 /2）469-2014] 第十六章

3.2 C2 关键控制：合同会签生效的检查

风险分析：

合同未经过有效审核，可能导致合同条款含糊不清，出现合同纠纷，造成法律风险及经济损失。

检查方法：

抽取经法系统业务合同，检查合同的有效性、准确性、完整性，如是否对不含税价、税率及税额进行了明确，同时在合同中约定了“若国家出台新的税收政策，则按新政策执行”。

3.3 C3 关键控制：发票校验的检查

风险分析：

（1）业务人员提交报销单据不及时、未按要求进行分级审核，造成报销单据不真实、不合规；

（2）发票信息不准确、不完整，导致报销单据不符合财务制度要求，造成资金损失。

检查方法：

获取原始单据，检查其完整性、有效性、及时性，如报销原始单据时间是否符合逻辑、签批流程是否符合要求；核对发票信息是否与合同标注的信息一致。

政策及制度依据：

《国家电网有限公司会计基础管理办法》[国网（财 /2）350-2018] 第四章 第三节 第五十四条

设备检测费	业务经办部门：运检部门	流程编号：SG－SD0702
	归口管理部门：运检部门	编制单位：国网山东省电力公司

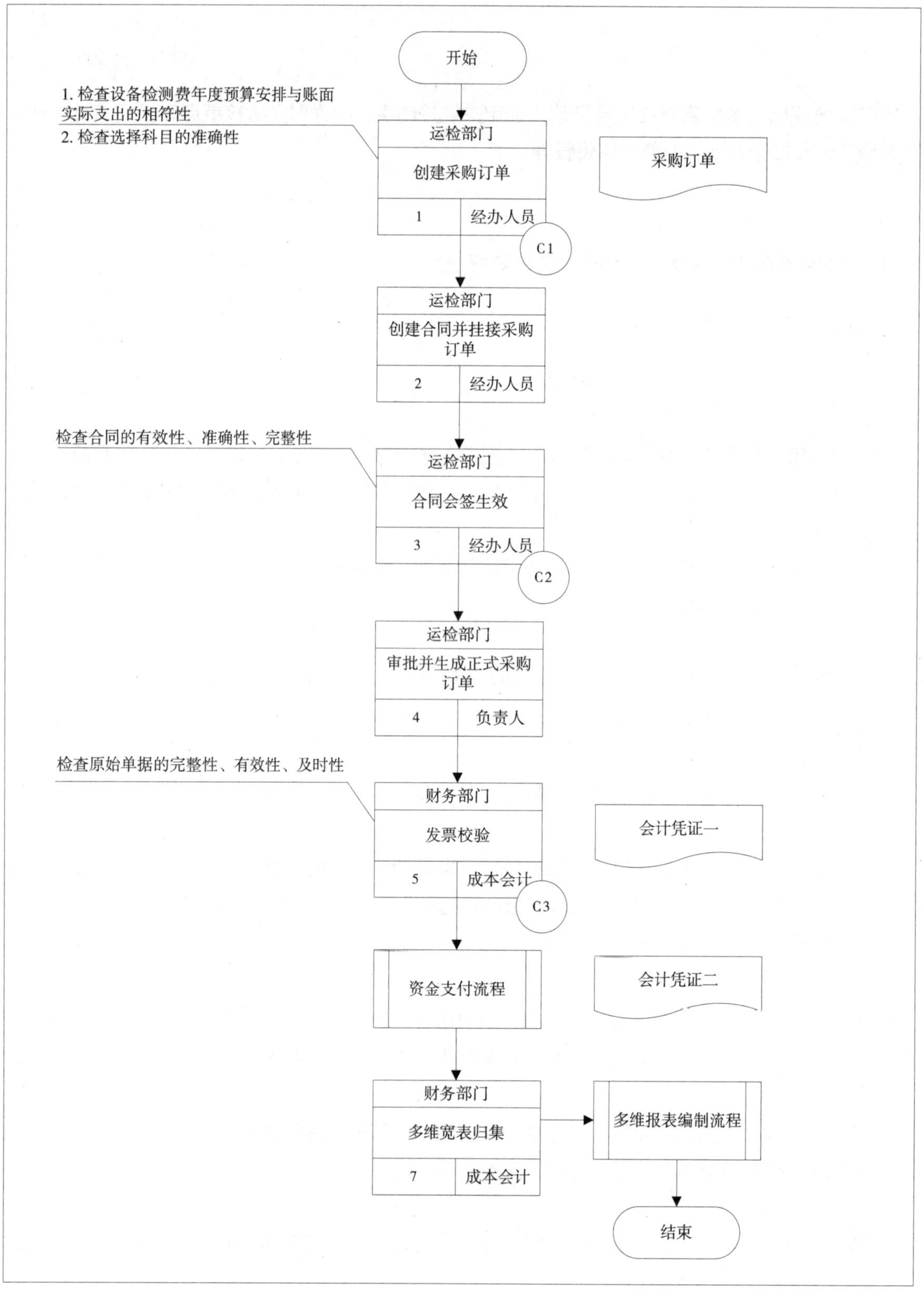

开始

1. 检查设备检测费年度预算安排与账面实际支出的相符性
2. 检查选择科目的准确性

运检部门 创建采购订单 1 经办人员 (C1) — 采购订单

运检部门 创建合同并挂接采购订单 2 经办人员

检查合同的有效性、准确性、完整性

运检部门 合同会签生效 3 经办人员 (C2)

运检部门 审批并生成正式采购订单 4 负责人

检查原始单据的完整性、有效性、及时性

财务部门 发票校验 5 成本会计 (C3) — 会计凭证一

资金支付流程 — 会计凭证二

财务部门 多维宽表归集 7 成本会计 → 多维报表编制流程

结束

稽核——节能服务费

1. 编制目的

本节主要评估节能服务费的主要风险，确定关键控制点，明确财务稽核重点审核要点及方法，指导财务稽核人员加强对此类业务的监督管理。

2. 适用范围

通过 ERP 系统服务采购流程办理节能服务费业务。

3. 风险评估与检查方法

3.1 C1 关键控制：创建采购订单的检查

风险分析：

（1）采购服务超预算资金，可能导致无法报销入账或超预算支出，影响预算目标的实现；

（2）“总账科目”“成本中心”等信息不准确，导致财务核算不准确，影响财务报告的准确性。

检查方法：

（1）比较节能服务费年度预算安排与账面实际支出，查看是否存在超预算支出情况；

（2）线上检查选择的科目是否准确。

政策及制度依据：

《国家电网公司会计核算办法 2014》[国网（财 /2）469-2014] 第十六章

3.2 C2 关键控制：合同会签生效的检查

风险分析：

合同未经过有效审核，可能导致合同条款含糊不清，出现合同纠纷，造成法律风险及经济损失。

检查方法：

抽取经法系统业务合同，检查合同的有效性、准确性、完整性，如是否对不含税价、税率及税额进行了明确，同时在合同中约定了“若国家出台新的税收政策，则按新政策执行”。

3.3 C3 关键控制：发票校验的检查

风险分析：

（1）业务人员提交报销单据不及时、未按要求进行分级审核，造成报销单据不真实、不合规；

（2）发票信息不准确、不完整，导致报销单据不符合财务制度要求，造成资金损失。

检查方法：

（1）获取原始单据，检查其完整性、有效性、及时性，如报销原始单据时间是否符合逻辑、签批流程是否符合要求；

（2）核对发票信息是否与合同、报销审批单信息一致。

政策及制度依据：

《国家电网有限公司会计基础管理办法》[国网（财 /2）350-2018] 第四章 第三节 第五十四条

节能服务费

业务经办部门：运检部门	流程编号：SG-SD0703
归口管理部门：运检部门	编制单位：国网山东省电力公司

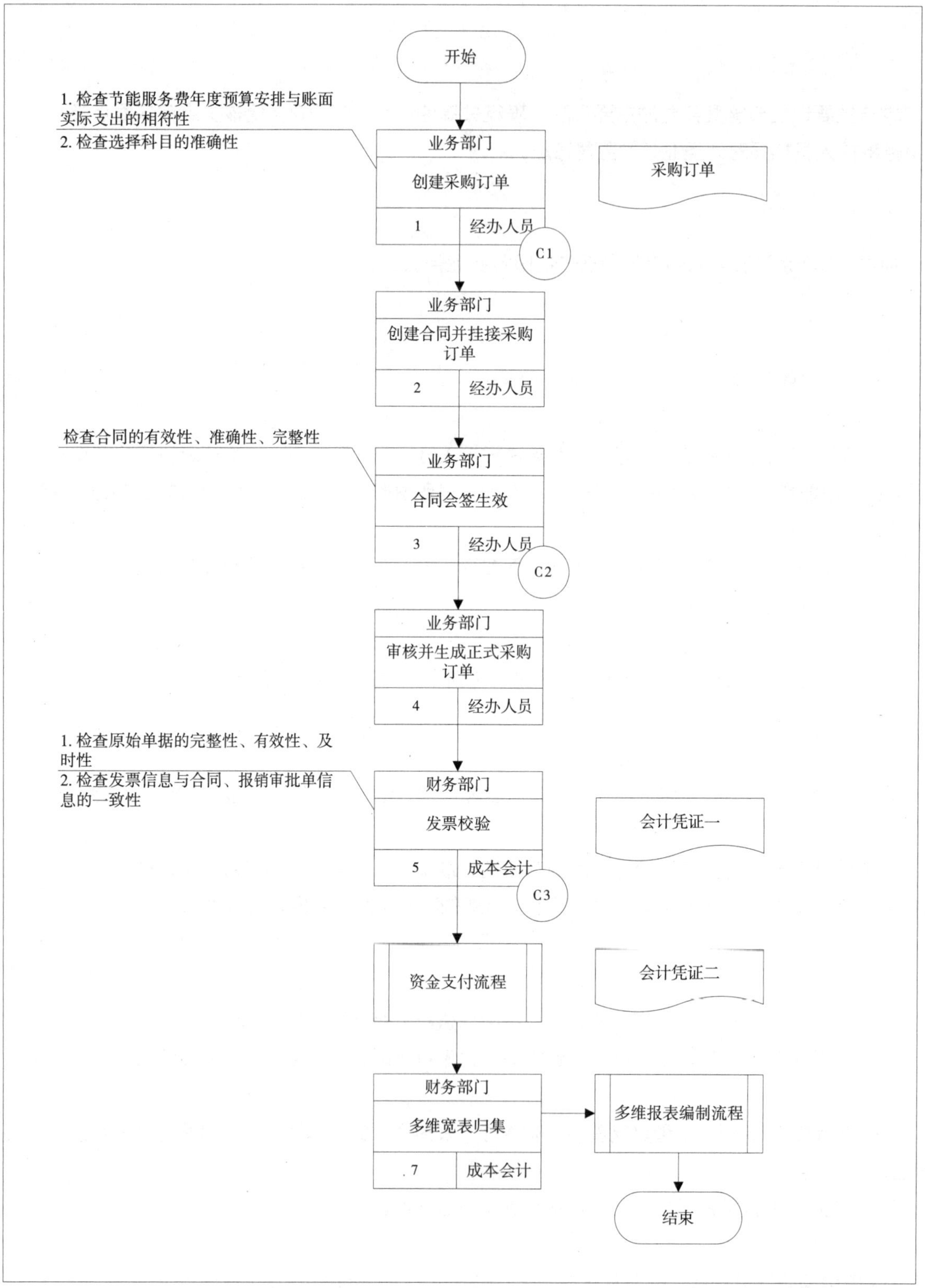

开始

1. 检查节能服务费年度预算安排与账面实际支出的相符性
2. 检查选择科目的准确性

业务部门｜创建采购订单｜1｜经办人员｜C1 —— 采购订单

业务部门｜创建合同并挂接采购订单｜2｜经办人员

检查合同的有效性、准确性、完整性

业务部门｜合同会签生效｜3｜经办人员｜C2

业务部门｜审核并生成正式采购订单｜4｜经办人员

1. 检查原始单据的完整性、有效性、及时性
2. 检查发票信息与合同、报销审批单信息的一致性

财务部门｜发票校验｜5｜成本会计｜C3 —— 会计凭证一

资金支付流程 —— 会计凭证二

财务部门｜多维宽表归集｜7｜成本会计 → 多维报表编制流程

结束

稽核——护线费

1. 编制目的

本节主要评估护线费业务的主要风险，确定关键控制点，明确财务稽核重点审核要点及方法，指导财务稽核人员加强对此类业务的监督管理。

2. 适用范围

通过 ERP 服务采购流程办理护线费业务。

3. 风险评估与检查方法

3.1 C1 关键控制：创建采购订单的检查

风险分析：

（1）采购服务超预算资金，可能导致无法报销入账或超预算支出，影响预算目标的实现；

（2）“总账科目”“成本中心”等信息不准确，导致财务核算不准确，影响财务报告的准确性。

检查方法：

（1）比较护线费年度预算安排与账面实际支出，查看是否存在超预算支出情况。

（2）线上检查选择的科目是否准确。

政策及制度依据：

《国家电网公司架空输电线路检修管理规定》[国网（运检 /4）310-2014]

《国家电网公司架空输电线路运维管理规定》[国网（运检 /4）305-2014]

《国家电网公司会计核算办法 2014》[国网（财 /2）469-2014]

3.2 C2 关键控制：合同会签生效的检查

风险分析：

合同未经过有效审核，可能导致合同条款含糊不清，出现合同纠纷，造成法律风险及经济损失。

检查方法：

抽取经法系统业务合同，检查合同的有效性、准确性、完整性，如是否对不含税价、税率及税额进行了明确，同时在合同中约定了“若国家出台新的税收政策，则按新政策执行”；合同服务日期、合同签订日期是否符合逻辑，如是否存在合同倒签情况。

政策及制度依据：

《国家电网公司合同管理办法》[国网（法 /2）134-2017]

3.3 C3 关键控制：发票校验的检查

风险分析：

（1）业务人员提交报销单据不及时、未按要求进行分级审核，造成报销单据不真实、不合规；

（2）发票信息不准确、不完整，导致报销单据不符合财务制度要求，造成资金损失；

（3）未按合同要求取得增值税专用发票，造成公司经济损失；

（4）未对报销单据的完整性及报销事项与报销单据的一致性复核，可能导致财务数据失真；

（5）会计凭证编制未经有效审核，可能导致凭证编制错误未被及时发现，出现会计核算差错问题。

检查方法：

（1）获取原始单据，检查其完整性、有效性、及时性，如报销原始单据时间是否符合逻辑、签批流程是否符合要求；

（2）核对发票信息是否与合同、报销审批单信息一致；

（3）线上检查选择的科目是否准确；

（4）根据业务部门已提报现金预算检查结算费用是否纳入月度现金预算。

政策及制度依据：

《国家电网有限公司会计基础管理办法》[国网（财/2）350-2018]

护线费

业务经办部门：运检部门	流程编号：SG－SD0704
归口管理部门：运检部门	编制单位：国网山东省电力公司

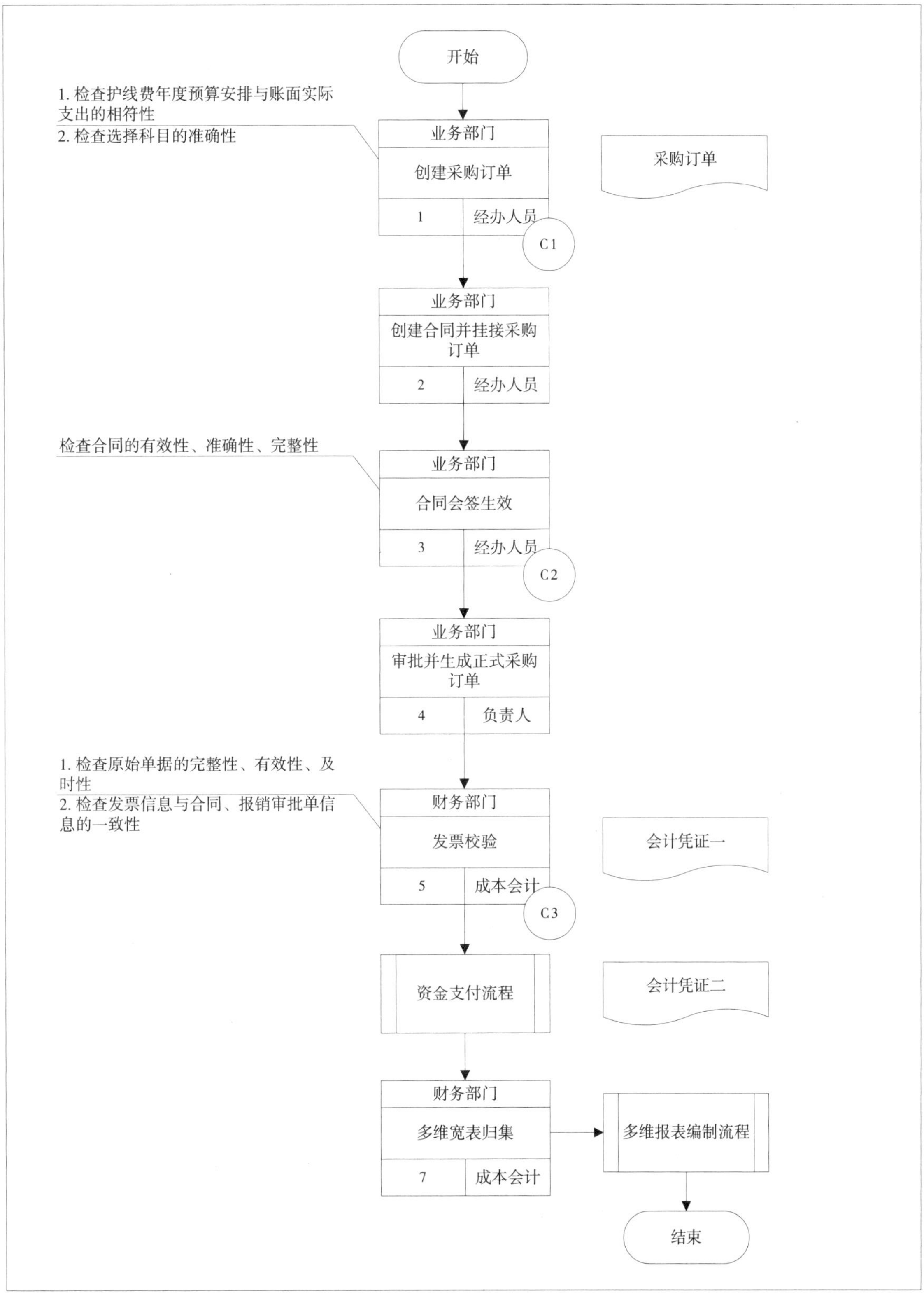

开始

1. 检查护线费年度预算安排与账面实际支出的相符性
2. 检查选择科目的准确性

业务部门	
创建采购订单	
1	经办人员

C1

采购订单

业务部门	
创建合同并挂接采购订单	
2	经办人员

检查合同的有效性、准确性、完整性

业务部门	
合同会签生效	
3	经办人员

C2

业务部门	
审批并生成正式采购订单	
4	负责人

1. 检查原始单据的完整性、有效性、及时性
2. 检查发票信息与合同、报销审批单信息的一致性

财务部门	
发票校验	
5	成本会计

C3

会计凭证一

资金支付流程

会计凭证二

财务部门	
多维宽表归集	
7	成本会计

多维报表编制流程

结束

稽核——技术使用费

1. 编制目的

本节主要评估技术使用费业务的主要风险，确定关键控制点，明确财务稽核重点审核要点及方法，指导财务稽核人员加强对此类业务的监督管理。

2. 适用范围

通过 ERP 服务采购流程办理技术使用费业务。

3. 风险评估与检查方法

3.1 C1 关键控制：创建采购订单的检查

风险分析：

（1）采购服务超预算资金，可能导致无法报销入账或超预算支出，影响预算目标的实现；

（2）“总账科目”“成本中心”等信息不准确，导致财务核算不准确，影响财务报告的准确性。

检查方法：

（1）比较技术使用费年度预算安排与账面实际支出，查看是否存在超预算支出情况；

（2）线上检查选择的科目是否准确；

（3）检查采购订单内容的完整性。

政策及制度依据：

《国家电网公司会计核算办法 2014》[国网（财 /2）469-2014]

3.2 C2 关键控制：合同会签生效的检查

风险分析：

合同未经过有效审核，可能导致合同条款含糊不清，出现合同纠纷，造成法律风险及经济损失。

检查方法：

抽取经法系统业务合同，检查合同的有效性、准确性、完整性，如是否对不含税价、税率及税额进行了明确，同时在合同中约定了“若国家出台新的税收政策，则按新政策执行”；合同服务日期、合同签订日期是否符合逻辑，如是否存在合同倒签情况。

政策及制度依据：

《国家电网公司合同管理办法》[国网（法 /2）134-2017]

3.3 C3 关键控制：发票校验的检查

风险分析：

（1）业务人员提交报销单据不及时、未按要求进行分级审核，造成报销单据不真实、不合规；

（2）发票信息不准确、不完整，导致报销单据不符合财务制度要求，造成资金损失；

（3）未按合同要求取得增值税专用发票，造成公司经济损失；

（4）未对报销单据的完整性及报销事项与报销单据的一致性复核，可能导致财务数据失真；

（5）会计凭证编制未经有效审核，可能导致凭证编制错误未被及时发现，出现会计核算差错问题。

检查方法：

（1）获取原始单据，检查其完整性、有效性、及时性，如报销原始单据时间是否符合逻辑、签批流程是否符合要求；核对发票信息是否与合同、报销审批单信息一致；结算金额的计量与技术监督服务合同的约定是否相符，金额是否正确。

（2）线上检查选择的科目是否准确。

（3）根据业务部门已提报现金预算检查结算费用是否纳入月度现金预算。

政策及制度依据：

《国家电网有限公司会计基础管理办法》[国网（财 /2）350]

技术使用费

业务经办部门：运检部门	流程编号：SG－SD0705
归口管理部门：运检部门	编制单位：国网山东省电力公司

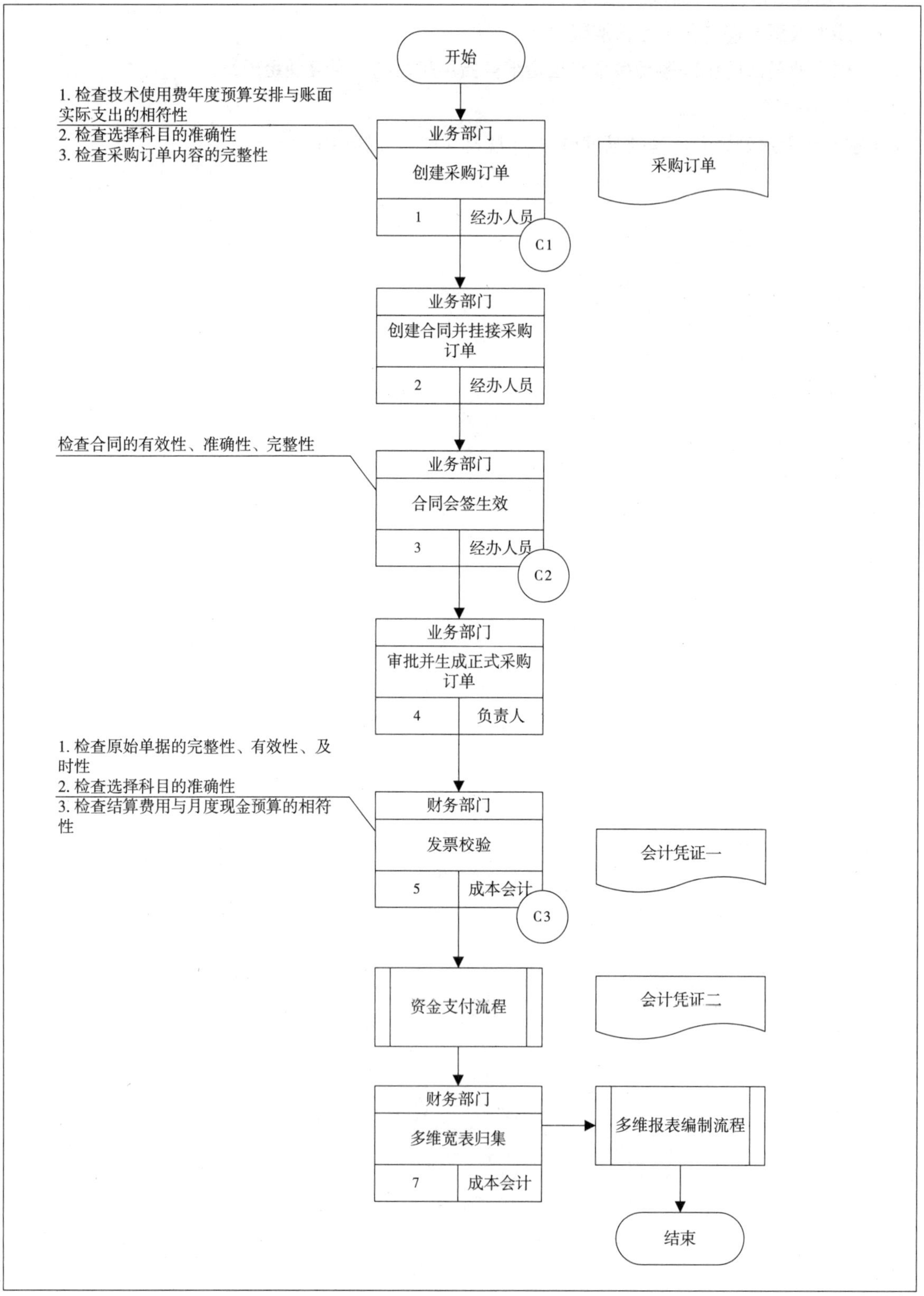

开始

1. 检查技术使用费年度预算安排与账面实际支出的相符性
2. 检查选择科目的准确性
3. 检查采购订单内容的完整性

业务部门 | 创建采购订单 | 1 | 经办人员 (C1) → 采购订单

业务部门 | 创建合同并挂接采购订单 | 2 | 经办人员

检查合同的有效性、准确性、完整性

业务部门 | 合同会签生效 | 3 | 经办人员 (C2)

业务部门 | 审批并生成正式采购订单 | 4 | 负责人

1. 检查原始单据的完整性、有效性、及时性
2. 检查选择科目的准确性
3. 检查结算费用与月度现金预算的相符性

财务部门 | 发票校验 | 5 | 成本会计 (C3) → 会计凭证一

资金支付流程 → 会计凭证二

财务部门 | 多维宽表归集 | 7 | 成本会计 → 多维报表编制流程

结束

八、设备资产管理

稽核——固定资产零购

1. 编制目的

本节主要评估固定资产零购业务的主要风险，确定关键控制点，并针对潜在的风险制定财务稽核检查方法，以指导各级财务稽核人员加强对此类业务的监督管理。

2. 适用范围

固定资产零购业务。

3. 风险评估与检查方法

3.1 C1 关键控制：创建设备卡片，联动生成资产卡片的检查

风险分析：

（1）资产分类错误，将导致折旧计提不准确，直接影响利润等情况，存在税务风险。

（2）资产卡片创建、联动生成不恰当，不利于资产管理；资产盘点时出现账实不符，可能导致资产遗失、挪用等损失。

检查方法：

检查卡片设备类型、资产类型是否恰当；盘点实物资产，与资产卡片进行对比，检查是否账实相符。

政策及制度依据：

《国家电网有限公司固定资产管理办法》[国网（财 /2）593-2018] 第十八条

3.2 C2 关键控制：采购收货流程的检查

风险分析：

固定资产实际领用实物与采购不符，可能存在资产损失、舞弊风险。

检查方法：

进行实物盘点，检查上级批复文件、采购申请内部审批、采购订单、入库单、出库单是否一致。

政策及制度依据：

《国家电网有限公司固定资产管理办法》第十八条

《国家电网有限公司固定资产零星购置管理规定》[国网（发展 /3）364-2019] 第二十二条

3.3 C3 关键控制：采购订单发票校验的检查

风险分析：

采购订单、发票、入库单不一致，影响资产价值与应付款项准确性，存在财务报表错报风险。

检查方法：

检查采购订单、入库单、发票及合同是否一致。

政策及制度依据：

《国家电网有限公司固定资产管理办法》第十八条

《国家电网公司会计核算办法 2021》第八章　第三节 固定资产零购

固定资产零购	业务经办部门：相关部门	流程编号：SG-SD0801-01
	归口管理部门：发策部门	编制单位：国网山东省电力公司

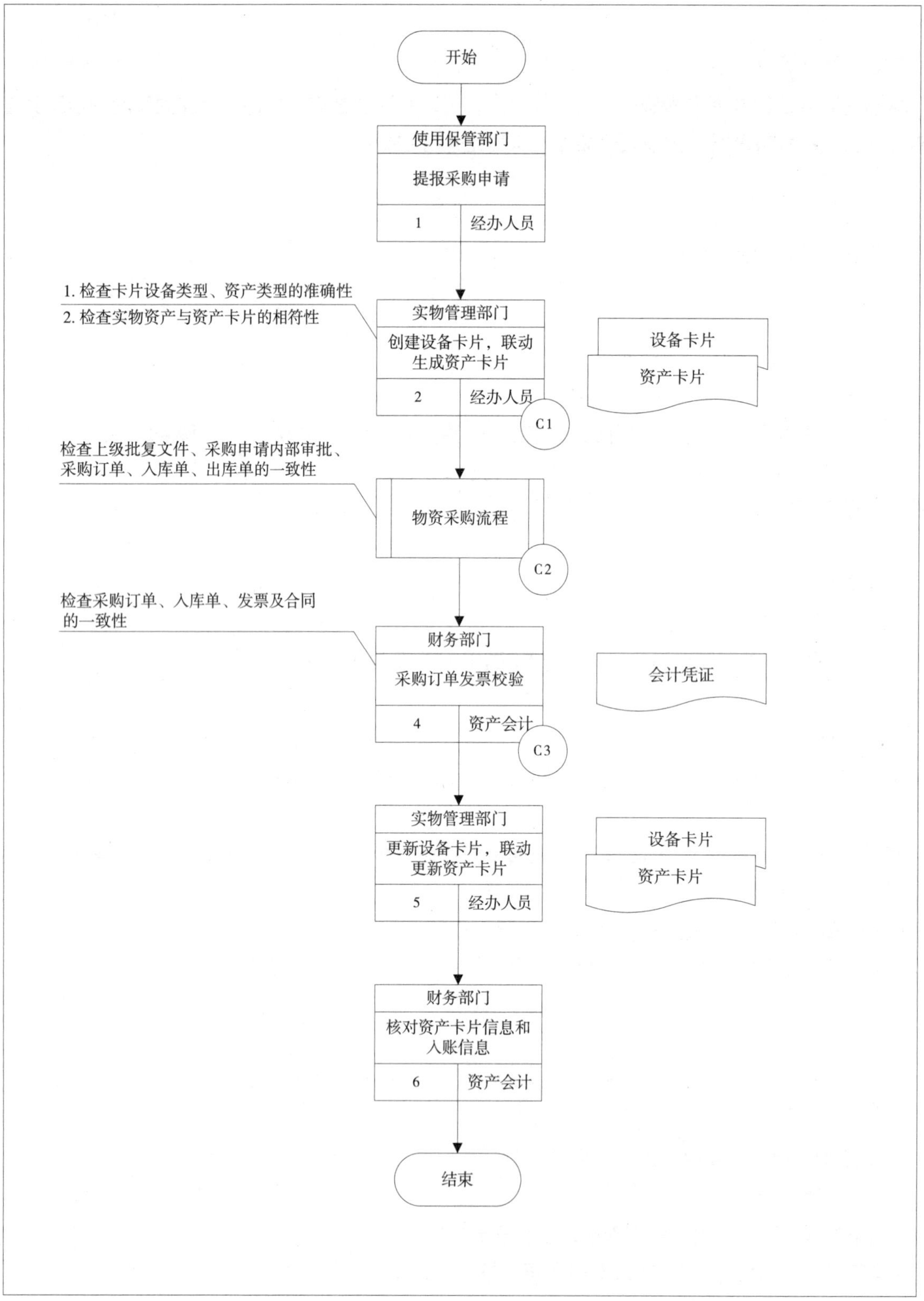

开始

使用保管部门
提报采购申请
1 经办人员

1. 检查卡片设备类型、资产类型的准确性
2. 检查实物资产与资产卡片的相符性

实物管理部门
创建设备卡片，联动生成资产卡片
2 经办人员
C1

设备卡片
资产卡片

检查上级批复文件、采购申请内部审批、采购订单、入库单、出库单的一致性

物资采购流程
C2

检查采购订单、入库单、发票及合同的一致性

财务部门
采购订单发票校验
4 资产会计
C3

会计凭证

实物管理部门
更新设备卡片，联动更新资产卡片
5 经办人员

设备卡片
资产卡片

财务部门
核对资产卡片信息和入账信息
6 资产会计

结束

稽核——无偿接收用户资产

1. 编制目的

本节主要评估无偿接收用户资产新增业务的主要风险，确定关键控制点，并针对潜在的风险制定财务稽核检查方法，以指导各级财务稽核人员加强对此类业务的监督管理。

2. 适用范围

无偿接收用户资产新增业务。

3. 风险评估与检查方法

3.1 C1 关键控制：提报移交申请的检查

风险分析：

（1）资产设备不属实，存在资产流失风险；

（2）产权归属不明，存在权属争议、纠纷或涉诉的用户资产，存在法律风险。

检查方法：

（1）检查客户移交资料，核实有关资产的产权归属、相关建设项目的核准情况和验收程序，调查了解输变电设备所附着的土地、房屋建筑物情况等是否合法、合规。

（2）检查对相关项目建设未按规定取得有关审批、核准或验收手续的用户资产；对产权归属不明，存在权属争议、纠纷或涉诉的用户资产；对已设定抵押、质押的用户资产等，是否拒绝接收。

政策及制度依据：

《关于规范和加强用户资产接收工作管理的意见》第二条、第三条

3.2 C2 关键控制：实物清查验收的检查

风险分析：

（1）设备信息不准确，移交范围不明确，将直接影响设备价值评估准确性，导致财务信息质量风险；

（2）固定资产实物与卡片不一致，可能造成资产遗失、挪用等损失。

检查方法：

检查设备信息、移交范围，固定资产实物与卡片是否一致。

政策及制度依据：

《国家电网有限公司固定资产管理办法》第八条、第十八条

《关于规范和加强用户资产接收工作管理的意见》第二条、第三条

3.3 C3 关键控制：签订移交协议的检查

风险分析：

（1）移交协议流于形式，移交清单空白或随意填写，移交范围不明确，将导致产权模糊，后续出现财产损失、人身伤亡事故时，易产生责任纠纷；

（2）设备信息不准确，造成资产价值确认与入账不准确，存在财务报表错报、漏报的风险。

检查方法：

检查移交协议内容填写是否完整，是否明确移交范围，资产信息是否准确。

政策及制度依据：

《国家电网有限公司固定资产管理办法》第十八条

《关于规范和加强用户资产接收工作管理的意见》第四条

3.4 C4 关键控制：组织开展资产评估的检查

风险分析：

资产评估的价值确认不公允，会导致企业经济利益受损。

检查方法：

检查提供的相关合同、协议及资产清单，并查看实物资产，进行市场询价等方式检验评估价格是否公允。

政策及制度依据：

《国家电网公司资产评估工作管理办法》第四章 第十条

《国家电网公司会计核算办法 2014》第八章

《关于规范和加强用户资产接收工作管理的意见》第五条

3.5 C5 关键控制：创建设备卡片，联动生成资产卡片的检查

风险分析：

（1）资产分类错误，将导致折旧计提不准确，直接影响利润等情况，存在税务风险。

（2）资产卡片创建、联动生成不恰当，不利于资产管理；资产盘点时出现账实不符，可能造成资产遗失、挪用等损失。

检查方法：

检查卡片设备类型、资产类型是否恰当；是否进行盘点，盘点核对结果账实是否相符。

政策及制度依据：

《国家电网有限公司固定资产管理办法》第十八条

《关于规范和加强用户资产接收工作管理的意见》第二条

《国家电网公司会计核算办法 2014》第八章

3.6 C6 关键控制：完成无偿接收用户资产工作流，完成资产入账的检查

风险分析：

资产入账价值不准确，存在财务报表错报、漏报的风险。

检查方法：

核对资产信息与移交协议是否一致，核对资产价值与评估报告是否一致。

政策及制度依据：

《国家电网有限公司固定资产管理办法》第十八条

《国家电网有限公司会计基础管理办法》[国网（财/2）350-2018] 附件：《电网企业经济业务审核手册》

《国家电网公司会计核算办法 2014》第八章

无偿接收用户资产	业务经办部门：业务部门	流程编号：SG－SD0801－02
	归口管理部门：相关部门	编制单位：国网山东省电力公司

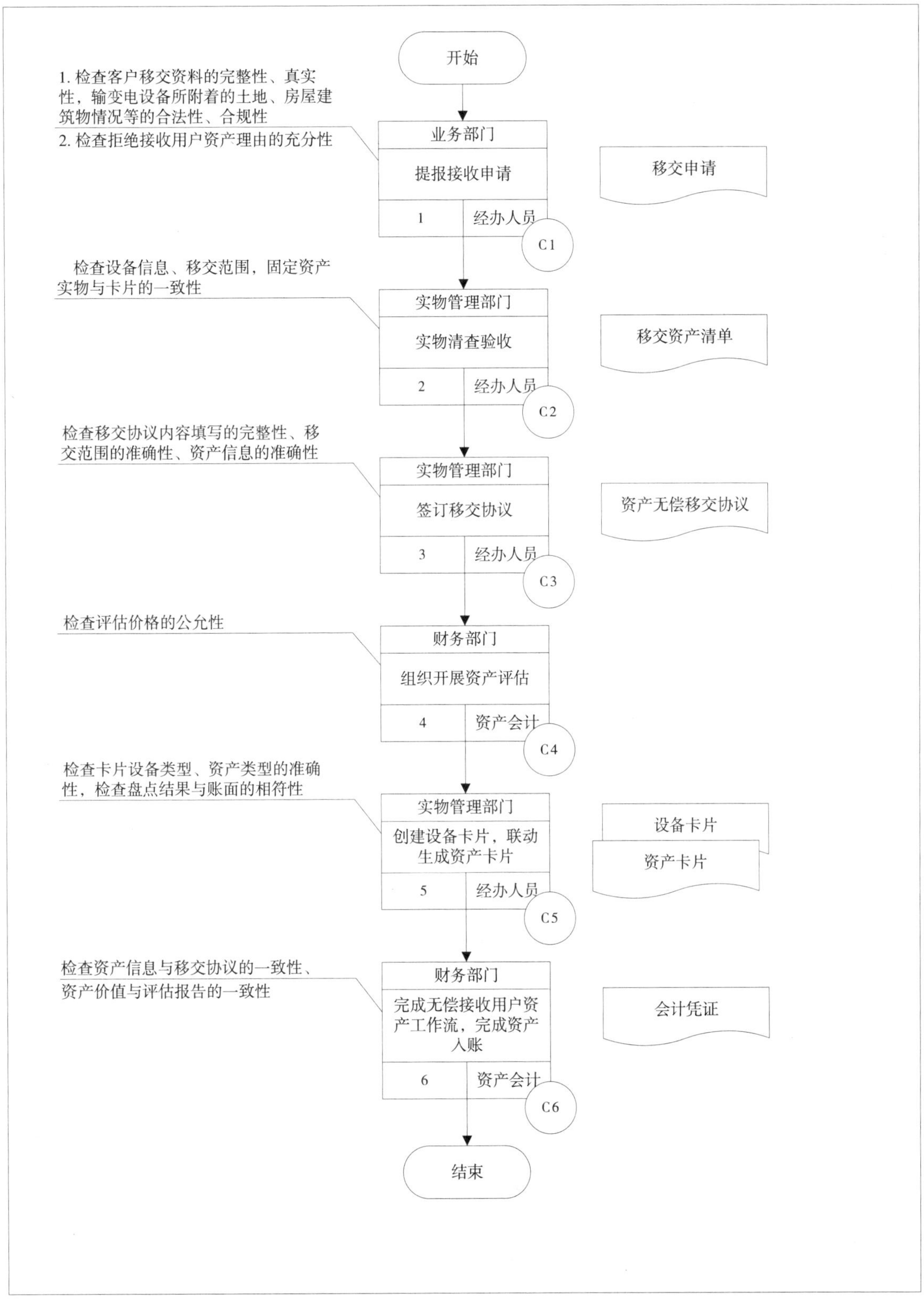

开始

1. 检查客户移交资料的完整性、真实性，输变电设备所附着的土地、房屋建筑物情况等的合法性、合规性
2. 检查拒绝接收用户资产理由的充分性

业务部门
提报接收申请
1 经办人员
C1
移交申请

检查设备信息、移交范围，固定资产实物与卡片的一致性

实物管理部门
实物清查验收
2 经办人员
C2
移交资产清单

检查移交协议内容填写的完整性、移交范围的准确性、资产信息的准确性

实物管理部门
签订移交协议
3 经办人员
C3
资产无偿移交协议

检查评估价格的公允性

财务部门
组织开展资产评估
4 资产会计
C4

检查卡片设备类型、资产类型的准确性，检查盘点结果与账面的相符性

实物管理部门
创建设备卡片，联动生成资产卡片
5 经办人员
C5
设备卡片
资产卡片

检查资产信息与移交协议的一致性、资产价值与评估报告的一致性

财务部门
完成无偿接收用户资产工作流，完成资产入账
6 资产会计
C6
会计凭证

结束

稽核——车辆报废业务

1. 编制目的

本节主要评估运输设备资产报废业务的主要风险，确定关键控制点，并针对潜在的风险制定财务稽核检查方法，以指导各级财务稽核人员加强对此类业务的监督管理。

2. 适用范围

运输设备资产报废业务。

3. 风险评估与检查方法

3.1 C1 关键控制：提交报废申请的检查

风险分析：

因处置理由不充分或未经过技术鉴定等合规风险，导致尚可利用的资产被处置，造成国有资产流失。

检查方法：

检查资产报废审批表是否签批完整，检查技术鉴定报告车辆鉴定结果。

政策及制度依据：

《国家电网有限公司固定资产管理办法》第三十二条、第三十五条

《国网山东省电力公司关于规范资产处置管理的指导意见》第二条、附件 1 第二条、附件 2 第二条

3.2 C2 关键控制：内部审批报废申请、省公司审批的检查

风险分析：

（1）因资产报废审批表未经本单位相关部门及分管领导签批或未上报审批自行处置，导致合规风险；

（2）检查是否有省公司批复公文，批复内容是否与请示内容一致；

（3）省公司实物管理部门根据申请单位提供资料审核其资产处置事项的必要性及可行性，提出初步的处理意见报财务会签。

检查方法：

检查资产报废审批表是否签批完整，检查是否有上报审批请示公文。

政策及制度依据：

《国家电网有限公司固定资产管理办法》第八条、第九条、第三十二条、第三十五条

《国网山东省电力公司关于规范资产处置管理的指导意见》第二条，附件 1 第二条，附件 2 第一条、第二条

3.1.3 C3 关键控制：车辆拆解报废的检查

风险分析：

因车辆未按照国家规定拆解报废，导致合规风险。

检查方法：

（1）检查汽车报废回收手续是否完善；

（2）检查报废材料与报废鉴定审批表是否一致。

政策及制度依据：

《资产退役拆除及废旧物资移交处置业务规范》第三条

3.4 C4 关键控制：财务过账的检查

风险分析：

（1）财务人员未对提报单据的有效性、一致性进行审核，入账依据不充分，导致财务报告错报风险；

（2）因报废回收款入账不及时导致资金安全风险。

检查方法：

（1）审核是否按照审批权限履行审批手续；

（2）审核拆解报废材料是否齐全。

政策及制度依据：

《国家电网有限公司固定资产管理办法》第七条、第三十二条、第三十四条、第三十五条

《国网山东省电力公司关于规范资产处置管理的指导意见》附件 2 第一条、第二条

《资产退役拆除及废旧物资移交处置业务规范》第三条

《国家电网有限公司会计基础管理办法》[国网（财 /2）350-2018] 附件：《电网企业经济业务审核手册》

车辆报废业务

业务经办部门：使用保管部门	流程编号：SG-SD0802-01
归口管理部门：后勤部门	编制单位：国网山东省电力公司

开始

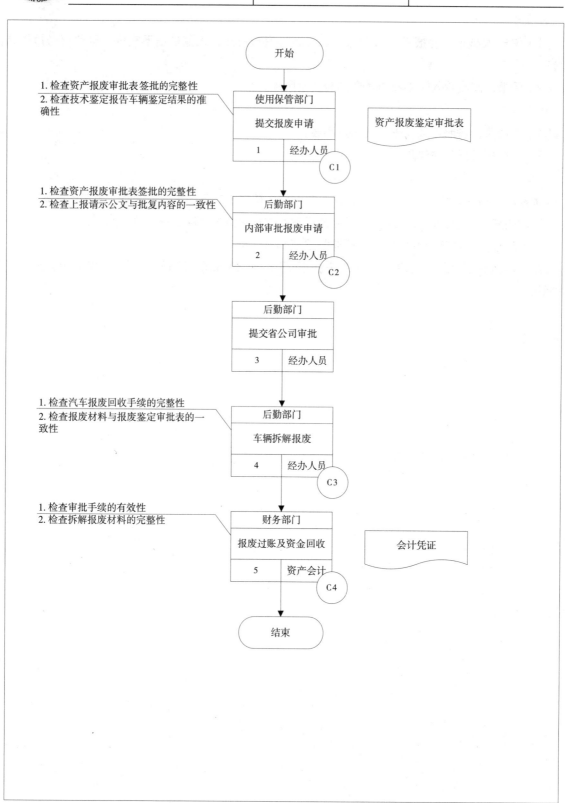

1. 检查资产报废审批表签批的完整性
2. 检查技术鉴定报告车辆鉴定结果的准确性

使用保管部门
提交报废申请
1 经办人员
C1

资产报废鉴定审批表

1. 检查资产报废审批表签批的完整性
2. 检查上报请示公文与批复内容的一致性

后勤部门
内部审批报废申请
2 经办人员
C2

后勤部门
提交省公司审批
3 经办人员

1. 检查汽车报废回收手续的完整性
2. 检查报废材料与报废鉴定审批表的一致性

后勤部门
车辆拆解报废
4 经办人员
C3

1. 检查审批手续的有效性
2. 检查拆解报废材料的完整性

财务部门
报废过账及资金回收
5 资产会计
C4

会计凭证

结束

稽核——房屋土地报废

1. 编制目的

本节主要评估房屋土地报废的主要风险，确定关键控制点，并针对潜在的风险制定财务稽核检查方法，以指导各级财务稽核人员加强对此类业务的监督管理。

2. 适用范围

房屋土地报废。

3. 风险评估与检查方法

3.1 C1 关键控制：提出处置申请的检查

风险分析：

处置理由不充分，无政府拆迁文件（政府行为导致报废事项），补偿方式不公允，可能因资产处置不符合相关规定，导致资产损失风险。

检查方法：

报废申请应对资产状况、拟补偿方式、拟处置方式进行明确，还需与本单位实物管理部门、财务部门协商一致，并征求省公司实物管理部门意见。

政策及制度依据：

未列明。

3.2 C2 关键控制：内部审批报废申请的检查

风险分析：

（1）资产报废审批表未经本单位相关部门及分管领导签批，未进行单位内部审核，无法保证处置原因是否属实、合理，导致资产报废损失风险；

（2）需上会决策事项未履行上会决策程序，无会议纪要，无法保证资产处置的合理性、合规性，存在资产损失风险。

检查方法：

检查资产报废审批表是否签批完整，是否履行总经理办公会决策程序，是否有会议纪要。

政策及制度依据：

《国家电网有限公司固定资产管理办法》第三十五条、第三十六条

《国网山东省电力公司关于规范资产处置管理的指导意见》附件 2 第一条

《国网山东省电力公司关于规范土地、房屋处置流程的通知》第二条

3.3 C3 关键控制：上报上级单位审批的检查

风险分析：

（1）县公司报废事项未上报市公司或省公司审批，导致审批流程失效，出现资产损失风险。

（2）非原址拆除重建项目鉴定为原址拆除重建，未报省公司审批；可能因资产处置不符合相关规定，出现资产损失风险。

检查方法：

检查请示公文内容是否与资产报废审批表、会议纪要、政府文件一致，检查资产价值信息是否与ERP系统一致。原址拆除重建需提供项目批复计划、项目可研报告、可研批复报告等资料，能够充分证明新建项目在已有房屋原值建设，并需对已有房屋建筑物进行拆除。

政策及制度依据：

《国家电网有限公司固定资产管理办法》第三十五条、第三十六条

《国网山东省电力公司关于规范资产处置管理的指导意见》附件2第一条

《国网山东省电力公司关于规范土地、房屋处置流程的通知》第二条

3.4 C4 关键控制：资产评估的检查

风险分析：

（1）资产评估机构不符合评估资质要求，评估价值不准确、不公允，无法为协商赔偿金额提供合理参考，导致资产损失风险；

（2）资产评估报告未经省公司审核，评估方法及评估结论不合理，参考价值不准确、不公允，无法为协商赔偿金额提供合理参考，导致资产损失风险。

检查方法：

（1）检查评估资产明细是否完整、是否与资产报废审批表一致，现场核实拟处置资产是否已拆除；

（2）检查资产评估机构是否为评估准入机构一级备选库中的前两家；

（3）检查评估报告是否有评估报告审核意见书 。

政策及制度依据：

《国家电网有限公司固定资产管理办法》第三十七条

《国网山东省电力公司关于规范资产处置管理的指导意见》附件2第一条

《国网山东省电力公司关于规范土地、房屋处置流程的通知》第二条

3.5 C5 关键控制：省公司审批的检查

风险分析：

未对报废事项进行有效审批，存在资产损失风险。

检查方法：

（1）检查是否有省公司批复公文，批复内容是否与请示内容一致；

（2）检查省公司实物管理部门根据申请单位提供的资料审核其资产处置事项的必要性及可行性，是否提出初步的处理意见报财务会签。

政策及制度依据：

《国网公司固定资产管理办法》第三十五条、第三十六条

《国网山东省电力公司关于规范资产处置管理的指导意见》附件2第一条

《国网山东省电力公司关于规范土地、房屋处置流程的通知》第二条

3.6 C6 关键控制：上会批复的检查

风险分析：

（1）批复前未履行上会决策程序，导致审批流程失效，导致合规风险；

（2）未取得批复先行处置，资产处置不符合相关规定，导致资产损失风险。

检查方法：

检查是否有省公司批复公文，批复内容是否与请示内容一致，如不一致，应按照批复要求的内容进行处置。

政策及制度依据：

《国家电网有限公司固定资产管理办法》第三十五条、第三十六条

《国网山东省电力公司关于规范资产处置管理的指导意见》附件 2 第一条

《国网山东省电力公司关于规范土地、房屋处置流程的通知》第二条

3.7 C7 关键控制：签订拆除（赔偿）合同的检查

风险分析：

（1）合同约定的赔偿金额低于评估金额，导致资产损失风险；

（2）合同签订未履行合同会签程序，存在合规风险；

（3）合同约定拆除、回收资产与审批、批复资产面积、位置不符，资产超范围处置，导致资产损失风险。

检查方法：

严格按照合同经法系统审批流程、按照分工对合同条款进行审核，明确补偿价格、补偿方式、支付时间等事项，检查补偿价格是否高于或等于评估价格，检查拆除实物、注销权证是否与处置批复内容一致。

政策及制度依据：

《国家电网有限公司固定资产管理办法》第三十五条、第三十六条

《国网山东省电力公司关于规范资产处置管理的指导意见》附件 2 第一条

《国网山东省电力公司关于规范土地、房屋处置流程的通知》第二条

3..8 C8 关键控制：按批复进行实物处置的检查

风险分析：

实际拆除、回收资产与审批、批复资产面积、位置不符，未按约定技术回收赔偿款项，资产私自处置、房屋超范围拆除，导致资产损失风险。

检查方法：

检查拆除资产实物是否与请示、批复一致，拆除前是否已签订赔偿（或回收）协议。

政策及制度依据：

《国家电网有限公司固定资产管理办法》第三十五条、第三十六条

《国网山东省电力公司关于规范资产处置管理的指导意见》附件 2 第一条

《国网山东省电力公司关于规范土地、房屋处置流程的通知》第二条、第三条

3.9 C9 关键控制：账务处理的检查

风险分析：

（1）未批复先处置并完成减资账务处理，导致合规风险；

（2）未按合同约定及时回收赔偿款，导致资金风险。

检查方法：

检查会计凭证报废资产原值、净值是否与批复金额一致，检查赔偿金是否与合同约定一致，是否及时赔付到账。

政策及制度依据：

《国家电网有限公司固定资产管理办法》第三十五条、第三十六条

《国网山东省电力公司关于规范资产处置管理的指导意见》附件 2 第一条

《国网山东省电力公司关于规范土地、房屋处置流程的通知》第二条

3.10 C10 关键控制：处置备案的检查

风险分析：

处置业务完成后未履行备案程序，处置过程中出现问题不能及时反馈并履行决策程序，处置结果不能及时反馈至省公司，导致合规风险。

检查方法：

检查是否有书面备案资料，备案汇总的处置原因、处置方式、赔偿方式、赔偿金额、处置资产价值等信息是否与处置审批资产一致。

政策及制度依据：

《国家电网有限公司固定资产管理办法》第三十五条、第三十六条

《国网山东省电力公司关于规范资产处置管理的指导意见》附件 2 第一条

《国网山东省电力公司关于规范土地、房屋处置流程的通知》第二条

房屋土地报废

业务经办部门：使用保管部门	流程编号：SG-SD0802-02
归口管理部门：后勤部门	编制单位：国网山东省电力公司

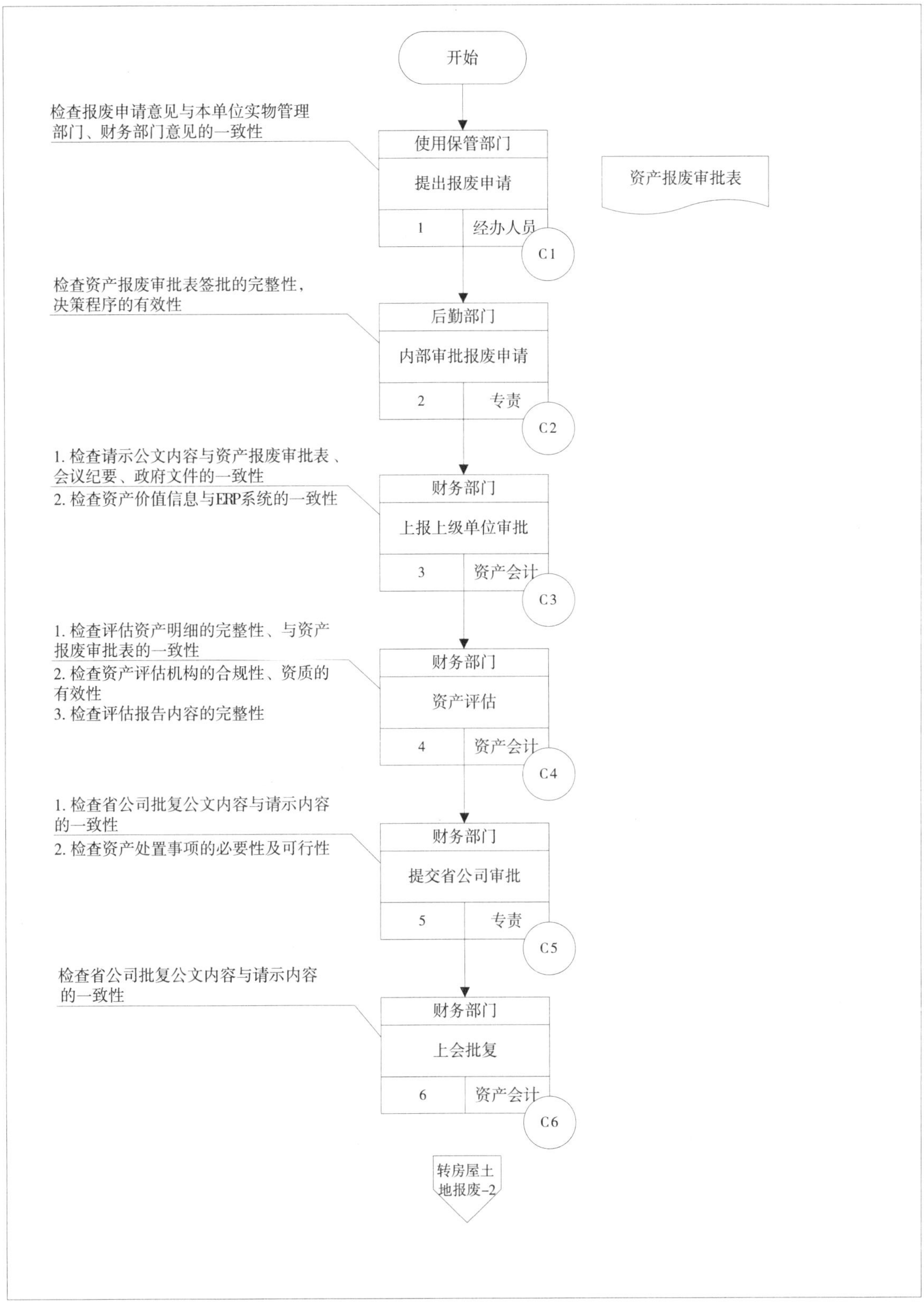

开始

检查报废申请意见与本单位实物管理部门、财务部门意见的一致性

使用保管部门
提出报废申请
1 经办人员
C1

资产报废审批表

检查资产报废审批表签批的完整性，决策程序的有效性

后勤部门
内部审批报废申请
2 专责
C2

1. 检查请示公文内容与资产报废审批表、会议纪要、政府文件的一致性
2. 检查资产价值信息与ERP系统的一致性

财务部门
上报上级单位审批
3 资产会计
C3

1. 检查评估资产明细的完整性、与资产报废审批表的一致性
2. 检查资产评估机构的合规性、资质的有效性
3. 检查评估报告内容的完整性

财务部门
资产评估
4 资产会计
C4

1. 检查省公司批复公文内容与请示内容的一致性
2. 检查资产处置事项的必要性及可行性

财务部门
提交省公司审批
5 专责
C5

检查省公司批复公文内容与请示内容的一致性

财务部门
上会批复
6 资产会计
C6

转房屋土地报废-2

房屋土地报废

业务经办部门：使用保管部门	流程编号：SG-SD0802-02
归口管理部门：后勤部门	编制单位：国网山东省电力公司

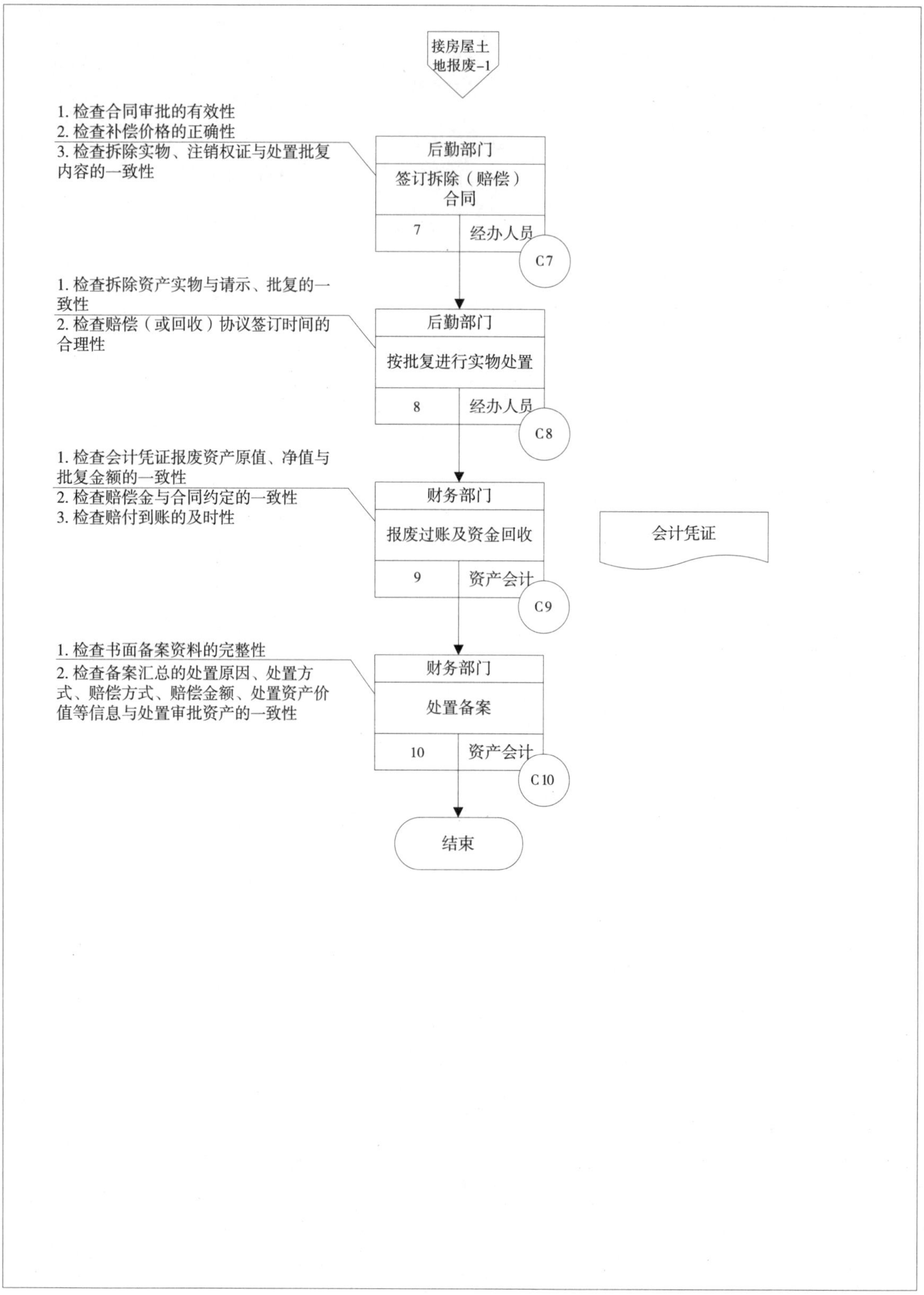

接房屋土地报废-1

1. 检查合同审批的有效性
2. 检查补偿价格的正确性
3. 检查拆除实物、注销权证与处置批复内容的一致性

后勤部门
签订拆除（赔偿）合同
7 经办人员
C7

1. 检查拆除资产实物与请示、批复的一致性
2. 检查赔偿（或回收）协议签订时间的合理性

后勤部门
按批复进行实物处置
8 经办人员
C8

1. 检查会计凭证报废资产原值、净值与批复金额的一致性
2. 检查赔偿金与合同约定的一致性
3. 检查赔付到账的及时性

财务部门
报废过账及资金回收
9 资产会计
C9

会计凭证

1. 检查书面备案资料的完整性
2. 检查备案汇总的处置原因、处置方式、赔偿方式、赔偿金额、处置资产价值等信息与处置审批资产的一致性

财务部门
处置备案
10 资产会计
C10

结束

稽核——设备报废业务

1. 编制目的

本节主要评估电网设备资产报废业务的主要风险，确定关键控制点，并针对潜在的风险制定财务稽核检查方法，以指导各级财务稽核人员加强对此类业务的监督管理。

2. 适用范围

电网设备资产报废业务。

3. 风险评估与检查方法

3.1 C1 关键控制：提交报废申请的检查

风险分析：

处置理由不充分或未经过技术鉴定可能导致尚可利用的资产被处置，导致资产损失风险。

检查方法：

（1）检查是否按照审批权限，出具技术鉴定报告；

（2）检查技术鉴定报告与资产报废鉴定审批表信息是否一致。

政策及制度依据：

《国家电网有限公司固定资产管理办法》第三十二条、第三十五条

《国网山东省电力公司关于规范资产处置管理的指导意见》第二条、附件 2 第二条

3.2 C2 关键控制：内部审批报废申请、上报市公司审批的检查（市公司略过此步骤）

风险分析：

（1）资产报废审批表未经本单位相关部门及分管领导签批，内部审批失效，无法确保资产报废的合理性、必要性，导致合规风险。

（2）县公司报废事项未上报市公司审批，无法保证资产报废的合理性、必要性，可能导致尚可利用的资产被处置，导致资产损失风险；私自处置资产，导致合规风险。

检查方法：

（1）检查资产报废审批表是否签批完整，检查是否有上报市公司请示的公文；

（2）检查请示公文内容是否与资产报废审批表、技术鉴定报告一致，检查资产价值信息是否与 ERP 系统一致。

政策及制度依据：

《国家电网有限公司固定资产管理办法》第八条、第九条、第三十二条、第三十五条

《国网山东省电力公司关于规范资产处置管理的指导意见》第二条，附件 2 第一条、第二条

3.3 C3 关键控制：省公司审批的检查

风险分析：

资产报废审批表内容不完整、不真实，导致资产损失风险。

检查方法：

检查是否有请示公文、是否履行内部审批手续。

政策及制度依据：

《国家电网有限公司固定资产管理办法》第八条、第九条、第三十二条、第三十五条

《国网山东省电力公司关于规范资产处置管理的指导意见》第一条，附件 2 第一条、第二条

3.4 C4 关键控制：实物拆除移交的检查

风险分析：

拆除资产未足额移交入库，私自处置固定资产，导致资产损失风险。

检查方法：

核对实际入库资产与拆除计划差异，检查差异明细及差异原因说明是否合理。

政策及制度依据：

《国家电网有限公司固定资产管理办法》第七条、第三十二条、第三十四条、第三十五条

《国网山东省电力公司关于规范资产处置管理的指导意见》附件 2 第一条

《资产退役拆除及废旧物资移交处置业务规范》第三条

3.5 C5 关键控制：财务过账的检查

风险分析：

财务人员未对提报单据的有效性、一致性进行审核，入账依据不准确，导致财务报告错报风险。

检查方法：

（1）审核是否按照审批权限履行审批手续；

（2）审核拟处置明细与上级批复是否一一对应。

政策及制度依据：

《国家电网有限公司固定资产管理办法》第七条、第三十二条、第三十四条、第三十五条

《国网山东省电力公司关于规范资产处置管理的指导意见》附件 2 第一条、第二条

《国家电网有限公司会计基础管理办法》[国网（财 /2）350-2018] 附件：《电网企业经济业务审核手册》

3.6 C6 关键控制：资产评估的检查

风险分析：

（1）资产评估机构不符合评估资质要求，造成处置价格不公允；

（2）资产评估报告未经省公司审核，评估方法及评估结论不合理，导致经济利益受损。

检查方法：

（1）检查评估资产明细是否完整、是否与资产报废审批表一致；

（2）检查资产评估机构是否为评估准入机构一级备选库中的前两家；

（3）检查评估报告是否有评估报告审核意见书 。

政策及制度依据：

《国家电网有限公司固定资产管理办法》第三十七条

《国网山东省电力公司关于规范资产处置管理的指导意见》附件 2 第三条（7）

《国网公司资产评估工作管理办法》附件 2 第三十四条

《资产退役拆除及废旧物资移交处置业务规范》第二条

3.7 C7 关键控制：开具发票的检查

风险分析：

销售合同与处置明细不一致，造成废旧物资私自处置，导致资产损失风险。

检查方法：

核对合同明细、中标通知书与移交清单、报废审批表明细是否一致。

政策及制度依据：

《国家电网有限公司固定资产管理办法》第三十六条

《资产退役拆除及废旧物资移交处置业务规范》第二条、第三条

《国网山东省电力公司关于规范资产处置管理的指导意见》附件 2 第二条

3.8 C8 关键控制：完成收入分摊的检查

风险分析：

资产类、材料类收入分摊不准确，将影响会计核算的准确性。

检查方法：

核对收入分摊结果与废旧物资销售合同约定价款是否一致。

政策及制度依据：

《资产退役拆除及废旧物资移交处置业务规范》第二条、第三条

《国网山东省电力公司关于规范资产处置管理的指导意见》附件 2 第二条

《国家电网有限公司会计基础管理办法》[国网（财 /2）350-2018] 附件：《电网企业经济业务审核手册》

设备报废业务	业务经办部门：使用保管部门、物资部门	流程编号：SG－SD0802－03
	归口管理部门：实物管理部门	编制单位：国网山东省电力公司

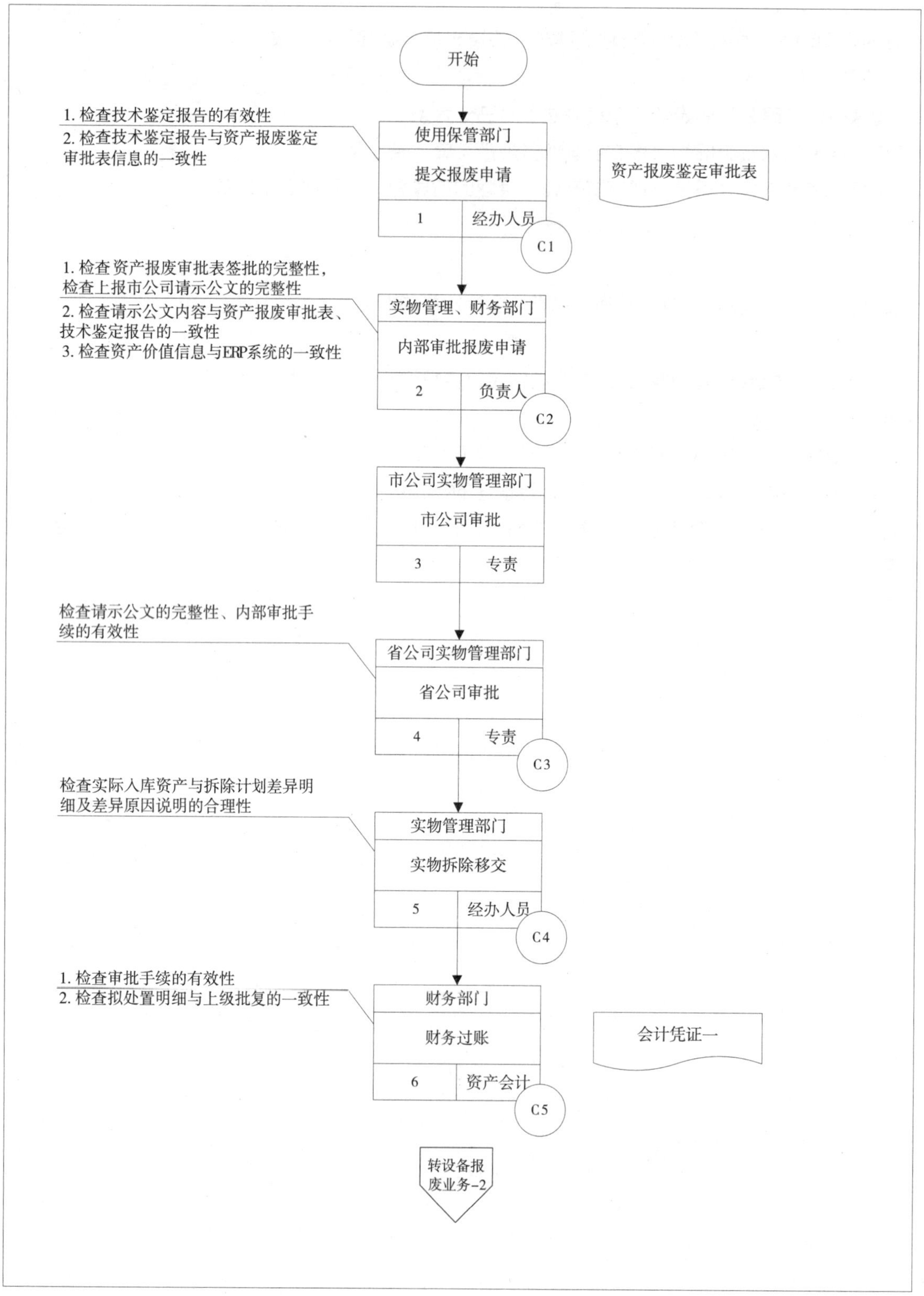

开始

1. 检查技术鉴定报告的有效性
2. 检查技术鉴定报告与资产报废鉴定审批表信息的一致性

使用保管部门
提交报废申请
1 经办人员
C1

资产报废鉴定审批表

1. 检查资产报废审批表签批的完整性，检查上报市公司请示公文的完整性
2. 检查请示公文内容与资产报废审批表、技术鉴定报告的一致性
3. 检查资产价值信息与ERP系统的一致性

实物管理、财务部门
内部审批报废申请
2 负责人
C2

市公司实物管理部门
市公司审批
3 专责

检查请示公文的完整性、内部审批手续的有效性

省公司实物管理部门
省公司审批
4 专责
C3

检查实际入库资产与拆除计划差异明细及差异原因说明的合理性

实物管理部门
实物拆除移交
5 经办人员
C4

1. 检查审批手续的有效性
2. 检查拟处置明细与上级批复的一致性

财务部门
财务过账
6 资产会计
C5

会计凭证一

转设备报废业务-2

设备报废业务	业务经办部门：使用保管部门、物资部门	流程编号：SG-SD0802-03
	归口管理部门：实物管理部门	编制单位：国网山东省电力公司

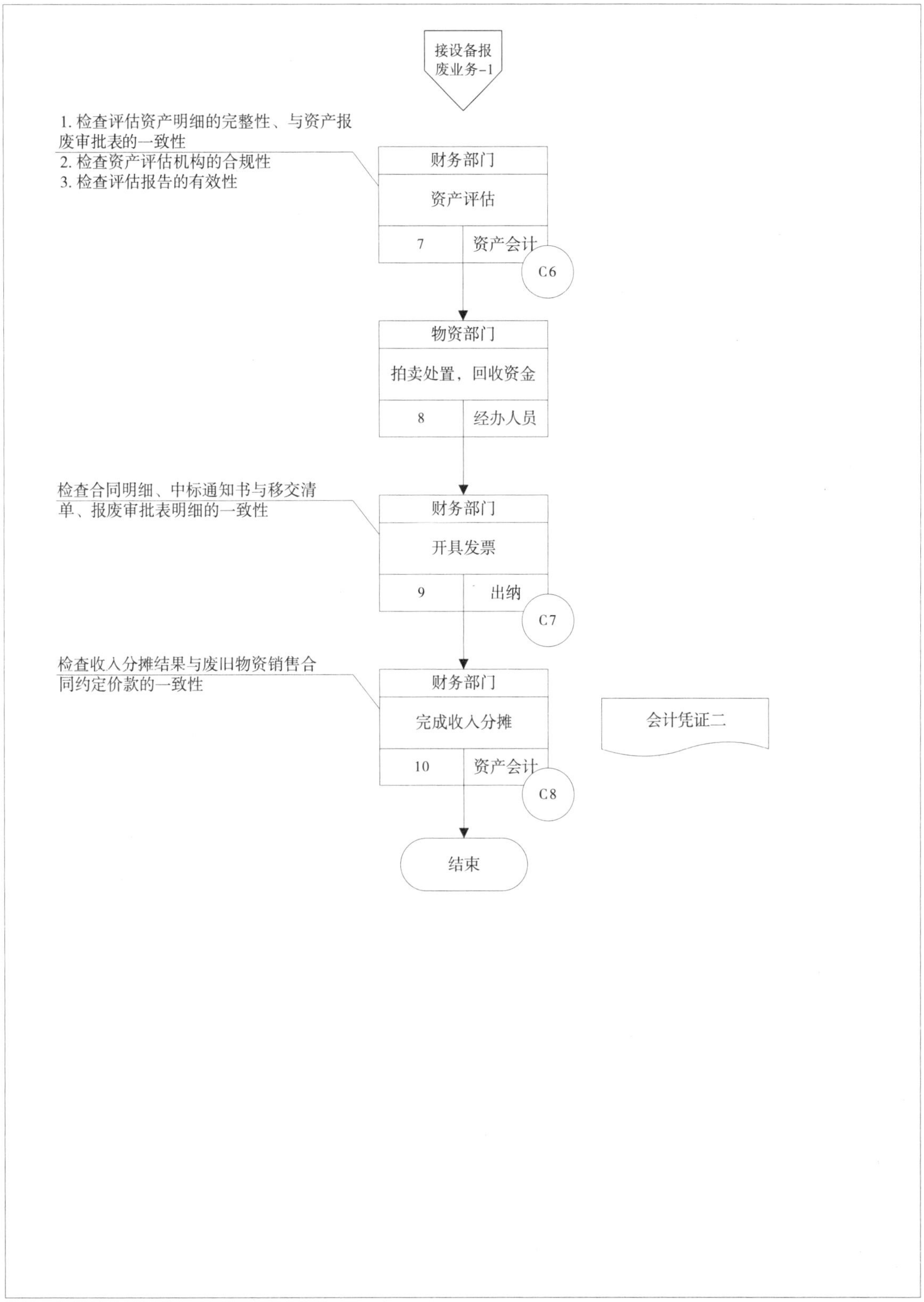

接设备报废业务-1

1. 检查评估资产明细的完整性、与资产报废审批表的一致性
2. 检查资产评估机构的合规性
3. 检查评估报告的有效性

财务部门
资产评估
7 资产会计
C6

物资部门
拍卖处置，回收资金
8 经办人员

检查合同明细、中标通知书与移交清单、报废审批表明细的一致性

财务部门
开具发票
9 出纳
C7

检查收入分摊结果与废旧物资销售合同约定价款的一致性

财务部门
完成收入分摊
10 资产会计
C8

会计凭证二

结束

稽核——固定资产转让

1. 编制目的

本节主要评估固定资产转让业务的主要风险，确定关键控制点，并针对潜在的风险制定财务稽核检查方法，以指导各级财务稽核人员加强对此类业务的监督管理。

2. 适用范围

固定资产转让业务。

3. 风险评估与检查方法

3.1 C1 关键控制：发起转让申请的检查

风险分析：

转让原因不属实，资产信息与设备资产台账不符，存在资产损失风险。

检查方法：

将资产转让审批表所列明资产明细信息与设备资产台账逐项核对，检查各项信息是否一致。

政策及制度依据：

《国家电网有限公司固定资产管理办法》第十九条、第二十条、第二十一条、第二十二条

《国网山东省电力公司关于规范资产处置管理的指导意见》附件 3

3.2 C2 关键控制：内部审批转让申请、上级单位审批的检查

风险分析：

（1）资产转让审批表未经本单位相关部门及分管领导签批，存在合规风险；

（2）需上会决策事项未履行上会决策程序，无会议纪要，存在合规风险。

检查方法：

检查资产转让审批表是否签批完整，是否履行总经理办公会决策程序，是否有会议纪要。

政策及制度依据：

《国网公司固定资产管理办法》第十九条、第二十条、第二十一条、第二十二条

《国网山东省电力公司关于规范资产处置管理的指导意见》附件 3

3.3 C3 关键控制：公开拍卖的检查

风险分析：

（1）因成交价格低于评估报告评估价格等因素，可能导致国有资产流失；

（2）因拍卖机构不具备相关资质，拍卖程序不符合相关法规，导致转让价格不公允，存在合规风险。

检查方法：

（1）获取评估报告、成交通知书，核对成交价格是否低于评估报告评估价格；

（2）核对拍卖机构相关资质证书是否齐全、有效；企业相关人员在办理此业务过程中是否全程监督拍卖过程。

政策及制度依据：

《国家电网有限公司固定资产管理办法》第十九条、第二十条、第二十一条、第二十二条

《国网山东省电力公司关于规范资产处置管理的指导意见》附件 3

3.4 C4 关键控制：财务入账的检查

风险分析：

因未按照合同约定及时收回转让款，造成资金入账不及时，存在资金安全风险。

检查方法：

检查合同及银行收款单据，核对是否按照合同约定日期进行收款结算。

政策及制度依据：

《国家电网有限公司固定资产管理办法》第十九条、第二十条、第二十一条、第二十二条

《国网山东省电力公司关于规范资产处置管理的指导意见》附件 3

固定资产转让

业务经办部门：使用保管部门	流程编号：SG-SD0802-04
归口管理部门：实物管理部门	编制单位：国网山东省电力公司

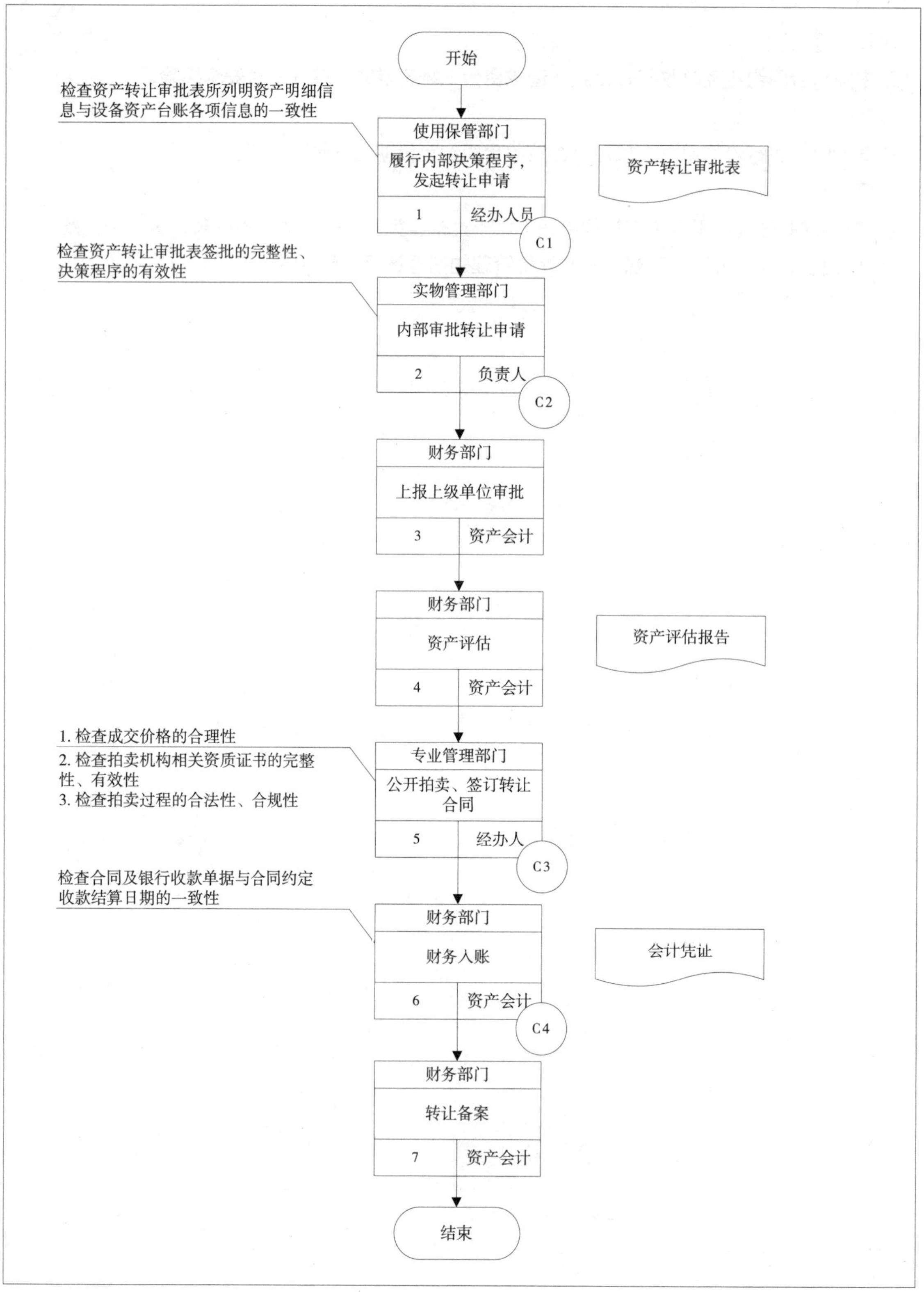

开始

检查资产转让审批表所列明资产明细信息与设备资产台账各项信息的一致性

使用保管部门
履行内部决策程序，发起转让申请
1 经办人员
C1
资产转让审批表

检查资产转让审批表签批的完整性、决策程序的有效性

实物管理部门
内部审批转让申请
2 负责人
C2

财务部门
上报上级单位审批
3 资产会计

财务部门
资产评估
4 资产会计
资产评估报告

1. 检查成交价格的合理性
2. 检查拍卖机构相关资质证书的完整性、有效性
3. 检查拍卖过程的合法性、合规性

专业管理部门
公开拍卖、签订转让合同
5 经办人
C3

检查合同及银行收款单据与合同约定收款结算日期的一致性

财务部门
财务入账
6 资产会计
C4
会计凭证

财务部门
转让备案
7 资产会计

结束

稽核——固定资产调拨

1. 编制目的

本节主要评估固定资产调拨业务的主要风险，确定关键控制点，并针对潜在的风险制定财务稽核检查方法，以指导各级财务稽核人员加强对此类业务的监督管理。

2. 适用范围

省公司组织的固定资产调拨业务；

单位自行协商的固定资产调拨业务。

3. 风险评估与检查方法

3.1 省公司组织的固定资产调拨业务

3.1.1 C1 关键控制：调出单位内部审批的检查

风险分析：

资产调拨审批表未经过调出单位相关部门及公司领导签批，存在合规风险。

检查方法：

检查资产调拨审批表调出单位签批是否完整，是否履行信息系统流转手续，是否完成实物交接手续。

政策及制度依据：

《国家电网有限公司固定资产管理办法》第二十五条、第二十六条、第二十七条、第二十八条

《国网山东省电力公司关于规范资产处置管理的指导意见》附件 4

3.1.2 C2 关键控制：调入单位内部审批的检查

风险分析：

资产调拨审批表未经过调入单位相关部门及公司领导签批，存在合规风险。

检查方法：

检查资产调拨审批表调入单位签批是否完整，是否履行信息系统流转手续，是否完成实物交接手续。

政策及制度依据：

《国家电网有限公司固定资产管理办法》第二十五条、第二十六条、第二十七条、第二十八条

《国网山东省电力公司关于规范资产处置管理的指导意见》附件 4

3.1.3 C3 关键控制：省公司审批的检查

风险分析：

资产调拨审批表未经过省公司相关部门及公司领导签批，存在合规风险。

检查方法：

检查资产调拨审批表省公司签批是否完整，是否履行信息系统流转手续。

政策及制度依据：

《国家电网有限公司固定资产管理办法》第二十五条、第二十六条、第二十七条、第二十八条

《国网山东省电力公司关于规范资产处置管理的指导意见》附件 4

3.1.4 C4 关键控制：账务处理的检查

风险分析：

因调拨设备实物与审批内容不一致，导致账实不符。

检查方法：

检查资产调拨审批表是否签批完整，是否履行信息系统流转手续；资产调拨审批表与资产卡片核对，检查记录信息是否一致。

政策及制度依据：

《国家电网有限公司固定资产管理办法》第二十五条、第二十六条、第二十七条、第二十八条

《国网山东省电力公司关于规范资产处置管理的指导意见》附件 4

固定资产调拨

业务经办部门：实物管理部门	流程编号：SG-SD0802-05
归口管理部门：实物管理部门、财务部门	编制单位：国网山东省电力公司

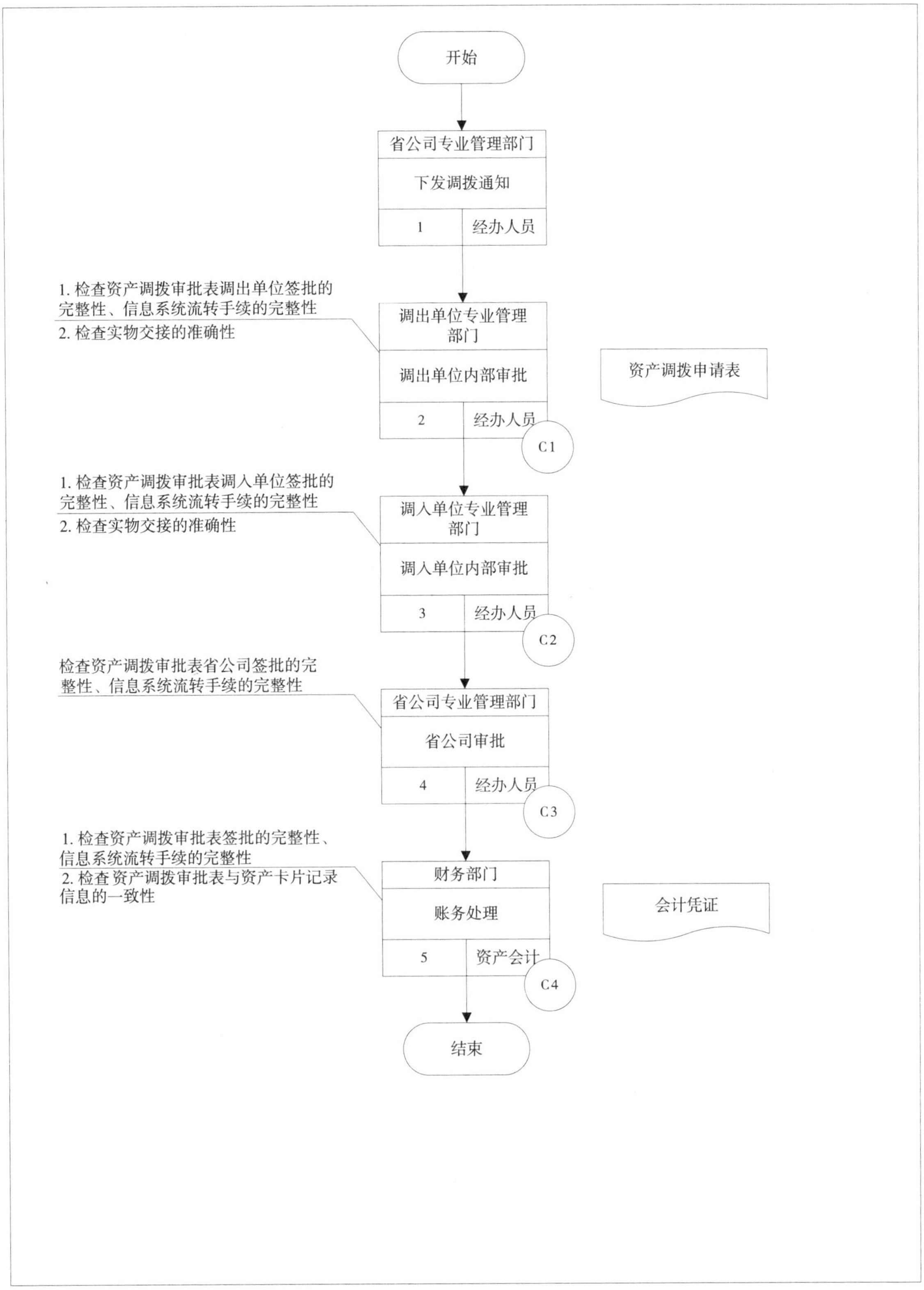

开始

省公司专业管理部门
下发调拨通知
1 经办人员

1. 检查资产调拨审批表调出单位签批的完整性、信息系统流转手续的完整性
2. 检查实物交接的准确性

调出单位专业管理部门
调出单位内部审批
2 经办人员 C1

资产调拨申请表

1. 检查资产调拨审批表调入单位签批的完整性、信息系统流转手续的完整性
2. 检查实物交接的准确性

调入单位专业管理部门
调入单位内部审批
3 经办人员 C2

检查资产调拨审批表省公司签批的完整性、信息系统流转手续的完整性

省公司专业管理部门
省公司审批
4 经办人员 C3

1. 检查资产调拨审批表签批的完整性、信息系统流转手续的完整性
2. 检查资产调拨审批表与资产卡片记录信息的一致性

财务部门
账务处理
5 资产会计 C4

会计凭证

结束

3.2 单位自行协商的固定资产调拨业务

3.2.1 C1 关键控制：调出单位内部审批的检查

风险分析：

资产调拨审批表未经过调出单位相关部门及公司领导签批，存在合规风险。

检查方法：

检查资产调拨审批表调出单位签批是否完整，是否履行信息系统流转手续，是否完成实物交接手续。

政策及制度依据：

《国家电网有限公司固定资产管理办法》第二十五条、第二十六条、第二十七条、第二十八条

《国网山东省电力公司关于规范资产处置管理的指导意见》附件 4

3.2.2 C2 关键控制：调入单位内部审批的检查

风险分析：

资产调拨审批表未经过调入单位相关部门及公司领导签批，存在合规风险。

检查方法：

检查资产调拨审批表调入单位签批是否完整，是否履行信息系统流转手续，是否完成实物交接手续。

政策及制度依据：

《国家电网有限公司固定资产管理办法》第二十五条、第二十六条、第二十七条、第二十八条

《国网山东省电力公司关于规范资产处置管理的指导意见》附件 4

3.2.3 C3 关键控制：省公司审批的检查

风险分析：

资产调拨审批表未经过省公司相关部门及公司领导签批，存在合规风险。

检查方法：

检查资产调拨审批表省公司签批是否完整，是否履行信息系统流转手续。

政策及制度依据：

《国家电网有限公司固定资产管理办法》第二十五条、第二十六条、第二十七条、第二十八条

《国网山东省电力公司关于规范资产处置管理的指导意见》附件 4

3.2.4 C4 关键控制：账务处理的检查

风险分析：

因调拨设备实物与审批内容不一致，导致账实不符。

检查方法：

检查资产调拨审批表是否签批完整，是否履行信息系统流转手续；资产调拨审批表与资产卡片核对，检查记录信息是否一致。

政策及制度依据：

《国家电网有限公司固定资产管理办法》第二十五条、第二十六条、第二十七条、第二十八条

《国网山东省电力公司关于规范资产处置管理的指导意见》附件 4

固定资产调拨

业务经办部门：实物管理部门	流程编号：SG-SD0802-05
归口管理部门：实物管理部门、财务部门	编制单位：国网山东省电力公司

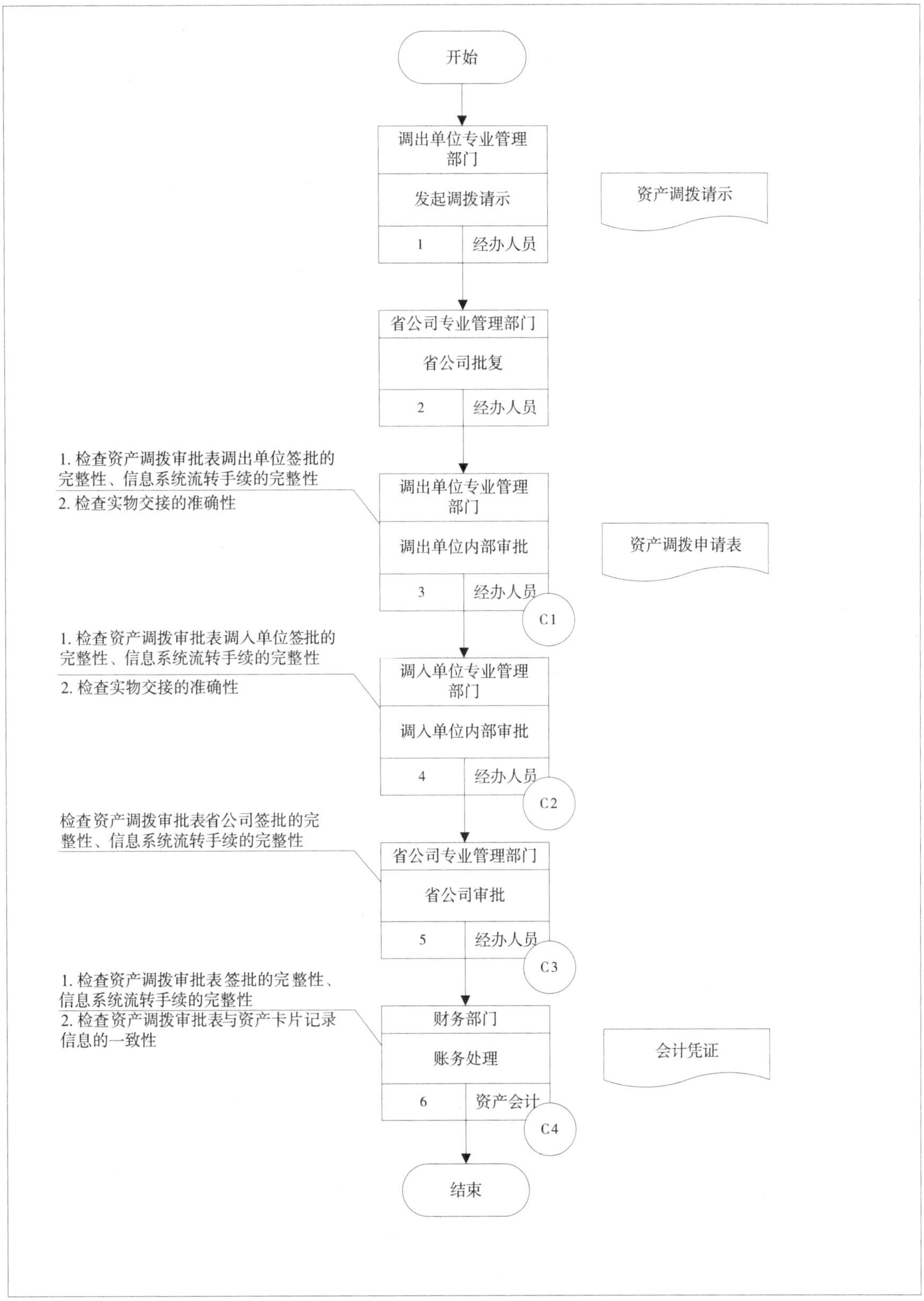

开始

↓

调出单位专业管理部门	
发起调拨请示	
1	经办人员

资产调拨请示

↓

省公司专业管理部门	
省公司批复	
2	经办人员

↓

1. 检查资产调拨审批表调出单位签批的完整性、信息系统流转手续的完整性
2. 检查实物交接的准确性

调出单位专业管理部门	
调出单位内部审批	
3	经办人员

C1

资产调拨申请表

↓

1. 检查资产调拨审批表调入单位签批的完整性、信息系统流转手续的完整性
2. 检查实物交接的准确性

调入单位专业管理部门	
调入单位内部审批	
4	经办人员

C2

↓

检查资产调拨审批表省公司签批的完整性、信息系统流转手续的完整性

省公司专业管理部门	
省公司审批	
5	经办人员

C3

↓

1. 检查资产调拨审批表签批的完整性、信息系统流转手续的完整性
2. 检查资产调拨审批表与资产卡片记录信息的一致性

财务部门	
账务处理	
6	资产会计

C4

会计凭证

↓

结束

稽核——固定资产盘盈收入

1. 编制目的

本节主要评估固定资产盘盈收入业务的主要风险，确定关键控制点，并针对潜在的风险制定财务稽核检查方法，以指导各级财务稽核人员加强对此类业务的监督管理。

2. 适用范围

固定资产盘盈收入业务。

3. 风险评估与检查方法

3.1 C1 关键控制：审核固定资产盘盈报告单的检查

风险分析：

（1）清查盘点不准确，误将账面资产确认为盘盈资产，导致资产账实不符；

（2）盘盈资产数量、型号与实际不符，导致资产账实不符。

检查方法：

将盘盈资产逐条与固定资产台账进行核对，检查是否属于账面资产；根据固定资产盘盈报告单，将资产相关信息与资产实物进行逐项核对。

政策及制度依据：

《国家电网有限公司固定资产管理办法》[国网（财/2）593-2018]第十八条

3.2 C2 关键控制：财务审核及估价的检查

风险分析：

清查盘点不准确，误将账面资产确认为盘盈资产，导致资产账实不符。

检查方法：

将盘盈资产逐条与固定资产台账进行核对，检查是否属于账面资产。

政策及制度依据：

《国家电网有限公司固定资产管理办法》[国网（财/2）593-2018]第十八条

《国家电网公司会计核算办法 2014》[国网（财/2）469-2014]第八章 第二节 第九条

3.3 C3 关键控制：确认固定资产盘盈收入的检查

风险分析：

（1）固定资产盘盈报告单未完成公司内部审批流程，存在合规风险；

（2）固定资产卡片信息与固定资产盘盈报告单中所列资产信息不一致，导致财务报告信息失真。

检查方法：

（1）检查固定资产盘盈报告单内部审批是否完成；

（2）检查盘盈固定资产卡片相关字段信息是否与固定资产盘盈报告单一致。

政策及制度依据：

《国家电网有限公司固定资产管理办法》[国网（财 /2）593-2018] 第十八条

《国家电网公司会计核算办法 2014》[国网（财 /2）469-2014] 第八章 第二节 第九条

固定资产盘盈收入

业务经办部门：使用保管部门	流程编号：SG-SD0803-01
归口管理部门：实物管理部门	编制单位：国网山东省电力公司

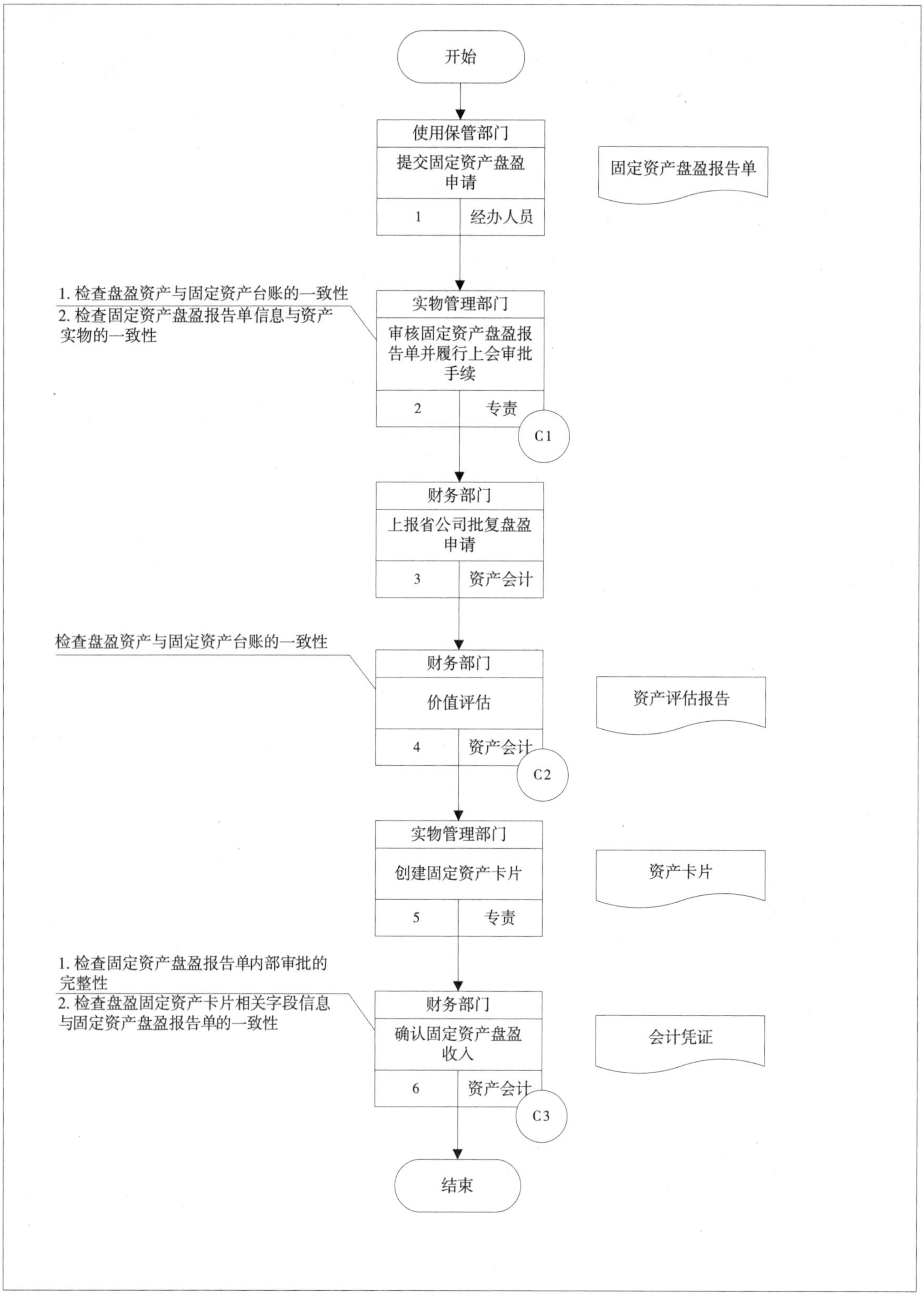

开始

↓

使用保管部门	
提交固定资产盘盈申请	
1	经办人员

文档：固定资产盘盈报告单

↓

实物管理部门	
审核固定资产盘盈报告单并履行上会审批手续	
2	专责

C1

控制要点：
1. 检查盘盈资产与固定资产台账的一致性
2. 检查固定资产盘盈报告单信息与资产实物的一致性

↓

财务部门	
上报省公司批复盘盈申请	
3	资产会计

↓

财务部门	
价值评估	
4	资产会计

C2

控制要点：检查盘盈资产与固定资产台账的一致性

文档：资产评估报告

↓

实物管理部门	
创建固定资产卡片	
5	专责

文档：资产卡片

↓

财务部门	
确认固定资产盘盈收入	
6	资产会计

C3

控制要点：
1. 检查固定资产盘盈报告单内部审批的完整性
2. 检查盘盈固定资产卡片相关字段信息与固定资产盘盈报告单的一致性

文档：会计凭证

↓

结束

稽核——固定资产盘亏

1. 编制目的

本节主要评估固定资产盘亏业务的主要风险，确定关键控制点，并针对潜在的风险制定财务稽核检查方法，以指导各级财务稽核人员加强对此类业务的监督管理。

2. 适用范围

固定资产盘亏业务。

3. 风险评估与检查方法

3.1 C1 关键控制：提供资产盘亏资料的检查

风险分析：

固定资产盘亏审批单中所列资产信息不齐全，无法支撑资产盘亏业务的真实性、有效性，存在财务报告错报风险。

检查方法：

逐项检查各项资料是否完整，内容是否一致。

政策及制度依据：

《国家电网有限公司固定资产管理办法》[国网（财 /2）199-2018] 第二十四条

3.2 C2 关键控制：发起资产盘亏申请的检查

风险分析：

（1）清查原因未准确核实，责任认定不正确，导致无法追究相关人员责任，企业损失无法弥补；

（2）盘亏资产数量、型号与实际不符，造成账实不符，存在合规风险。

检查方法：

是否将盘亏资产逐条与固定资产台账进行核对，是否对盘亏原因合理性、真实性进行评估。

政策及制度依据：

《国家电网有限公司固定资产管理办法》[国网（财 /2）199-2018] 第二十四条

3.3 C3 关键控制：财务审核并生成凭证的检查

风险分析：

（1）固定资产盘亏审批单签批流程不齐全，无法确保盘亏事项的真实性、合理性；

（2）固定资产盘亏审批单所列资产价值信息与资产卡片不一致，存在财务报告风险。

检查方法：

将盘亏资产逐条与固定资产台账进行核对，检查是否一致。

政策及制度依据：

《国家电网有限公司固定资产管理办法》[国网（财 /2）199-2018] 第二十四条

《国家电网公司会计核算办法 2014》[国网（财 /2）469-2014] [国网（财 /2）350-2018] 第八章 第五节

3.4 C4 关键控制：查明盘亏原因的检查

风险分析：

清查原因未准确核实，责任认定不明确，导致无法追究相关人员责任，企业损失无法弥补。

检查方法：

检查企业是否借助监察、审计等部门以及第三方专业机构对盘亏原因的合理性、真实性进行鉴定和评估，结果是否上报总经理办公会决策，相关资料是否齐全。

政策及制度依据：

《国家电网有限公司固定资产管理办法》[国网（财/2）199-2018]第二十四条

固定资产盘亏

业务经办部门：使用保管部门	流程编号：SG-SD0803-02
归口管理部门：实物管理部门、财务部门	编制单位：国网山东省电力公司

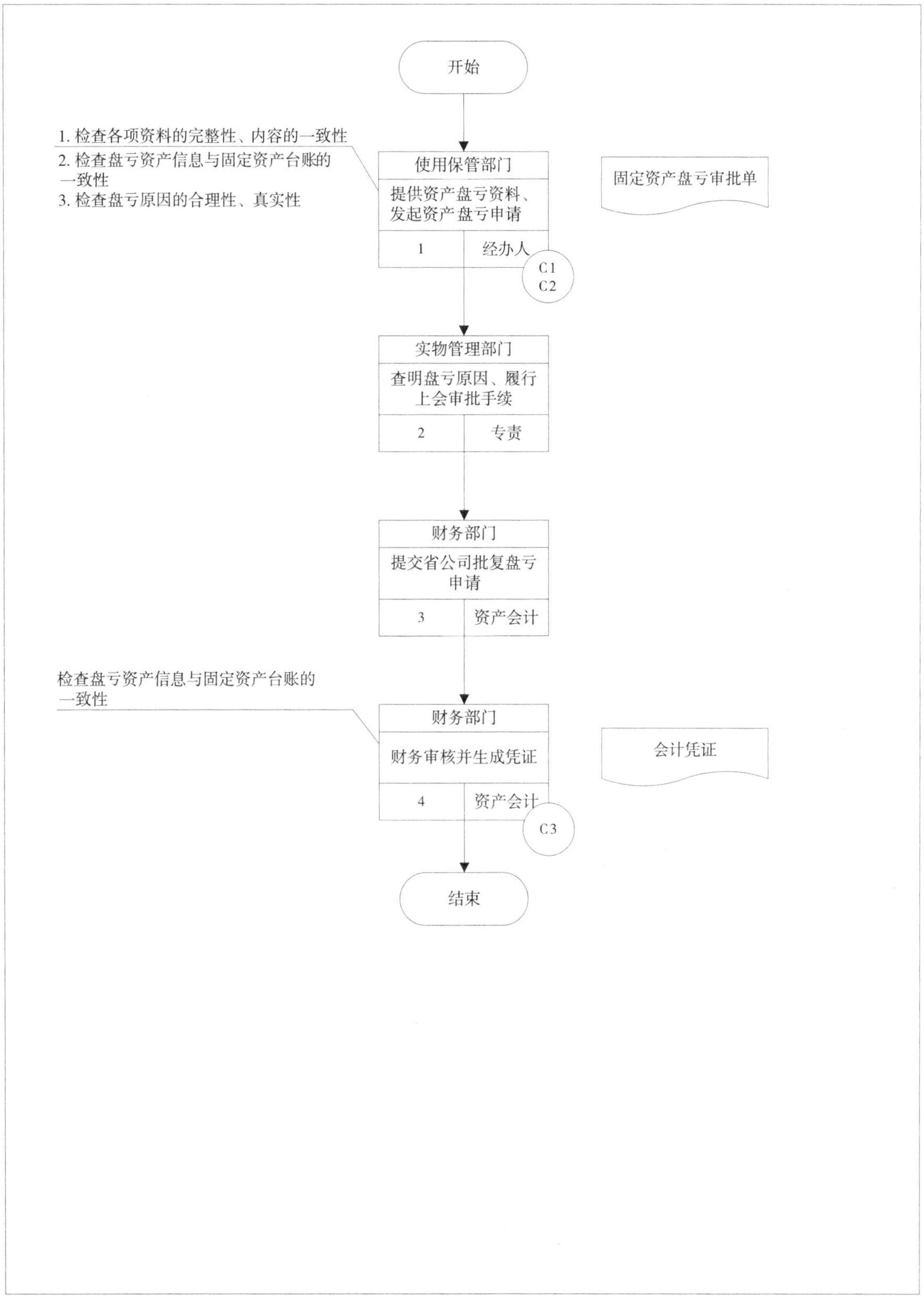

开始

1. 检查各项资料的完整性、内容的一致性
2. 检查盘亏资产信息与固定资产台账的一致性
3. 检查盘亏原因的合理性、真实性

使用保管部门
提供资产盘亏资料、发起资产盘亏申请
1 经办人
C1
C2

固定资产盘亏审批单

实物管理部门
查明盘亏原因、履行上会审批手续
2 专责

财务部门
提交省公司批复盘亏申请
3 资产会计

检查盘亏资产信息与固定资产台账的一致性

财务部门
财务审核并生成凭证
4 资产会计
C3

会计凭证

结束

稽核——资产处置结转

1. 编制目的

本节主要评估非流动资产处置损失的主要风险，确定关键控制点，并针对潜在的风险制定财务稽核检查方法，以指导各级财务稽核人员加强对此类业务的监督管理。

2. 适用范围

非流动资产处置损失。

3. 风险评估与检查方法

3.1 C1 关键控制：完成资产处置审批流程及资产核销记账的检查

风险分析：

处置资产未履行相关审批流程，或者先处置后审批，导致合规性风险及国有资产流失风险。

检查方法：

按照资产处置流程要求检查所有处置资料是否齐全、流程是否合规。

政策及制度依据：

《国家电网有限公司固定资产管理办法》第七条、第三十二条、第三十四条、第三十五条

《国网山东省电力公司关于规范资产处置管理的指导意见》附件 2 第一条，第二条

《国家电网有限公司会计基础管理办法》[国网（财 /2）350-2018] 附件：《电网企业经济业务审核手册》

3.2 C2 关键控制：发起报销申请的检查

风险分析：

报销费用不真实、不合理，可能导致资金损失。

检查方法：

逐项检查费用发票、结算资料内容是否与资产处置业务相关。

政策及制度依据：

《国家电网有限公司固定资产管理办法》第三十六条

《国网山东省电力公司关于规范资产处置管理的指导意见》附件 2 第三条（8）、第二条、第三条

《资产退役拆除及废旧物资移交处置业务规范》第二条、第三条

3.3 C3 关键控制：审核并生成报销凭证的检查

风险分析：

未对报销事项及单据进行有效审核，无法确保费用的真实性、合理性。

检查方法：

逐项检查费用发票、结算资料内容是否与资产处置业务相关，金额是否一致。

政策及制度依据：

《国家电网有限公司固定资产管理办法》第七条、第三十二条、第三十四条、第三十五条

《国网山东省电力公司关于规范资产处置管理的指导意见》附件 2 第 1 条，第 2 条

《国家电网有限公司会计基础管理办法》[国网（财 /2）350-2018] 附件：《电网企业经济业务审核手册》

3.1.4 C4 关键控制：确认处置收入的检查

风险分析：

收到款项与处置资产业务不相关，或者收款金额与相关合同或结算单据不一致，导致资金风险。

检查方法：

核对交款单位是否与处置资产业务相关，核对合同或结算单据金额是否与银行收款金额一致。

政策及制度依据：

《国家电网有限公司固定资产管理办法》第三十六条

《国网山东省电力公司关于规范资产处置管理的指导意见》附件 2 第三条（8）、第二条

《资产退役拆除及废旧物资移交处置业务规范》第二条、第三条

3.5 C5 关键控制：审核确认收款并生成凭证

风险分析：

收到款项与处置资产业务不相关，或者收款金额与相关合同或结算单据不一致，导致资金风险。

检查方法：

核对交款单位是否与处置资产业务相关，核对合同或结算单据金额是否与银行收款金额一致。

政策及制度依据：

《国家电网公司会计核算办法 2014》[国网（财 /2）469-2014] 第九章

资产处置结转	业务经办部门：相关部门	流程编号：SG-SD0804
	归口管理部门：财务部门	编制单位：国网山东省电力公司

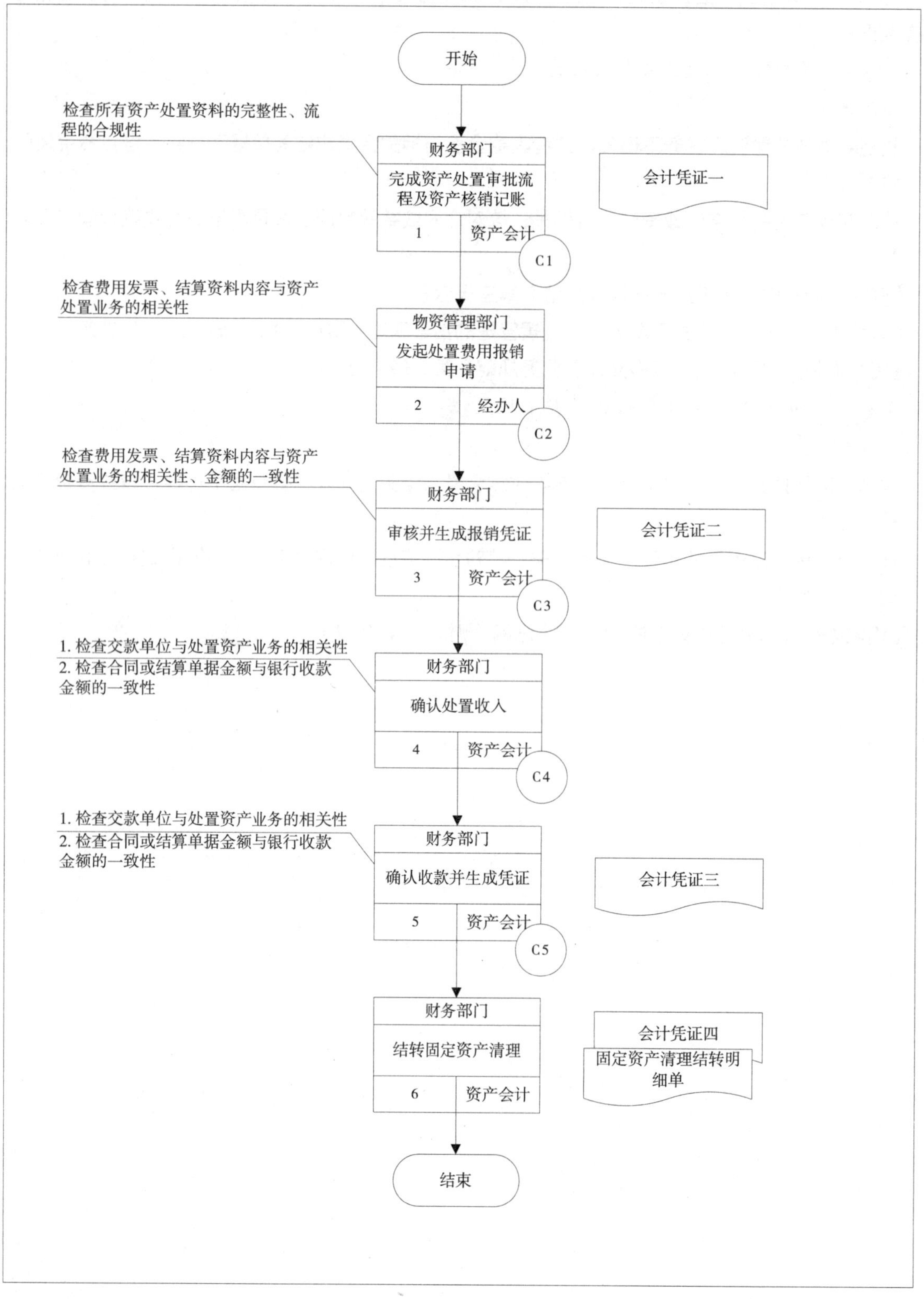

开始

检查所有资产处置资料的完整性、流程的合规性

财务部门
完成资产处置审批流程及资产核销记账
1 资产会计 C1

会计凭证一

检查费用发票、结算资料内容与资产处置业务的相关性

物资管理部门
发起处置费用报销申请
2 经办人 C2

检查费用发票、结算资料内容与资产处置业务的相关性、金额的一致性

财务部门
审核并生成报销凭证
3 资产会计 C3

会计凭证二

1. 检查交款单位与处置资产业务的相关性
2. 检查合同或结算单据金额与银行收款金额的一致性

财务部门
确认处置收入
4 资产会计 C4

1. 检查交款单位与处置资产业务的相关性
2. 检查合同或结算单据金额与银行收款金额的一致性

财务部门
确认收款并生成凭证
5 资产会计 C5

会计凭证三

财务部门
结转固定资产清理
6 资产会计

会计凭证四
固定资产清理结转明细单

结束

九、后勤管理业务

稽核——物业管理费

1. 编制目的

本节主要评估物业管理费的风险，确定关键控制点，并针对潜在的风险制定财务稽核检查方法，以指导各级财务稽核人员加强对此类业务的监督管理。

2. 适用范围

通过 ERP 系统服务采购流程办理物业管理费业务。

3. 风险评估与检查方法

3.1 C1 关键控制：创建采购订单的检查

风险分析：

（1）采购服务超预算资金，可能导致无法报销入账或超预算支出，影响预算目标的实现；

（2）“总账科目”“成本中心”等信息不准确，导致财务核算不准确，影响财务报告的准确性。

检查方法：

（1）比较物业管理费年度预算安排与账面实际支出，查看是否存在超预算支出情况；

（2）线上检查选择的科目是否准确。

政策及制度依据：

《国家电网公司会计核算办法 2014》[国网（财 /2）469-2014] 第十六章

3.2 C2 关键控制：合同会签生效的检查

风险分析：

合同未经过有效审核，可能导致合同条款含糊不清，出现合同纠纷，造成法律风险及经济损失。

检查方法：

抽取经法系统业务合同，检查合同的有效性、准确性、完整性，如检查合同是否对不含税价、税率及税额进行了明确，同时是否在合同中约定了“若国家出台新的税收政策，则按新政策执行”。

3.3 C3 关键控制：发票校验的检查

风险分析：

（1）业务人员提交报销单据不及时、未按要求进行分级审核，造成报销单据不真实、不合规；

（2）发票信息不准确、不完整，导致报销单据不符合财务制度要求，造成资金损失。

检查方法：

（1）获取原始单据，检查其完整性、有效性、及时性，如报销原始单据时间是否符合逻辑、签批流程是否符合要求；

（2）核对发票信息是否与合同、报销审批单信息一致。

政策及制度依据：

《国家电网有限公司会计基础管理办法》[国网（财 /2）350-2018] 第四章 第三节 第五十四条

物业管理费

业务经办部门：后勤部门	流程编号：SG－SD0901
归口管理部门：后勤部门	编制单位：国网山东省电力公司

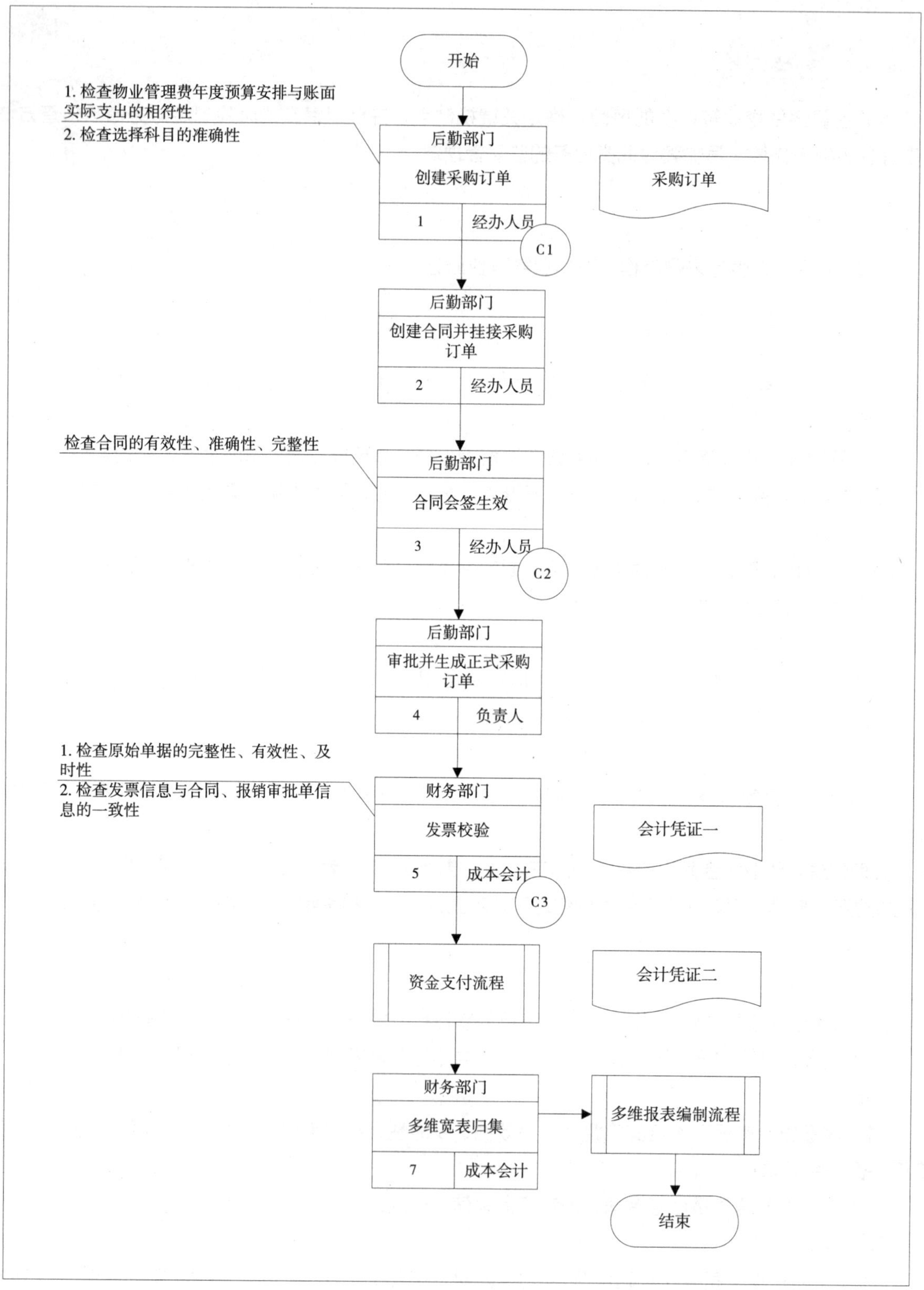

开始

1. 检查物业管理费年度预算安排与账面实际支出的相符性
2. 检查选择科目的准确性

后勤部门 创建采购订单 1 经办人员 C1 —— 采购订单

后勤部门 创建合同并挂接采购订单 2 经办人员

检查合同的有效性、准确性、完整性

后勤部门 合同会签生效 3 经办人员 C2

后勤部门 审批并生成正式采购订单 4 负责人

1. 检查原始单据的完整性、有效性、及时性
2. 检查发票信息与合同、报销审批单信息的一致性

财务部门 发票校验 5 成本会计 C3 —— 会计凭证一

资金支付流程 —— 会计凭证二

财务部门 多维宽表归集 7 成本会计 → 多维报表编制流程

结束

稽核——清洁卫生费

1. 编制目的

本节主要评估清洁卫生费的主要风险，确定关键控制点，明确财务稽核重点审核要点及方法，指导财务稽核人员加强对此类业务的监督管理。

2. 适用范围

通过 ERP 系统服务采购流程办理清洁卫生费业务。

3. 风险评估与检查方法

3.1 C1 关键控制：创建采购订单的检查

风险分析：

（1）采购服务超预算资金，可能导致无法报销入账或超预算支出，影响预算目标的实现；

（2）“总账科目”“成本中心”等信息不准确，导致财务核算不准确，影响财务报告的准确性。

检查方法：

（1）比较清洁卫生费年度预算安排与账面实际支出，查看是否存在超预算支出情况；

（2）线上检查选择的科目是否准确。

政策及制度依据：

《国家电网公司会计核算办法 2014》[国网（财 /2）469−2014] 第十六章

3.2 C2 关键控制：合同会签生效的检查

风险分析：

合同未经过有效审核，可能导致合同条款含糊不清，出现合同纠纷，造成法律风险及经济损失。

检查方法：

抽取经法系统业务合同，检查合同的有效性、准确性、完整性，如是否对不含税价、税率及税额进行了明确，同时在合同中约定了“若国家出台新的税收政策，则按新政策执行”。

3.3 C3 关键控制：发票校验的检查

风险分析：

（1）业务人员提交报销单据不及时、未按要求进行分级审核，造成报销单据不真实、不合规；

（2）发票信息不准确、不完整，导致报销单据不符合财务制度要求，造成资金损失；

（3）超标准收取清洁卫生费，造成财务数据失真、业务不合规。

检查方法：

（1）获取原始单据，检查其完整性、有效性、及时性，如报销原始单据时间是否符合逻辑、签批流程是否符合要求、发票信息是否与合同一致；

（2）获取当地清洁卫生费标准，核查是否按照标准收取。

政策及制度依据：

《国家电网有限公司会计基础管理办法》[国网（财 /2）350−2018] 第四章 第三节 第五十四条

清洁卫生费

业务经办部门：后勤部门	流程编号：SG-SD0902
归口管理部门：后勤部门	编制单位：国网山东省电力公司

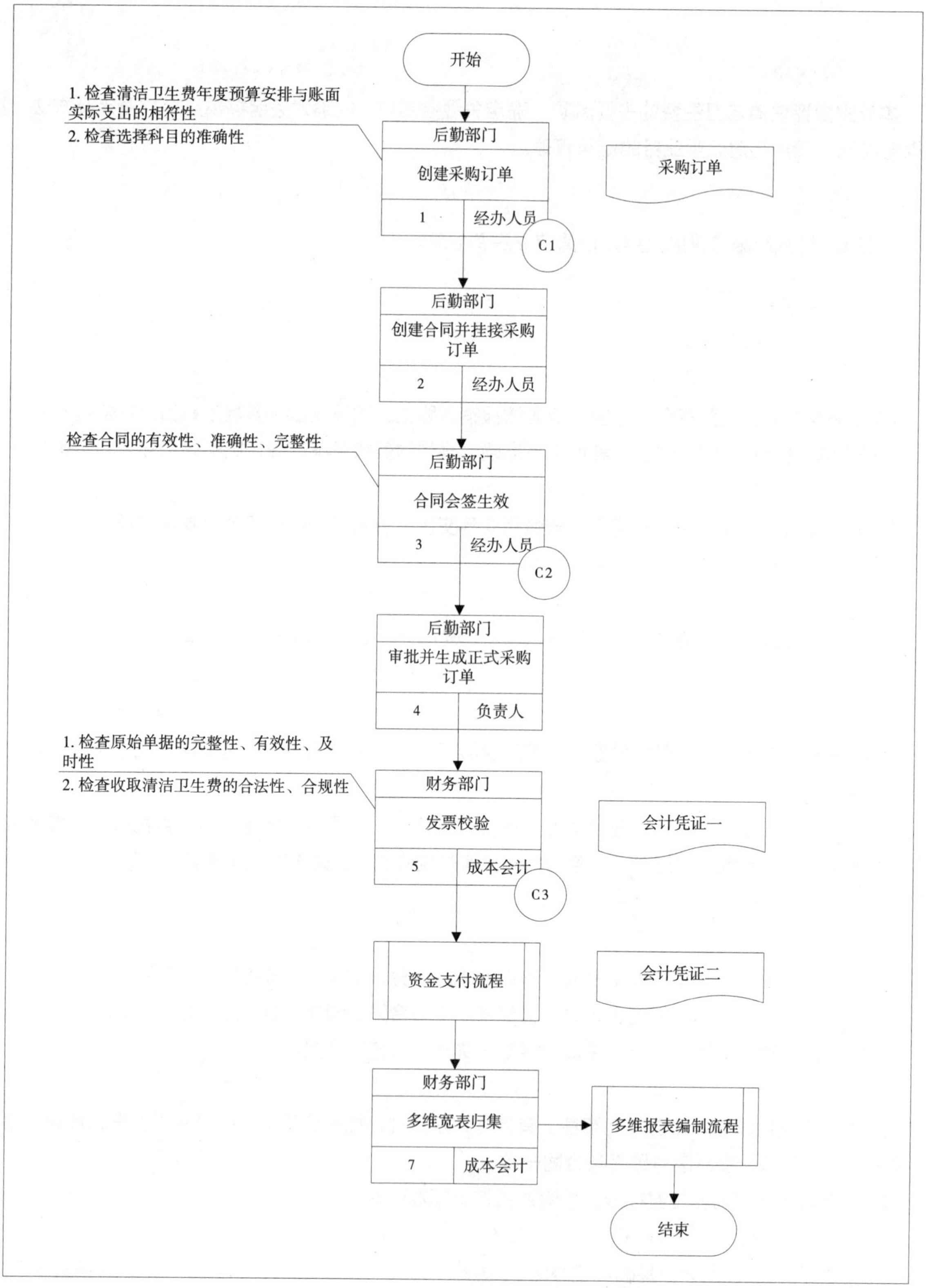

开始

1. 检查清洁卫生费年度预算安排与账面实际支出的相符性
2. 检查选择科目的准确性

后勤部门 — 创建采购订单 — 1 经办人员（C1）　　采购订单

后勤部门 — 创建合同并挂接采购订单 — 2 经办人员

检查合同的有效性、准确性、完整性

后勤部门 — 合同会签生效 — 3 经办人员（C2）

后勤部门 — 审批并生成正式采购订单 — 4 负责人

1. 检查原始单据的完整性、有效性、及时性
2. 检查收取清洁卫生费的合法性、合规性

财务部门 — 发票校验 — 5 成本会计（C3）　　会计凭证一

资金支付流程　　会计凭证二

财务部门 — 多维宽表归集 — 7 成本会计 → 多维报表编制流程

结束

稽核——绿化费

1. 编制目的

本节主要评估绿化费的风险，确定关键控制点，明确财务稽核重点审核要点及方法，指导财务稽核人员加强对此类业务的监督管理。

2. 适用范围

通过 ERP 系统服务采购流程办理绿化费业务。

3. 风险评估与检查方法

3.1 C1 关键控制：创建采购订单的检查

风险分析：

（1）采购服务超预算资金，可能导致无法报销入账或超预算支出，影响预算目标的实现；

（2）“总账科目”“成本中心”等信息不准确，导致财务核算不准确，影响财务报告的准确性。

检查方法：

（1）比较绿化费年度预算安排与账面实际支出，查看是否存在超预算支出情况；

（2）线上检查选择的科目是否准确。

政策及制度依据：

《国家电网公司会计核算办法 2014》[国网（财 /2）469-2014] 第十六章

3.2 C2 关键控制：合同会签生效的检查

风险分析：

合同未经过有效审核，可能导致合同条款含糊不清，出现合同纠纷，造成法律风险及经济损失。

检查方法：

抽取经法系统业务合同，检查合同的有效性、准确性、完整性，如是否对不含税价、税率及税额进行了明确，同时在合同中约定了“若国家出台新的税收政策，则按新政策执行”。

3.3 C3 关键控制：发票校验的检查

风险分析：

（1）业务人员提交报销单据不及时、未按要求进行分级审核，造成报销单据不真实、不合规；

（2）发票信息不准确、不完整，导致报销单据不符合财务制度要求，造成资金损失。

检查方法：

（1）获取原始单据，检查其完整性、有效性、及时性，如报销原始单据时间是否符合逻辑、签批流程是否符合要求；

（2）核对发票信息是否与合同、报销审批单信息一致。

政策及制度依据：

《国家电网有限公司会计基础管理办法》[国网（财 /2）350-2018] 第四章 第三节 第五十四条

绿化费	业务经办部门：后勤部门	流程编号：SG－SD0903
	归口管理部门：后勤部门	编制单位：国网山东省电力公司

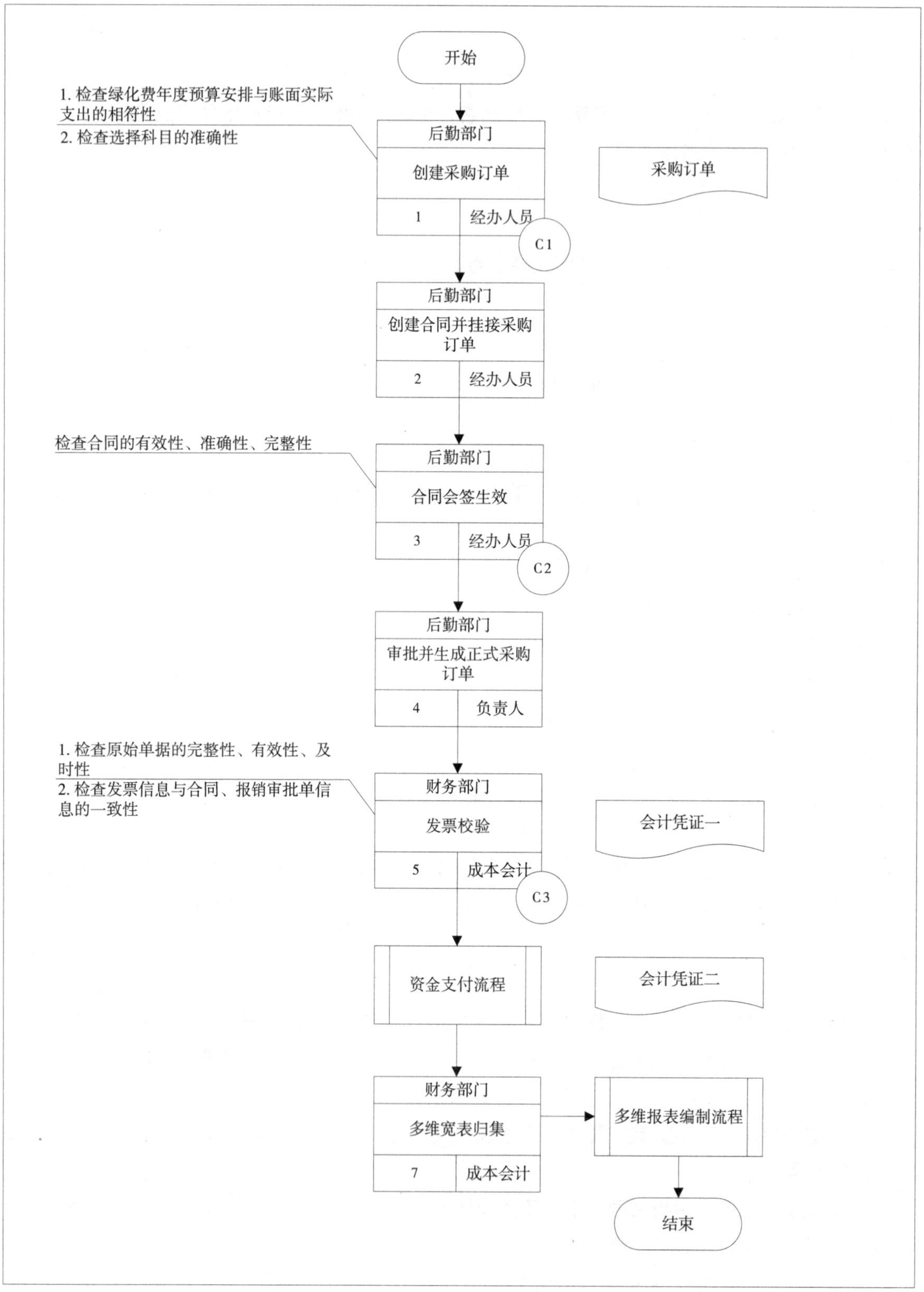

开始

1. 检查绿化费年度预算安排与账面实际支出的相符性
2. 检查选择科目的准确性

后勤部门
创建采购订单
1 经办人员
C1

采购订单

后勤部门
创建合同并挂接采购订单
2 经办人员

检查合同的有效性、准确性、完整性

后勤部门
合同会签生效
3 经办人员
C2

后勤部门
审批并生成正式采购订单
4 负责人

1. 检查原始单据的完整性、有效性、及时性
2. 检查发票信息与合同、报销审批单信息的一致性

财务部门
发票校验
5 成本会计
C3

会计凭证一

资金支付流程

会计凭证二

财务部门
多维宽表归集
7 成本会计

多维报表编制流程

结束

稽核——取暖费

1. 编制目的

本节主要评估办理取暖费报销业务、取暖费服务采购业务过程的主要风险，确定关键控制点，并针对潜在的风险制定财务稽核检查方法，以指导各级财务稽核人员加强对此类业务的监督管理。

2. 适用范围

通过 ERP 服务采购流程办理取暖费服务采购业务（合同签订限额标准以上）；

通过员工报销系统办理取暖费业务（合同签订限额标准以下）。

3. 风险评估与检查方法

3.1 通过 ERP 服务采购流程办理取暖费服务采购业务（合同签订限额标准以上）

3.1.1 C1 关键控制：创建采购订单的检查

风险分析：

（1）取暖费支出超年度预算安排，造成无法报销入账或超预算支出的风险；

（2）“总账科目”“成本中心”等信息不准确，导致财务核算不准确，影响财务报表的准确性。

检查方法：

（1）获取取暖费年度预算；

（2）比较取暖费年度预算安排与账面实际支出，查看是否存在超预算支出情况；

（3）线上检查选择的科目是否准确。

政策及制度依据：

《国家电网公司会计核算办法 2014》[国网（财 /2）469-2014] 第十六章 第二节 23. 取暖费

3.1.2 C2 关键控制：合同会签生效的检查

风险分析：

合同未经过有效审核，导致合同条款含糊不清，可能出现合同纠纷。

检查方法：

（1）获取合同或协议；

（2）检查合同的有效性、准确性、完整性，如是否对不含税价、税率及税额进行了明确，同时在合同中约定了“若国家出台新的税收政策，则按新政策执行”。

3.1.3 C3 关键控制：发票校验的检查

风险分析：

（1）业务人员提交报销单据不及时、未按要求进行分级审核，存在单据合规风险；

（2）发票信息不准确、不完整，存在税务风险。

检查方法：

（1）获取报销审批单、合同或协议、发票。

（2）检查原始单据是否完整、有效、及时，如报销原始单据时间是否符合逻辑、签批流程是否符合要求；核对发票信息是否与审批表、费用明细金额一致。

政策及制度依据：

《国家电网有限公司会计基础管理办法》[国网（财/2）350-2018]第四章 第三节 第五十四条

取暖费

业务经办部门：后勤部门	流程编号：SG-SD0904
归口管理部门：后勤部门	编制单位：国网山东省电力公司

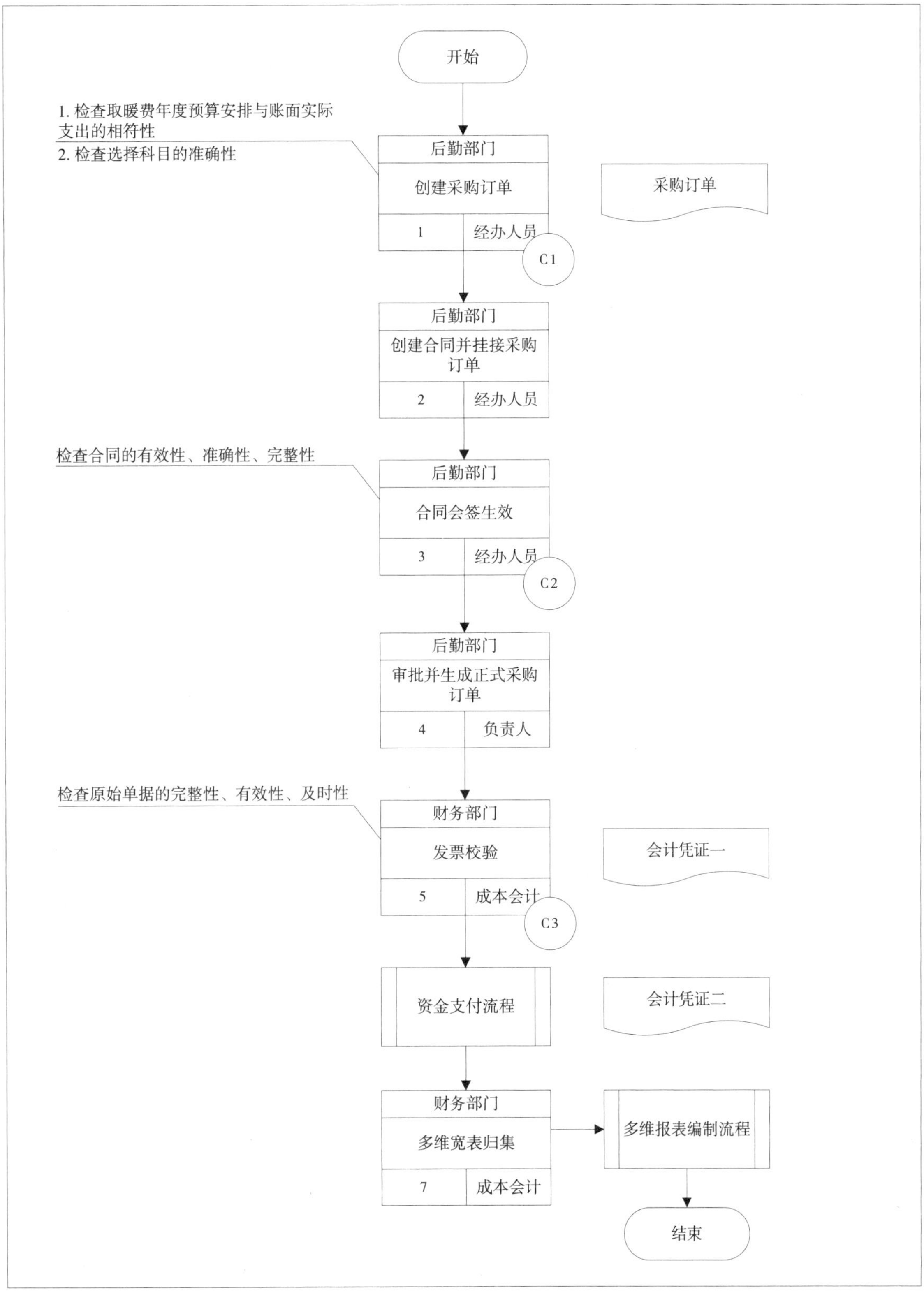

开始

1. 检查取暖费年度预算安排与账面实际支出的相符性
2. 检查选择科目的准确性

后勤部门
创建采购订单
1 经办人员
C1
采购订单

后勤部门
创建合同并挂接采购订单
2 经办人员

检查合同的有效性、准确性、完整性

后勤部门
合同会签生效
3 经办人员
C2

后勤部门
审批并生成正式采购订单
4 负责人

检查原始单据的完整性、有效性、及时性

财务部门
发票校验
5 成本会计
C3
会计凭证一

资金支付流程
会计凭证二

财务部门
多维宽表归集
7 成本会计

多维报表编制流程

结束

3.2 通过员工报销系统办理取暖费业务（合同签订限额标准以下）

3.2.1 C1 关键控制：审核取暖费报销申请的检查

风险分析：

（1）物资需求计划未经有效审核，导致采购物资不符合取暖费报销要求，存在超范围、虚假列支取暖费的风险；

（2）取暖费支出超年度预算安排，造成无法报销入账或超预算支出的风险。

检查方法：

（1）获取报销审批单、合同或协议、发票；

（2）检查采购物资是否合理；

（3）检查采购物资是否符合取暖费列支范围；

（4）检查取暖费年度预算安排与账面实际支出是否存在超预算支出情况。

政策及制度依据：

《国家电网公司会计核算办法 2014》[国网（财 /2）469-2014] 第十六章 第二节 23. 取暖费

3.2.2 C2 关键控制：审核报销申请和相关单据，生成报销凭证的检查

风险分析：

（1）财务人员未对报销事项与报销单据的一致性及单据的完整性、有效性复核，存在单据合规风险；

（2）会计凭证编制未经过有效审核，导致凭证编制错误不能被及时发现，存在财务报表错报的风险；

（3）取暖费超面积，导致财务信息失真。

检查方法：

（1）获取报销审批单、合同或协议、发票；

（2）检查原始单据是否完整、有效、及时，如报销原始单据时间是否符合逻辑、签批流程是否符合要求等；

（3）抽查会计凭证，检查凭证是否经过会计主管审核，会计凭证是否规范、正确，主要包括摘要内容、会计科目、信息维度等；

（4）抽查权证，核对取暖费面积是否合理。

政策及制度依据：

《国家电网有限公司会计基础管理办法》[国网（财 /2）350-2018] 第四章 第三节 第五十四条

取暖费

业务经办部门：后勤部门	流程编号：SG-SD0904
归口管理部门：后勤部门	编制单位：国网山东省电力公司

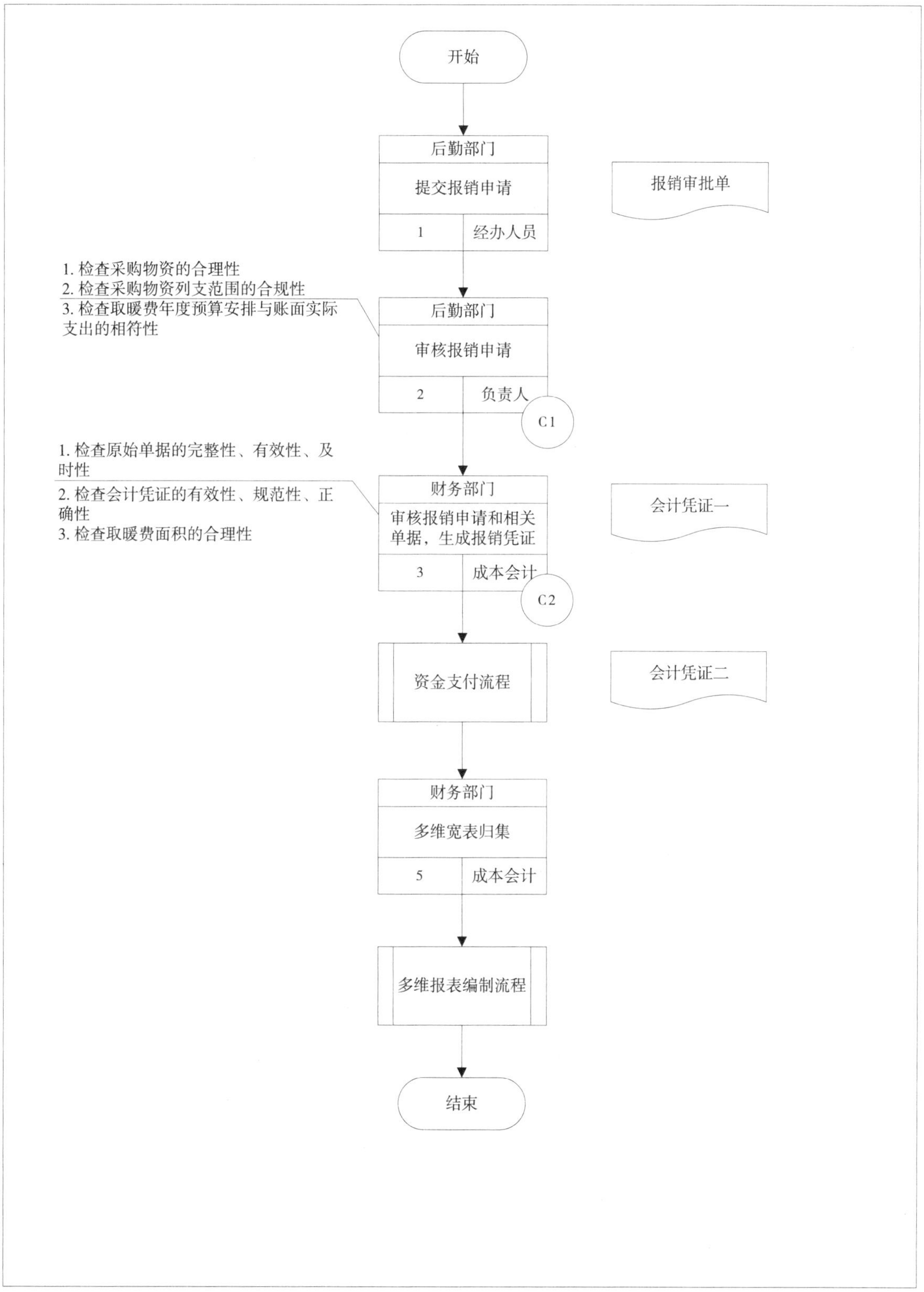

开始

后勤部门
提交报销申请
1 经办人员

报销审批单

1. 检查采购物资的合理性
2. 检查采购物资列支范围的合规性
3. 检查取暖费年度预算安排与账面实际支出的相符性

后勤部门
审核报销申请
2 负责人
C1

1. 检查原始单据的完整性、有效性、及时性
2. 检查会计凭证的有效性、规范性、正确性
3. 检查取暖费面积的合理性

财务部门
审核报销申请和相关单据，生成报销凭证
3 成本会计
C2

会计凭证一

资金支付流程

会计凭证二

财务部门
多维宽表归集
5 成本会计

多维报表编制流程

结束

稽核——水电费

1. 编制目的

本节主要评估办理水电费支出业务的主要风险，确定关键控制点，并针对潜在的风险制定财务稽核检查方法，以指导各级财务稽核人员加强对此类业务的监督管理。

2. 适用范围

通过 ERP 系统服务采购流程办理水电费业务；
通过员工报销系统办理水电费报销业务。

3. 风险评估与检查方法

3.1 通过 ERP 系统服务采购流程办理水电费业务

3.1.1 C1 关键控制：创建采购订单的检查

风险分析：

（1）采购服务超预算安排，造成无法报销入账或超预算支出风险；

（2）“总账科目”“成本中心”等信息不准确，导致财务核算不准确，存在财务报告错报的风险。

检查方法：

（1）通过线上或线下的方式获取水电费年度预算；

（2）比较水电费年度预算安排与账面实际支出，检查是否存在超预算支出情况；

（3）线上检查选择的科目是否准确。

政策及制度依据：

《国家电网公司会计核算办法 2014》[国网（财 /2）469-2014] 第十六章

3.1.2 C2 关键控制：合同会签生效的检查

风险分析：

合同未经过有效审核，导致合同条款含糊不清，可能出现合同纠纷。

检查方法：

（1）线上获取经法系统业务合同或协议；

（2）检查合同是否有效、准确、完整，如是否对付款条件予以明确，是否对不含税价、税率及税额予以明确，同时在合同中约定了“若国家出台新的税收政策，则按新政策执行”。

政策及制度依据：

未列明。

3.1.3 C3 关键控制：发票校验的检查

风险分析：

（1）业务人员提交报销单据不及时、未按要求进行分级审核，存在合规风险；

（2）发票信息不准确、不完整，造成报销单据不符合财务制度要求，存在税务风险；

（3）超标准收取水电费，存在财务报告错报的风险。

检查方法：

（1）获取原始单据，检查其完整性、有效性、及时性，如报销原始单据时间是否符合逻辑、签批流程是否符合要求；核对发票信息是否与合同信息一致。

（2）获取当地水电费标准，核查是否按照标准收取。

政策及制度依据：

《国家电网有限公司会计基础管理办法》[国网（财/2）350-2018]第四章 第三节 第五十四条

水电费	业务经办部门：后勤部门	流程编号：SG-SD0905
	归口管理部门：后勤部门	编制单位：国网山东省电力公司

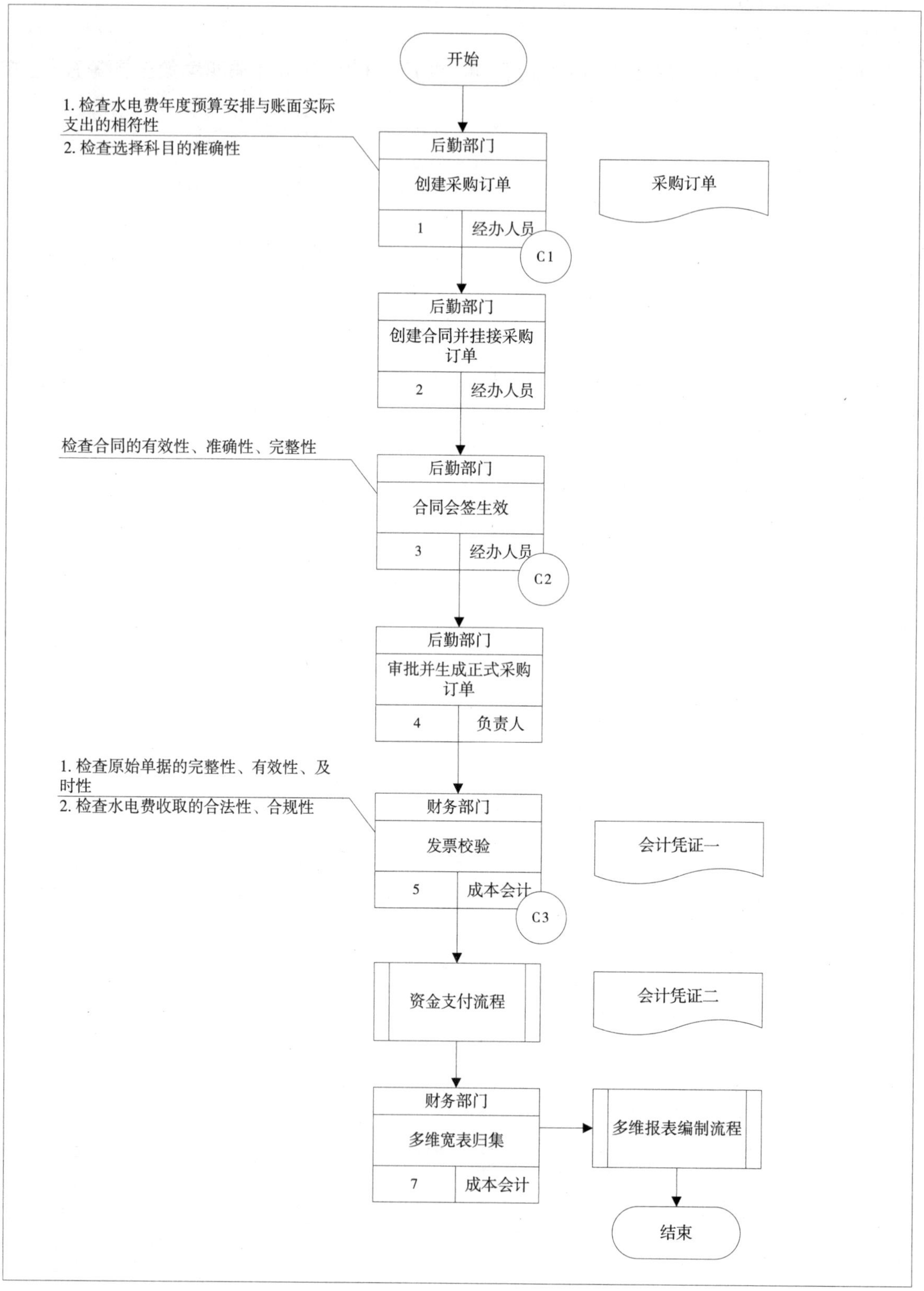

开始

1. 检查水电费年度预算安排与账面实际支出的相符性
2. 检查选择科目的准确性

后勤部门 创建采购订单 1 经办人员 C1 —— 采购订单

后勤部门 创建合同并挂接采购订单 2 经办人员

检查合同的有效性、准确性、完整性

后勤部门 合同会签生效 3 经办人员 C2

后勤部门 审批并生成正式采购订单 4 负责人

1. 检查原始单据的完整性、有效性、及时性
2. 检查水电费收取的合法性、合规性

财务部门 发票校验 5 成本会计 C3 —— 会计凭证一

资金支付流程 —— 会计凭证二

财务部门 多维宽表归集 7 成本会计 → 多维报表编制流程

结束

3.2 通过员工报销系统办理水电费报销业务

3.2.1 C1 关键控制：提交报销申请的检查

风险分析：

（1）超范围、超标准列支水费；

（2）“总账科目”“成本中心”等信息不准确，导致财务核算不准确，存在财务报告错报的风险。

检查方法：

（1）通过线上或线下的方式获取水电费年度预算，比较水电费年度预算安排与账面实际支出，检查是否存在超预算支出情况；

（2）检查报销申请表填报的信息是否符合水电费列支范围，如是否存在购买桶装水等属于办公费的情况；

（3）获取当地水电费标准，核查是否按照标准收取；

（4）线上检查选择的科目是否准确。

政策及制度依据：

《国家电网公司会计核算办法 2014》[国网（财 /2）469-2014] 第十六章

《国家电网有限公司会计基础管理办法》[国网（财 /2）350-2018）]

3.2.2 C2 关键控制：审核报销申请的检查

风险分析：

（1）未对报销申请及单据的完整性、一致性复核，可能导致财务数据失真。

（2）超范围、超标准列支水费；

检查方法：

（1）通过线上或线下的方式获取水电费年度预算，比较水电费年度预算安排与账面实际支出，检查是否存在超预算支出情况；

（2）检查报销申请表填报的信息是否符合水电费列支范围，如是否存在购买桶装水等属于办公费的情况；

（3）获取当地水电费标准，核查是否按照标准收取。

政策及制度依据：

《国家电网公司会计核算办法 2014》[国网（财 /2）469-2014]

《国家电网有限公司会计基础管理办法》[国网（财 /2）350-2018]

3.2.3 C3 关键控制：审核报销申请和相关单据，生成报销凭证的检查

风险分析：

（1）签批手续不完整，存在合规风险；

（2）未对报销单据的完整性、一致性复核，可能导致财务数据失真；

（3）会计凭证编制未经有效审核，可能导致凭证编制错误未被及时发现，出现会计核算差错问题。

检查方法：

（1）获取原始单据，检查其完整性、有效性、及时性，如报销原始单据时间是否符合逻辑、签批流程是否符合要求；核对发票信息是否与合同信息一致。

（2）获取当地水电费标准，核查是否按照标准收取。

（3）线上检查选择的科目是否准确。

（4）根据业务部门已提报现金预算检查结算费用是否纳入月度现金预算。

政策及制度依据：

《国家电网有限公司会计基础管理办法》[国网（财 /2）350-2018]

水电费

业务经办部门：后勤部门	流程编号：SG－SD0905
归口管理部门：后勤部门	编制单位：国网山东省电力公司

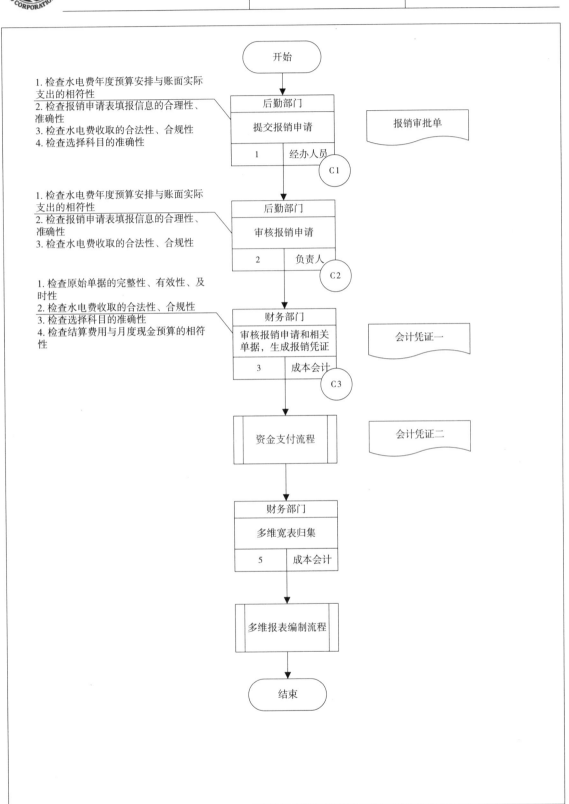

开始

1. 检查水电费年度预算安排与账面实际支出的相符性
2. 检查报销申请表填报信息的合理性、准确性
3. 检查水电费收取的合法性、合规性
4. 检查选择科目的准确性

后勤部门
提交报销申请
1 经办人员
C1

报销审批单

1. 检查水电费年度预算安排与账面实际支出的相符性
2. 检查报销申请表填报信息的合理性、准确性
3. 检查水电费收取的合法性、合规性

后勤部门
审核报销申请
2 负责人
C2

1. 检查原始单据的完整性、有效性、及时性
2. 检查水电费收取的合法性、合规性
3. 检查选择科目的准确性
4. 检查结算费用与月度现金预算的相符性

财务部门
审核报销申请和相关单据，生成报销凭证
3 成本会计
C3

会计凭证一

资金支付流程

会计凭证二

财务部门
多维宽表归集
5 成本会计

多维报表编制流程

结束

稽核——管理用房屋维修费

1. 编制目的

本节主要评估管理用房屋维修费的风险，确定关键控制点，并针对潜在的风险制定财务稽核检查方法，以指导各级财务稽核人员加强对此类业务的监督管理。

2. 适用范围

通过 ERP 系统办理管理用房屋维修费入账业务。

3. 风险评估与检查方法

3.1 C1 关键控制：提报服务采购申请，履行审批程序的检查

风险分析：

采购服务超预算资金，可能导致无法报销入账或超预算支出，影响预算目标的实现。

检查方法：

比较管理用房屋维修费年度预算安排与服务采购申请，检查是否存在超预算提报情况。

3.2 C2 关键控制：创建服务采购订单的检查

风险分析：

采购订单相关信息与合同不一致，可能导致采购事项缺乏真实性、相关单据缺乏有效性，影响财务报告的准确性。

检查方法：

检查采购订单中税率、付款条件、供应商名称、银行账户、交货日期等信息与合同是否一致。

3.3 C3 关键控制：合同会签生效的检查

风险分析：

合同未经过有效审核，可能导致合同条款含糊不清，出现合同纠纷，造成法律风险及经济损失。

检查方法：

检查经法系统业务合同，检查合同的有效性、准确性、完整性，如是否对不含税价、税率及税额进行了明确，同时在合同中约定了“若国家出台新的税收政策，则按新政策执行”。

3.4 C4 关键控制：服务确认的检查

风险分析：

未按照维修实际进度、合同执行进度开具发票，影响财务报告的准确性。

检查方法：

查验实际工程进度、合同执行进度及发票开具情况，是否存在未按合同约定开具发票或未按工程实际进度进行服务确认的情况。

3.5 C5 关键控制：发票校验的检查

风险分析：

（1）业务人员提交报销单据不及时、未按要求进行分级审核，造成报销单据不真实、不合规；

（2）发票信息不准确、不完整，造成报销单据不符合财务制度要求，造成资金损失。

检查方法：

获取原始单据，检查其完整性、有效性、及时性，如报销原始单据时间是否符合逻辑、签批流程是否符合要求；核对发票信息是否与合同一致。

政策及制度依据：

《国家电网有限公司会计基础管理办法》国网（财/2）350-2018］第四章 第三节 第五十四条

管理用房屋维修费	业务经办部门：后勤部门	流程编号：SG-SD0906
	归口管理部门：后勤部门	编制单位：国网山东省电力公司

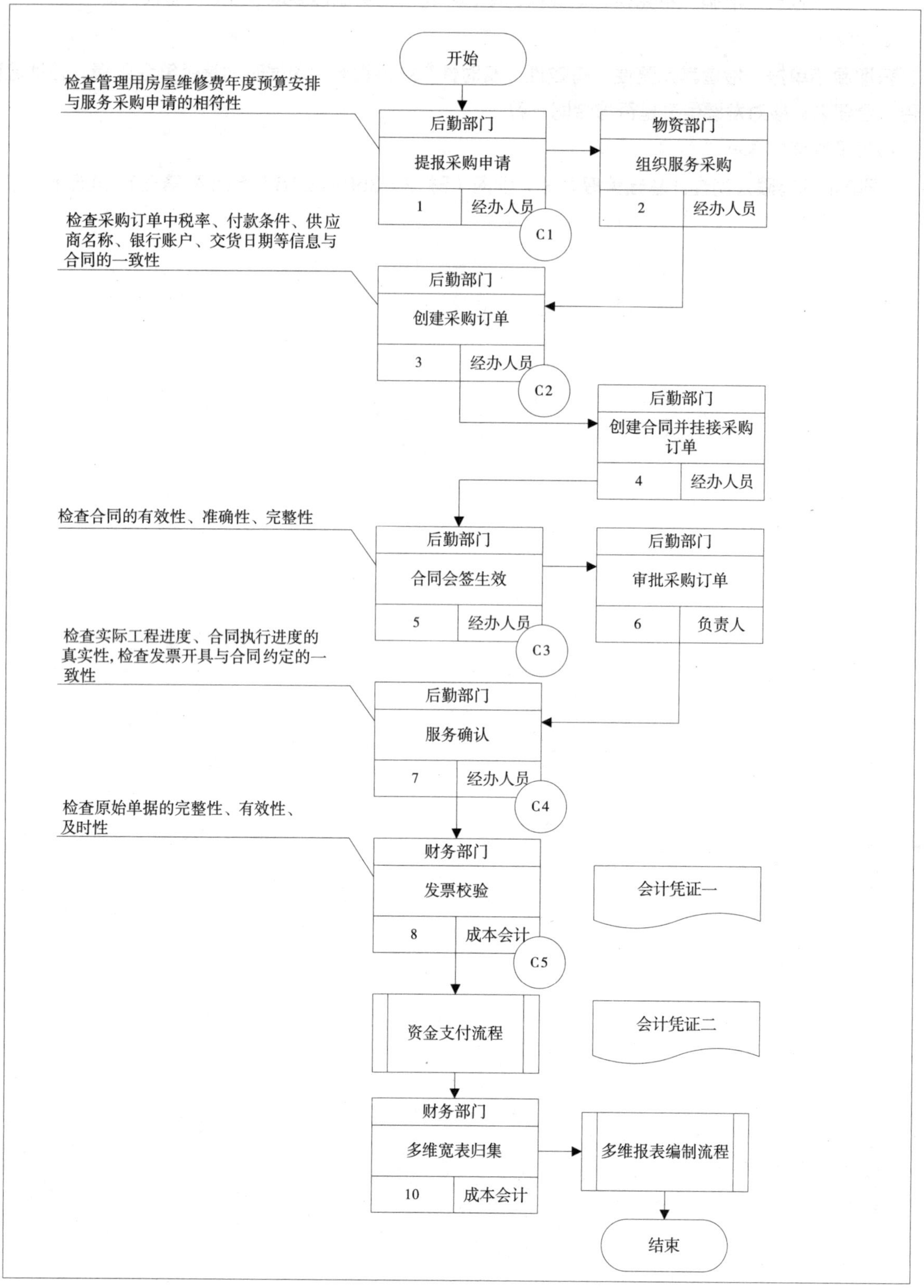

开始

检查管理用房屋维修费年度预算安排与服务采购申请的相符性

后勤部门 提报采购申请 1 经办人员 C1

物资部门 组织服务采购 2 经办人员

检查采购订单中税率、付款条件、供应商名称、银行账户、交货日期等信息与合同的一致性

后勤部门 创建采购订单 3 经办人员 C2

后勤部门 创建合同并挂接采购订单 4 经办人员

检查合同的有效性、准确性、完整性

后勤部门 合同会签生效 5 经办人员 C3

后勤部门 审批采购订单 6 负责人

检查实际工程进度、合同执行进度的真实性，检查发票开具与合同约定的一致性

后勤部门 服务确认 7 经办人员 C4

检查原始单据的完整性、有效性、及时性

财务部门 发票校验 8 成本会计 C5

会计凭证一

资金支付流程

会计凭证二

财务部门 多维宽表归集 10 成本会计

多维报表编制流程

结束

稽核——租赁费

1. 编制目的

本节主要评估租赁费服务采购、日常报销过程的主要风险，确定关键控制点，并针对潜在的风险制定财务稽核检查方法，以指导各级财务稽核人员加强对此类业务的监督管理。

2. 适用范围

通过 ERP 服务采购流程办理服务采购业务（合同签订限额标准以上）；

通过员工报销系统办理租赁费业务（合同签订限额标准以下）。

3. 风险评估与检查方法

3.1 通过 ERP 服务采购流程办理服务采购业务（合同签订限额标准以上）

3.1.1 C1 关键控制：创建采购订单的检查

风险分析：

（1）租赁费支出超年度预算安排，造成无法报销入账或超预算支出的风险；

（2）“总账科目”“成本中心”等信息不准确，导致财务核算不准确，存在财务报表错报的风险。

检查方法：

（1）获取租赁费年度预算；

（2）比较租赁费年度预算安排与账面实际支出，检查是否存在超预算支出的情况；

（3）线上检查选择的科目是否准确。

政策及制度依据：

《国家电网公司会计核算办法 2014》[国网（财 /2）469-2014] 第十六章 第二节 27. 租赁费

3.1.2 C2 关键控制：合同会签生效的检查

风险分析：

合同未经过有效审核，导致合同条款含糊不清，可能出现合同纠纷。

检查方法：

（1）获取合同或协议；

（2）检查合同的有效性、准确性、完整性，如是否对不含税价、税率及税额进行了明确，同时在合同中约定了“若国家出台新的税收政策，则按新政策执行”。

3.1.3 C3 关键控制：发票校验的检查

风险分析：

（1）业务人员提交报销单据不及时、未按要求进行分级审核，存在报销单据合规风险；

（2）发票信息不准确、不完整，造成报销单据不符合财务制度要求，存在税务风险。

检查方法：

（1）获取报销审批单、合同或协议、发票或行政事业单位收据、身份证复印件（租赁个人资产）、租赁资产产证复印件或其他证明所有权的资料、评估报告、合同或协议、临时租赁业务审批单。

（2）检查原始单据是否完整、有效、及时，如报销原始单据时间是否符合逻辑、签批流程是否符合要求；核对发票信息与合同等是否一致，发票信息是否完整。

政策及制度依据：

《国家电网有限公司会计基础管理办法》[国网（财/2）350-2018] 第四章 第三节 第五十四条

# 租赁费	业务经办部门：相关部门	流程编号：SG-SD0907
	归口管理部门：后勤部门、设备部门、营销部门等	编制单位：国网山东省电力公司

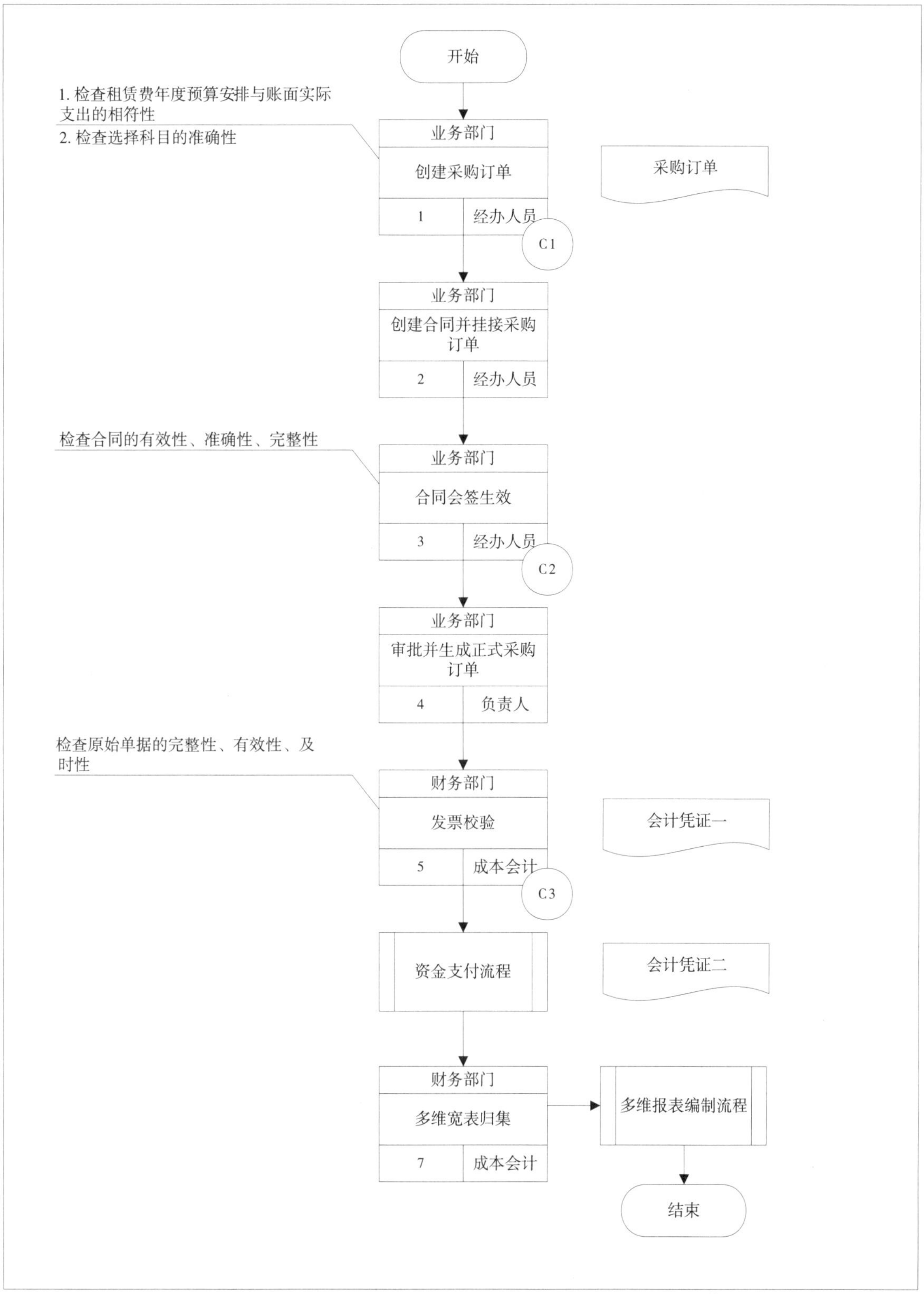

开始

1. 检查租赁费年度预算安排与账面实际支出的相符性
2. 检查选择科目的准确性

业务部门 | 创建采购订单 | 1 | 经办人员 | C1 → 采购订单

业务部门 | 创建合同并挂接采购订单 | 2 | 经办人员

检查合同的有效性、准确性、完整性

业务部门 | 合同会签生效 | 3 | 经办人员 | C2

业务部门 | 审批并生成正式采购订单 | 4 | 负责人

检查原始单据的完整性、有效性、及时性

财务部门 | 发票校验 | 5 | 成本会计 | C3 → 会计凭证一

资金支付流程 → 会计凭证二

财务部门 | 多维宽表归集 | 7 | 成本会计 → 多维报表编制流程

结束

3.2 通过员工报销系统办理租赁费业务（合同签订限额标准以下）

3.2.1 C1 关键控制：审核租赁费报销申请的检查

风险分析：

（1）物资需求计划未经有效审核，导致采购物资不符合租赁费报销要求，存在超范围、虚假列支租赁费的风险；

（2）租赁费支出超年度预算安排，造成无法报销入账或超预算支出的风险。

检查方法：

（1）获取报销审批单、合同或协议、发票或行政事业单位收据、身份证复印件（租赁个人资产）、租赁资产产证复印件或其他证明所有权的资料、评估报告、合同或协议、临时租赁业务审批单；

（2）审核采购物资的合理性；

（3）审核采购物资是否符合租赁费列支范围；

（4）比较租赁费年度预算安排与账面实际支出，检查是否存在超预算支出情况。

政策及制度依据：

《国网山东省电力公司本部办公物资管理办法》（鲁电后勤［2016］740 号）第一章 第二条

《国家电网公司会计核算办法 2021》［国网（财 /2）469-2020］第十五章 第四节 8. 租赁费

《国家电网有限公司合同管理办法》（国家电网企管［2019］427 号）

3.2.2 C2 关键控制：审核报销申请和相关单据，生成报销凭证的检查

风险分析：

（1）财务人员未对报销事项与报销单据的一致性及单据的完整性、有效性复核，可能导致财务数据不准确，存在财务报表错报的风险；

（2）会计凭证编制未经过有效审核，导致凭证编制错误不能被及时发现，存在财务报表错报的风险；

（3）租出方无租出资产的所有权，存在合规风险。

检查方法：

（1）获取单据同上；

（2）检查原始单据是否完整性、有效、及时，如报销原始单据时间是否符合逻辑、签批流程是否符合要求等；

（3）抽查会计凭证，检查凭证是否经过会计主管审核，检查会计凭证是否规范、正确，主要包括摘要内容、会计科目、信息维度等；

（4）查阅评估报告、不动产证等，检查租出方是否拥有租出资产所有权。

政策及制度依据：

《国家电网有限公司会计基础管理办法》［国网（财 /2）350-2018］第四章 第三节 第五十四条

租赁费	业务经办部门：相关部门	流程编号：SG-SD0907
	归口管理部门：后勤部门、设备部门、营销部门等	编制单位：国网山东省电力公司

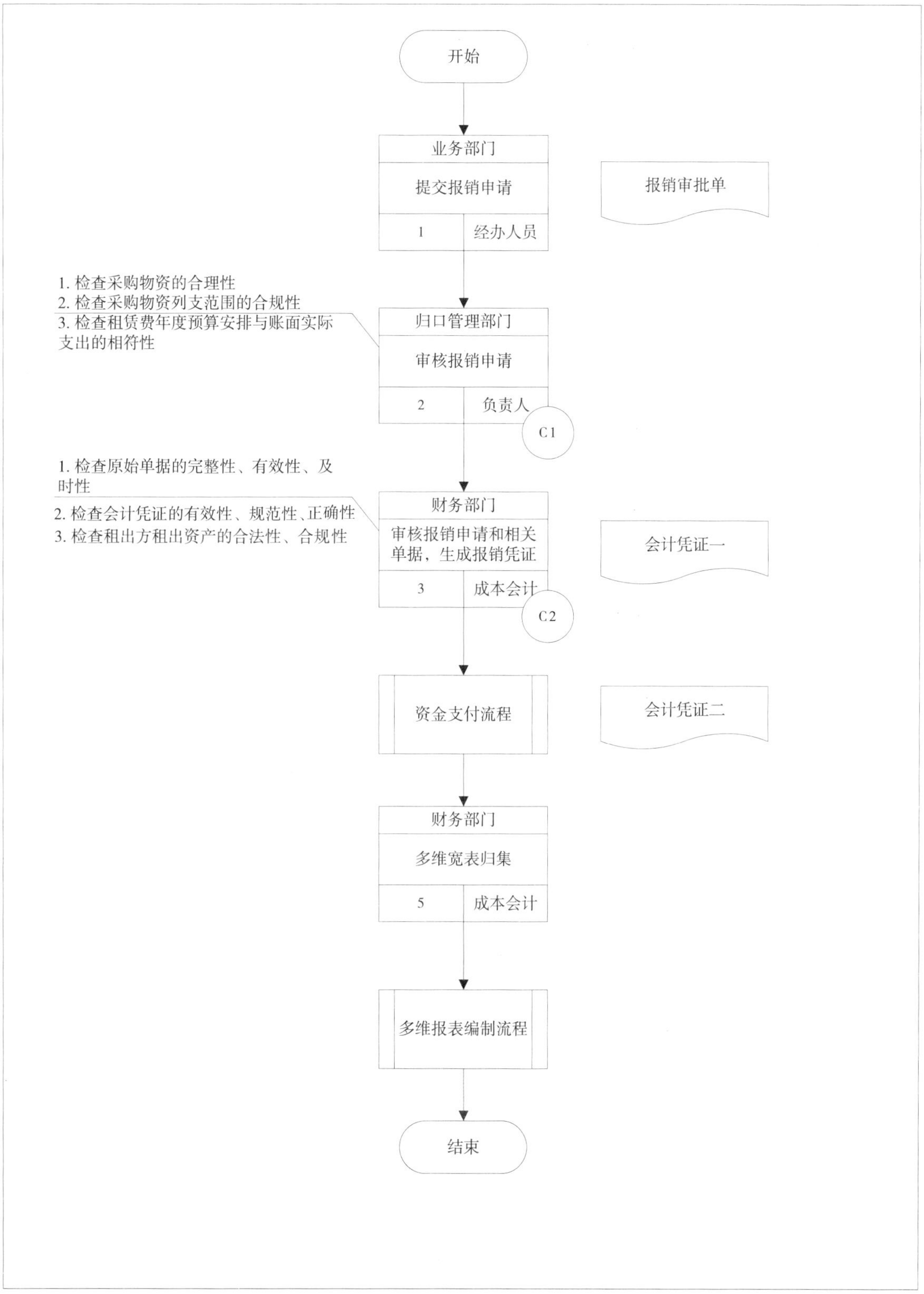

开始

业务部门
提交报销申请
1 经办人员

报销审批单

1. 检查采购物资的合理性
2. 检查采购物资列支范围的合规性
3. 检查租赁费年度预算安排与账面实际支出的相符性

归口管理部门
审核报销申请
2 负责人
C1

1. 检查原始单据的完整性、有效性、及时性
2. 检查会计凭证的有效性、规范性、正确性
3. 检查租出方租出资产的合法性、合规性

财务部门
审核报销申请和相关单据，生成报销凭证
3 成本会计
C2

会计凭证一

资金支付流程

会计凭证二

财务部门
多维宽表归集
5 成本会计

多维报表编制流程

结束

十、科技信息业务

稽核——管理信息系统维护费

1. 编制目的

本节主要评估管理信息系统维护费等物资采购业务、服务采购业务的主要风险，确定关键控制点，并针对潜在的风险制定财务稽核检查方法，以指导各级财务稽核人员加强对此类业务的监督管理。

2. 适用范围

通过 ERP 物资采购流程办理物资采购业务；
通过 ERP 服务采购流程办理服务采购业务。

3. 风险评估与检查方法

3.1 通过 ERP 物资采购流程办理物资采购业务

3.1.1 C1 关键控制：提报采购需求的检查

风险分析：

（1）物资需求计划未经有效审核，导致采购物资不符合报销要求，存在超范围、虚假列支的风险；
（2）支出超年度预算安排，造成无法报销入账或超预算支出的风险。

检查方法：

（1）获取物资计划审批表、年度预算；
（2）审核采购物资的合理性；
（3）审核采购物资是否符合列支范围；
（4）比较年度预算安排与账面实际支出，检查是否存在超预算支出情况。

政策及制度依据：

《国家电网公司会计核算办法 2014》[国网（财 /2）469-2014] 第十六章 第二节 30. 管理信息系统维护费

3.1.2 C2 关键控制：物资到货并领用发货的检查

风险分析：

验收单、入库单未按照要求进行签字确认，存在账实不符风险。

检查方法：

（1）获取验收单、采购明细、物资出入库单、部门领用明细（另存）。
（2）检查单据是否完整、单据间是否一致。

政策及制度依据：

未列明。

3.1.3 C3 关键控制：发票校验的检查

风险分析：

（1）业务人员提交报销单据不及时、未按要求进行分级审核，造成报销单据不合规；
（2）发票信息不准确、不完整，造成报销单据不符合财务制度要求，存在资金、税务风险。

检查方法：

（1）获取报销审批单、事前审批单或物资计划审批表、发票及采购明细、物资出入库单、部门领用明细（另存）、合同或协议；

（2）检查原始单据是否完整、有效、及时，如报销原始单据时间是否符合逻辑、签批流程是否符合要求，单据之间信息是否一致，发票信息是否与合同、采购明细等信息相符。

政策及制度依据：

《国家电网有限公司会计基础管理办法》[国网（财/2）350-2018] 第四章 第三节 第五十四条

管理信息系统维护费

业务经办部门：相关部门	流程编号：SG-SD1001
归口管理部门：信通部门	编制单位：国网山东省电力公司

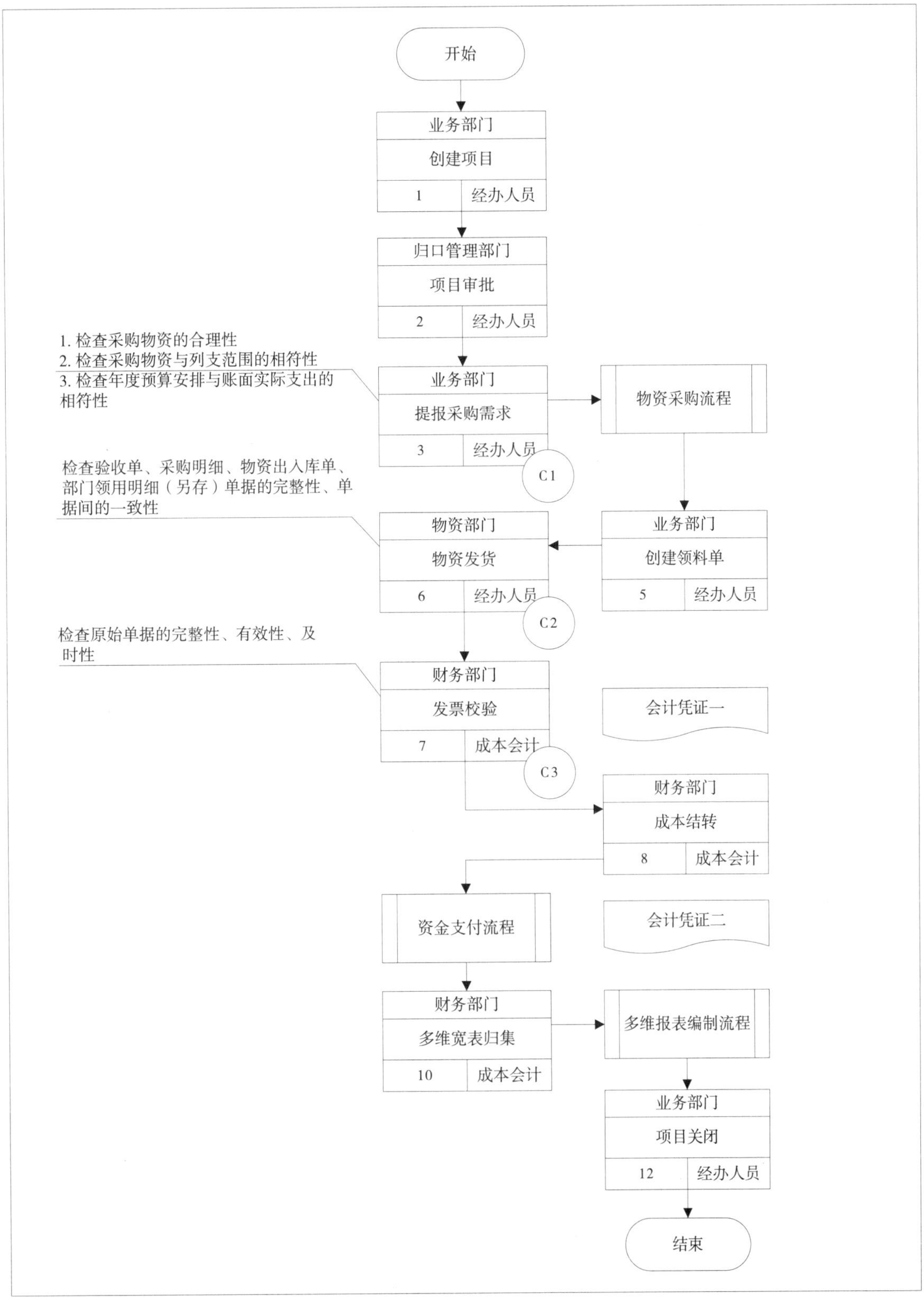

3.2 通过 ERP 服务采购流程办理服务采购业务

3.2.1 C1 关键控制：创建采购订单的检查

风险分析：

（1）采购服务超预算资金，造成无法报销入账或超预算支出风险；

（2）“总账科目”“成本中心”等信息不准确，导致财务核算不准确，影响财务报告的准确性。

检查方法：

（1）获取管理信息系统维护费年度预算；

（2）比较管理信息系统维护费年度预算安排与账面实际支出，查看是否存在超预算支出的情况；

（3）线上检查选择的科目是否准确。

政策及制度依据：

《国家电网公司会计核算办法 2014》[国网（财 /2）469-2014] 第十六章 第二节 30. 管理信息系统维护费

3.2.2 C2 关键控制：合同会签生效的检查

风险分析：

合同未经过有效审核，导致合同条款含糊不清，可能出现合同纠纷。

检查方法：

（1）获取经法系统业务合同；

（2）检查合同的有效性、准确性、完整性，如是否对不含税价、税率及税额进行了明确，同时在合同中约定了“若国家出台新的税收政策，则按新政策执行”。

3.2.3 C3 关键控制：发票校验的检查

风险分析：

（1）业务人员提交报销单据不及时、未按要求进行分级审核，造成报销单据不合规；

（2）发票信息不准确、不完整，造成报销单据不符合财务制度要求，存在资金、税务风险。

检查方法：

（1）获取报销审批单、费用审批表、发票及费用明细、合同或协议；

（2）检查原始单据是否完整、有效、及时，如报销原始单据时间是否符合逻辑、签批流程是否符合要求，发票信息是否完整。

政策及制度依据：

《国家电网有限公司会计基础管理办法》[国网（财 /2）350-2018] 第四章 第三节 第五十四条

管理信息系统维护费	业务经办部门：相关部门	流程编号：SG-SD1001
	归口管理部门：信通部门	编制单位：国网山东省电力公司

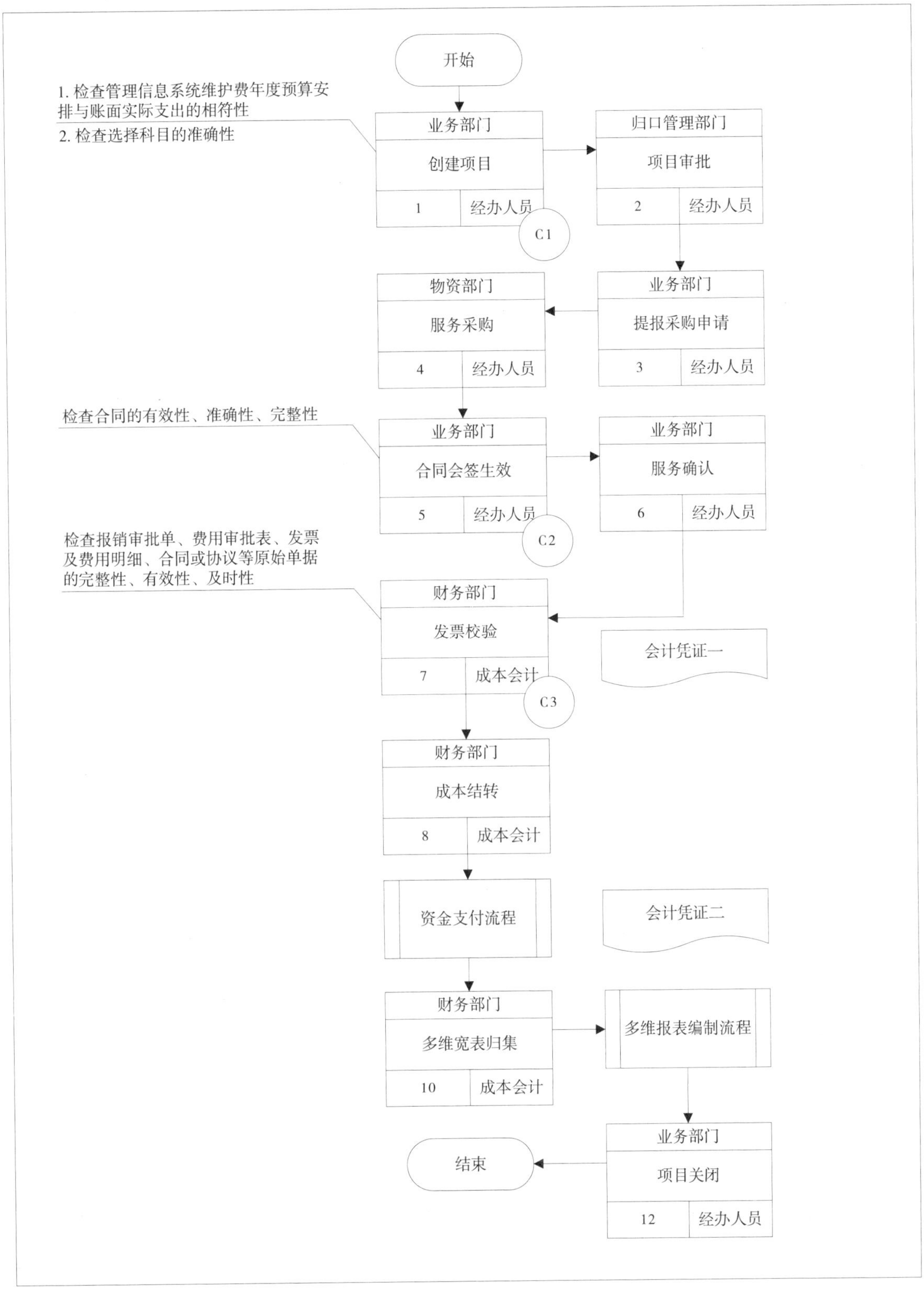

开始

1. 检查管理信息系统维护费年度预算安排与账面实际支出的相符性
2. 检查选择科目的准确性

业务部门 创建项目 1 经办人员 C1

归口管理部门 项目审批 2 经办人员

业务部门 提报采购申请 3 经办人员

物资部门 服务采购 4 经办人员

检查合同的有效性、准确性、完整性

业务部门 合同会签生效 5 经办人员 C2

业务部门 服务确认 6 经办人员

检查报销审批单、费用审批表、发票及费用明细、合同或协议等原始单据的完整性、有效性、及时性

财务部门 发票校验 7 成本会计 C3

会计凭证一

财务部门 成本结转 8 成本会计

资金支付流程

会计凭证二

财务部门 多维宽表归集 10 成本会计

多维报表编制流程

业务部门 项目关闭 12 经办人员

结束

稽核——服务类研发支出

1. 编制目的

本节主要评估信息化项目（服务）研究开发费报销业务的主要风险，确定关键控制点，并针对潜在的风险制定财务稽核检查方法，以指导各级财务稽核人员加强对此类业务的监督管理。

2. 适用范围

信息化项目（服务）研究开发费报销业务。

3. 风险评估与检查方法

3.1 C1 关键控制：合同会签生效的检查

风险分析：

（1）未采用统一的合同文本，导致合同条款不完善；或招投标手续不规范、不完整即签订合同，存在法律风险；

（2）供应商及合同金额与中标公告不一致，存在法律风险或经济风险；

（3）合同中未明确合同的金额、支付条件、结算方式、发票开具方式、支付时间、工程进度等内容，导致履约时产生纠纷。

检查方法：

（1）获取经法系统的合同及中标公告、中标通知书。

（2）检查是否有招标通知书；按照招投标管理制度相关规定要求，检查各类业务是否按照资金限额规定履行招标手续；通过单项支付金额与需招标条件对比检查。

（3）通过经法系统导出签订的合同明细，检查是否存在多项名称或内容相似的合同（签订时间接近、标的相同、对方单位相同），根据实际情况判断是否存在拆分合同规避招标的情况。

政策及制度依据：

《国家电网公司研究开发费财务管理办法》第二十一条

《国家电网公司会计核算办法 2014》第二章、第十章

3.2 C2 关键控制：发票校验的检查

风险分析：

采购订单、发票、服务确认单不一致，影响资产价值与应付款项的准确性。

检查方法：

（1）获取报销审批单、服务确认单、发票；

（2）检查采购订单、服务确认单、发票及合同等资料是否一致。

政策及制度依据：

《国家电网有限公司会计基础管理办法》[国网（财 /2）350-2018] 附件：《电网企业经济业务审核手册》

3.3 C3 关键控制：成本结转的检查

风险分析：

（1）会计凭证编制未进行有效审核，凭证编制错误未被及时发现，存在财务报表错报的风险；

（2）未按照规定选择对应科目，业务的真实性未得到反映，出现会计核算差错问题，影响财务报表的准确性。

检查方法：

（1）根据业务实质检查科目选择是否正确；

（2）获取报销单据及凭证，检查是否存在资本性与成本性支出混淆的情况。

政策及制度依据：

《国家电网公司研究开发费财务管理办法》第二十一条

《国家电网公司会计核算办法 2014》第二章、第十章

服务类研发支出

业务经办部门：相关部门	流程编号：SG-SD1002-01
归口管理部门：发策部门	编制单位：国网山东省电力公司

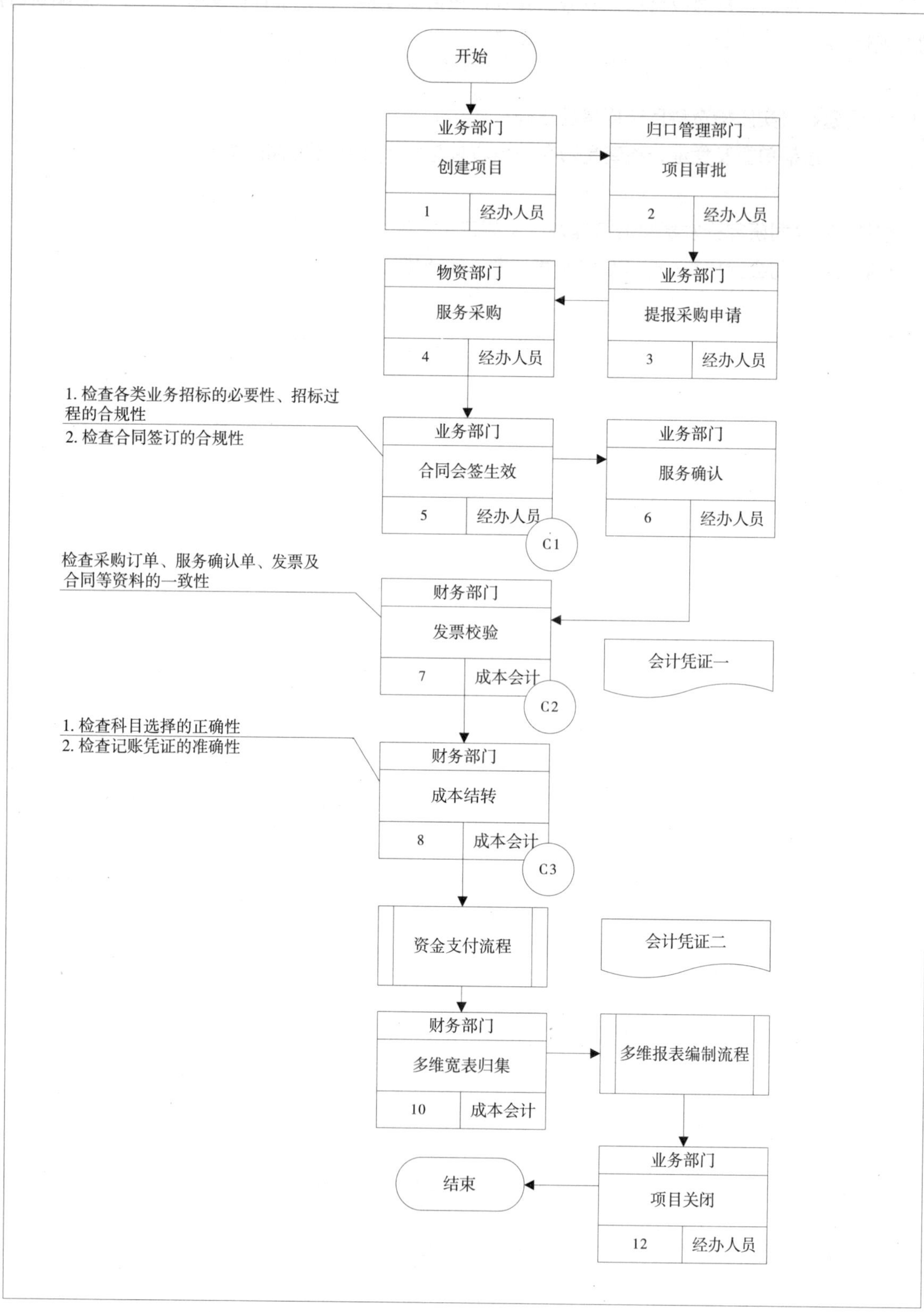

开始

业务部门 创建项目 1 经办人员

归口管理部门 项目审批 2 经办人员

业务部门 提报采购申请 3 经办人员

物资部门 服务采购 4 经办人员

业务部门 合同会签生效 5 经办人员 C1

1. 检查各类业务招标的必要性、招标过程的合规性
2. 检查合同签订的合规性

业务部门 服务确认 6 经办人员

财务部门 发票校验 7 成本会计 C2

检查采购订单、服务确认单、发票及合同等资料的一致性

会计凭证一

财务部门 成本结转 8 成本会计 C3

1. 检查科目选择的正确性
2. 检查记账凭证的准确性

资金支付流程

会计凭证二

财务部门 多维宽表归集 10 成本会计

多维报表编制流程

业务部门 项目关闭 12 经办人员

结束

稽核——物资类研发支出

1. 编制目的

本节主要评估信息化项目（物资）研究开发费报销业务的主要风险，确定关键控制点，并针对潜在的风险制定财务稽核检查方法，以指导各级财务稽核人员加强对此类业务的监督管理。

2. 适用范围

信息化项目（物资）研究开发费报销业务。

3. 风险评估与检查方法

3.1 C1 关键控制：发票校验的检查

风险分析：

采购订单、发票、服务确认单不一致，影响资产价值与应付款项的准确性。

检查方法：

（1）获取报销审批单、收货单或到货验收单、发票、合同或协议、中标通知书；

（2）检查采购订单、服务确认单、发票及合同等资料是否一致。

政策及制度依据：

《国家电网有限公司会计基础管理办法》[国网（财/2）350-2018] 附件：《电网企业经济业务审核手册》

3.2 C2 关键控制：项目结转、成本结转的检查

风险分析：

（1）会计凭证编制未进行有效审核，凭证编制错误未被及时发现，存在财务报表错报的风险；

（2）未按照规定选择对应科目，业务的真实性未得到反映，出现会计核算差错问题，影响财务报表的准确性。

检查方法：

（1）根据业务实质检查科目选择是否正确；

（2）获取报销单据及凭证，检查是否存在资本性与成本性支出混淆的情况。

政策及制度依据：

《国家电网公司研究开发费财务管理办法》第二十一条

《国家电网公司会计核算办法 2014》第二章、第十章

物资类研发支出	业务经办部门：相关部门	流程编号：SG-SD1002-02
	归口管理部门：发策部门	编制单位：国网山东省电力公司

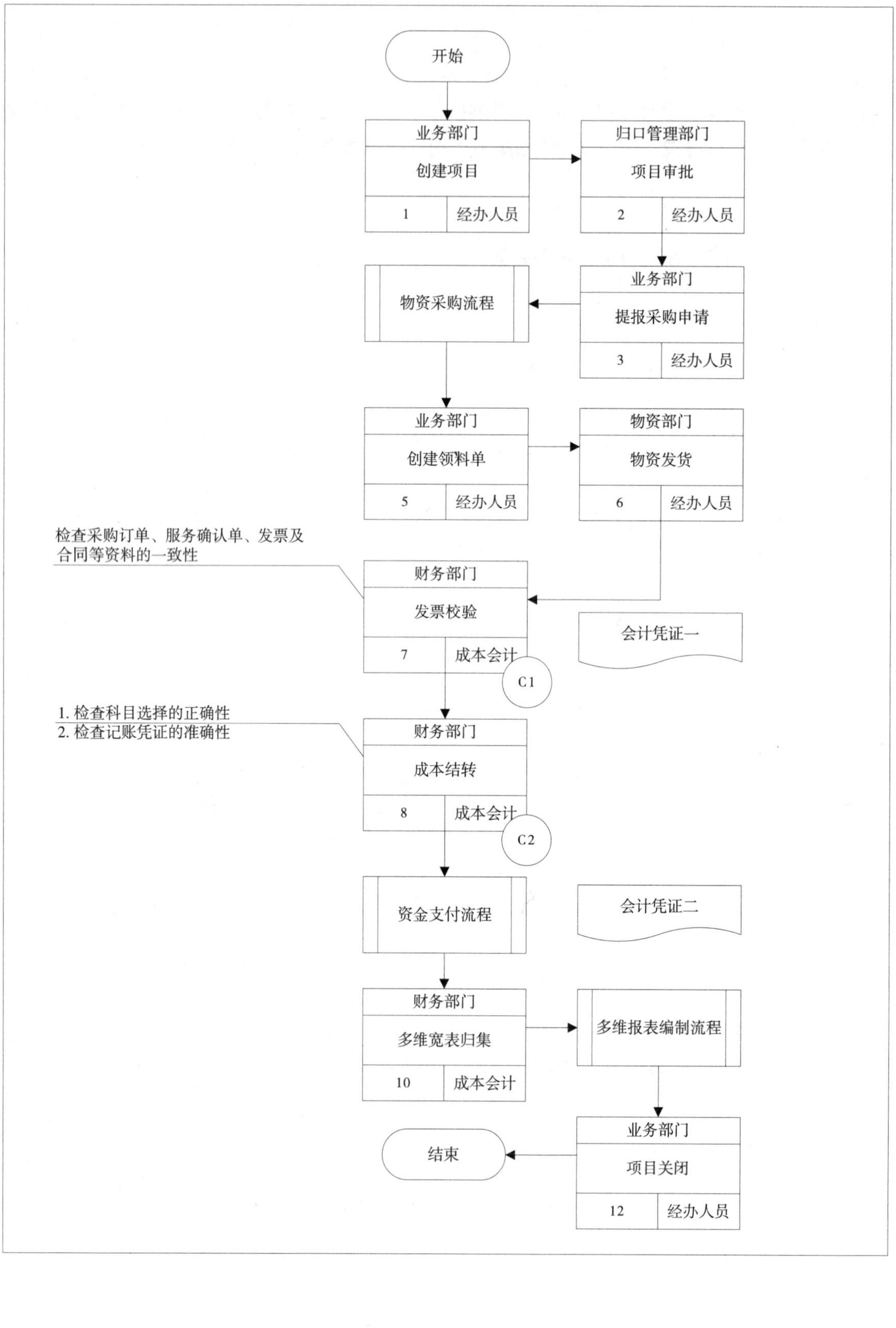

开始

业务部门 创建项目 1 经办人员

归口管理部门 项目审批 2 经办人员

业务部门 提报采购申请 3 经办人员

物资采购流程

业务部门 创建领料单 5 经办人员

物资部门 物资发货 6 经办人员

检查采购订单、服务确认单、发票及合同等资料的一致性

财务部门 发票校验 7 成本会计 C1

会计凭证一

1. 检查科目选择的正确性
2. 检查记账凭证的准确性

财务部门 成本结转 8 成本会计 C2

资金支付流程

会计凭证二

财务部门 多维宽表归集 10 成本会计

多维报表编制流程

业务部门 项目关闭 12 经办人员

结束

十一、安全管控业务

稽核——电力设施保护费

1. 编制目的

本节主要评估电力设施保护费等服务采购业务、电力设施保护费等日常报销业务的主要风险，确定关键控制点，并针对潜在的风险制定财务稽核检查方法，以指导各级财务稽核人员加强对此类业务的监督管理。

2. 适用范围

通过 ERP 服务采购流程办理电力设施保护费等服务采购业务（合同签订限额标准及以上）；

通过员工报销系统办理电力设施保护费等日常报销业务（合同签订限额标准以下）。

3. 风险评估与检查方法

3.1 通过 ERP 服务采购流程办理电力设施保护费等服务采购业务（合同签订限额标准及以上）

3.1.1 C1 关键控制：创建采购订单的检查

风险分析：

（1）采购服务超预算资金，存在无法报销入账或超预算支出风险；

（2）“总账科目”“成本中心”等信息不准确，导致财务核算不准确，影响财务报告的准确性。

检查方法：

（1）获取采购服务预算；

（2）比较电力设施保护费年度预算安排与账面实际支出，检查是否存在超预算支出的情况；

（3）线上检查选择的科目是否准确。

政策及制度依据：

《国家电网公司会计核算办法 2014》[国网（财 /2）469-2014] 第十六章 第二节 22. 电力设施保护费

3.1.2 C2 关键控制：合同会签生效的检查

风险分析：

合同未经过有效审核，导致合同条款含糊不清，可能出现合同纠纷。

检查方法：

（1）抽取经法系统业务合同或协议；

（2）检查合同或协议是否有效、准确、完整，如是否对不含税价、税率及税额进行了明确，同时在合同中约定了“若国家出台新的税收政策，则按新政策执行”。

政策及制度依据：

未列明。

3.1.3 C3 关键控制：发票校验的检查

风险分析：

（1）业务人员提交报销单据不及时、未按要求进行分级审核，存在报销单据合规风险；

（2）发票信息不准确、不完整，造成报销单据不符合财务制度要求，存在税务风险；

（3）单价、数量不合理，虚列成本，存在资金损失风险。

检查方法：

（1）获取报销审批单、费用审批表、发票及明细或行政事业单位收据、合同或协议、领款人身份证复印件（赔偿对象为个人）；

（2）检查原始单据是否完整、有效、及时，检查报销原始单据时间是否符合逻辑、签批流程是否符合要求等，发票信息是否与其他单据信息一致；

（3）检查电力设施保护费明细项目，核对数量、单价及金额是否合理。

政策及制度依据：

《国家电网有限公司会计基础管理办法》[国网（财/2）350-2018]第四章 第三节 第五十四条

电力设施保护费

业务经办部门：相关部门	流程编号：SG-SD1101
归口管理部门：安质部门、运检部门	编制单位：国网山东省电力公司

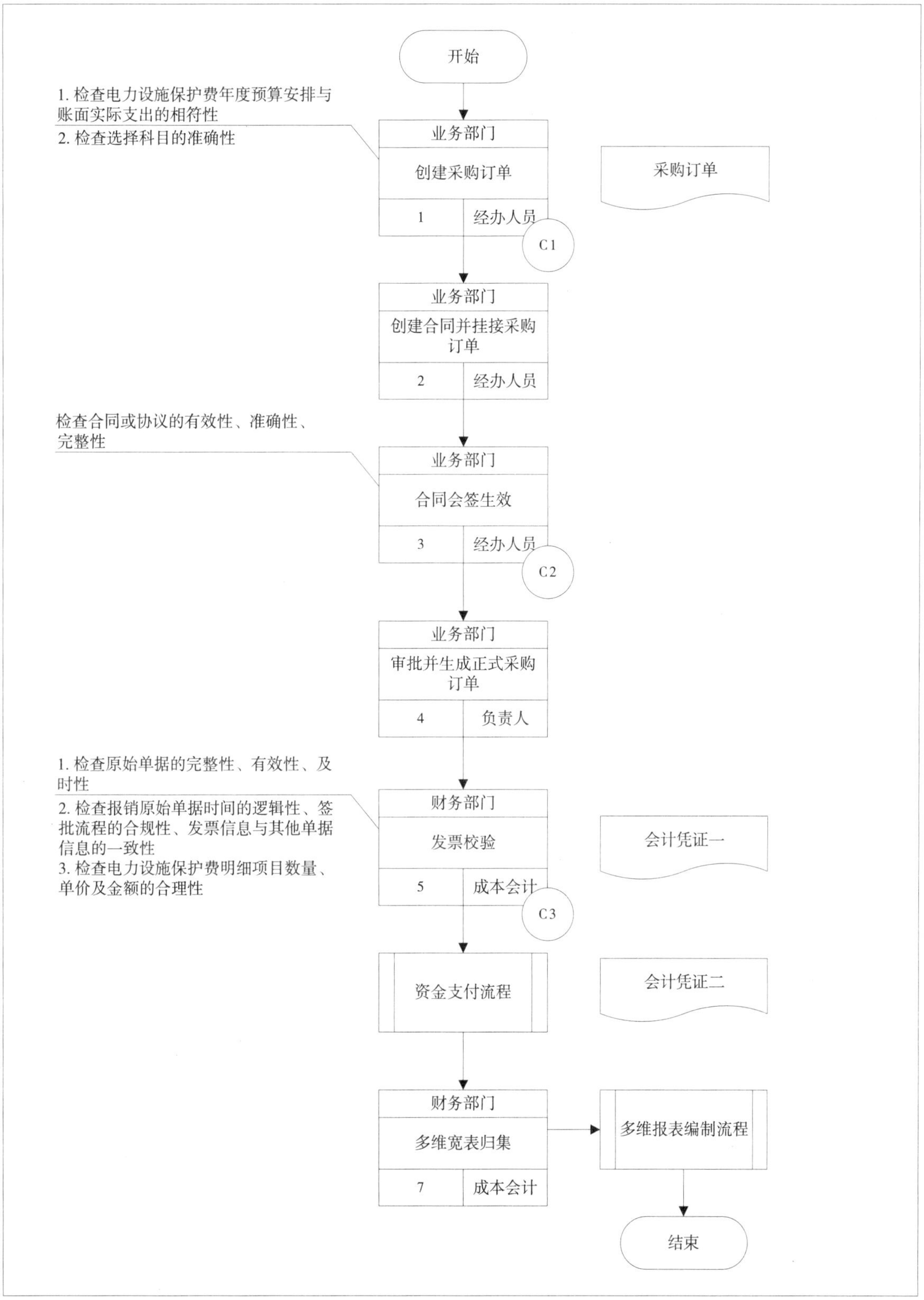

开始

1. 检查电力设施保护费年度预算安排与账面实际支出的相符性
2. 检查选择科目的准确性

业务部门 / 创建采购订单 / 1 / 经办人员 （C1） — 采购订单

业务部门 / 创建合同并挂接采购订单 / 2 / 经办人员

检查合同或协议的有效性、准确性、完整性

业务部门 / 合同会签生效 / 3 / 经办人员 （C2）

业务部门 / 审批并生成正式采购订单 / 4 / 负责人

1. 检查原始单据的完整性、有效性、及时性
2. 检查报销原始单据时间的逻辑性、签批流程的合规性、发票信息与其他单据信息的一致性
3. 检查电力设施保护费明细项目数量、单价及金额的合理性

财务部门 / 发票校验 / 5 / 成本会计 （C3） — 会计凭证一

资金支付流程 — 会计凭证二

财务部门 / 多维宽表归集 / 7 / 成本会计 → 多维报表编制流程

结束

3.2 通过员工报销系统办理电力设施保护费等日常报销业务（合同签订限额标准以下）

3.2.1 C1 关键控制：审核报销申请的检查

风险分析：

（1）费用审批表未经过有效审核，导致电力设施保护费不符合报销要求，存在超范围、虚假列支电力设施保护费的风险；

（2）电力设施保护费支出超年度预算安排，存在无法报销入账或超预算支出的风险。

检查方法：

（1）获取报销审批单、发票及明细、合同或协议、费用审批表；

（2）审核电力设施保护费是否合理；

（3）审核电力设施保护费是否符合列支范围，如检查电力设施保护费事项是否与公司实际业务相关；

（4）比较电力设施保护费年度预算安排与账面实际支出，检查是否超预算支出。

政策及制度依据：

《国网山东省电力公司本部办公物资管理办法》（鲁电后勤〔2016〕740 号）第一章 第二条

《国家电网公司会计核算办法 2014》[国网（财 /2）469-2014] 第十六章 第二节 22. 电力设施保护费

3.2.2 C2 关键控制：审核报销申请和相关单据，生成报销凭证的检查

风险分析：

（1）财务人员未对报销事项与报销单据的一致性及单据的完整性、有效性复核，可能导致财务数据不准确；

（2）会计凭证编制未经过有效审核，导致凭证编制错误不能被及时发现，存在财务报表错报的风险。

检查方法：

（1）通过获取的原始单据检查是否完整、有效、及时，如报销原始单据时间是否符合逻辑、签批流程是否符合要求等；

（2）抽查会计凭证，检查凭证是否经过会计主管审核，会计凭证是否规范、正确，主要包括摘要内容、会计科目、信息维度等。

政策及制度依据：

《国家电网有限公司会计基础管理办法》[国网（财 /2）350-2018] 第四章 第三节 第五十四条

电力设施保护费

业务经办部门：相关部门	流程编号：SG-SD1101
归口管理部门：安质部门、运检部门	编制单位：国网山东省电力公司

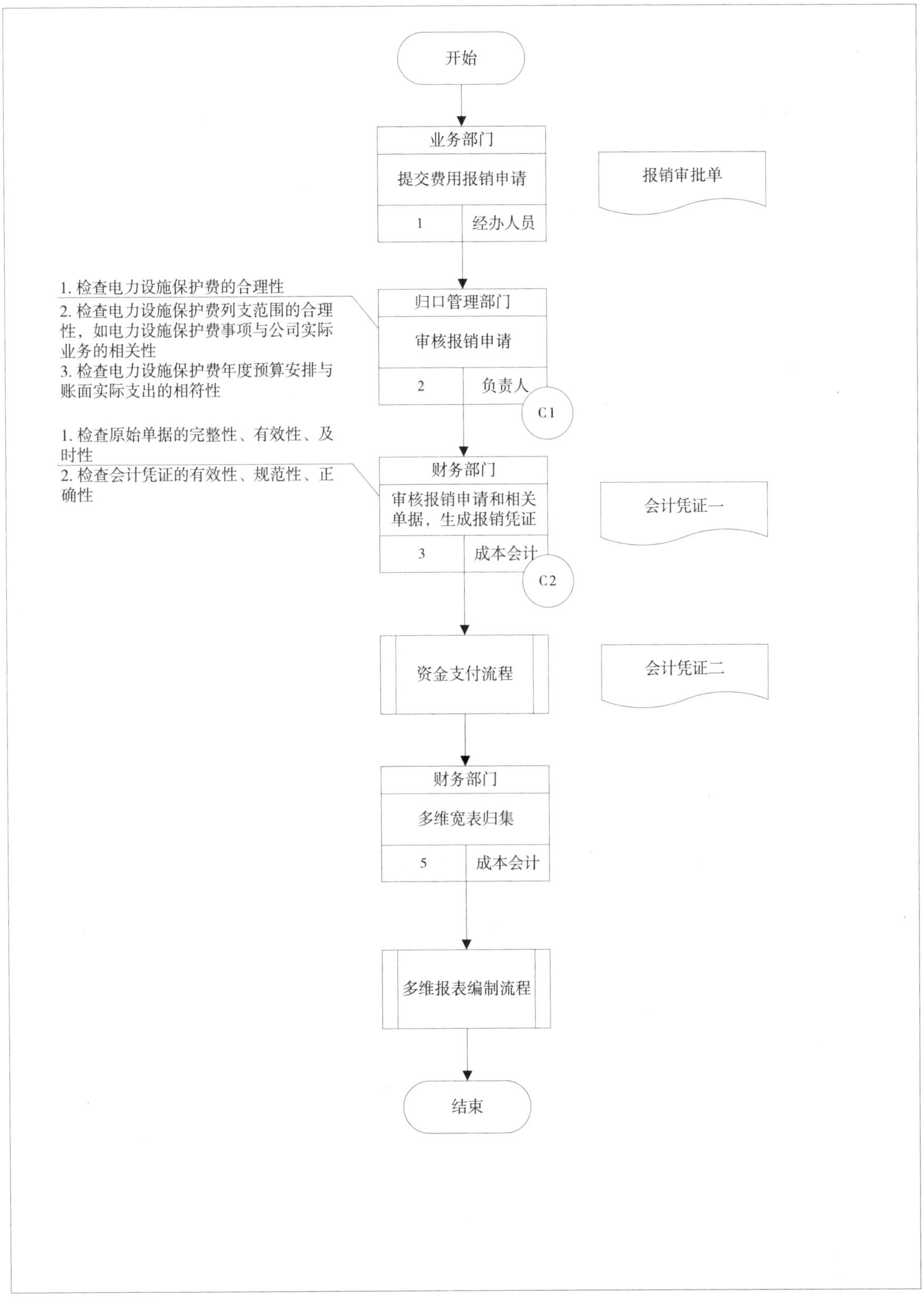

开始

业务部门
提交费用报销申请
1 经办人员

报销审批单

归口管理部门
审核报销申请
2 负责人
C1

1. 检查电力设施保护费的合理性
2. 检查电力设施保护费列支范围的合理性，如电力设施保护费事项与公司实际业务的相关性
3. 检查电力设施保护费年度预算安排与账面实际支出的相符性

财务部门
审核报销申请和相关单据，生成报销凭证
3 成本会计
C2

1. 检查原始单据的完整性、有效性、及时性
2. 检查会计凭证的有效性、规范性、正确性

会计凭证一

资金支付流程

会计凭证二

财务部门
多维宽表归集
5 成本会计

多维报表编制流程

结束

稽核——劳动保护费

1. 编制目的

本节主要评估劳动保护费物资采购、日常报销过程的主要风险，确定关键控制点，并针对潜在的风险制定财务稽核检查方法，以指导各级财务稽核人员加强对此类业务的监督管理。

2. 适用范围

通过 ERP 物资采购流程办理劳动保护费物资采购业务；
通过员工报销系统办理劳动保护费业务。

3. 风险评估与检查方法

3.1 通过 ERP 物资采购流程办理劳动保护费物资采购业务

3.1.1 C1 关键控制：提报采购需求的检查

风险分析：

（1）物资需求计划未经过有效审核，导致采购物资不符合报销要求，存在超范围、虚假列支的风险；
（2）支出超年度预算安排，造成无法报销入账或超预算支出的风险。

检查方法：

（1）获取物资计划审批表、劳动保护费年度预算；
（2）审核物资需求计划是否经过有效审核；
（3）审核采购物资是否符合劳动保护用品列支范围，如是否存在购买礼品及与劳动保护无关用品，是否有不属于安全防护用品、清洁用品、防暑降温药品等范围的物品；
（4）比较劳动保护费年度预算安排与账面实际支出，查看是否存在超预算支出情况。

政策及制度依据：

《国家电网公司会计核算办法 2014》[国网（财 /2）469-2014] 第十六章 第二节 15. 劳动保护费

3.1.2 C2 关键控制：物资到货并领用发货的检查

风险分析：

验收单、入库单未按照要求进行签字确认，存在账实不符风险。

检查方法：

（1）获取采购明细、物资出入库单、部门领用明细（另存）；
（2）检查单据是否完整、单据间是否一致。

政策及制度依据：

未列明。

3.1.3 C3 关键控制：发票校验的检查

风险分析：

（1）业务人员提交报销单据与采购申请不一致，存在虚假列支成本风险；
（2）发票信息不准确、不完整，存在税务风险。

检查方法：

（1）报销审批单、事前审批单或物资计划审批表、发票及采购明细、物资出入库单、部门领用明细（另存）、合同或协议；

（2）检查原始单据是否完整、有效、及时，如报销原始单据时间是否符合逻辑、签批流程是否符合要求，发票信息是否完整，采购明细中是否包含不属于安全防护用品、清洁用品等类的物品。

政策及制度依据：

《国家电网有限公司会计基础管理办法》[国网（财/2）350-2018]第四章 第三节 第五十四条

劳动保护费

业务经办部门：相关部门	流程编号：SG－SD1102
归口管理部门：安质部门	编制单位：国网山东省电力公司

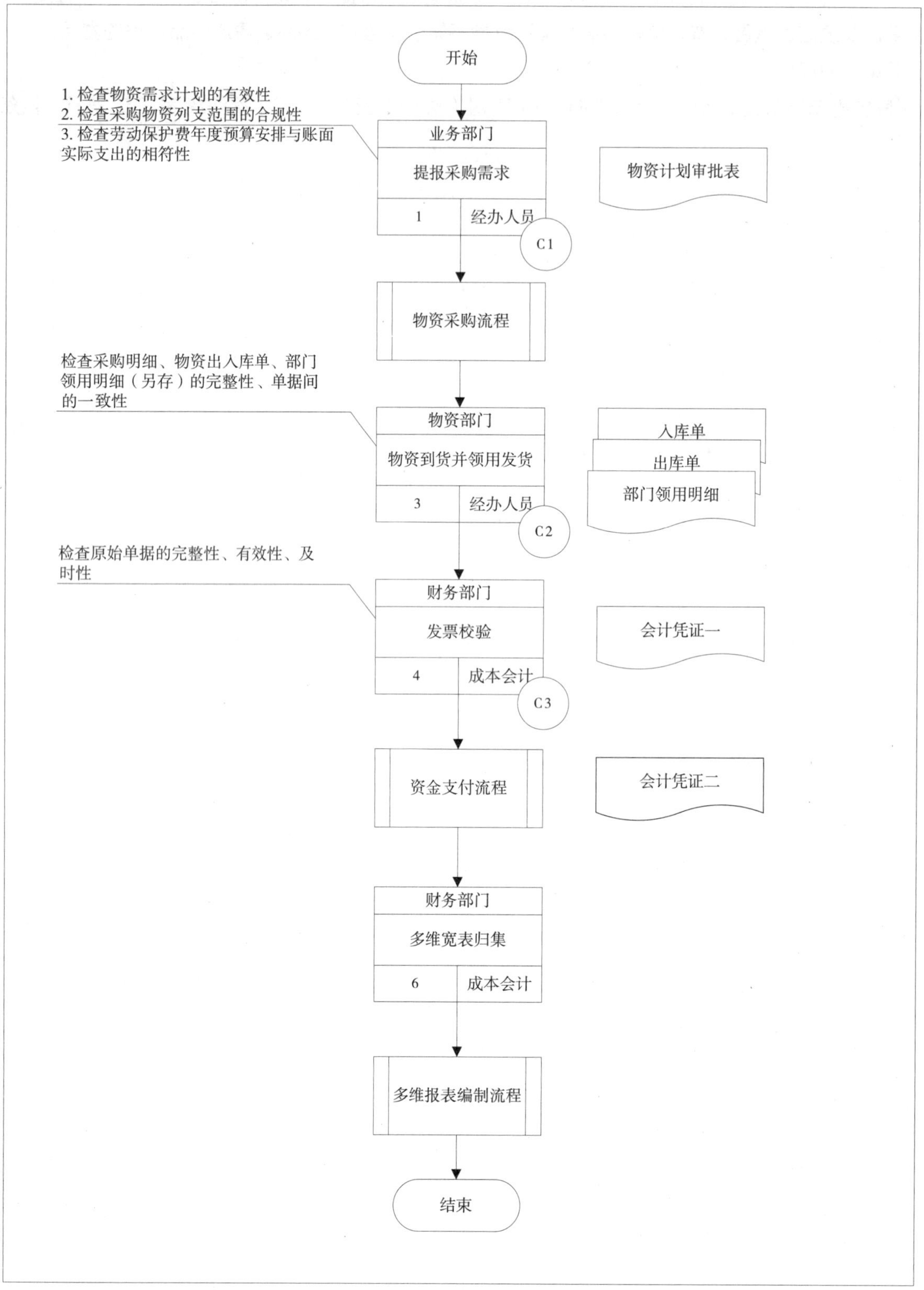

开始

1. 检查物资需求计划的有效性
2. 检查采购物资列支范围的合规性
3. 检查劳动保护费年度预算安排与账面实际支出的相符性

业务部门
提报采购需求
1 经办人员
C1

物资计划审批表

物资采购流程

检查采购明细、物资出入库单、部门领用明细（另存）的完整性、单据间的一致性

物资部门
物资到货并领用发货
3 经办人员
C2

入库单
出库单
部门领用明细

检查原始单据的完整性、有效性、及时性

财务部门
发票校验
4 成本会计
C3

会计凭证一

资金支付流程

会计凭证二

财务部门
多维宽表归集
6 成本会计

多维报表编制流程

结束

3.2 通过员工报销系统办理劳动保护费业务

3.2.1 C1 关键控制：审核劳动保护费报销申请的检查

风险分析：

（1）物资需求计划未经过有效审核，导致采购物资不符合报销要求，存在超范围、虚假列支的风险；

（2）劳动保护费支出超年度预算安排，造成无法报销入账或超预算支出的风险。

检查方法：

（1）获取报销审批单、费用审批表或物资计划审批表、发票及采购明细、物资出入库单、部门领用明细（另存）、合同或协议、劳动保护费年度预算；

（2）审核物资需求计划是否经过有效审核；

（3）审核采购物资是否符合劳动保护用品列支范围，如是否存在购买多功能一体机、打印机、投影仪、礼品等，或无合理原因出现高档商场发票、销货清单等；

（4）比较劳动保护费年度预算安排与账面实际支出，检查是否存在超预算支出情况。

政策及制度依据：

《国网山东省电力公司本部办公物资管理办法》（鲁电后勤［2016］740 号）第一章 第二条

《国家电网公司会计核算办法 2021》[国网（财 /2）469-2020] 第十五章 第四节 12. 劳动保护费

《国家电网有限公司合同管理办法》（国家电网企管［2019］427 号）

3.2.2 C2 关键控制：审核报销申请和相关单据，生成报销凭证的检查

风险分析：

（1）财务人员未对报销事项与报销单据的一致性及单据的完整性、有效性复核，可能导致财务数据不准确；

（2）会计凭证编制未经过有效审核，导致凭证编制错误不能被及时发现，存在财务报表错报的风险。

检查方法：

（1）获取报销审批单、费用审批表或物资计划审批表、发票及采购明细、物资出入库单、部门领用明细（另存）、合同或协议；

（2）检查原始单据是否完整、有效、及时，如报销原始单据时间是否符合逻辑、签批流程是否符合要求等；

（3）抽查会计凭证，检查凭证是否经过会计主管审核，会计凭证是否规范、正确，主要包括摘要内容、会计科目、信息维度等。

政策及制度依据：

《国家电网有限公司会计基础管理办法》[国网（财 /2）350-2018] 第四章 第三节 第五十四条

劳动保护费	业务经办部门：相关部门	流程编号：SG－SD1102
	归口管理部门：安质部门	编制单位：国网山东省电力公司

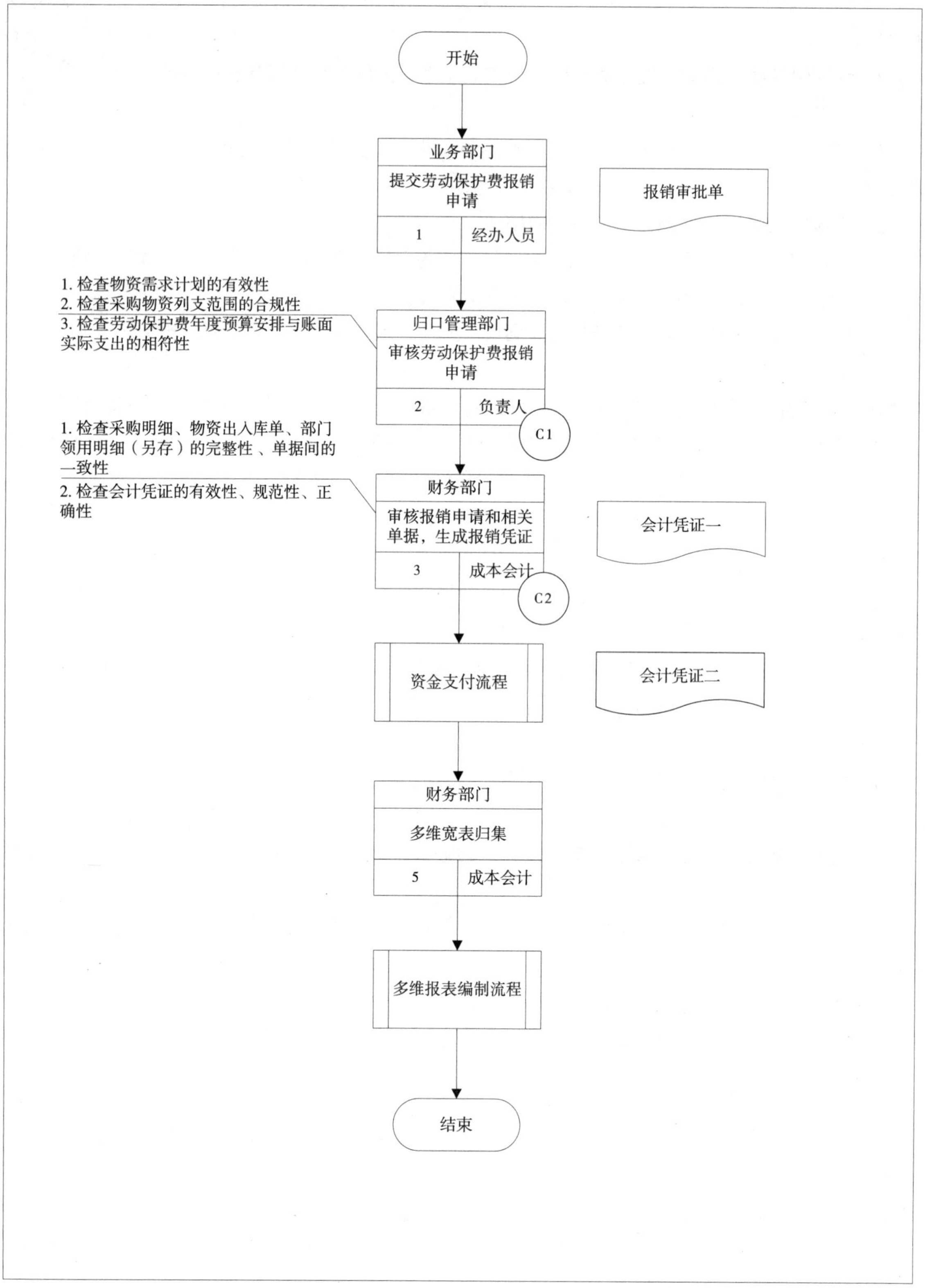

开始

1 业务部门：提交劳动保护费报销申请（经办人员）—— 报销审批单

2 归口管理部门：审核劳动保护费报销申请（负责人）C1

1. 检查物资需求计划的有效性
2. 检查采购物资列支范围的合规性
3. 检查劳动保护费年度预算安排与账面实际支出的相符性

3 财务部门：审核报销申请和相关单据，生成报销凭证（成本会计）C2 —— 会计凭证一

1. 检查采购明细、物资出入库单、部门领用明细（另存）的完整性、单据间的一致性
2. 检查会计凭证的有效性、规范性、正确性

资金支付流程 —— 会计凭证二

5 财务部门：多维宽表归集（成本会计）

多维报表编制流程

结束

稽核——安全费

1. 编制目的

本节主要评估安全费业务的主要风险，确定关键控制点，并针对潜在的风险制定财务稽核检查方法，以指导各级财务稽核人员加强对此类业务的监督管理。

2. 适用范围

通过 ERP 物资采购流程办理安全工器具等物资采购业务；

通过 ERP 服务采购流程办理安全费等服务采购业务。

3. 风险评估与检查方法

3.1 通过 ERP 物资采购流程办理安全工器具等物资采购业务

3.1.1 C1 关键控制：提报采购需求的检查

风险分析：

（1）物资需求计划未经有效审核，导致采购物资不符合安全费报销要求，可能造成超范围、虚假列支安全费；

（2）安全费支出超年度预算安排，可能会造成无法报销入账或超预算支出。

检查方法：

（1）获取物资计划审批表，审核采购物资的合理性；

（2）获取物资计划审批表，审核采购物资是否符合安全费列支范围；

（3）比较安全费年度预算安排与账面实际支出，查看是否存在超预算支出情况。

政策及制度依据：

《国网山东省电力公司本部办公物资管理办法》（鲁电后勤〔2016〕740 号）第一章 第二条

《国家电网公司会计核算办法 2014》[国网（财 /2）469-2014] 第十六章 成本费用 第二节 31. 安全费

3.1.2 C2 关键控制：物资到货并领用发货的检查

风险分析：

验收单、入库单未按照要求进行签字确认，存在账实不符风险。

检查方法：

获取安全费（安全工器具）采购业务验收单、入库单、领用明细，检查单据的完整性、单据间的一致性。

3.1.3 C3 关键控制：发票校验的检查

风险分析：

（1）业务人员提交报销单据与采购申请不一致，存在虚假列支成本风险；

（2）发票信息不准确、不完整，存在税务风险。

检查方法：

获取原始单据，检查其完整性、有效性、及时性，如报销原始单据时间是否符合逻辑、签批流程是否符合要求等。

政策及制度依据：

《国家电网有限公司会计基础管理办法》[国网（财/2）350-2018] 第四章 第三节 第五十四条

安全费	业务经办部门：相关部门	流程编号：SG-SD1103
	归口管理部门：安质部门	编制单位：国网山东省电力公司

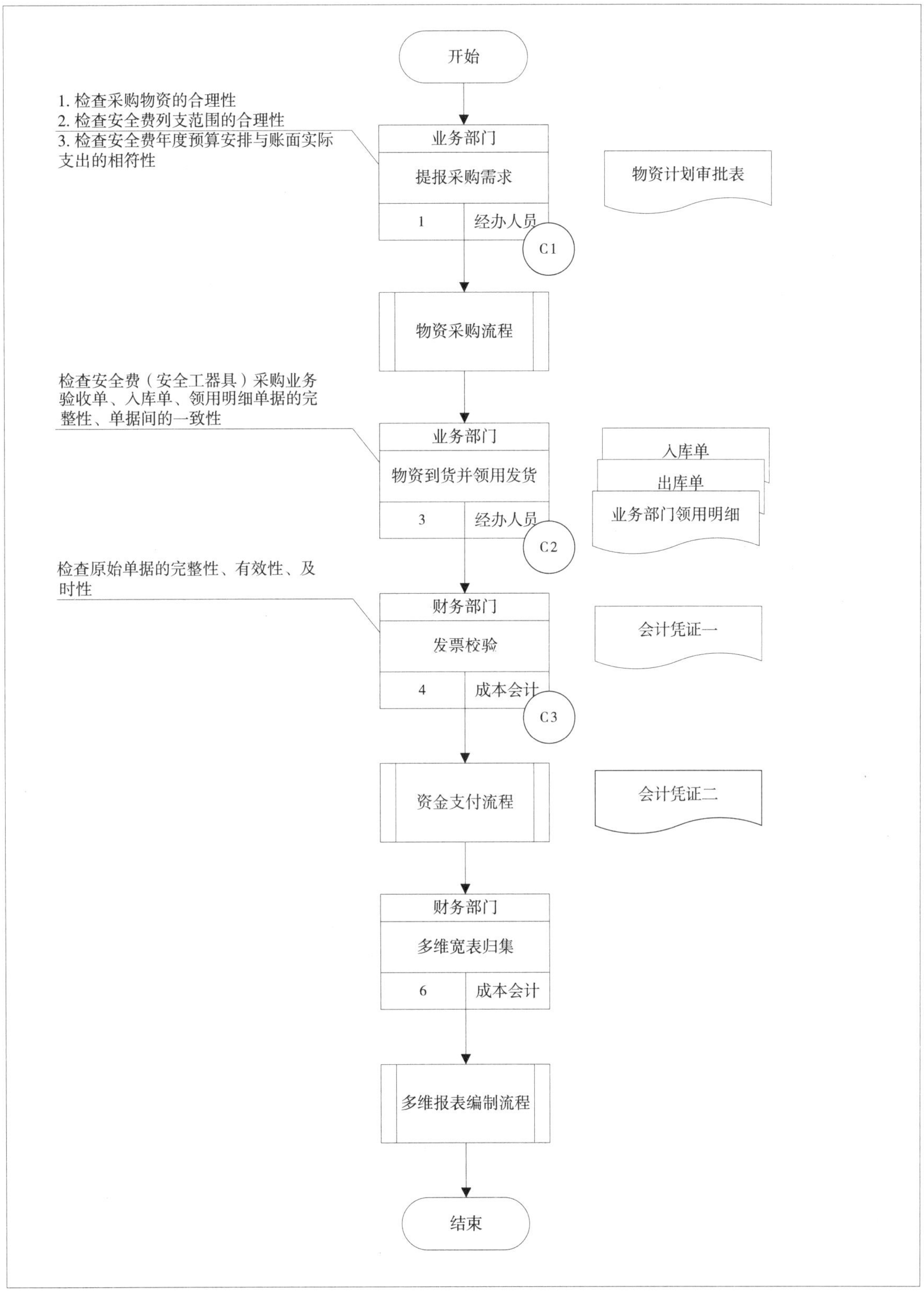

开始

1. 检查采购物资的合理性
2. 检查安全费列支范围的合理性
3. 检查安全费年度预算安排与账面实际支出的相符性

业务部门
提报采购需求
1 经办人员
C1

物资计划审批表

物资采购流程

检查安全费（安全工器具）采购业务验收单、入库单、领用明细单据的完整性、单据间的一致性

业务部门
物资到货并领用发货
3 经办人员
C2

入库单
出库单
业务部门领用明细

检查原始单据的完整性、有效性、及时性

财务部门
发票校验
4 成本会计
C3

会计凭证一

资金支付流程

会计凭证二

财务部门
多维宽表归集
6 成本会计

多维报表编制流程

结束

3.2 通过ERP服务采购流程办理安全费等服务采购业务

3.2.1 C1关键控制：创建采购订单的检查

风险分析：

（1）采购服务超预算资金，造成无法报销入账或超预算支出风险；

（2）“总账科目”“成本中心”等信息不准确，导致财务核算不准确，影响财务报告的准确性。

检查方法：

（1）比较安全费年度预算安排与账面实际支出，查看是否存在超预算支出情况；

（2）线上检查选择的科目是否准确。

政策及制度依据：

《国家电网公司会计核算办法2014》[国网（财/2）469-2014]第十六章 第二节 31. 安全费

3.2.2 C2关键控制：合同会签生效的检查

风险分析：

合同未经过有效审核，导致合同条款含糊不清，可能出现合同纠纷。

检查方法：

抽取经法系统业务合同，检查合同的有效性、准确性、完整性。例如：是否对不含税价、税率及税额进行了明确，同时在合同中约定了“若国家出台新的税收政策，则按新政策执行”。

3.2.3 C3关键控制：发票校验的检查

风险分析：

（1）业务人员提交报销单据不及时、未按要求进行分级审核，造成报销单据不合规；

（2）发票信息不准确、不完整，造成报销单据不符合财务制度要求，带来潜在的资金损失的风险。

检查方法：

（1）获取原始单据，检查其完整性、有效性、及时性，如报销原始单据时间是否符合逻辑、签批流程是否符合要求等；

（2）获取安全费的相关辅助单据，检查安全费列支范围是否存在非安全项目。

政策及制度依据：

《国家电网有限公司会计基础管理办法》[国网（财/2）350-2018]第四章 第三节 第五十四条

安全费	业务经办部门：相关部门	流程编号：SG－SD1103
	归口管理部门：安质部门	编制单位：国网山东省电力公司

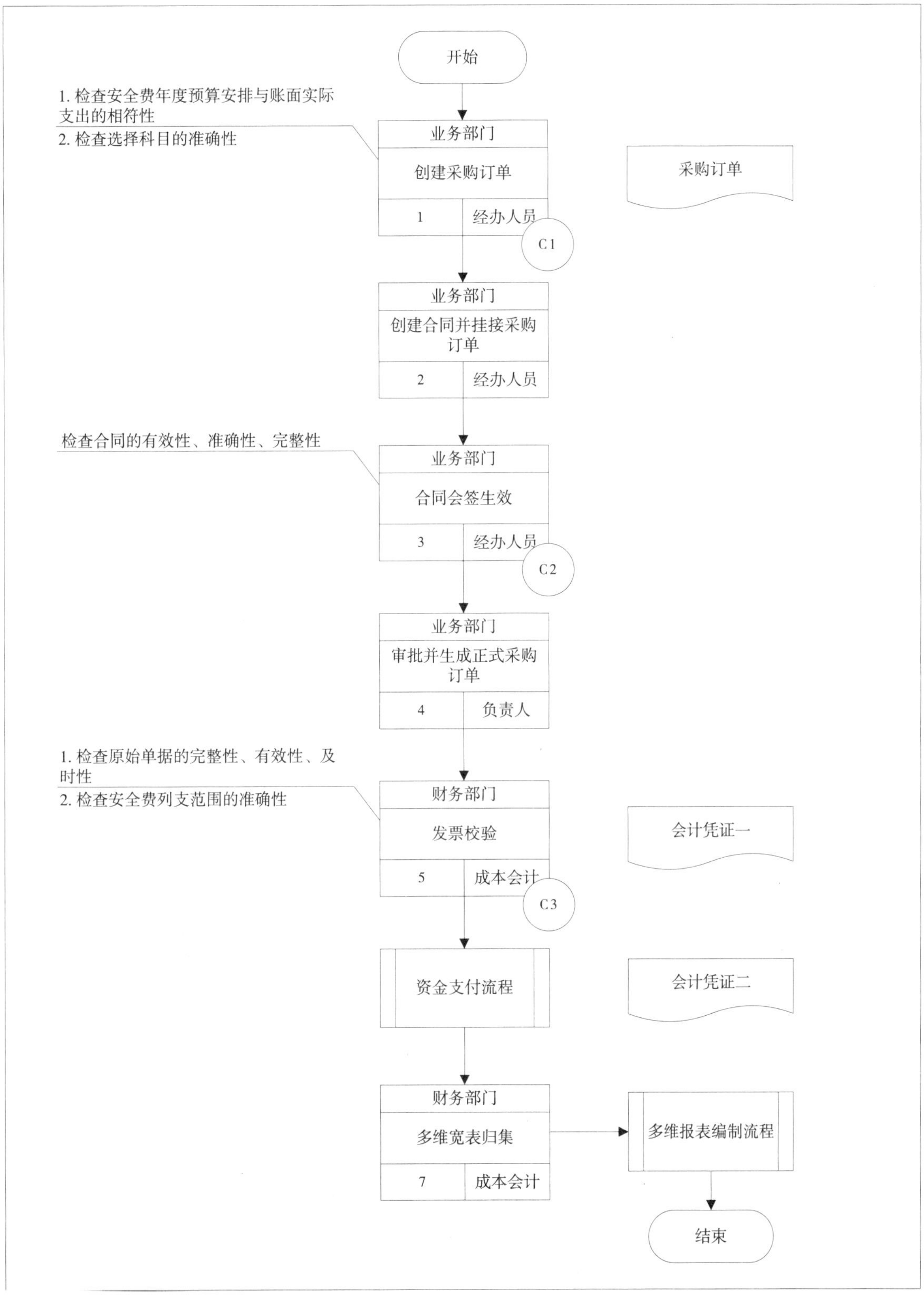

开始

1. 检查安全费年度预算安排与账面实际支出的相符性
2. 检查选择科目的准确性

业务部门
创建采购订单
1 经办人员
C1

采购订单

业务部门
创建合同并挂接采购订单
2 经办人员

检查合同的有效性、准确性、完整性

业务部门
合同会签生效
3 经办人员
C2

业务部门
审批并生成正式采购订单
4 负责人

1. 检查原始单据的完整性、有效性、及时性
2. 检查安全费列支范围的准确性

财务部门
发票校验
5 成本会计
C3

会计凭证一

资金支付流程

会计凭证二

财务部门
多维宽表归集
7 成本会计

多维报表编制流程

结束

十二、物资管理业务

稽核——物资采购

1. 编制目的

本节主要评估物资采购业务的主要风险，确定关键控制点，明确财务稽核重点审核要点及方法，指导财务稽核人员加强对此类业务的监督管理。

2. 适用范围

通过电商平台发生物资采购业务。

3. 风险评估与检查方法

3.1 C1 关键控制：创建请购单的检查

风险分析：

采购物资与项目实施内容不符，导致虚假采购，造成损失。

检查方法：

（1）检查物资采购申请审批单中列示的采购物资与项目实施内容是否相符；

（2）检查物资采购申请审批单中选择的“总账科目”“成本中心”等信息是否准确。

政策及制度依据：

《国网山东省电力公司办公类物资电商化采购操作手册（物资部分）》

《国家电网有限公司采购活动管理办法》[国网（物资 /2）121-2019]

《国家电网有限公司采购业务实施细则》[国网（物资 /4）239-2019]

《国家电网公司物资采购标准管理细则》[国网（物资 /4）251-2014]

《国家电网公司物资采购标准管理办法》[国网（物资 /2）160-2014]

3.2 C2 关键控制：提报采购申请的检查

风险分析：

末级受益部门成本中心选择不准确，导致费用分摊不准确。

检查方法：

检查采购申请末级受益部门成本中心选择是否正确。

政策及制度依据：

《国家电网有限公司采购业务实施细则》[国网（物资 /4）239-2019]

《国家电网有限公司采购活动管理办法》[国网（物资 /2）121-2019]

3.3 C3 关键控制：合同签订的检查

风险分析：

（1）未按规定履行招标程序，导致合同签订程序不合规；

（2）合同未经有效审核，合同条款约定不明确，合同执行不到位，可能引起法律纠纷。

检查方法：

抽取经法系统业务合同，检查合同的有效性、准确性、完整性，具体体现为：合同服务日期、合同签订日期是否符合逻辑，如是否存在合同倒签情况；合同签署时间是否及时（招标人和中标人应当自中标通知书发出之日起三十日内，按照招标文件和中标人的投标文件订立书面合同）；合同或协议是否与业务内容相匹配；合同金额是否与中标金额一致；合同约定的付款条件是否合理合规；选用税率是否与业务实质相匹配；合同签署页信息是否合理、完整、准确。

政策及制度依据：

《中华人民共和国招标投标法》第四十六条

《国家电网公司合同管理办法》[国网（法/2）134-2017]

3.4 C4 关键控制：物资到货的检查

风险分析：

（1）货物交接单未签字盖章，导致账实不符、资产流失；

（2）实际收到的货物与货物交接单不一致，导致收货不实现象，造成损失；

（3）到货验收单、采购订单上物资的名称、金额、数量等不一致，导致物资入库失真，造成损失。

检查方法：

（1）获取物资采购订单、验收单、出入库单，检查验收单、出入库单是否按要求进行签字确认，签字是否齐全；

（2）检查物资入库单上仓库收货管理员、仓库记账人员是否为同一人；

（3）核对入库单、采购订单信息是否完全匹配。

政策及制度依据：

《国网山东省电力公司办公类物资电商化采购操作手册（物资部分）》

《国家电网有限公司采购活动管理办法》[国网（物资/2）121-2019]

《国家电网有限公司采购业务实施细则》[国网（物资/4）239-2019]

《国家电网公司物资采购标准管理细则》[国网（物资/4）251-2014]

《国家电网公司物资采购标准管理办法》[国网（物资/2）160-2014]

物资采购	业务经办部门：相关部门	流程编号：SG-SD1201
	归口管理部门：物资部门	编制单位：国网山东省电力公司

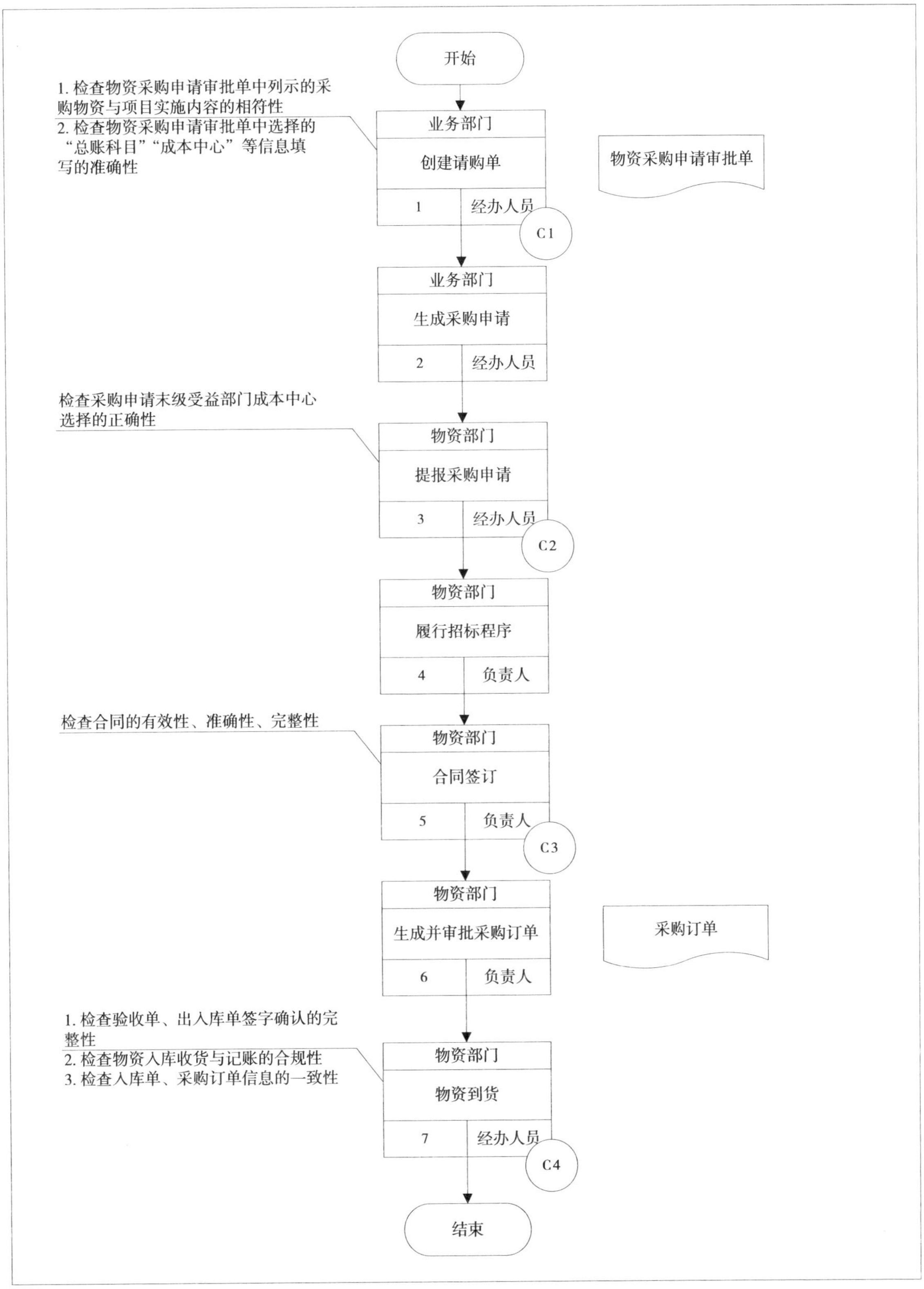

开始

1. 检查物资采购申请审批单中列示的采购物资与项目实施内容的相符性
2. 检查物资采购申请审批单中选择的“总账科目”“成本中心”等信息填写的准确性

业务部门 创建请购单 1 经办人员 C1 —— 物资采购申请审批单

业务部门 生成采购申请 2 经办人员

检查采购申请末级受益部门成本中心选择的正确性

物资部门 提报采购申请 3 经办人员 C2

物资部门 履行招标程序 4 负责人

检查合同的有效性、准确性、完整性

物资部门 合同签订 5 负责人 C3

物资部门 生成并审批采购订单 6 负责人 —— 采购订单

1. 检查验收单、出入库单签字确认的完整性
2. 检查物资入库收货与记账的合规性
3. 检查入库单、采购订单信息的一致性

物资部门 物资到货 7 经办人员 C4

结束

稽核——废旧物资处置

1. 编制目的

本节主要评估废旧物资处置的主要风险，确定关键控制点，明确财务稽核重点审核要点及方法，指导财务稽核人员加强对此类业务的监督管理。

2. 适用范围

省公司本部、公司各单位、县供电公司。

3. 风险评估与检查方法

3.1 C1 关键控制：审核工作流的检查

风险分析：

（1）报废鉴定审批表签字不完整；

（2）报废物资价值与账面不一致。

检查方法：

将资产价值清单与 ERP 系统中资产价值进行核对。

3.2 C2 关键控制：对报废物资进行评估并申请开具发票的检查

风险分析：

（1）资产评估价值不公允、不准确；

（2）发票税率不合规。

检查方法：

（1）检查是否选取有资质的资产评估机构进行评估；

（2）检查是否按税法规定开具合规发票。

政策及制度依据：

《国网山东省电力公司关于印发 < 资产退役拆除及废旧物资移交处置业务规范 > 的通知》（鲁电财［2017］605 号）三、业务流程及工作规范（四）资金回收分摊环节

3.3 C3 关键控制：销售收入入账，并根据销售订单进行收入分摊，生成会计凭证的检查

风险分析：

（1）未及时将废旧物资处置收入入账；

（2）未及时进行收入分摊。

检查方法：

（1）检查是否及时将废旧物资处置收入入账；

（2）检查是否及时进行收入分摊。

政策及制度依据：

《国网山东省电力公司原始单据手册（财务试行版）》第十九章 固定资产清理（二）清理收入

《国网山东省电力公司原始单据手册（财务试行版）》第六章 第二条 其他业务收入（四）处置废旧材料收入

《国家电网有限公司会计基础管理办法》[国网（财 /2）350-2018] 第四章 第三节 第五十四条

废旧物资处置

业务经办部门：相关部门	流程编号：SG-SD1202
归口管理部门：物资部门	编制单位：国网山东省电力公司

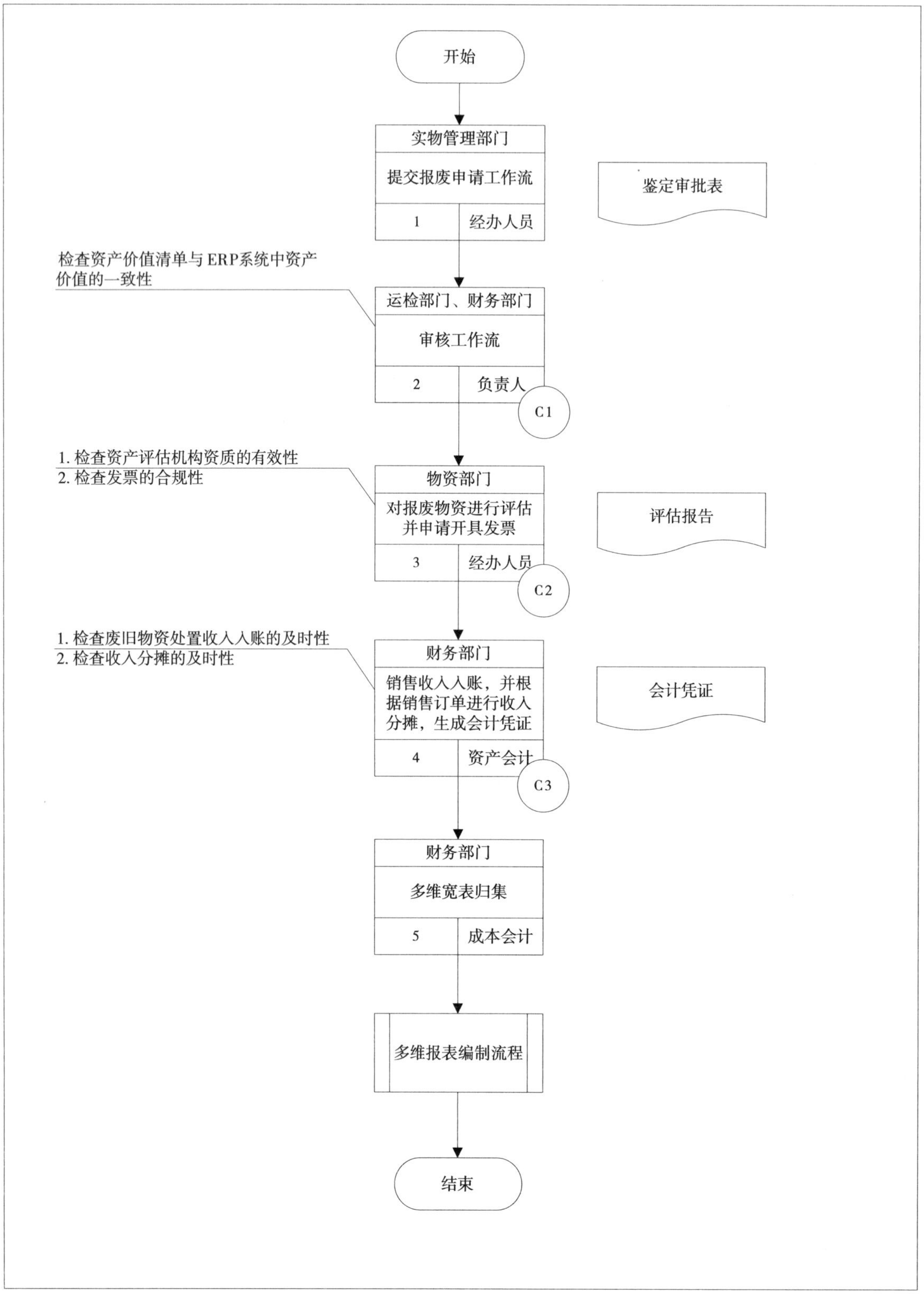

开始

↓

实物管理部门	
提交报废申请工作流	
1	经办人员

鉴定审批表

检查资产价值清单与ERP系统中资产价值的一致性

↓

运检部门、财务部门	
审核工作流	
2	负责人

C1

1. 检查资产评估机构资质的有效性
2. 检查发票的合规性

↓

物资部门	
对报废物资进行评估并申请开具发票	
3	经办人员

C2

评估报告

1. 检查废旧物资处置收入入账的及时性
2. 检查收入分摊的及时性

↓

财务部门	
销售收入入账，并根据销售订单进行收入分摊，生成会计凭证	
4	资产会计

C3

会计凭证

↓

财务部门	
多维宽表归集	
5	成本会计

↓

多维报表编制流程

↓

结束

十三、外联业务

稽核——广告宣传费

1. 编制目的

本节主要评估办理广告宣传费支出业务的主要风险，确定关键控制点，并针对潜在的风险制定财务稽核检查方法，以指导各级财务稽核人员加强对此类业务的监督管理。

2. 适用范围

通过 ERP 服务采购流程办理广告宣传费等服务采购业务（合同签订限额标准以上）；

通过员工报销系统办理广告宣传费等日常报销业务（合同签订限额标准以下）。

3. 风险评估与检查方法

3.1 通过 ERP 服务采购流程办理广告宣传费等服务采购业务（合同签订限额标准以上）

3.1.1 C1 关键控制：创建采购订单的检查

风险分析：

（1）广告宣传费支出超年度预算安排，存在无法报销入账或超预算支出的风险；

（2）“总账科目”“成本中心”等信息不准确，导致财务核算不准确，影响财务报告的准确性。

检查方法：

（1）通过线上或线下的方式获取广告宣传费年度预算；

（2）比较广告宣传费年度预算安排与账面实际支出，检查是否存在超预算支出情况；

（3）线上检查选择的科目是否准确。

政策及制度依据：

《国家电网公司会计核算办法 2014》[国网（财 /2）469-2014] 第十六章 第二节 26. 广告宣传费

3.1.2 C2 关键控制：合同会签生效的检查

风险分析：

合同未经过有效审核，导致合同条款含糊不清，容易出现合同纠纷。

检查方法：

（1）线上获取经法系统业务合同或协议；

（2）检查合同的有效性、准确性、完整性，如是否对付款条件予以明确，是否对不含税价、税率及税额予以明确，同时在合同中约定了“若国家出台新的税收政策，则按新政策执行”。

政策及制度依据：

未列明。

3.1.3 C3 关键控制：发票校验的检查

风险分析：

（1）业务人员提交报销单据不及时、未按要求进行分级审核，存在合规风险；

（2）发票信息不准确、不完整，造成报销单据不符合财务制度要求，存在税务风险。

检查方法：

（1）获取原始单据，包括报销审批单、费用审批表、发票及明细、验收入库单、出库领用单（实物物品）；

（2）检查其完整性、有效性、及时性，如报销原始单据时间是否符合逻辑、签批流程是否符合要求等。

政策及制度依据：

《国家电网有限公司会计基础管理办法》[国网（财/2）350-2018]第四章 第三节 第五十四条

广告宣传费

业务经办部门：相关部门	流程编号：SG-SD1301
归口管理部门：办公室	编制单位：国网山东省电力公司

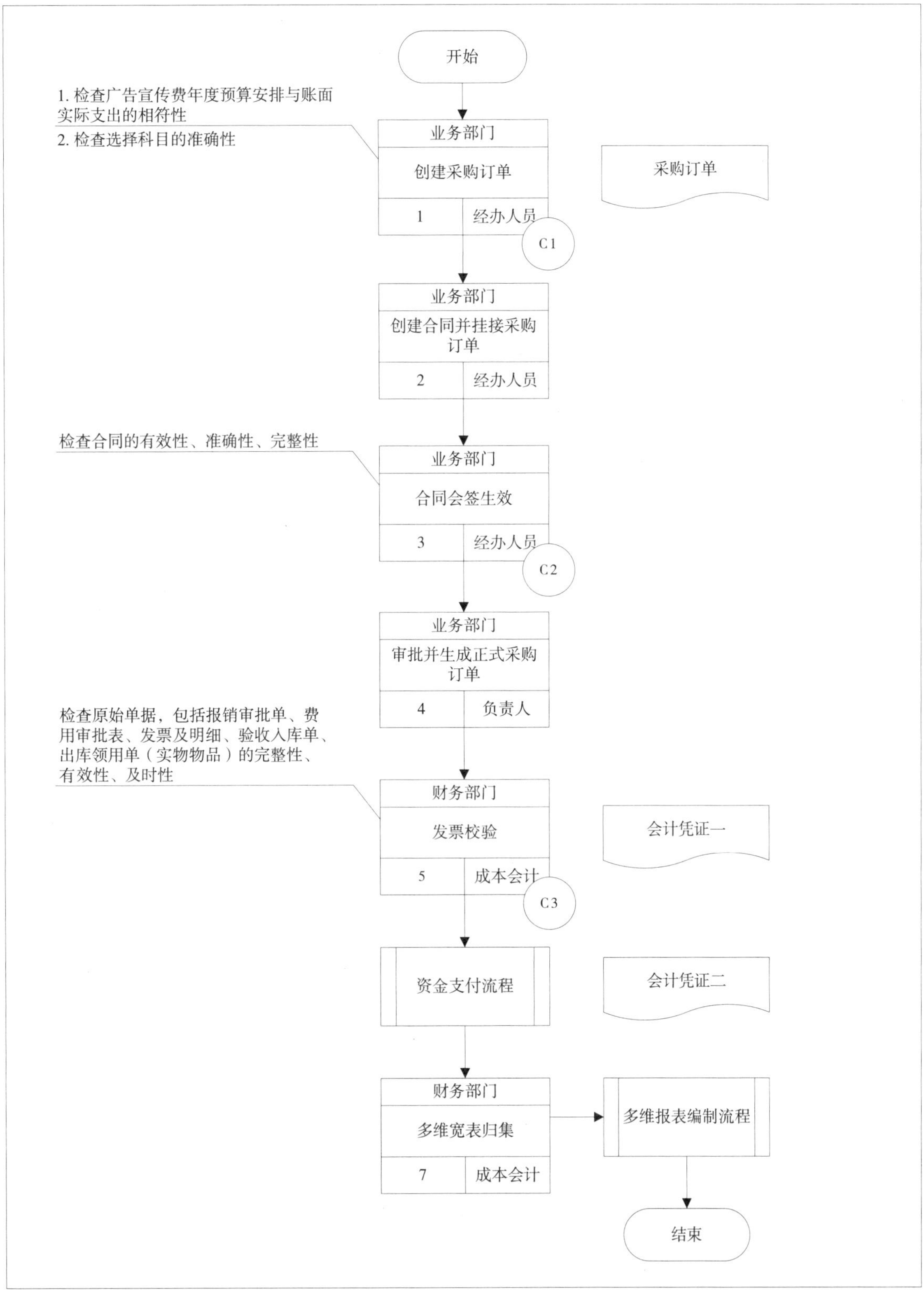

开始

1. 检查广告宣传费年度预算安排与账面实际支出的相符性
2. 检查选择科目的准确性

业务部门｜创建采购订单｜1｜经办人员 （C1）——采购订单

业务部门｜创建合同并挂接采购订单｜2｜经办人员

检查合同的有效性、准确性、完整性

业务部门｜合同会签生效｜3｜经办人员 （C2）

业务部门｜审批并生成正式采购订单｜4｜负责人

检查原始单据，包括报销审批单、费用审批表、发票及明细、验收入库单、出库领用单（实物物品）的完整性、有效性、及时性

财务部门｜发票校验｜5｜成本会计 （C3）——会计凭证一

资金支付流程——会计凭证二

财务部门｜多维宽表归集｜7｜成本会计 → 多维报表编制流程

结束

3.2 通过员工报销系统办理广告宣传费等日常报销业务（合同签订限额标准以下）

3.2.1 C1 关键控制：审核广告宣传费报销申请的检查

风险分析：

（1）广告宣传费支出超年度预算安排，存在无法报销入账或超预算支出的风险；

（2）费用审批表未经过有效审核，导致广告宣传费不符合报销要求，存在超范围、虚假列支的风险。

检查方法：

（1）检查报销审批单、发票及明细、合同或协议、费用审批表、验收入库单、出库领用单（实物物品）的完整性；

（2）审核广告宣传费的合理性；

（3）审核广告宣传费是否符合列支范围，如商业预付卡、贵重金属、高档奢侈品，检查广告宣传费事项是否与公司实际业务相关；

（4）比较广告宣传费年度预算安排与账面实际支出，检查是否存在超预算支出情况。

政策及制度依据：

《国网山东省电力公司本部办公物资管理办法》（鲁电后勤［2016］740 号）第一章 第二条

《国家电网公司会计核算办法 2014》［国网（财 /2）469-2014］第十六章 第二节 26. 广告宣传费

3.2.2 C2 关键控制：审核报销申请和相关单据，生成报销凭证的检查

风险分析：

（1）财务人员未对报销事项与报销单据的一致性及单据的完整性、有效性进行有效复核，导致财务数据不准确；

（2）会计凭证编制未经过有效审核，导致凭证编制错误不能被及时发现，存在财务报表错报的风险。

检查方法：

（1）检查原始单据的完整性、有效性、及时性，如：报销原始单据时间是否符合逻辑、签批流程是否符合要求等；

（2）抽查会计凭证，检查凭证是否经过会计主管审核，会计凭证是否规范、正确，主要包括摘要内容、会计科目、信息维度等。

政策及制度依据：

《国家电网有限公司会计基础管理办法》［国网（财 /2）350-2018］第四章 第三节 第五十四条

广告宣传费	业务经办部门：相关部门	流程编号：SG-SD1301
	归口管理部门：办公室	编制单位：国网山东省电力公司

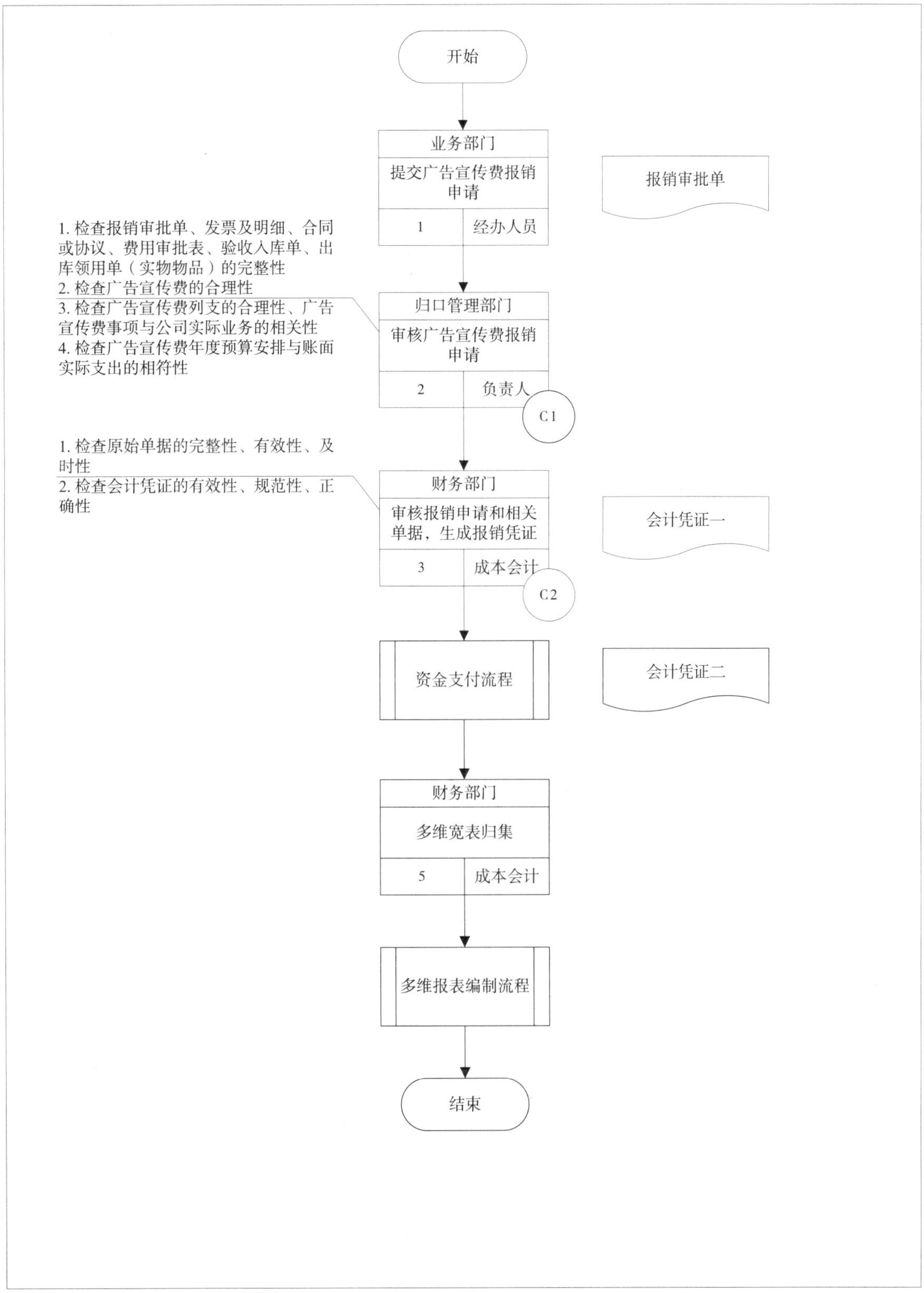

开始

业务部门
提交广告宣传费报销申请
1 经办人员

报销审批单

1. 检查报销审批单、发票及明细、合同或协议、费用审批表、验收入库单、出库领用单（实物物品）的完整性
2. 检查广告宣传费的合理性
3. 检查广告宣传费列支的合理性、广告宣传费事项与公司实际业务的相关性
4. 检查广告宣传费年度预算安排与账面实际支出的相符性

归口管理部门
审核广告宣传费报销申请
2 负责人
C1

1. 检查原始单据的完整性、有效性、及时性
2. 检查会计凭证的有效性、规范性、正确性

财务部门
审核报销申请和相关单据，生成报销凭证
3 成本会计
C2

会计凭证一

资金支付流程

会计凭证二

财务部门
多维宽表归集
5 成本会计

多维报表编制流程

结束

稽核——公益性捐赠支出

1. 编制目的

本节主要评估办理公益性捐赠支出业务的主要风险，确定关键控制点，并针对潜在的风险制定财务稽核检查方法，以指导各级财务稽核人员加强对此类业务的监督管理。

2. 适用范围

通过通用业务单据办理。

3. 风险评估与检查方法

3.1 C1 关键控制：发起捐赠申请并履行决策审批程序的检查

风险分析：

捐赠申请未经有效审批，导致入账依据不充分。

检查方法：

检查办公会或类似机构决议，决议内容与经济业务是否相符，参加会议的各级领导是否对此做出明确的书面指示或处理意见，是否加盖单位公章，需上级单位审批的是否附带上级单位盖章的批准文件。

政策及制度依据：

《国家电网有限公司会计基础管理办法》[国网（财 /2）350-2018] 附件：《电网企业经济业务审核手册》

3.2 C2 关键控制：提交报销申请的检查

风险分析：

相关合同或协议、政府文件或情况说明未经有效审核，没有正确区分公益性捐赠还是对外捐赠，导致报销事宜不相符，影响财务报告的准确性。

检查方法：

检查捐赠票据、公益性捐赠支出依据是否充分，检查费用报销单信息的完整性、一致性及有效性。

政策及制度依据：

《国家电网有限公司会计基础管理办法》[国网（财 /2）350-2018] 附件：《电网企业经济业务审核手册》

3.3 C3 关键控制：报销申请审核的检查

风险分析：

相关合同或协议、政府文件或情况说明未经有效审核，没有正确区分公益性捐赠还是对外捐赠，导致报销事宜不相符，影响财务报告的准确性。

检查方法：

检查捐赠票据、公益性捐赠支出依据是否充分，检查费用报销单信息的完整性、一致性及有效性。

3.4 C4 关键控制：审核并生成报销凭证的检查

风险分析：

捐赠业务相关资料未经财务人员有效审核，导致入账依据不充分，影响财务报告的准确性。

检查方法：

（1）获取原始单据，检查其完整性、有效性；

（2）检查办公会或类似机构决议、合同、协议或政府文件或情况说明，确认公益性捐赠支出入账依据是否充分。

公益性捐赠支出	业务经办部门：相关部门	流程编号：SG－SD1302
	归口管理部门：党建部	编制单位：国网山东省电力公司

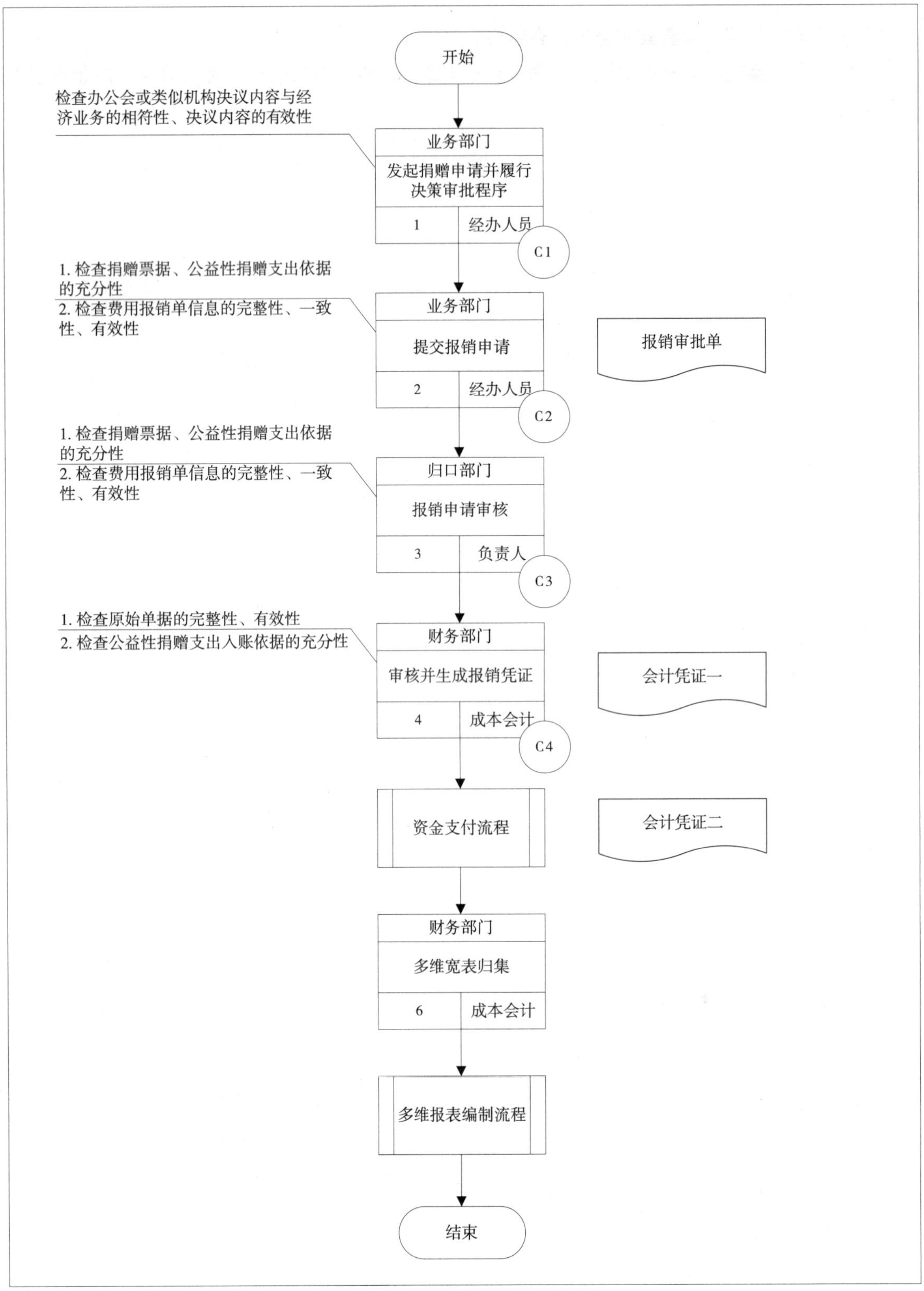

开始

检查办公会或类似机构决议内容与经济业务的相符性、决议内容的有效性

业务部门
发起捐赠申请并履行决策审批程序
1 经办人员
C1

1. 检查捐赠票据、公益性捐赠支出依据的充分性
2. 检查费用报销单信息的完整性、一致性、有效性

业务部门
提交报销申请
2 经办人员
C2

报销审批单

1. 检查捐赠票据、公益性捐赠支出依据的充分性
2. 检查费用报销单信息的完整性、一致性、有效性

归口部门
报销申请审核
3 负责人
C3

1. 检查原始单据的完整性、有效性
2. 检查公益性捐赠支出入账依据的充分性

财务部门
审核并生成报销凭证
4 成本会计
C4

会计凭证一

资金支付流程

会计凭证二

财务部门
多维宽表归集
6 成本会计

多维报表编制流程

结束

十四、党建活动业务

稽核——党组织工作经费

1. 编制目的

本节主要评估党组织工作经费报销业务的主要风险，确定关键控制点，并针对潜在的风险制定财务稽核检查方法，以指导各级财务稽核人员加强对此类业务的监督管理。

2. 适用范围

通过 ERP 系统办理企业党组织工作经费的报销业务。

3. 风险评估与检查方法

3.1 C1 关键控制：审核党组织工作经费报销申请的检查

风险分析：

（1）党组织工作经费报销申请未经过有效审核，导致超范围、虚假列支党组织经费；

（2）党组织工作经费支出超年度预算安排，导致无法报销入账或超预算支出的风险。

检查方法：

（1）获取党组织工作经费报销申请单、发票、合同或协议、活动方案、结算明细清单及活动人员名单、其他单据（按照费用性质，参照通用部分规定执行）；

（2）审核通知内容是否与党建活动业务相关，报销审批单信息与通知内容是否一致；

（3）获取党组织工作经费实际支出，与年度预算安排进行比对，检查是否存在超预算支出情况；

（4）检查发票是否合规，发票列示内容是否与党组织工作经费相关。

政策及制度依据：

《国网山东省电力公司党组织工作经费使用管理实施细则（试行）》（鲁电党［2018］198 号）第六条、第十五条

《国家电网有限公司会计基础管理办法》[国网（财 /2）350-2018] 第八条

3.2 C2 关键控制：生成报销凭证的检查

风险分析：

（1）会计凭证编制未经过有效审核，导致凭证编制错误未被及时发现，存在财务报表错报的风险；

（2）财务人员未对报销事项与报销单据的一致性及单据的完整性、有效性复核，可能导致财务数据失真；

（3）未按照规定选择对应科目，导致业务的真实性未得到反映，出现会计核算差错问题，影响财务报表的准确性。

检查方法：

（1）获取人资部门人员花名册，核对员工所属部门，确认成本中心选择准确无误。

（2）根据业务实质检查管控系统费用科目选择的正确性。

（3）获取原始单据，检查其完整性、有效性，如住宿费、交通费是否超标准；是否存在五星级酒店、景区酒店费用；补助标准是否准确；报销原始单据时间是否符合逻辑等。

政策及制度依据：

《国网山东省电力公司党组织工作经费使用管理实施细则（试行）》（鲁电党〔2018〕198 号）第十五条、第十六条、第十七条

党组织工作经费

业务经办部门：相关部门	流程编号：SG-SD1401
归口管理部门：党群工作部	编制单位：国网山东省电力公司

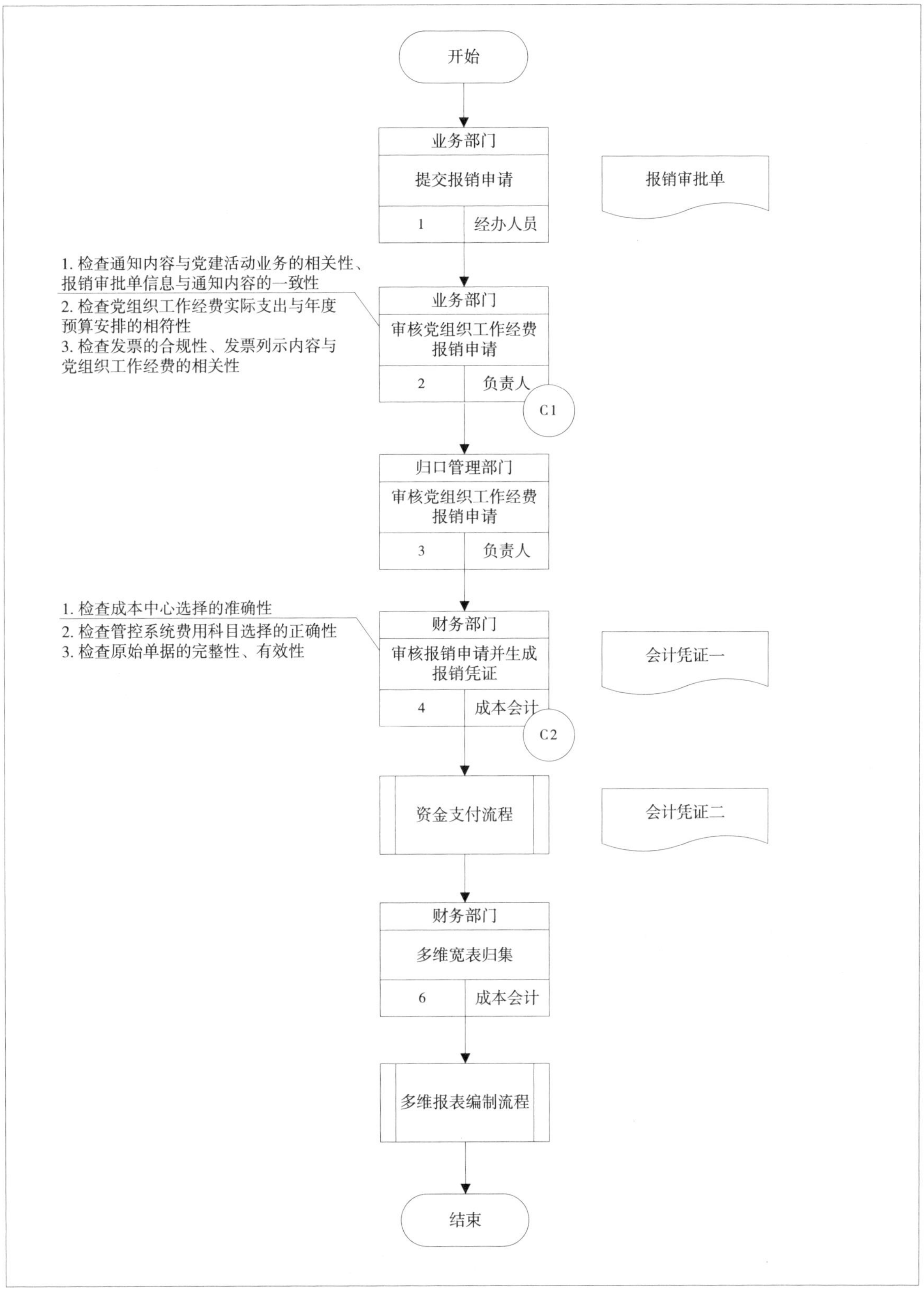

开始

业务部门
提交报销申请
1 经办人员
报销审批单

1. 检查通知内容与党建活动业务的相关性、报销审批单信息与通知内容的一致性
2. 检查党组织工作经费实际支出与年度预算安排的相符性
3. 检查发票的合规性、发票列示内容与党组织工作经费的相关性

业务部门
审核党组织工作经费报销申请
2 负责人
C1

归口管理部门
审核党组织工作经费报销申请
3 负责人

1. 检查成本中心选择的准确性
2. 检查管控系统费用科目选择的正确性
3. 检查原始单据的完整性、有效性

财务部门
审核报销申请并生成报销凭证
4 成本会计
C2
会计凭证一

资金支付流程
会计凭证二

财务部门
多维宽表归集
6 成本会计

多维报表编制流程

结束